U0522794

絲瓷之路
——古代中外關係史研究
II

余太山 李錦繡 主編

商務印書館
2012年·北京

圖書在版編目(CIP)數據

絲瓷之路Ⅱ：古代中外關係史研究/余太山,李錦繡主編.—北京：商務印書館，2012
ISBN 978-7-100-09230-2

Ⅰ.①絲… Ⅱ.①余… ②李… Ⅲ.①中外關係－國際關係史－文集 Ⅳ.①D829-53

中國版本圖書館CIP資料核字(2012)第132686號

所有權利保留。

未經許可，不得以任何方式使用。

絲瓷之路Ⅱ
——古代中外關係史研究

余太山 李錦繡 主編

商 務 印 書 館 出 版
（北京王府井大街36號　郵遞區號 100710）
商 務 印 書 館 發 行
三河市尚藝印裝有限公司印刷
ISBN 978-7-100-09230-2

2012年9月第1版　　開本 880×1230　1/32
2012年9月北京第1次印刷　印張13 3/8
定價：38.00元

本學刊出版得到中國社會科學院重點學科建設項目經費資助

顧　　問：陳高華
特邀主編：錢　江
主　　編：余太山　李錦繡
主編助理：李豔玲

目錄

内陸歐亞史

阿爾泰山的洞穴繪畫 ……… 劉文鎖　吕恩國 / 003

鄯善王國畜牧業生產略述 ……… 李豔玲 / 039

侍子制度、蠻夷邸與佛寺
　　——漢魏西晉時期都城佛教傳播空間研究 ……… 葉德榮 / 067

契丹早期部族組織的變遷 ……… 楊　軍 / 102

摩尼教"宇宙創生論"探討
　　——以 M98、M99 和 M 178 II 文書爲中心 ……… 芮傳明 / 121

地中海和中國關係史

關於突厥可汗致拜占庭皇帝書 ……… 余太山 / 155

"納藥"與"授方"：中古胡僧的醫療活動 ……… 陳　明 / 165

西安出土波斯胡伊娑郝銀鋌考 ……… 李錦繡 / 250

Chinese References to Camels in Africa and the Near East
(Tang to mid-Ming) ········ Roderich Ptak / 274

元代也里可溫歷史分佈考 ········ 殷小平 / 306

環太平洋史

關於南島語族群的起源和擴散 ········ 徐文堪 / 343

Chinese Junk Trade and the Hokkien Community in Manila,
1570–1760 ········ Qian Jiang（錢江）/ 362

本刊啟事 ········ 編　者 / 422

內陸歐亞史

阿爾泰山的洞穴繪畫

劉文鎖　呂恩國

在中國境內的阿爾泰山地區發現了 6 個以上地點的洞穴繪畫，分別是：富蘊縣唐巴勒塔斯、富蘊縣喀依爾特河支流玉律昆庫斯特河谷（2 處）、阿勒泰敦德布拉克和阿克塔斯、哈巴河縣多尕特。[1] 有的文章中提到的其他幾個地點，尚無確鑿的考古記錄。[2] 另外，根據以前的報導和我們的調查，在蒙古國境內的阿爾泰山區也發現了至少一處的洞穴繪畫（科布多省成克里，Tsenkeri-Agui, Hovd）。[3] 富蘊縣玉律昆庫斯特河谷洞穴繪畫遺跡，是 2010 年夏我們在富蘊縣張學文先生的引導下發現的。[4] 因爲同處在阿爾泰山，我們把這 7 個地點的同類遺跡總和在一起進行考察。

這裏要解釋一下"洞穴繪畫"（cave painting）的概念："洞穴"這個詞還包括了所謂的"岩棚"（rock shelter），即通常在舊石器時代考古學中用指那種山體或岩體上的凹穴，尚未發育成更深結構的洞穴；"繪畫"是指採用顏料在洞穴壁面上的描繪。因此，這種洞穴繪畫與通常所指的在露天岩石表面上雕刻（線刻，或凹雕式的陰刻）的"岩畫"（rock carving, petroglyph）分屬於兩個體系，後者更精確地講是"岩刻"，所謂的"畫"是指圖像而言。洞穴繪畫是一種遺跡，而非遺址。

在世界各地都有洞穴繪畫的發現，分佈於歐、亞、非、美、澳洲，是稱得上廣泛的遺存。[5]這種遺跡一般都被推定在舊石器時代晚期（Upper Paleolithic）至銅石並用時代（Catholic），年代上早於所謂岩畫。不過，在未來的研究中我們需要關注的，仍然是年代和性質問題，這一點是不言而喻的。需要充分考慮與洞穴繪畫遺跡可能存在關聯的遺跡或遺物。

一、地點

以下所述各地點，唐巴勒塔斯、玉律昆庫斯特河谷和成克里四處是作者本人的實地調查資料，已分別發表在《東阿爾泰山的古代文化遺存》和《蒙古考古調查報告》二文，讀者可以參考。這裏只略述其畫面的內容。

（一）富蘊縣唐巴勒塔斯

關於這處遺跡的介紹和研究，除前引文章外，另見於趙養峰、王炳華、蓋山林等氏論著。[6]全部發現的3座洞穴按我們的編號是01—03。（圖一）

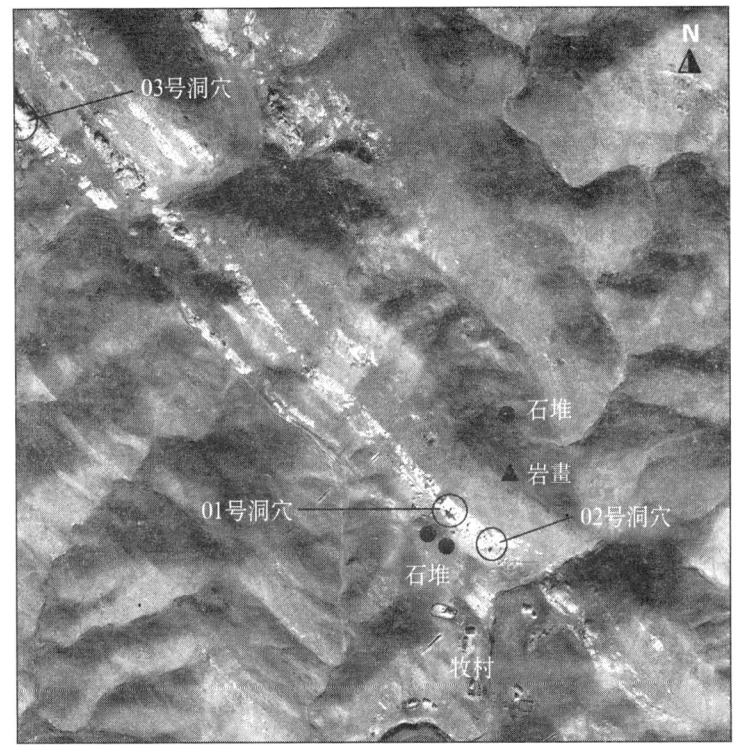

圖一　唐巴勒塔斯洞穴繪畫分佈

1. 唐巴勒塔斯 01 號洞穴

a 洞頂畫面

可能表現一幅左側身、挽弓人像；弓右上方畫一個圓形圖案。（圖二·1）

b 後壁畫面

處於中心位置。由三種圖畫組成：

b-1 畫在右面的一隻大鳥。

b-2 大鳥的背上方，可能是一幅鳥的正面圖像。

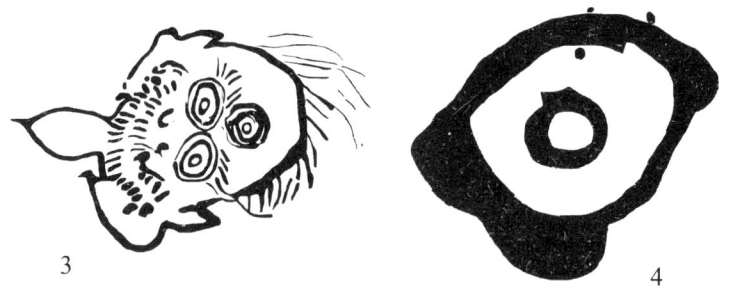

圖二　唐巴勒塔斯洞穴繪畫*（唐巴勒塔斯 01 號洞穴）

b-3 畫在鳥身下部和尾部的各 1 幅同心橢圓圖畫，以及畫在鳥身左面的 1 組 2 幅。其中最右面一幅同心橢圓圖畫似乎是大鳥的翅膀。

b-4 其他繪畫，畫在 b-2 上方的殘筆，似乎一張弓；另在鳥喙的右下方殘存了一幅圖畫，似乎也是弓；在鳥喙下方和上方，有 3 個左右的紅色斑點。（圖二·2）

c 左側壁畫面

主要由 3 幅畫面組成：

c-1 畫在洞頂的一幅圖畫，與 b-2 相似而更完整且略有差別，同樣有特意描繪的鳥喙，是一幅鳥的正面圖像。（圖二·3）

c-2 由圓弧線等組成，受損嚴重，圖像難以辨認。

c-3 在c-2下方，由3幅大致水準並排的同心橢圓組成，圖形小，二重圈。右側的一個是利用岩壁的凹窩，殘存部分白地。（圖二·4）

此區洞頂有用淺紅色書寫的文字，似乎是藏文。

d 右側壁畫面

受損嚴重，殘存部分線條，圖形難以辨認。

e 其他

左側洞頂和右側壁面上各有一處可能是藏文的題記。在左側壁和右側壁面上各有若干現代題記。

2. 唐巴勒塔斯02號洞穴

圖畫均為赭紅色，以人物為主，約19幅。可分為洞口及洞底兩區。

洞口區：畫在側壁上，構圖分散。靠內側的一組較集中，繪有兩排6人，正面像，雙手張開下垂，襠間有下垂物；靠外側有5幅，左側視圖，向前行進姿勢，其中1人作射箭形象。（圖三·1-4）

洞底區：由東壁、西壁及洞頂三部分構成。共有繪畫12幅。東壁繪有2排手拉手舞蹈者，第一排6人，胖瘦相間，頭頂都畫成二叉或三叉形；右側1人獨立，在襠間畫出一物下垂，可能是表現男性生殖器。第二排5人，有3人都畫出類似上排右側畫像的襠間物；此排右側畫一人手握弓箭。兩排之間靠右側偏下方位置繪有"X"形符號。上排左起第三幅像下方的圖案似乎也可以看出是此種"X"形符號。西壁人物分佈凌亂，可辨有2人及一些"X"形符號。洞頂繪有1個小人。（圖三·5—11）

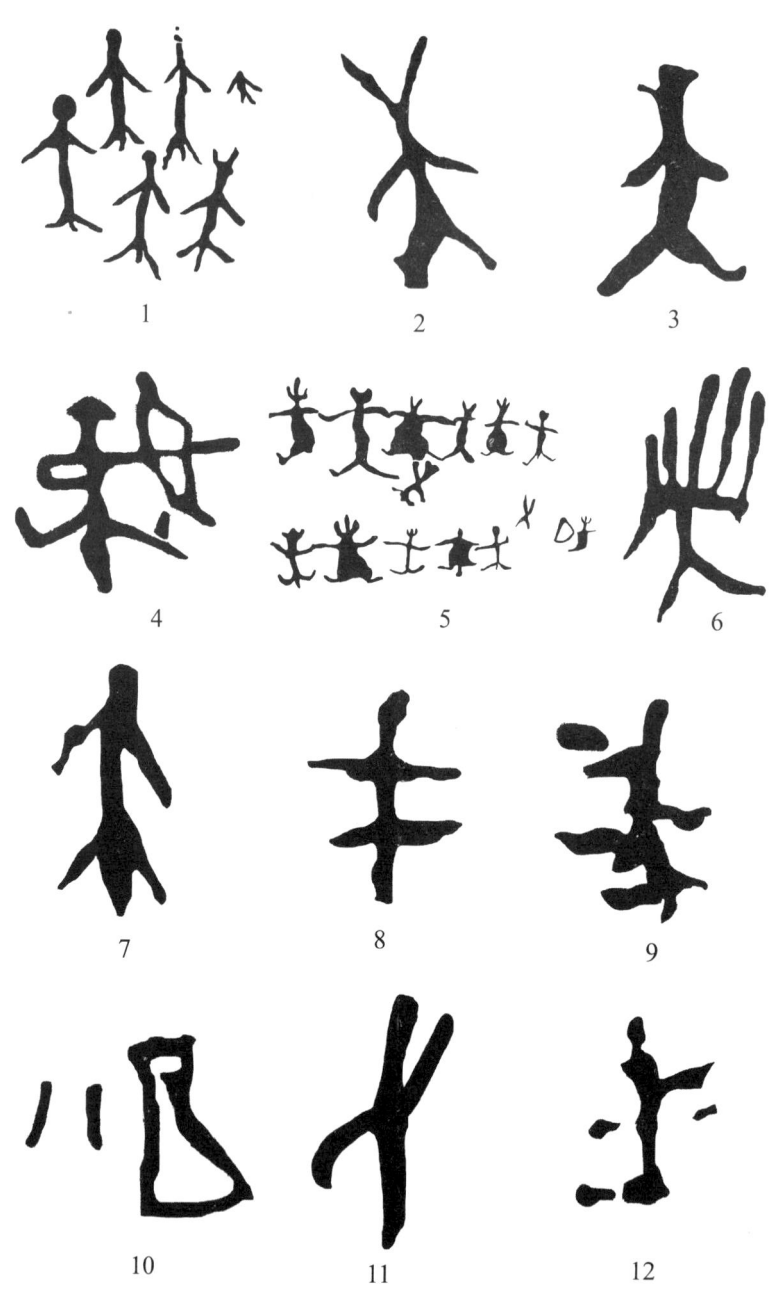

圖三 唐巴勒塔斯洞穴繪畫（02號洞穴）

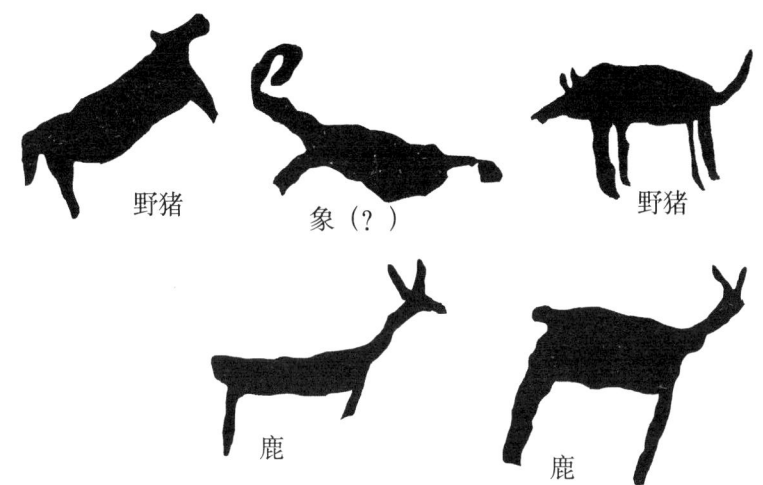

圖四　唐巴勒塔斯洞穴繪畫（03號洞穴）

3. 唐巴勒塔斯03號洞穴

為赭紅色繪畫，可辨圖像有4幅，為野豬2頭，鹿2只，其餘為動物圖像和符號的殘筆。還有若干不可辨認的圖形。（圖四）[7]

（二）玉律昆庫斯特河谷口

2處，編號為01號（西北）、02號（東南）洞穴。

1. 玉律昆庫斯特河谷口01號洞穴

在岩棚內後壁壁面上，用赭紅色顏料噴繪的手掌印圖像。在左側殘存手印2個，均為右手。右側有手印4個，1個不清楚，3個為左手，手掌較寬大，手指較短，其中一個已模糊不清。手印東側另殘存4道赭紅色線。（圖五·1）

圖五　玉律昆庫斯特河谷口洞穴繪畫

2. 玉律昆庫斯特河谷口 02 號洞穴

在岩棚後壁面上，可辨認出自上而下大致有 3 行赭紅色手掌印，共 9 個，其中右手 3 個，左手 6 個。顏料和繪畫技法與 01 號洞穴相同。（圖五·2）[8]

（三）玉律昆庫斯特河谷

在岩壁上繪赭紅色手掌印，其顏料和繪畫技法與位於谷口的洞穴繪畫相同。頂部壁面上殘存有紅色痕跡。西部壁面上有 1 個手印，似爲右手。壁面上共有手印 10 個，以右手居多。（圖六）[9]

圖六　玉律昆庫斯特河谷洞穴繪畫

（四）阿勒泰敦德布拉克

在阿勒泰市汗德尕特鄉東南 4 公里敦德布拉克河上游河谷中。共發現 4 座岩棚裡有繪畫，編爲 01—04 號，01、02 號在河谷東側，03、04 號在西側。顏料與其他地點相同。各洞穴的繪畫內容如下。

1. 阿勒泰敦德布拉克 01 號洞穴

保存繪畫最多。繪於岩棚的頂部和後、東、西壁面上（洞口南向）。

a. 東壁面（並延伸到洞頂部分）

繪畫了上、下兩組圖像。下方者爲 6 列動物，頭朝向洞口，其中最多的1列有6隻動物，種屬是野馬和野牛。畫在上方者是上下2排人像，下排有10人左右，左側視像，身體前傾，彎腰屈膝，有幾幅像的腳部畫出了一個超出了腳部尺寸的東西，左起第四幅像的手中執了一根長條狀的物；上排畫2人像，一高一矮，似乎右側身。所有人像都是用塗實的方式（非線描）描畫的。（圖七）

　　b.後壁（並延至洞頂）

　　繪畫人面、野牛和射獵像。人面畫在左上角位置，線描，畫出點狀雙目、三角形鼻子、一字形嘴，兩頰各畫有一個點。人面右下角畫一幅射獵像，射手左臂執弓，弓上搭箭，右臂曲於腰部；野牛畫在獵人圖的下方。週圍有一些符號式圖案。

　　c.西壁的頂部

　　用排列緊密的短線、三線紋構圖成一個長橢圓形，圓內有圖畫，大多漫漶，其中也有一幅線描的人面，橢圓形，用短線表示五官。

2. 阿勒泰敦德布拉克02號洞穴

　　殘存少量紅彩。

圖七　敦德布拉克洞穴繪畫（01號洞穴東壁上方）

3. 阿勒泰敦德布拉克 03 號洞穴

在後壁繪畫。中間畫一幅體型大的牛（野牛？），其週圍畫人物，存 6、7 幅，叉開腿站立，左臂平伸，揮右臂。皆線描。

4. 阿勒泰敦德布拉克 04 號洞穴

洞口南向，畫在西壁。中間畫兩頭野牛和鹿，兩側畫一些人像。皆線描。[10]

（五）阿勒泰市阿克塔斯

在阿勒泰市巴里巴益鄉，東南距阿勒泰市約 25 公里。海拔 1000 米。在一座孤立的花崗岩山崗上，爲一洞口呈半圓形的岩棚，方向朝南。洞口長約 13 米、高約 1 米、深 1—4 米。

據工炳華先生的報導，繪畫的內容是：

1. 女性生殖器

在畫面左上部位，用線描的形式繪畫一幅女性生殖器圖畫，包括臀部和大腿部位，比較形象，類似塗鴉的色情畫（當然，它出現在這裏是有嚴肅意義的）。畫面長 16 釐米，中部最大寬 7 釐米。（圖八·1）

2. 人像

在一道由短線組成的長弧線圖畫下和右側，分別描繪了 4 幅人像，姿勢都是雙手上舉。此外，在下方的另一道短線組成的長弧線

圖八　阿克塔斯洞穴繪畫（據《阿爾泰山舊石器時代洞窟彩繪》重繪）

圖畫下方，也畫了一幅人像，姿勢相同。（圖八·2—4）

3. 短線組成的長弧線圖畫

有 2 組。與人像組合。這種短線也與上述女性圖畫中相當於腹部輪廓線的弧線相似。[11]

（六）哈巴河縣多尕特

在哈巴河縣薩爾布拉克鄉多尕特溝，屬別列則克河（哈巴河支流）流域。根據多人的報導，目前共發現了 7 座岩棚（01—07）中有繪畫。論數量講，這個地點是現在所知阿爾泰山中最多的，也是圖畫最複雜的之一。詳細報導見前注王炳華和張志堯的文章。

多尕特 01 號洞穴，洞口寬 1.6 米、洞高 1 米。在洞內壁上用赭紅色線條描繪 2 排圖畫：上排是 1 幅人像，其右側是 1 幅器具圖像；下排是 4 幅牛像（3 幅向左姿勢，1 幅向右），其右側繪 1 幅人像，人像右側是 1 件棍棒形器具圖像。（圖九）

圖九　多尕特01號洞穴繪畫（據《阿爾泰山舊石器時代洞窟彩繪》重繪）

多尕特02號洞穴，洞穴稍大，圖畫面積（126釐米×130釐米）亦較大且複雜。赭紅色點和線描，其內容如圖十所示。有三種圖像：

（1）人像，畫在上、下方位置，兩種類型，一種是圖案化的，像兩個串聯的菱形，中間的串聯線表示軀幹，兩個菱形分別表示上下肢；畫在畫面右下方2幅，是寫實的人像。

（2）三角形圖像，3幅，畫在畫面的右下方位置，與3幅人像對應。

（3）畫面中間用點繪畫的圖像，不好描述。

多尕特03號洞穴，洞口寬1.7米、高1.5米、深1.3米。洞穴後壁上用赭紅色線和點繪畫，週邊有粗線描出一個不規則橢圓形的邊框。像上述02一樣，其圖像令人費解：明確的是畫在左下方的一頭牛和兩幅人像（部分重疊）；那些點形圖案中，畫在上方的呈大致平行線排列，下方者看不出圖形；畫在點形圖案間是3幅圖形，不易辨識。（圖十一）

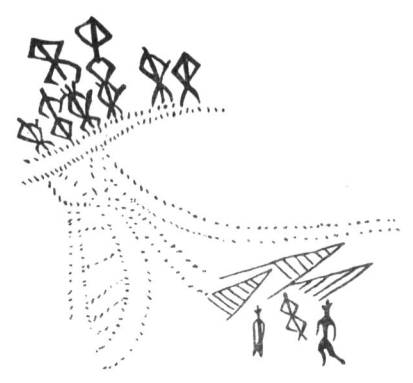

圖十　多尕特02號洞穴繪畫（據《阿爾泰山舊石器時代洞窟彩繪》重繪）

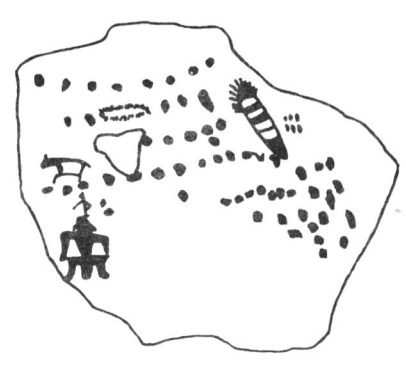

圖十一　多尕特03號洞穴繪畫（據《阿爾泰山舊石器時代洞窟彩繪》重繪）

多尕特04號洞穴，與01號相去不遠。洞口寬1米、深1米、高0.9米。洞內以深赭色彩繪了一排縱列分隔號，高3—4釐米，排列成65釐米長，形若木柵。

多尕特05號洞穴，洞口寬1米、深0.9米、高0.8米。赭紅色繪2幅人像，分別高20、25釐米，作舞蹈狀。

多尕特06號洞穴，洞口寬1米、深1米、高0.5米。在洞內壁面上赭紅色繪畫1人和2牛。人像高26釐米，用填實方式描繪，在頭部畫兩個角形頭飾，雙腿叉開，其間繪一個尾飾。牛的圖像用線描，長42釐米，上下並列。（圖十二）

多尕特07號洞穴，洞穴高出溝底約20米，洞口寬8米、高2.8米、深4.5米，是體積最大的洞穴，圖畫也最複雜。用赭紅色顏料在洞內後壁上作畫，畫面2.5米×4.5米。全部可以辨認的圖像如圖所示（圖十三），分爲下述幾種。如果把歸類後的圖畫單獨抽離出來看的話，它們的特徵會顯得更清楚。

圖十二　多尕特 06 號洞穴繪畫（據《阿爾泰山舊石器時代洞窟彩繪》重繪）

圖十三　多尕特 07 號洞穴繪畫總圖（據《絲綢之路・新疆古代文化》照片臨摹）

（1）手印、足印

手印9幅，畫法上分兩種：採用"留白"的噴繪法，7幅；實畫法，2幅。前者構圖在整個畫面的左和左下方外緣，後者畫在右上方。除畫在最上方的1幅手印外，其餘均左右手成對，而且按對應的左右位置布圖。最下方的1對還畫出了手臂。

足印2幅。畫在最下方位置。左右腳，成對。（圖十四）

（2）人物

約9幅，畫在整個畫面大致中欄位置，分散。除最上方的2幅分別呈左、右側身外，其餘皆爲正面像。所有人像尺寸都很小。上方的1幅手持一種棍棒形物，左下方與三角形圖像相接。（圖十五·4，7，10，14，16，18，21，25，26）

（3）動物

約14幅，畫在中欄位置。其中，牛7（圖十五·11—13，19，22—24）、馬2幅（17，20）、羊（？）2幅（2，3）、鳥2幅（1，15），及1幅長雙角（或長耳）、長尾的動物（9）等。

（4）三角形圖案

1幅。（圖十五·6）

（5）由點構成的圖形

10幅。畫法接近多尕特02號洞穴，其圖形也不易辨識。其中，畫在右側的2幅，即由點組成的線條，又與阿克塔斯相接近。（圖十六）[12]

以上多尕特07號洞穴的全部圖畫可以分作三組：（1）手、足印；（2）點線圖案；（3）人物與動物。

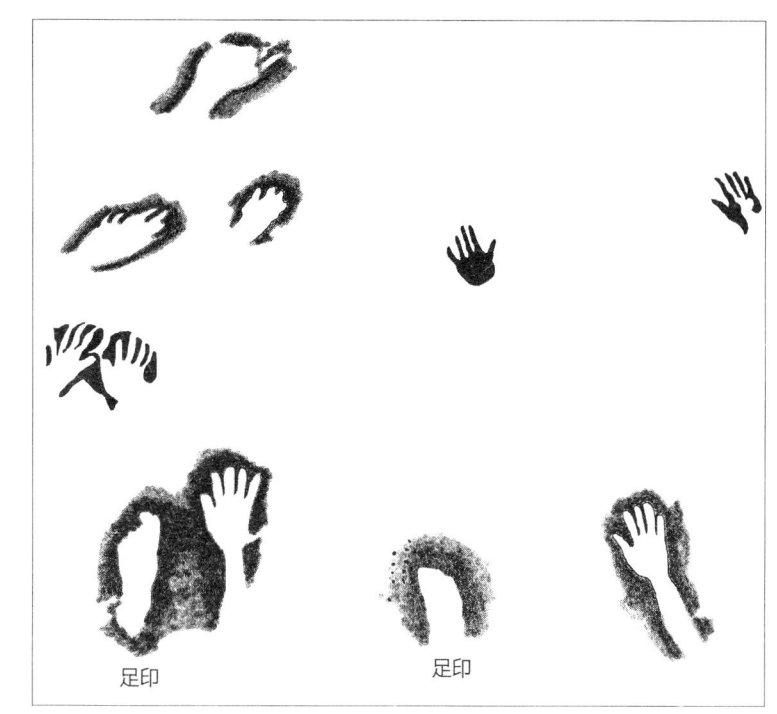

圖十四　多尕特 07 號洞穴繪畫・手印與足印

圖十五　多尕特 07 號洞穴繪畫・人物與動物

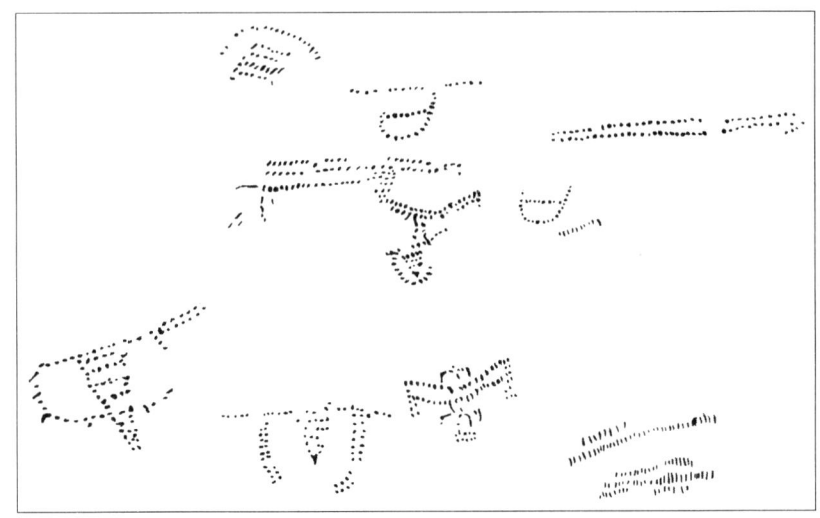

圖十六　多尔特 07 號洞穴繪畫・點線圖案

（七）蒙古科布多省成克里

　　遺址位於阿爾泰山北麓，蒙古國科布多南偏東 79.3 公里，在成克里河（Tsenkeri Gol）東岸的斷崖上。洞口距河灘高約 59 米。爲一天然大型洞穴。洞穴形狀不規則。曾因地震而坍塌過。洞內現堆積了大量的鳥糞。在洞穴深處一個似耳室的凹進的壁面上，保存有數處壁畫。以赭紅色的礦物顏料繪畫，題材爲雙峰駝、野牛、人物、樹，及一種與多尔特 07 號洞穴相似的長雙角（或長耳）、長尾的動物。（圖十七）[13]

圖十七　成克里洞畫摹本

二、繪畫的內容和技法

上述 7 處遺跡，彼此間沒有完全雷同的情況，除了出現於 3 處遺跡的手印外（玉律昆庫斯特河谷和谷口，多尕特 07 號洞穴），似乎它們各不相關，分別由不同的人在不同的時間所繪。不過，從繪畫內容上，應該把它們區分和歸類如下：

（1）手印和足印；

（2）動物和人像（包括狩獵圖）；

（3）點線圖形；

（4）其他（幾何圖形等）。

在可辨識的畫像中，有些題材的意義是比較明確的。

（一）手、足印

手和足印在世界各地的洞穴繪畫中有較爲普遍的發現。這類圖像的意義，托卡列夫在解釋法國舊石器時代晚期的洞畫時說："顯然與宗教的觀念和禮儀有某種關聯。"[14] 當然，全部這種洞畫都不是無聊的塗鴉，而是早期信仰的遺跡；只是我們需要明確一些的解釋，是什麼樣的儀式才需要將手和足印印在洞穴的牆壁上？

在玉律昆庫斯特河谷的兩處洞畫中，都不曾描繪手印之外的圖像。手印的數量也不多，在排列上大致是上、下成行。也有左、右手成對構圖的情況。除谷口的 02 號洞穴外，其餘洞穴中手掌的尺寸差別不明顯，像是出自同一個人，而且全部手、足印都是成年人的。已經無法判斷全部手、足印是一次性還是逐次完成的。這些洞穴體積都小，距離地面有一定高度，處在河谷中，而且洞內無法居住。在玉律昆庫斯特河谷洞穴的前方灘塗上發現有類似墓葬的石構遺跡。多尕特 07 號洞穴的手、足印是與更複雜的圖像畫在一起的。這是它們的基本特徵。洞畫的分佈規律似乎無更多的線索。

假設這些洞穴是遊獵至此的獵人舉行某種信仰活動的場所（"聖所"），儀式應是在洞口外的地面舉行的，可能最後一道程式是將手或足印印在洞穴的牆壁上。因爲數量不多，很可能這些印記是有選擇的，即只有成年人有這個資格。而且，關於使用情況有兩種可能：僅使用了一次，或者經過了反覆多次使用。由於手和足印更像是一種標記，有可能它們是遊獵至此的獵人舉行儀式後留下的表示他們行蹤的印記。

（二）狩獵

這種題材出現在唐巴勒塔斯，即由洞頂的人物射箭圖與畫在下方的大鳥構成的畫面。這種大鳥，通過畫在它身後和身下的圓渦紋（可能表示羽毛），我們猜測可能是鴕鳥（*Struthio camelus*）。[15] 這種圖像也出現在敦德布拉克1號洞穴後壁，及多尕特07號洞穴。另外，多尕特01號洞穴的上下兩排人物以及畫在他們中央的牛（野牛？），也像是在表現狩獵的場景，但不同於一般的狩獵圖式。畫在右側的人像旁邊的豎棒狀物像可能是表示手持的工具。

（三）動物

在唐巴勒塔斯03號洞穴、敦德布拉克、多尕特的幾座洞穴，都有描繪多幅動物圖像的畫面，以野生物種（鹿、野豬、牛，及可能的羊，等）為主。馬的圖像似乎是可以肯定的，即在多尕特07號洞穴畫面中部描繪的2幅大型動物的形象，有長的脖頸，其一畫出了鬃鬣。涉及馬的馴化，這裏的馬圖像應該表現的是野馬。成克里洞畫中僅見的1幅駱駝像，應該也是野生的。實際上無法確定這些物種中是否有馴養者。

（四）人面

見於敦德布拉克。

（五）生殖

阿克塔斯洞畫畫面左上方表現的圖像，看上去很寫實。令人難解的是畫面右部和下方所畫的由點組成的略曲的線，線上下方還畫了雙手上舉作崇拜姿勢的人像。這種點形線與左上方表現女性腹部的線相同，由此，可以推論這2幅可能也是表現女性的腹部，只是簡化了。

（六）滑雪（？）或行列

敦德布拉克洞畫中一組排成列、作左側身向右方行進的人像（共10幅），從身體姿勢看，的確像是滑行的姿勢。它與唐巴勒塔斯02號洞穴裏的上下成排、作正面姿勢的人像不同。在各地發現的洞畫中，包括岩畫在內，這種圖像目前還是個孤例。

（七）舞蹈

唐巴勒塔斯02號洞畫中，畫在洞穴側壁上的一組人像，分成兩排，正面姿勢，手張開彼此間作牽手的姿勢。這種舞蹈姿勢是比較典型的。此外，在多尕特02號洞畫中，也畫有成排的人像，可能也是表現舞蹈的場景。

所有的圖畫都呈赭紅色。關於這種顏料的配製，拉諾夫說是羼和了動物脂肪，以起加固作用。[16]這個說法是有道理的。

三、年代和性質問題

（一）阿爾泰山地區發現的關係遺址

上述報導的 7 處以上地點中，除阿山東北麓的成克里洞穴外，餘者全部沒有洞穴地層堆積。成克里洞內有深厚的堆積，但未聞做過發掘。同時，在阿爾泰山地區陸續發現了越來越多的屬於舊石器時代至新石器時代的洞穴遺址等，集中了阿山的北麓河谷等地，那裏有發育較好的洞穴；而洞穴繪畫都是分佈在阿山東南部地區，在前山地帶。假設，被認爲是舊石器晚期至新石器時代的遺存（遺址，洞穴繪畫）是相關的，那麼，人們的主要居地是在山北麓地帶，而阿爾泰山的東南部則可能是他們的獵場之一。

阿山地區發現的舊石器時代至銅石並用時代遺存，吉謝列夫在《南西伯利亞古代史》中曾有簡略的說明。[17] 年代最早的烏拉林卡遺址（Ulalinka），在阿山北麓俄羅斯阿爾泰邊疆區（Altayskiy）之戈爾諾 – 阿爾泰斯克鎮（Gorno-Altaysk）附近，1961 年由奧克拉德尼科夫（A. P. Oklladnikov）發現，並做發掘，地層的熱釋光測年爲距今 148 萬年左右，屬舊石器時代早期。[18]

根據愛卜臘莫娃（Z. A. Abramova）的介紹，蘇聯時期在阿爾泰山至薩彥嶺地區葉尼塞河上游支流安加拉河（Angara R.）流域，及勒拿河（Lena R.）上游，曾有一批舊石器時代遺址被發現，以骨、石、猛獁象牙等雕刻的人像和動物像爲顯著，其中，在瑪爾塔（Mal'ta）發現的大批女像是十分重要的（圖十八）。此外，在勒拿河上游西斯基諾（Shishkino）斷崖上的繪畫，是用赭紅色顏料繪的野牛和野馬的大型畫（圖十九）。[19]這種女像刻意突出了性徵，與阿克塔斯表現對女性生殖器崇拜的畫是相通的，它們的作者和利用者恐怕都是男子。

西斯基諾的崖畫題材，在敦德布拉克和多尕特 07 號洞畫中也出現了。這裏常見的野牛，在烏茲別克斯坦 Termez 東方大約 100 公里處巴巴塔格（Baba Tag）的乍老忒・薩依（Zaraut-Sai 或 Zaraut Kamar）洞繪畫，及塔吉克斯坦東帕米爾（Eastern Pamirs）的沙赫他洞（Shakhta）繪畫裏，都有表現，前者用塗實顏料的畫法，後者採用線描，它們的考古年代被推斷為中石器時代。[20]這種野牛圖，在法國等洞畫中是常見的題材。

關於舊石器時代阿爾泰山的動物物種，魯金科（S. I. Rudenko）在阿爾泰山西麓山根地帶發掘的烏斯季－康斯喀雅（Ust'-Kanskaia）洞穴遺址出土的動物骨骼，種類有猛獁象、鳥，以及滅絕了的螺角羚羊（spiral-horned antelope）和洞鬣狗（cave hyena）。這個遺址也出土了打制石器和雕塑。[21]

在阿爾泰山區的舊石器時代考古發現，還有奧克拉德尼科夫等

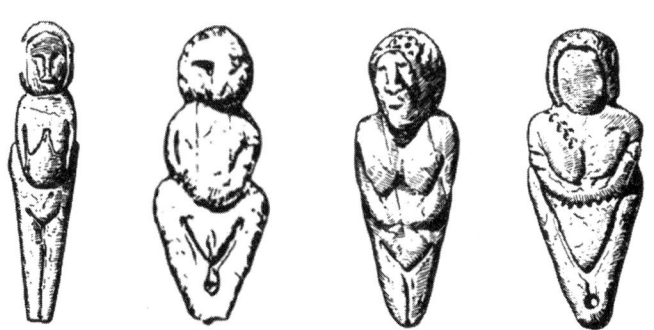

圖十八　瑪爾塔遺址出土的女雕像（據 *Palaeolithic Art in the U. S. S. R.*）

人在蒙古戈壁阿爾泰（Gobi Altay）大博格達山（Ikh Bogd）北的烏魯克湖（Orok Nor）濱發現的一處遺址，出土了刮削器和用礫石加工的砍砸器。[22] 比哈巴河岸邊發現的細石器等年代要早，但可能都屬於遊獵者的臨時性營地遺址。

前些年，由關矢晃撰文介紹的1990年代在俄羅斯阿爾泰區的發現，有舊石器時代地點6處（4處爲洞穴遺址），新石器時代洞穴遺址1處。這些遺址是：（1）捷尼索娃洞穴遺址。地層堆積深厚，以舊石器時代晚期爲主。（2）卡明納亞洞穴遺址。洞口和洞內堆積深厚，各時代的遺存都有，年代自莫斯特期（Mousterian period）至蒙古時期，經歷了新石器時代、青銅時代和鐵器時代。（3）烏斯季卡拉科爾1號遺址。碳十四測年，第2層距今28700±850年，第3層31410±1160年和29900±2070年。即當舊石器時代晚期。地層中出土了野牛脊椎骨化石。（4）伊斯克拉遺址。第1—3層爲中世紀至現代地層；第4層較厚，含新石器時代至鐵器時代遺物，4B層相當

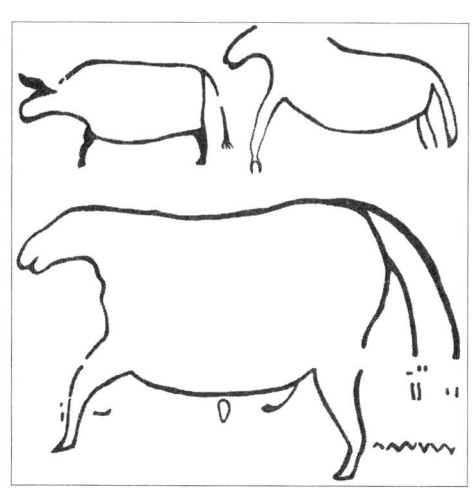

圖十九　西斯基諾崖畫的野牛和野馬（據 *Palaeolithic Art in the U. S. S. R.*）

於舊石器時代最末段，4C層以下爲舊石器時代晚期遺物的包含層。（5）比克洞穴遺址。下洞群未出遺物。上洞群最下層爲莫斯特文化層。（6）卡拉博姆遺址。發現了地層上分屬兩個時期的居址。早期地層爲兩個莫斯特期文化層。[23] 主要是舊石器時代晚期的洞穴堆積，洞穴體積大，地層堆積深厚，斷續使用時間長。

1990年代，伊弟利斯·阿不都熱蘇勒和張川在中國境內的阿爾泰山地區作了考古調查，在額爾齊斯河谷發現了6個打制石器地點，全部在哈巴河縣境內。根據他們的意見，這些石器遺存"證明了在阿勒泰地區金屬工具廣泛使用之前存在着一個以廣泛使用細石器工具爲標誌，以狩（漁）—獵經濟爲特徵的史前文化的發展階段"[24]。由於這些遺存地點與最集中的洞畫遺跡——多尕特處於同一區域，所以，也最容易使人推測二者之間的關聯，即以狩獵謀生的某支人群，他們居住、生活於河谷，而在前山地帶的洞穴舉行意識形態活動。鑒於額爾齊斯河的漁業資源，也可能，這群人是複合經濟的獵人加漁民。

（二）相似題材或圖案的比較

在斷代上，將洞穴繪畫與通常所說的岩畫區分開來是有道理的。一般來說，由於法國和西班牙發現的洞穴繪畫作過較可靠的年代學研究，[25] 在對亞歐大陸發現的同類遺跡的斷代上，也都參照了歐洲洞畫的年代。不過，現在我們知道，在美洲和澳洲發現的洞畫，其下限可能到了近代，爲印第安人和澳洲土著的後期創作。[26] 中國西南地區土著創作的繪畫，是利用河崖的山壁，與洞畫也不同。這是要注意的。

對於推斷阿爾泰山洞穴繪畫的年代來說，比較鄰近地區發現的洞畫的相似圖像應該是有參考價值的。主要是手印和圓渦圖案。

1. 手印

內蒙古西部阿拉善右旗雅布賴山洞穴繪畫，有三處手印。特徵是手指短，有些帶一截手腕。[27] 此類洞畫手印，在舊、新大陸的一些洞穴繪畫中是比較常見的，畫法也都相似，很容易把它們視爲同一種遺跡，年代上也彼此參照。此外，在岩畫中也發現了手印的圖形，如新疆且末以及寧夏賀蘭山岩畫。[28] 這種手印甚至出現在馬家窰文化的彩陶上。[29]

2. 圓渦圖案

唐巴勒塔斯的圓渦紋圖案，可資比較的是在特克斯縣烏孫山發現的阿克塔斯洞穴繪畫，有羊、犬（？）及同心橢圓圖案和圓圈圖案。[30] 不過，構圖相似的圖像在岩畫甚至彩陶上是十分常見的。在新疆天山地帶的岩畫等中，見於昌吉地區、木壘縣蘆塘溝和博斯坦牧場岩畫，及巴爾魯克山冬牧場哈因溝、托里縣瑪依勒山喀拉曲克牧場岩畫等中。[31] 彩陶上的類似圖案見於鄯善蘇貝希三號墓地及甘肅仰韶文化早期和馬家窰文化的彩陶等。[32] 岩畫中的此類圖畫也有印記或符號之說。如果廣泛比較的話，恐已失去了意義。鑒於岩畫的年代難以確定，延續很長時間，通過比較相似的圖案，也只能說明二者之間存在的相似性，不能排除某些洞畫與岩畫可能是同時期的。

（三）洞畫年代的推測

　　在洞畫年代問題上，可採取的推理方法和根據，目前看仍然是相互比較，而基本的依據是發現最早、遺存也最多的法國南部和西班牙的洞畫，因爲它們作過較完備的年代學研究，包括發現和研究了有關的人工遺物和動物群遺骸，甚至作過放射性碳素測年；雖然這些遺物和遺骸在年代上與洞畫之間的關係受到質疑，[33] 但因爲不能對洞畫直接測年，這種在洞畫附近（同一洞穴內或地理區）遺存的遺物或遺址，仍然是最值得考慮的證據之一。拉諾夫對沙赫他洞繪畫的斷代，就是根據同一洞穴內地層中埋藏的石器和動物特徵，推論繪畫的年代屬於中石器時代至新石器時代的。[34]

　　歸納來看，關於阿爾泰山的洞穴繪畫之年代，目前有舊石器時代晚期和距今約 1.5 萬—1 萬年等說。依我們之見，目前尚不足以給出更精確的斷代。值得我們思考的有這樣幾個問題：

1. 洞畫題材的類型與年代的關係

　　前文已述，除了出現在多尕特 07 號洞穴和玉律昆庫斯特河谷口和河谷內三處地點的手印圖畫外，在圖樣上各洞穴都沒有相同之處——這一現象暗示它們可能是在不同時間所創作，當然，也可能是不同的人群所留下的。內容較明確的幾種題材，參考已有的闡釋，可能是有不同的意義，比較複雜，也暗示了年代上的差別。

　　圖畫最多也最複雜的多尕特 07 號洞穴，從畫面上看，似乎存在着圖畫相疊壓的痕跡，見於我們上述分類的三組圖像中：

　　最明確的是在畫面中央布圖的動物和人物像，疊壓在較分散的

點線圖案上。其中，有一處畫面顯示動物圖畫本身也有疊壓的關係。（圖十五・19、20）

同時期的手、足印較明確地疊壓在了點線圖案上。（圖二十）

根據這些關係和構圖等特徵，推論三組主要畫面的年代關係如下：點線圖案是最早的，其次是動物、人物像，最後繪製的是手印和足印；數量最多、最複雜的動物、人物像，也是在不同時間內所分批創作的。

2. 洞畫與石器時代遺存之間的關係

假設這些洞畫與阿爾泰山地區所發現的被認爲是舊石器時代晚期至中石器時代的遺址相關聯，即洞畫是那些遺址主人所遺留，則其年代不妨考慮確定在這一較漫長的時間範圍內。關於洞畫年代的證據是不足的。這也是個現實難題，也許將來會有突破性的進展。

（四）關於洞畫的性質

阿爾泰山地區洞穴岩畫所代表的人類生活方式，我們以爲與本地前遊牧時代的遊動狩獵生活（遊獵）有關；由於繪畫洞穴非居住之地，它們屬於意識形態（信仰）的場所。他們不一定是"採集者"（gatherer），至於是否漁夫也尚不能確定，一切有賴於考古發現和研究。而對洞畫性質的解釋，目前看還必須與世界各地發現的洞畫相參照。

敦德布拉克出現的人面，是具有意識形態意味的圖像之一。這些面具式的圖樣，令人聯想到寧夏烏海桌子山岩畫中表現的各種人面像，在該地岩畫中，也出現了手、足印和圓渦紋。[35] 在南非北巴

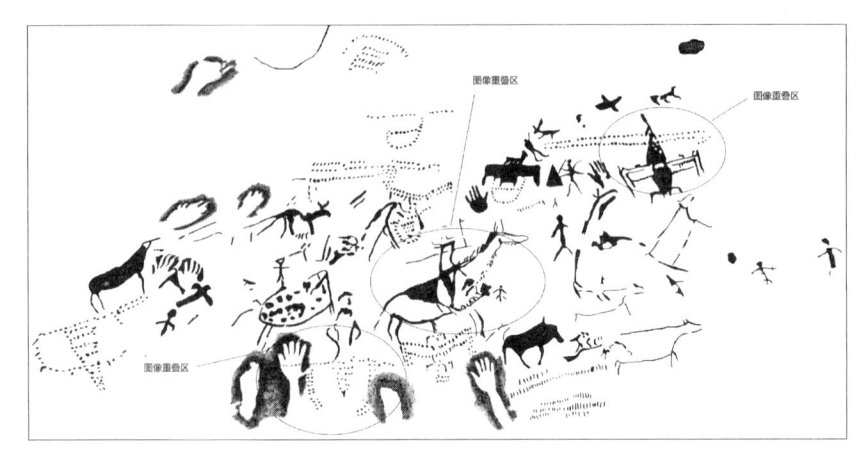

圖二十　多尕特 07 號洞穴繪畫中的重疊現象

蘇托蘭的馬黑他洞（Makheta Cave, North Basutoland）繪畫的人物和鳥首人身像，被認爲是表現神像的圖畫。[36] 澳洲安穀彌（Unggumi Territory）土著的洞穴繪畫中，被推測爲較晚期的手印和蛇、鱷魚、熊、成排的人面以及更複雜的人像（頭上有輻射狀的線條）出現在一起，研究者認爲那些人像都是表現的神。[37] 研究者根據當代民族志，認爲洞穴繪畫是不同氏族組織的領域標誌，繪畫的內容是描繪氏族先祖的歷史神話，動物和植物表示圖騰（totem）。此說可供參考。如果認爲這一闡釋是接近事實的，那麼，相同的動物、植物等"圖騰"圖像的地域，就可以說明同一個氏族（clan）的活動區域；如果在相距遙遠的區域發現了相同的"圖騰"式圖像，就會解釋成這個氏族的遷徙地。當然，這裏又需要在推論中有所保留，涉及"圖騰"的起源以及怎樣理解"圖騰"和圖騰制度的問題。

截止現在，關於被普遍地認爲是舊石器時代晚期至中石器時代的洞穴繪畫遺跡的性質的討論，始終是考古學和宗教思想史、藝術史等感興趣的問題。這種洞穴一般都被認爲是當時舉行狩獵、生殖、豐收等巫術——以及更複雜的早期信仰活動的儀式場所。[38] 這些全球性的考古發現，似乎昭示着人類第一個宗教信仰的高潮期，從藝術史角度也可以把它們歸作同一個時期。所以，伊利亞德（Mircea Eliade）在《宗教思想史》中討論"岩畫：圖像還是符號？"時，說這種繪畫的洞穴是一種聖所，因爲它們不能居住，進出很困難；狩獵圖像是"可以作爲'狩獵巫術'的證據"，"儀式也可能是在'聖所'的最深處舉行的，或是在狩獵出征之前，或是年輕人的'入會禮'"；有的圖畫可以看成是"薩滿的降神會"，"在舊石器時代存在着某種類型的薩滿教，這似乎是肯定的。一方面，在今天薩滿教仍然支配着獵人和牧人的宗教思想；另一方面，出神的體驗作爲一種原初的現象，它也是人類狀態的一種基本元素"。[39] 這裏引述他的觀點，是供我們考慮阿爾泰山的洞穴繪畫時作爲參考。

■ 注釋

[1] 以上參見：張志堯：《新發現的別列澤克河附近洞窟彩繪岩畫》，《新疆師範大學學報》1986年第1期；王明哲：《新發現的新疆阿勒泰岩刻畫考述》，《新疆社會科學》1986年第5期；王明哲、張志堯：《新疆阿勒泰地區岩畫初探》，《新疆社會科學研究》第23期；王炳華：《阿爾泰山舊石器時代洞窟彩繪》，《考古與文物》2002年第3期；王博、鄭頡：《阿爾泰山敦德布拉克的舊石器時代晚期岩棚畫》，《吐魯番學研究》2005年第1期；祁小山、王博：《絲綢之路·新疆古代文化》，新疆人

民出版社2008年版，第224、269—271頁；劉國防：《阿勒泰地區人類早期活動的相關證據》；單兆鑒、王博：《人類滑雪起源地——中國新疆阿勒泰》，人民體育出版社、新疆人民出版社2011年版，第69—77頁；中山大學歷史人類學研究中心、富蘊縣文物局、青河縣文物局：《東阿爾泰山的古代文化遺存》，《新疆文物》2011年第1期。

[2] 如胡邦鑄在《文獻資料中的新疆岩畫》（周菁葆：《絲綢之路岩畫藝術》，新疆人民出版社1993年版，第538—543頁）文中，提到了哈巴河縣翁古爾、吉木乃縣哈爾交兩處洞穴繪畫，未知其出處。王博在《新疆石器時代考古漫談》（《絲綢之路·新疆古代文化》，第269—271頁）文中提到共發現9處。

[3] 參見：A. H. Dani, V. M. Masson, ed., *History of Civilizations of Central Asia*, Vol. I, UNESCO 1992, pp.102-103；劉文鎖：《蒙古考古調查報告》，載《絲綢之路——內陸歐亞考古與歷史》，蘭州大學出版社2010年版，第87頁，圖66、67。

[4] 調查報告見注[1]《東阿爾泰山的古代文化遺存》。在此特別向張學文先生致謝。

[5] 關於這些發現，至少有下述一些文獻可以參考：Ann Sieveking, *The Cave Artists*. London: Thames and Hudson 1979; S. P. Gupta, *Archaeology of Soviet Central Asia, and the Indian Borderlands*, Vol. 1. Delhi: B.R. Publishing Corporation, 1979; David C. Grove, "Olmec Cave Paintings: Discovery from Guerrero, Mexico", *Science, New Series*, Vol.164, No.3878 (Apr.25,1969), pp.421-423; Valda J. Blundell, "The Wandjina Cave Paintings of Northwest Australia", *Arctic Anthropology*, Vol.11, (1974), pp.213-223; John Mathew, "The Cave Paintings of Australia, Their Authorship and Significance", *The Journal of the Anthropological Institute of Great Britain and Ireland*, Vol. 23(1894), pp. 42-52; Edward B. Eastwood, Benjamin W. Smith, "Fingerprints of the Khoekhoen: Geometric and Handprinted Rock Art in the Central Limpopo Basin, Southern Africa", *Goodwin Series*, Vol.9, *Further Approaches to Southern African Rock Art* (Dec., 2005),

pp.63-76; Donald Chrisman, *et al.*, "Late Pleistocene Human Friction Skin Prints from Pendejo Cave, New Mexico", *American Antiquity*, Vol.61, No.2 (Apr.,1996), pp.357-376; J. David Lewis-Williams, David G. Pearce, "Southern African San Rock Painting as Social Intervention: A Study of Rain-Control Images", *The African Archaeological Review*, Vol.21, No.4 (Dec., 2004), pp.199-228，等。

[6] 參見注 [1]《阿爾泰山舊石器時代洞窟彩繪》；趙養峰：《阿爾泰山崖畫調查記》，《考古與文物》1986 年第 6 期；蓋山林、蓋志浩：《絲綢之路岩畫研究》，新疆人民出版社 2009 年版，第 261—263 頁，等。

[7] 注 [1]《東阿爾泰山的古代文化遺存》。

[8] 注 [1]《東阿爾泰山的古代文化遺存》。

[9] 注 [1]《東阿爾泰山的古代文化遺存》。

[10] 注 [1]《阿爾泰山敦德布拉克的舊石器時代晚期岩棚畫》，及注 [1]《絲綢之路·新疆古代文化》，第 224 頁。

[11] 注 [1]《阿爾泰山舊石器時代洞窟彩繪》。

[12] 注 [1]《阿爾泰山舊石器時代洞窟彩繪》。

[13] 參見注 [3]：*History of Civilizations of Central Asia*, Vol.1, pp.102-103；《蒙古考古調查報告》，《絲綢之路——內陸歐亞考古與歷史》，第 87 頁，圖 66、67。

[14] [蘇]謝·亞·托卡列夫著，魏慶征編譯：《人類與宗教》，中央編譯出版社 2009 年版，第 8—9 頁。

[15] 拉諾夫（V. A. Ranov）在塔吉克斯坦東帕米爾發現的沙赫他洞（Shakhta Cave）繪畫，裡面有鴕鳥的圖像。參見 S. P. Gupta, *Archaeology of Soviet Central Asia, and the Indian Borderlands*, Vol. 1. Delhi: B.R. Publishing Corporation, 1979, pp.100-102.

[16] 注 [15]*Archaeology of Soviet Central Asia, and the Indian Borderlands*, Vol. 1, pp.100-102.

[17] 吉謝列夫：《南西伯利亞古代史》（上冊），新疆社會科學院民族研究所，1981年，第6頁。

[18] 注 [3] *History of Civilizations of Central Asia*, Vol.1, pp.56-58；《中亞文明史》第一卷，第28頁。

[19] Z. A. Abramova, translated by Catherine Page, edited by Chester S. Chard, "Palaeolithic Art in the U.S.S.R", *Arctic Anthropology*, Vol. 4, No. 2 (1967), pp. 1-179.

[20] 注 [15]*Archaeology of Soviet Central Asia, and the Indian Borderlands*, Vol. 1, pp.100-102.

[21] S. I. Rudenko, H. M. Wormington, C. S. Chard, "The Ust'-Kanskaia Paleolithic Cave Site, Siberia", *American Antiquity*, Vol.27, No.2 (Oct., 1961), pp.203-215.

[22] A. P. Okladnikov and William B. Workman, "Palaeolithic Finds in the Region of Lake Orok-Nor", *Arctic Anthropology*, Vol. 3, No. 1 (1965), pp. 142-145.

[23] 〔日〕關矢晃著、朱延平譯：《近年俄羅斯阿勒泰地區的考古學狀況——1992—1994年舊石器時代、新石器時代的發掘收獲》，《華夏考古》1997年第4期。

[24] 伊弟利斯·阿不都熱蘇勒、張川：《額爾齊斯河畔的石器遺存及其類型學研究》，《新疆文物》1998年第3期。

[25] Paul Pettitt, Alistair Pike, "Dating European Palaeolithic Cave Art: Progress, Prospects, Problems", *Journal of Archaeological Method and Theory*, Vol.14, No.1 (Mar., 2007), pp.27-47.

[26] David C. Grove, "Olmec Cave Paintings: Discovery from Guerrero, Mexico". *Science*, New Series, Vol.164, No.3878 (Apr.25,1969), pp.421-423; David Gebhard, "The Diablo Cave Paintings", *Art Journal*, Vol.20, No.2 (Winter,1960-1961), pp.79-82; John Mathew "The Cave Paintings of Australia, Their Authorship and Significance", *The Journal of the Anthropological Institute of Great Britain and Ireland*, Vol. 23(1894), pp. 42-52.

[27] 注 [6]《絲綢之路岩畫研究》，第 150—152 頁。

[28] 參見多魯坤·闞白爾、克由木·霍加：《新疆且末縣古代岩畫藝術》，《絲綢之路岩畫藝術》，第 514—524 頁；多魯坤·闞白爾、克由木·霍加：《古代昆侖原始藝術奇觀》，《新疆藝術》1986 年第 6 期；注 [6]《絲綢之路岩畫研究》，第 168 頁。

[29] 甘肅省博物館：《甘肅彩陶》，科學出版社 2008 年版，第 170 頁。

[30] 伊犁地區文物普查隊：《新疆伊犁地區岩畫》，《絲綢之路岩畫藝術》第 261—270 頁；蘇北海：《新疆伊犁地區岩畫中的生殖崇拜及獵牧文化》，《絲綢之路岩畫藝術》第 271—292 頁。

[31] 昌吉回族自治州文物普查隊：《新疆昌吉地區岩畫》，《絲綢之路岩畫藝術》圖七，圖十八，第 27—45 頁；蘇北海：《新疆木壘縣蘆塘溝的岩畫》，《絲綢之路岩畫藝術》第 63—75 頁；蘇北海：《新疆木壘縣博斯坦牧場罕見的岩畫山》，《絲綢之路岩畫藝術》第 76—104 頁；蘇北海、張岩：《新疆托里縣瑪依勒山喀拉曲克牧場岩畫所反映的古代獵牧文明》，《絲綢之路岩畫藝術》第 216—234 頁，圖三十二。

[32] 新疆文物考古研究所、吐魯番地區博物館：《新疆鄯善縣蘇貝希遺址及墓地》，《考古》2002 年第 6 期；新疆文物考古研究所、吐魯番地區博物館：《鄯善縣蘇貝希墓群三號墓地》，《新疆文物》1994 年第 2 期；注 [29]《甘肅彩陶》，第 17、23、28、41—42、46、50、55、56—57、60、62、67、68、72—73、80、84、96、99—104、106—108、113、136—140、155 頁等。

[33] 注 [25] "Dating European Palaeolithic Cave Art: Progress, Prospects, Problems".

[34] 注 [15] *Archaeology of Soviet Central Asia, and the Indian Borderlands*, Vol. 1. pp.100-102.

[35] 梁振華：《桌子山岩畫》，文物出版社 1998 年版，第 81—83 頁，圖四二、四六—四八，圖版 2—42，等。

[36] James Walton, "Kaross-Clad Figures from South African Cave Paintings", *The South*

African Archaeological Bulletin, Vol.6, No.21 (Mar.,1951), pp.5-8.

[37] Valda J. Blundell, "The Wandjina Cave Paintings of Northwest Australia", *Arctic Anthropology*, Vol.11, Supplement: Festschrift Issue in Honor of Chester S. Chard (1974), pp.213-223.

[38] June Ross, Iain Davidson, "Rock Art and Ritual: An Archaeological Analysis of Rock Art in Arid Central Australia", *Journal of Archaeological Method and Theory*, Vol.13, No.4, Advances in the Study of Pleistocene Imagery and Symbol Use [Part I] (Dec.,2006), pp.305-341; Steven J. Mithen, "To Hunt or to Paint: Animals and Art in the Upper Palaeolithic", *Man*, New Series, Vol.23, No.4 (Dec.,1988), pp.671-695.

[39]〔美〕米爾恰·伊利亞德（Mircea Eliade）著、晏可佳等譯：《宗教思想史》，上海社會科學院出版社2004年版，第18—21頁。

本文是"天山——阿爾泰山遊牧文化調查與研究"課題階段性成果，該課題受教育部人文社會科學重點研究基地課題基金資助（課題批准號2009JJD770033）。本文的撰寫亦得到新疆文物考古研究所祁小山先生的幫助，在此一併誌謝！

鄯善王國畜牧業生產略述

李豔玲

20世紀初，新疆出土大量佉盧文書，其年代主要集中在公元3、4世紀。[1]已被釋讀的文書爲鄯善王國的歷史研究提供了豐富素材。學界利用這些資料對鄯善王國的畜牧業生產進行研究，涉及牲畜的種類、飼養方法及管理措施、牲畜在社會經濟生活中的作用等方面。在此基礎上，本文就畜牧業的經營方式、畜牧業管理措施及政策法規、生產技術作簡略論述，以進一步考察公元3、4世紀鄯善王國的畜牧業生產狀況。

一、畜牧業的經營方式

《漢書·西域傳》記載鄯善地區"有驢馬，多橐它"，[2]說明驢、馬、駱駝在鄯善王國的畜產構成中佔有重要地位。已釋讀的佉盧文書中，描述駱駝的詞彙最爲繁複，有關羊的稱謂也較多，馬和牛的稱謂略顯簡單，涉及騾等其他畜產的詞彙極少。[3] 這在一定程度上反映了鄯善王國的畜產結構，即：以駱駝和羊爲主，馬、牛、驢次之，騾等畜產更次之。結合王國轄區的墓葬中多出土大量羊毛織物及羊肉等，可知羊是當地民衆飼養最普遍的畜種。尼雅遺址區出土的豬鬃、狗骨架、雞骨，[4] 顯示鄯善王國還飼養這些畜產。但因缺乏相關資料，本文所謂的畜牧業主要是針對駝、馬、牛、羊等較大型家畜而言。

文書中多見"皇家畜群"字樣，也有關於官僚貴族及平民的牲畜的記載。"皇家畜群"與後者明顯不同。以下對這兩類畜牧業的經營方式分別討論。

需要注意的是，學界對"皇家畜群"的性質存在不同意見，[5] 在此稍加探討。粗略統計，包括"皇家（royal）"一詞的文書不少於 34 件。[6] 其中 29 件譯自 rayaka，另有譯自 rayakade（399、600、640）、rajade（374）、raja（677）者。但與皇家牲畜有關的皆譯自 rayaka 或 rayakade。按，rayaka（"royal"）是 raya（"king"）的形容詞性形式，意爲"王室的"、"皇家的"。rayakade 是 rayaka 加上離格後綴 de "from"，表示"來自王室的"、"來自皇家的"。關於 raja（"kingdom, state"），j=jy，即 raja=rajya，意爲"王國"、"政府（州）"。rajade 是 raja 加上離格後綴 de，表示"來自王國的"、"來自政府（州）的"。[7] 佉盧文書中對"皇家／王室"和"王國／政府"有明確區分，譯文中將 raja、rajade 譯作"皇家（的）"當有不確。由 rayaka 及其派生詞翻譯成的皇家畜群應指爲王室所有的牲畜。

文書中不見官畜或國有畜產的記載，或緣於文獻的有限性；亦或是鄯善王國無官畜的真實反映，這又可能與鄯善爲小國有關。

文書記載顯示鄯善王室成員有屬於個人的私有牲畜。如第350號文書提到，"茲於4年3月1日，皇后之牝駱駝務必由屬於州長夷多迦之男人一名看管"。[8] 另有第439號文書云：[9]

1. 威德宏大、偉大之國王陛下敕諭，致州長克羅那耶和稅監黎貝諭令

2. 如下：今有怖軍上奏，彼已收到王妃之母牛。彼現爲葉吠縣之牧羊人，同時又是kuvana穀物之司稅，現又將皇

3. 家母牛交給彼。此人身兼五職，殊不合法。（中略）倘若確實如此，

4. 皇家母牛不應再交給彼，若有人未擔任任何職務，應將皇家母牛交付此人。

按文書內容，"王妃之母牛"與"皇家母牛"並列，不能合爲一群同時牧養，可知王室成員個人的私有牲畜不在皇家畜群之列。但兩件文書中，王室成員個人私有牲畜與皇家牲畜，都是經由州長等地方官員分派給牧養者，兩者皆由官方管理，經營方式相同。基於這一點，可以將王室成員個人私有牲畜與皇家畜群的經營情況一起論述。

已有的研究成果表明，皇家畜群在王國的都城和地方都有分佈。地方長官不但將皇家牲畜分派給地方民衆牧養，還征派人力到都城牧放皇家牲畜。各級官吏和平民都有牧養義務，官府供給牧養牲畜所需的草料，並向牧養者提供薪俸、衣食。被送至地方牧養的牲畜，育肥後經徵稅官送返。[10] 關於皇家畜群牧養人員的徵派與安排情況，

可參見第777號文書。文書記載：[11]

> 茲於大王、侍中、天子伐色摩那陛下之第九年十一月八日，彼時，當[……]來自[……]彼時 masiṃciye 訴稱牧羊人蘇耆陀（Suġita）已是牧羊人。第十年，摩迦耶（Moġaya）[與……]必須去做牧羊人。第十一年，茨摩耶（Tsmaya）必須去做牧羊人。第十二年，祖吉爾伽（Tsuġelġa）與 Civiṃtga 必須去做牧羊人。第十三年[……]

文中在伐色摩那國王第九年，已確定至少後續4年的牧羊人，每任任期1年。從而可知，王國提前選定皇家畜群的牧養人員。此項事宜的執行程式不明，但根據上引439號文書，推測是由國王下達命令，再由州長等地方官員作出具體安排。文中每任牧羊人有一人或兩人不等，出現這種差別的原因，尚無從考察。

被征派的牧養人員無法按時到任者，可由他人代替。第5號文書載：[12]

底牘正面

1. 威德宏大、偉大之國王陛下敕諭，致御牧盧達羅耶諭令如下：今有……

2. 黎貝耶此子業已作為使者外出，秋天理應由黎貝耶隨畜群放牧。待汝接到此楔形泥封木牘時，

3. 務必即刻對此事詳加審理。黎貝耶若隨……畜群放牧，

封牘背面

　　1. 則必須於秋天至此地隨畜群放牧，而黎貝耶秋天根本不能來此隨畜群放牧。

　　2. 唯二十六年二月二十一日……已將貴霜軍帶至京城皇廷……

按 T. Burrow 的注釋，背面最後一行可理解成 Kuṣanaṣena（貴霜軍）作爲黎貝耶的替代者被帶至皇廷。[13] 由此可知文書内容，黎貝耶本應在當年秋天牧放皇家牲畜，因子外出或導致黎貝耶無法抽身前往都城到任，便由貴霜軍代替黎貝耶前去做牧養者。文中早在二月份就對當年秋天牧養人的替換事宜做出了安排，反映出王國對皇家畜群的重視。但爲何替代者也提前在二月份抵達都城，不得而知。

上件文書中強調黎貝耶必須在秋天到都城放牧，秋天或是皇家畜群牧養人換任的時間。另外，第198號文書中，國王敕諭州長與奧古侯"從彼處送來兩頭橐駝……務必於秋天將養肥的一頭送來，轉交諸税監，由彼等送來"；第180號文書"皇家橐駝"帳中，摩醯利王某年九月十七日"司土烏波格耶有十一頭牝駝活着，有二頭橐駝送到皇廷……柯羅羅·盧特羅耶有牝駝八頭，一頭橐駝送到皇廷"。[14] 根據這兩件文書，推測秋季作爲牲畜育肥的季節，也是送返皇家牲畜的主要時節。皇家畜群的牲畜數量因而發生較大變化，官府需重新統計，被徵派的牧養者於此時換任並接管變化後的畜群自在情理之中。

第19號文書同樣記載了皇家畜群牧養人的替代情況。其文云：[15]

1. 威德宏大、偉大之國王陛下敕諭，致州長克羅那耶稅監黎貝諭

2. 令如下：今有一女子，名馱摩施耶那。彼於此地代替夷陀色那隨畜群放牧。當汝接到此楔形泥封木牘時，務必親自詳細審理此事。

3. 倘若馱摩施耶那確實替代夷陀色那隨畜群放牧，依據原有國法，應給予其衣食及薪俸。

文中交代，夷陀色那本應牧放皇家畜群，卻由馱摩施耶那代替；替代者馱摩施耶那可以依國法享有相應的待遇。

上引5號、19號兩件文書，都是國王命令州長、稅監、御牧等地方官員處理皇家畜群牧放人員的替代事宜。這進一步證明，州長等地方官員負責對皇家畜群牧養者的徵派與安排。被徵派的牧養者需要別人替代時，或須事先徵得地方官員的許可，祇是文書中沒有透露相關的信息。

第19號文書提到依"國法"由地方官府支付牧養者薪俸、衣食等，使其得到佣值。這說明民眾牧放皇家牲畜，不是無償勞役，官府與牧養者構成雇傭關係。因而，皇家畜牧業中存在雇工經營方式。

至於鄯善王國的私營畜牧業，則以家庭成員自行牧養，實行個體經營。鑒於前述皇家畜牧業以雇工方式經營，私營畜牧業中存在雇傭關係當無疑問。另外，寄養代牧的經營方式也已經存在。現引第519號文書進行分析，文書記載：[16]

長木牘正面

1. 人皆愛慕之愛兄沙門索馱耶及左施格耶，漢軍
2. 和名僕謹祝貴體健康，萬壽無疆，並致函如下：
3. 余已爲綿羊之事發出書信五六封。但迄今未獲回音。
4. 余去該地將八隻綿羊及羊羔交汝左施格耶和葉波怗，
5. 並將六頭牲畜送去。此事距今已有三年之久。
6. 伏盧楚克羅後又帶來十頭小畜，均係山羊。

長木牘背面

1. 現尚留四頭，其餘劣種牲畜，汝亦扣留下來。該
2. 羊及屬領地所有之羊已給蘇左摩照料，
3. 應帶至且末。余現呈上此信，願爲汝效勞。
4. 山羊請不必再送。

按貝羅的釋讀，正面第4、5行應該是"余至該地，將八隻帶有羊羔的綿羊與六隻牡羊交汝左施格耶和葉波怗"。[17] 該文書內容表明，漢軍與名僕作爲羊主，沒有親自牧放羊畜，而是交給左施格耶和葉波怗牧放，左施格耶等人需要返交羊畜給漢軍。

另有第644號文書云：[18]

2. 人皆愛見，人神崇敬，親愛的鄰居吠摩色那，皮齊耶謹祝汝貴體
3. 健康，萬壽無疆，並致函稟報如下：去年，
4. 僅有一……橐駝由汝照料。余等去年曾將橐駝帶來。該

橐駝

　　5. 現又逃回汝處，並受到關照。

文中皮齊耶的駱駝原本由鄰居飼養，也非自己飼養。

　　從牲畜所有者與牧養者之間的關係看，第 519 號文書中雙方爲兄弟，亦或是禮節性的稱呼，不一定存在血緣關係。再由背面第 3 行"余現呈上此信，願爲汝效勞"，推測牧養者不是被役使的人員。第 644 號文書中雙方爲鄰居，也不見役屬的關係。因此，兩文書中的經營方式的性質當不屬於僕從爲主人的義務勞作。

　　再分析第 519 號文書。由該文書出土於尼雅遺址，可知左施格耶等人是在精絕爲漢軍等羊主牧放羊群。文中，羊主對牧羊人左施格耶等人不滿，要把羊群轉至且末交給蘇左摩照料，而不是讓蘇左摩到精絕的草場替代左施格耶等人，說明牧羊人是在使用自己佔有的草場爲羊主飼育牲畜。另外，羊主聲明除羊羔外共交給牧羊人 14 隻羊，牧羊人在後來三年中交回 10 隻不合規格的山羊，尚餘 4 隻未交，另有"其餘劣種牲畜"（或指羊群繁育的仔畜）。文中沒有透露羊主給予牧羊人佣金的信息，也沒有提及羊主獲取羊群本身所能產生的其他經濟利益，如毛、奶等。這當意味着牧羊人利用自己的草場牧放羊群，雖然沒有直接得到羊主的薪酬，卻可以獲得羊群所產生的一些經濟利益。從而，牧養者扮演了代養人的角色；對於牲畜所有者，是以寄養的方式經營自己的畜牧業生產。因此，公元 3、4 世紀時，鄯善王國的畜牧業生產中已存在寄養代牧的經營方式。這種寄養經營與解放初南疆的牧戶代牧，以及蒙古民族中傳統的"蘇魯克"所體現的家畜寄養有相似之處。[19] 可見，寄養代牧在畜牧業經濟中行之已久。

二、畜牧業管理措施及政策法規

鄯善王國設有御牧、皇家廄吏等職官管理皇家畜牧業，並由御牧協助地方官吏解決民間畜產糾紛。官府還採取多項政策措施以保障畜牧業的發展。

根據已有的研究成果可知，鄯善官府對皇家畜群實行帳簿管理，將牲畜登籍造冊，包括牧養者所飼育牲畜在某一時段內的生、死、產仔等狀況，從而掌握畜群的變化。此外，王國規定地方官府須爲途經當地的皇家牲畜提供飼料和水，救治途中患病的皇家牲畜；若皇家牲畜在途中自然死亡，需將該牲畜的飼料交給當地官府；若牲畜死於牧養者的催趕，牧養者要作出填賠。在保護民衆私有牲畜的所有權方面，要求非法致他人牲畜死損者給予畜主相應的賠償，並立有私人牲畜因公致死要由官府賠償的"國法"。爲保證牲畜安全，官府還採取了禁止在牧場狩獵、爲牧放皇家畜群的人員配備衛兵等項措施。[20]

給皇家畜群的牧養人員配備衛兵應與當時動盪的社會環境密切相關。鄯善王國與週邊政權之間時常處於敵對狀態，甚至發生衝突。多件文書記錄了國王敕諭地方長官關注于闐及扜彌的情況。第376、516號文書都提到于闐的進犯。[21] 第324號文書提到，"鮮卑人（應是'蘇毗人'）到達且末，劫掠王國，搶走居民"，[22] 反映了週邊山區遊牧民對鄯善王國的劫掠侵擾。其中不乏對牲畜的掠奪，如第212號文書記載，"迦克和黎貝曾將幾匹牝馬趕到彼之耕地間放牧，蘇毗人從該地將馬牽走"。[23] 文書中多次強調警惕、戒備蘇毗人，突顯出爲牧放皇家畜群者配備衛兵，以防劫掠的必要性。

兇猛野獸的存在也當是配備衛兵的重要原因。第116號文書反映當地有狼出沒，文云：[24]

1. 唯威德宏大的、偉大的國王陛下、侍中、天子元孟在位之七年六月十四日，是時攤派的狼稅份額業已決定。
2.……
3. 蘇耆和遲那伽一份
4. 彌支格耶和柯尼陀一份
5. 凡三份

文中徵收狼稅的具體標準不明。但徵收狼稅本身即表明狼給人們的生產生活造成了極大影響。皇家牲畜及牧放者的安全無疑會受到威脅，需要配備衛兵對其實行強有力的保護。

除採取上述政策措施外，在牲畜牧養、飼料徵收、牲畜使用、畜產徵收等方面，官府還實施了其他的相關政策法規。茲略述之。

1. 牲畜牧養

（1）春天放走畜群中的一頭牲畜。見第743號文書：[25]

1. 威德宏大、偉大之國王陛下敕諭，致州長索闍伽諭令如下：今有
2. 烏波格耶給畜群增添一頭橐駝。據放牧法規，春天還要從畜群中放走一頭橐駝。

该法规应是针对皇家驼群而言，其具体内容无从知晓。国王要求按照放牧法规在春天放走畜群中的一头骆驼，应与乌波格耶给畜群增添一头橐驼有直接关系。这一法规的存在可能与宗教信仰中的放生习俗有关，也可能因春天是骆驼发情配种期或草料缺乏的季节，需对畜群牡牝比例或总数量进行严格控制。[26]

（2）不得私自出借、售卖皇家牲畜。第509号文书中，苏伐耶系饲养皇家马匹的人，私自将一匹牝马借给他人狩猎，致使牝马死亡。对此，国王明确提到"将他人私有之物借予别人，殊不合法"，并敕谕州长等亲自审理，依法作出判决。[27] 从而可知，饲养者不得私自出借皇家牲畜。

另外，第524号文书记载：[28]

底牍正面

1. 威德宏大、伟大之国王陛下敕谕，致州长夷陀伽和督军伏陀谕令如下：

2. 今有税监苏遮摩和善喜向本廷起诉。据税监苏遮摩上奏，彼听吉臣说，"余之主人确系

3. 皇家廏吏。彼等靠皇家牝马才得以谋利。彼等将其到处出售"。（中略）

5. 关于吉臣

6. 说……皇家廏吏到处出售牝马。若有证人，

封牍背面

应和彼等之誓约一起审理。依法作出判决。（后略）

按文意，皇家廄吏利用職權之便，出售皇家牝馬謀取利益，被告發。國王命令州長審理該事務，要求依法作出判決，說明主管皇家牲畜的人私自出售皇家牲畜，也是違法的。

主管和飼養皇家牲畜的人員，不能私自出借、出售牲畜，即無權隨意處置牲畜，一定程度上表明主管者及飼養者對皇家牲畜沒有用益權。對於違反規定者，官府採取何種處罰措施，不明。

2. 飼料徵收

地方爲途經當地的皇家畜群提供飼料，以及廄養皇家畜群，使徵收飼料成爲必然。王國存在關於飼料徵收的法規，在下面一件文書中有所反映：[29]

> 偉大的大王下記。向 Cojhbo(州長)·cimola、稅收官、書記斯固塔、稅收官埔高下詔。即：那裏的王所有的家畜群的飼料穀物，人民的東西，不得作稅交付。而且，追徵稅也停止。這個楔形文書到達那裏時，應儘快收集那裏的穀物，飼料用穀物，應按飼料法收集，給與的飼料用穀物的負債，每年都要詢問。

文意頗爲晦澀，應是翻譯所致。文末內容涉及徵收皇家畜群穀物飼料的問題，其中明確提到飼料法。

飼料法的具體內容不明。但第 146 號文書對飼料的徵收情況稍有涉及，其文如下：[30]

（欄一）	（欄二）
1. 務必向皇家駝群交納般遮雷那（穀物）	1. 十戶長帕爾蘇
3. 十戶長牟達羅耶	3b. 司稅波格耶送交穀物
（欄三）	
1. 伏盧之部中	
2. 司稅波格陀之般遮雷那穀物二十二彌里碼。	

文中的"般遮雷那"即 paṃcarena 或 paṃcara，意爲"（穀物）飼料"。[31] 據文書內容可知，爲皇家畜群徵收飼料，是以"十戶"、"部"等爲徵收單位，與國內其他稅物的徵收單位相同。[32]

再分析第 272 號文書，文云：[33]

1. 威德宏大、偉大之國王陛下敕諭州長索闍伽，汝應知悉朕所下達之

2. 諭令。（中略）

6. 司稅派帕爾怙陀在汝處徵收 kuvana、tsaṃghina 和 koyimaṃdhina 三種穀物，並存放於城內所有官府。現在

7. 應徵收 kuvana、tsaṃgina 和 koyi……穀物並……於城內。是時，若有信差因急事來皇廷，應允許彼從任何人處取一頭牲畜，租金應按規定租價由國家支付。

8. 國事無論如何不得疏忽。飼料紫苜蓿亦在城內徵收，caṃdri、kamaṃta、茜草和 curoma 均應日夜兼程，速送皇廷。（中略）茲於十一月七日。

文中徵收的飼料有苜蓿。徵收飼料的時間是十一月，正是牧草枯萎的時節，人工種植類飼料的需求量隨之增大。鄯善是否還存在其他的飼料徵收時間，目前無法探明。[34]

第 272 號文書與第 146 號文書中，都是由司稅主管飼料的徵收與送交，與其他稅物的主管人員相同。[35]但徵收的飼料當並非要全部送至王廷。第 272 號文書 6—7 行，司稅負責徵收的穀物稅留在當地官府儲存，不需送到王廷。作爲稅收組成部分的飼料稅也必定有部分留在地方官府，如此才有飼料提供給途經當地及牧養在地方的皇家牲畜。官府規定，對於在地方的皇家牲畜，"倘若其自然衰老而亡，應將飼料上交當地州邦"。[36]這正是地方官府留有部分飼料稅的體現。

3. 牲畜使用

在此主要探討驛畜的提供與更換。長澤和俊曾根據佉盧文書指出，王國內各個綠洲仍像西漢統治時期一樣，擔負着驛亭的職責。[37]關於驛傳中牲畜使用的相關規定，可參見第 367 號文書，其文云：[38]

1. (威德宏大、偉大之國王陛下敕諭)，致諸州長索闍伽和檀闍伽諭令

2. 如下：現布色正辦理皇家事務，須由莎闍提供兩頭橐駝和一名衛兵，將其護從至邊境；

3. 再由精絕提供適於作戰的戰馬一匹及衛兵一名，護送其至于闐。汝若將彼等扣留或僅提供不適於作戰的衛兵，汝得當心。

文中鄯善王國使者出使于闐，途中經過莎闍和精絕，國王規定由莎闍提供至王國邊境，即精絕西境的牲畜，然後精絕提供由邊境至于闐的牲畜。這表明各路段都有相應的地方官府負責。散佈在各綠洲中的地方官府，向使者（包括信使）提供牲畜，更換原牲畜。結合第 306 號文書中 "應由莎闍提供一頭橐駝，由精絕送還"，[39] 可知扮演驛站角色的綠洲向使者提供牲畜的同時，要將原牲畜送返上一綠洲。

如果地方官府不提供牲畜或遇緊急情況，使者等可自行租用牲畜。見第 223 號文書：[40]

    1. 威德宏大、偉大之國王陛下敕諭，致御牧盧達羅耶諭令如下：今有

    2. 僧吉羅上奏本廷，彼將出使于闐，應由汝州供給一匹專用馬。

    3. 汝州未提供馬，但僧吉羅已租用到一匹馬，租金應由汝州提供。州長勤

    4. 軍爲擔保人。

按文意，使者租用牲畜的租金，由本應提供牲畜的地方官府支付。前引第 272 號文書中 "若有信差因急事來皇廷，應允許彼從任何人處取一頭牲畜，租金應按規定租價由國家支付"，是對緊急情況下信使租用牲畜的反映，租金同樣由官府支付。

前引第 367 號文書中，使者在王國境內騎乘的牲畜是駱駝，出境去往于闐時，由精絕改供適於作戰的馬匹。這可能與當時動亂的

鄯善王國畜牧業生產略述　　053

社會環境有關。官府是否會根據使者身份而提供不同的牲畜，尚無從考察。

4. 畜產徵收

畜產品是王國賦稅的重要組成部分，官府對新立民戶的畜產徵收有特殊規定。這在第 638 號文書中得到反映，其文云：[41]

> 1. 威德宏大、偉大之國王陛下敕諭，致州長克羅那耶和稅監黎貝
> 2. 諭令如下：今有蘇遮摩上奏，彼從前僅有一頭牡羊。現在彼等卻向彼要二頭牡羊。當汝接到此楔形泥封木牘時，應即刻對此親自詳加審
> 3. 理。彼以前僅有一頭牡羊，現彼等祇能向彼要一頭牡羊。彼系新戶主，不得違法承擔國家義務。

文中最後一句，表明王國專門制定了關於新戶主承擔畜產稅的法令，新立民戶與舊民戶的負擔標準或有不同，應該較舊民戶爲輕。對新立民戶徵收較輕的賦役，可以保證其畜牧業生產順利進行及經濟實力迅速增強，體現出官府爲促進本國畜牧業發展所作的努力。

三、畜牧業生產技術

在從事畜牧業生產的過程中，鄯善王國民眾積累了豐富的生產經驗，文書中反映其掌握的生產技術有如下幾項：

1. 分群牧養

文書中關於皇家牲畜的牧養，多標明牧養人員牧放的畜種，如"皇家駝群之牧人"（182）、"牧駝者"（189）、"駝群牧養人"（383）、"皇家牧駝人"（562）、"葉吠縣之牧羊人"（439）、"牧羊人"（777）、"負責管理皇家之牛"（134）和"將一些牝馬交蘇伐耶看管"（509）。這體現了官府有將駝、馬、牛、羊等牲畜分開牧養的要求。駝、馬、牛、羊等牲畜，雖然都是草食動物，但習性不同，食草的方法、數量，以及行走、食草的速度都有區別。按畜種分別牧養正是針對這種狀況所採取的措施。

同一畜種的牲畜又按牝、牡分群牧養。前引第439號文書中牧羊人飼養王妃的牝牛，[42]第509號文書皇家廄吏將牝馬交給蘇伐耶照料，都屬於此例。牝、牡畜分開飼養，在放牧中尤顯重要。特別是春季正是牝、牡畜發情配種的旺季，如果牝、牡畜混群牧放，不僅其採食和休息會受到影響，也會出現自由交配、重復交配，以及無效交配，導致近親和劣種遺傳，這在一定程度上會降低牲畜的利用價值。

另外，第392號文書云：[43]

1. 人神愛慕之愛兄州長索闍伽，州長柯利沙
2. 再拜稽首，謹祝貴體健康，萬壽無疆，並致
3. 函如下：彼等現自皇廷帶來皇家橐駝二十頭，現皆患重病。
4. 余等已將……從汝州帶至空曠之地。
5. 彼等現已來此。當汝接到此信時，應即刻迅速派人來。
6. ……須帶至圈地。波格那已去山地。
7. 鳩元那已將橐駝帶去。

由文中一次即從皇廷帶來20頭皆患重病的駱駝，推測這裏的"圈地"是專門用於飼養、照料病駝的地方。這體現了根據牲畜健康狀況分群牧養的原則，如此才能保證病畜得到特殊照顧，同時不會影響健康牲畜。

再者，分群牧養或涉及牡、牝畜的比例。前注文所引第383號文書記載的存活駱駝不下16峰，但只明確記有一峰牡駝，其餘爲牝駝、剛斷奶的駱駝、未經調教的駱駝、老駝，亦或有幼公駝。由此推測這峰牡駝是該駝群的種駝，其與成年牝駝的最高比例在1：9左右。另有第180號文書記載：[44]

A.（1）司土阿沒提（Aṃti）有九峰牝駝，一峰牡駝，初生幼駝一峰。

（2）鳩那犀那（Kunaṣena）有九峰牝駝，[一峰]牡駝，幼駝[……]。

文中兩個駝群的牡、牝比例都是1：9。這應是當時鄯善王國飼養的駱駝繁殖群中通行的牡、牝比例。按新中國成立之初，牧民飼養的駝群中，種駝與牝駝的比例最低爲1：7—1：8。[45]鄯善王國時期與之大體相同，可見分群牧養中牡、牝畜搭配比例方面的生產技術應用之早。

以上内容表明鄯善王國的牲畜牧養，已注意到按畜種分類，同一畜種又按性別、健康狀況等分別牧養，同時掌握了繁殖牲畜群的牡、牝比例。分群牧養，不但便於管理，而且又能提高飼養效果，增強其經濟效益。

2. 嚴格的飼料搭配及供給標準

第214號文書記載：[46]

    1. 威德宏大、偉大之國王陛下敕諭，致諸州長柯利沙和索闍伽諭令如下：現在朕派

    2. 奧古侯阿羅耶出使于闐。爲處理汝州之事，朕還囑託奧古侯阿羅耶帶去一匹馬，餽贈于闐大王。

    3. 務必提供該馬從莎闍到精絶之飼料。由莎闍提供麵粉十瓦查犛，帕利陀伽飼料十瓦查犛和紫苜蓿兩份，直到

    4. 累彌那爲止。

    5. 再由精絶提供穀物飼料十五瓦查犛，帕利陀伽飼料十五瓦查犛，三葉苜蓿和紫苜蓿三份，直到扜彌爲止。

文中提供給馬匹的飼料包括麵粉（具體成分不明）、帕利陀伽、穀物、紫苜蓿、三葉苜蓿。除不知"帕利陀伽"是何種飼料外，[47] 其餘爲糧食和人工牧草兩種精、粗飼料，反映了飼料供給的多樣性。按文意，莎闍提供第一段行程，即從莎闍到累彌那的飼料；精絶提供第二段行程，即從累彌那到扜彌的飼料。兩段行程各需飼料總量的比例爲2:3，當與其距離長短不同有關，即從莎闍到累彌那的距離近於從累彌那到扜彌。再考察第一段行程中，麵粉、帕利陀伽、紫苜蓿等飼料的供給比例是5:5:1；第二段行程中，穀物、帕利陀伽、苜蓿的供給比例同樣是5:5:1。提供給牲畜的糧食與牧草飼料的數額比例是一定的，表明鄯善民衆在飼養牲畜方面已認識到精、粗飼料間的營養搭配。糧食類精飼料能量高、蛋白質豐富，粗纖維少，易於消化，適口性好。作

爲粗飼料的苜蓿等牧草，對馬匹尤爲重要。苜蓿是粗蛋白質、胡蘿蔔素、維生素的良好來源，又富含粗纖維，屬於優等的粗飼料，可以促進各種營養物質的消化吸收，保障營養水準的平衡，提高飼料的利用率。

如不考慮帕利陀伽這種飼料的具體種類，文書中精飼料比例遠高於粗飼料，精飼料占飼料總量的 45% 強。這或與該牲畜爲馬匹及其特殊的用途密切相關。牲畜飼料的供給標準，應該會隨季節、畜種及其用途的不同而有所區別。

3. 注意牲畜品種的改良及培育

第 74 號文書記載：[48]

（欄二）

1. 昆格耶之百戶中
2. 檀闍伽、鳩那色那、牟達羅耶及羅爾蘇良種駝一頭。
3. 楚利陀、蘭沙爾查、支尼耶、昆格耶之良種駝一頭。

文中特意將良種駝列出，一定程度上反映出鄯善對改良牲畜品種的重視。

另外，前注文所引第 383 號文書中的牡駝爲白色，而白駱駝嚮被畜牧業民族視作最爲珍貴的駝種之一。以白色牡駝做種駝，突顯了鄯善民衆通過選種培育名貴牲畜的努力。第 180 號文書中飼養在地方的皇家駱駝有"于闐駝"，[49]其非鄯善王國本有駝種。鄯善引進、牧養新的駝種，可以爲當地的畜牧業發展注入新的血液，從而保證牲畜品種的優勢。

4. 閹割牲畜技術的應用

第 85 號文書記載：[50]

（欄五）

1.（貴人）蘇耆陀閹馬一匹
2. 稅監蘇耆陀閹馬一匹
3. 左特怙耶交閹馬一匹

文中所列馬匹均爲閹馬，馬匹所有者既有官員，也有平民。第 437、591 號文書屬於人口買賣契約，其中均提到對不遵守契約而企圖翻案的人員要"罰以四歲閹割馬一匹"。[51] 由此可見閹割馬匹技術在鄯善王國應用之廣。

前引第 383 號文書中的 pursaka 駱駝或與去勢的駱駝有關，表明鄯善王國已應用閹割駱駝的技術。而懸泉漢簡中（Ⅱ 0216 ③：317），疏勒王子貢獻給西漢的駱駝中有兩頭"乘"，即是閹割的駱駝。[52] 可知早在公元前 1 世紀，疏勒民衆已掌握閹割駱駝的技術，不排除同一時期鄯善等地也已存在該技術。至公元 3、4 世紀，鄯善王國閹割駱駝的技術當更爲成熟。

閹割之後的牲畜生長快，體格健壯。同時，只留高大、健壯的雄畜做種畜，可以保證後代牲畜的品種優勢，從而使畜牧業生產的經濟效益得到相應的提高。另外，閹畜脾性溫順，易於役使，便於管理。這一點對於馬匹牧養尤爲重要，因爲當時馬匹主要用於軍事、交通。閹割馬匹技術的應用，使王國更易馴養出適於作戰的軍馬和交通的驛傳馬。

鄯善民衆實際掌握、應用的畜牧業生產技術，應遠較現有資料所反映的更爲全面、複雜而成熟。

綜合以上論述，公元3、4世紀，鄯善王國的畜牧業經營方式具有多樣性。王室私有的皇家畜群的牧養，由官方管理，存在雇工經營方式。民間私營畜牧業，除以家庭成員自行牧養生產及實行雇工經營外，已實行寄養代牧的經營方式。與畜牧業經濟在國內的重要地位相對應，官府制定了多項與畜牧業相關的政策、法規，涉及牲畜飼養、飼料徵收、牲畜使用、畜產徵收等方面，從而營造了安全的生產環境，爲王國畜牧業的繁榮發展提供了保障。在生產中，鄯善王國的民衆已掌握分群牧養、嚴格的飼料搭配與供給標準、牲畜品種改良及培育、閹割牲畜等技術。

■ 注釋

[1] 關於佉盧文書年代學的研究狀況，參見劉文鎖：《沙海古卷釋稿》，中華書局2007年版，第12—14頁。

[2]《漢書》卷九六上《西域傳上》，中華書局1962年版，第3876頁。

[3] 注[1]所引書第83—87頁。

[4] 參見新疆維吾爾自治區博物館考古隊：《新疆民豐大沙漠中的古代遺址》，《考古》1961年第3期，第119—126頁；王炳華、呂恩國、于志勇等：《95MN1號墓地的調查》，中日共同尼雅遺跡學術考察隊編著：《中日共同尼雅遺跡學術調查報告書》（第2卷），中村印刷株式會社1999年版，第88—132頁；李遇春：《尼雅遺址的重要發現》，《新疆社會科學》1988年第4期，第37—46頁。

[5] 學界多認爲皇家畜群是王室私有牲畜。見注 [1] 所引書第 159—160 頁；殷晴：《絲綢之路與西域經濟——十二世紀前新疆開發史稿》，中華書局 2007 年版，第 125—126 頁。但王欣在提到皇家畜群屬王室專有的同時，又指出所謂的皇家牲畜爲國有。見王欣、常婧：《鄯善王國的畜牧業》，《中國歷史地理論叢》2007 年第 2 期，第 94—100 頁。

[6] A. M. Boyer, E. J. Rapson, E. Senart and P. S. Noble, *Kharoṣṭhī Inscriptions, Discovered by Sir Aurel Stein in Chinese Turkestan,* Parts I-III, Oxford at the Clarendon Press, 1920-1929. T. Burrow, *A Translation of the Kharoṣṭhī Documents from Chinese Turkestan,* the Royal Asiatic Society, 1940. 林梅村：《沙海古卷——中國所出佉盧文書（初集）》，文物出版社 1988 年版。至少 40、55、106、122、134、146、152、159、180、182、236、248、272、317、341、349、367、374、383、392、399、439、448、480、509、524、562、567、583、600、640、677、696、725 號等文書含有"皇家"一詞。T. Burrow 與林梅村的譯文有所不同，但只要有一方譯爲"皇家（royal）"者，便統計在內。

[7] 參見注 [6] 所引 A. M. Boyer, E. J. Rapsonl, E. Senart and P. S. Noble 書, Part III, 1929, p.324. F. W. Thomas, "Some Notes on the *Kharoṣṭhī* Documents from Chinese Turkestan", in *Acta Orientalia,* Vol.XIII(1935), pp.45-46. T. Burrow, M. A., *The Language of the Kharoṣṭhī Documents from Chinese Turkestan*, Cambridge at the University Press, 1937, p.15. 關於 raja/raya 及其派生詞的含義，承蒙邵瑞祺（Richard Salomon）教授和 Desmond Durkin-Meisterernst 教授指教，在此謹致謝忱。

[8] ［英］貝羅著，王廣智譯：《新疆出土佉盧文殘卷譯文集》，油印本，第 88 頁。文書中的職官譯名參見注 [6] 所引林梅村書第 638—640 頁。下同。

[9] 注 [6] 所引林梅村書第 115 頁。

[10] 長澤和俊：《楼蘭王国史の研究》，雄山閣 1996 年版，第 355—381 頁。注 [5] 所引王欣、常婧文第 94—100 頁。

[11] T. Burrow, "Further Kharoṣṭhi Documents from Niya", in *Bulletin of the School of Oriental Studies*, Vol.9, No.1(1937), pp.119-120. 參見注 [1] 所引書第 381 頁。

[12] 注 [6] 所引林梅村書第 35 頁。

[13] 注 [6] 所引 T. Burrow 書, p.1。

[14] 注 [6] 所引林梅村書第 70、196—197 頁。

[15] 注 [6] 所引林梅村書第 42—43 頁。

[16] 注 [6] 所引林梅村書第 306—307 頁。在此，將原文中的"至函"改爲"致函"。下同。

[17] 注 [6] 所引 T. Burrow 書, p.102。林文中的"六頭牲畜"或爲"六頭牡畜"之筆誤。

[18] 注 [6] 所引林梅村書第 311 頁。

[19] 中共新疆維吾爾自治區委員會政策研究室等編：《新疆牧區社會》，農村讀物出版社 1988 年版，第 427—428 頁。[日] 利光有紀著，曉克譯：《蒙古的家畜寄養慣例》，《内蒙古近代史譯叢》（第 2 輯），内蒙古人民出版社 1988 年版，第 139—166 頁。戴雙喜、包英華：《法律視域中的蘇魯克制度》，《内蒙古社會科學》（漢文版）2007 年第 6 期，第 18—23 頁。内蒙古自治區編輯組、《中國少數民族社會歷史調查資料叢刊》修訂編輯委員會：《蒙古族社會歷史調查》，民族出版社 2009 年版，第 67 頁。

[20] 同注 [10]。長澤和俊指出第 383 號文書是有關皇家畜群的一種調查册。現對該文書略加分析。文書記載（注 [6] 所引 T. Burrow 書, p.77。譯文參見注 [8] 所引書第 100 頁）：

此一有關現有之皇家駱駝、牝駝及已死駱駝之文件，由太侯注伽鉢及囉蘇妥加保存。此係司土鳩沒犀那之印。

……]putgetsa；另有一歲之 pursaka 駝一峰。其生牝（駝）putgetsa 一峰。另有駱駝 [……] 另有駱駝 [……]。另有黑色駱駝 noñi 一峰。其生牝駝 putgesta

一峰。另有駱駝 [……] 一峰。另有駱駝 vaghu 一峰。其生牝駝 putgesta 一峰。另有駱駝 [……] aṃklasta 一峰。另有白色（śpetaga）駱駝一峰。另有白色（？）牡駱駝一峰。另有駱駝 [……]。另有黑色駱駝一峰。另有兩峰牝駝已供作犧牲。這些駱駝 [……] 當時有七峰幼駝死亡。後因該過失又有牝駱駝三峰走失。另外，那裏 [……] 死於澳畢沒多之池塘中。關於該駱駝，曹長凱羅摩沙係保證人。那時太侯蘇闍多係駝群牧養人。此文件係根據司土鳩沒犀那之口述所寫 [……] 樓蘭諸證人 [……] 證明。那時，司土鳩沒犀那（？）皇家駱駝。另有 koro 駱駝一峰。（這些駱駝皆已登記。）

根據亞諾什·哈爾馬塔（J. Harmatta）的推測，putgetsa 指脫離母畜的駱駝，koro 意爲"年老的"（J. Harmatta, "The Expeditions of Sir Aurel Stein in Central Asia", in *Acta Antiqua*, Vol.45, No.2-3(2005), pp.119-124）。putgetsa 應是對剛斷奶而未成年的駱駝的稱呼。駱駝 13 歲爲老，那麼 koro 應指 13 歲以上的駱駝。貝羅指出 pursaka=pursa，或與閹畜有關，aṃklasta 指未經過訓練的駱駝（注 [7] 所引 T. Burrow 書，pp. 106、71）。按駱駝一般在 3—5 歲時閹割，一歲的 pursaka 駝可能指尚未去勢的幼公駝。駱駝一般在 3 歲時開始調教，所以 aṃklasta 駱駝當未滿 3 歲。文中包括駱駝的性別、種類、數量、毛色、亡失數量及原因、駱駝擔保者、牧養者、證人等，不只是簡單記錄牧養人員及其所飼育牲畜的生、死、產仔等項。文末"這些駱駝皆已登記"，進一步表明該文書不同於一般的皇家牲畜籍帳簿。分析文書內容，文中記錄的是太侯蘇闍多牧養皇家駱駝的情況，並根據用印人司土鳩沒犀那口述寫成，寫就的文件又由太侯注伽鉢及囉蘇保存，但司土、太侯注伽鉢及囉蘇與皇家駝群的關係不明。佉盧文書中用印者不下 28 件，主要爲法律判決書、買賣契和贈送契，用印人或爲審訊者，或爲證人與參與買賣者。這件文書中有樓蘭的證人，駝群牧養人爲太侯蘇闍多。由此推測司土鳩沒犀那是皇家駝群監管者，負責檢查並詳細記錄畜群牧養狀況。那麼，該文書當是製作皇家牲畜籍帳的憑據或底稿，亦可用作考核牧養人員的依據。作爲文件保存者的太侯注伽鉢及囌蘇或爲司土之上的駝群管理人。若是，第383號文書恰反映了造皇家牲畜籍帳的初級流程，即：由司土等地方基層官員負責調查檢視私人牧養的皇家畜群，詳記每一個畜群的存亡狀況，並以此爲基礎另造牲畜籍帳，其間需有證人參與；然後將檢視記錄交由上級管理者保存（或附帶牲畜登記簿）。

另外，關於畜牧業的管理措施，殷晴根據第661號文書分析認爲，西域當時可能已實施馬印制度，與馬籍制度相配套。見注[5]所引殷晴書第124頁。但没有其他同時代的文書提到牲畜烙印，在此或只能說明民間的私有牲畜管理已使用烙印，以明確其私有性。至於爲牲畜烙印是否已上升到官府的一種嚴格正規的管理制度層面，尚難確定。

[21] 注[6]所引林梅村書第105—106、127頁。

[22] 注[8]所引書第78頁。

[23] 注[6]所引林梅村書第70頁。後來出土的該文書的封牘背面，經美國學者邵瑞祺解讀，使其内容相對完整。見［美］邵瑞祺著，黄盛璋譯：《尼雅新出的一件佉盧文書》，《新疆社會科學》1986年第3期，第82—86頁。

[24] 注[6]所引林梅村書第180頁。

[25] 注[6]所引林梅村書第152頁。

[26] 陳躍認爲，文中增添的橐駝爲公駝，春季是駱駝的發情交配時間，爲保持駝群穩定和配育順利進行，駝群只能保留一頭體格健壯的公駝。見陳躍：《南疆歷史農牧業地理研究》，西北大學碩士學位論文2009年，第112頁。現有佉盧文書中，viraga表示"雄性的"（第180、383、519號文書），viragauta或viragaūta意爲"公駝"（見注[6]所引A. M. Boyer, E. J. Rapson, E. Senart and P. S. Noble書, Part I, 1920, pp.72, 137。注[6]所引T. Burrow書, pp.34,77）。但上引文書未出現viraga一詞，

其中的 uṭa 既可指"公駝"，也可指"雌駝"，陳躍一說有待商榷。關於 uṭa、viragauṭa 和 viragaüṭa 的釋義及前引 383 號文書的譯文，承蒙 Stefan Baums 博士指教，在此深表謝意。

[27] 注 [6] 所引林梅村書第 126—127 頁。

[28] 注 [6] 所引林梅村書第 129 頁。

[29] 蓮池利隆：《佉盧文木簡——尼雅遺址出土的佉盧文資料的研究（2）》，中日共同尼雅遺跡學術考察隊編著：《中日共同尼雅遺跡學術調查報告書》（第 2 卷），中村印刷株式會社 1999 年版，第 140—141 頁。

[30] 注 [6] 所引林梅村書第 186—187 頁。

[31] 同注 [29]。

[32] 關於鄯善王國賦稅的徵收單位，參見注 [1] 所引書第 162 頁。

[33] 注 [6] 所引林梅村書第 81—82 頁。

[34] 山本光郎指出鄯善王國每年秋收後徵稅，持續到冬天及來年春天，4 月份對年度稅收進行全面調查。見山本光郎：《カロシュテー文書 No.714 について》，《北海道教育大學紀要》，第 52 卷第 2 號（2002），第 27—39 頁。劉文鎖的觀點與之大體相同，他提到，鄯善王國徵稅的時間集中在秋、冬季節，即 9 月及以後的幾個月，每年的稅收核查、審計大約在所謂的"雨季"。見注 [1] 所引書第 167—168 頁。飼料稅徵收時節或與其他稅徵收時節相同，但考慮到苜蓿類牧草一年可多次收割，牧草稅的徵收時節亦可能有獨特之處。

[35] 長澤和俊指出：稅監和司土從地方徵收賦稅，其中的穀物稅被整理成多個小包裹；然後稅吏、司稅等官員將稅物運到中央即扜泥地區。見注 [10] 所引長澤和俊書第 383—396 頁。

[36] 注 [6] 所引林梅村書第 52—53 頁第 40 號文書。

[37] 長澤和俊：《鄯善王國的驛傳制度》，見 [日] 長澤和俊著，鍾美珠譯：《絲綢之

路史研究》，天津古籍出版社1990年版，第224—236頁。

[38] 注[6]所引林梅村書第103頁。

[39] 注[6]所引林梅村書第90頁。

[40] 注[6]所引林梅村書第72—73頁。

[41] 注[6]所引林梅村書第144頁。

[42] 該文書中牧羊人飼養牛，可能將牛羊混牧，似與上述牲畜分群牧養的原則不符。其實，參考青海的遊牧之法——"牛群可無羊，羊群不可無牛……牛羊相間而牧，翌年之草始均"（見徐珂：《清稗類鈔》第五冊，中華書局1984年版，第2277頁），可知牛羊混牧不但可提高草場利用率，還有利於牧草均勻生長，提高牧草品質。鄯善王國將牛羊混牧，或表明當時民衆已認識到其益處，進而或可算作是王國畜牧業生產技術之一例。

[43] 注[6]所引林梅村書第301—302頁。

[44] 注[6]所引 T. Burrow 書，p.34。

[45] 注[19]所引內蒙古自治區編輯組、《中國少數民族社會歷史調查資料叢刊》修訂編輯委員會書第24頁。

[46] 注[6]所引林梅村書第71頁。

[47] 貝羅估計該物是如穀物飼料、紫苜蓿之類的飼料。見注[6]所引 T. Burrow 書，p.40, Note。

[48] 注[6]所引林梅村書第161—162頁。

[49] 注[6]所引林梅村書第196—197頁。

[50] 注[6]所引林梅村書第169頁。

[51] 注[6]所引 T. Burrow 書，pp.89-90, 126。

[52] 參見劉戈、郭平梁：《"大宛汗血天馬"揭秘——兼說中國家畜家禽閹割傳統》，《敦煌學輯刊》2008年第2期，第83—92頁。

侍子制度、蠻夷邸與佛寺

——漢魏西晉時期都城佛教傳播空間研究

葉德榮

西域佛教傳播中原地區，是漢武帝開西域後，中原國家"致遠人"、西域奉佛胡人"慕樂中國"、來到中原地區的結果，故將佛教傳播置於國際關係中進行觀察應該是合適的。已有學者注意到，佛教傳入漢地可能要比傳入塔里木地區稍早一些。[1]季羨林先生通過語言學角度的研究，也認爲佛教初傳漢地不是依相鄰的地緣關係發生的[2]。本文就佛教初傳漢地的具體空間及其表現，作初步的探討，以求證於讀者。

在佛教初傳漢地時期，如果我們暫時不考慮相鄰國家的地緣關係，那麼，中原國家國際交往方式主要表現在傳統的朝貢制度框架中，其中包括：（1）使節，（2）聯姻，（3）入侍，（4）貿易。國際間的王族政治聯姻，對宮廷文化面貌影響很大，可另文論述。西域胡人在中原地區的貿易活動與佛教傳播的關係，本人已有專文論述，請參看拙著《都邑的"市"、胡人聚落與佛教》。[3]本文主要探討"使節"和"入侍"兩項，其中朝貢諸國"入侍"的侍子們居住在漢地都城時間一般較長，與佛教初傳漢地事件相關度較大，故又是本文討論的重點。本文從國際交往的朝貢關係視角，通過揭示中古時期很流行的侍子制度，包括侍子的居住空間、生活方式及其環境等，以期揭示佛教傳播機制的一個方面。

在考察佛教傳播的過程中，目前學術界以及大多數民衆習慣於直接將僧人視爲佛教的"主體"，可能是受到了僧人本位的《高僧傳》等敘事方式影響，以及漢地社會傳統文化環境中宗統化僧人私有意識過強的結果。從宗教的性質和功能上說，宗教的主體是信徒群體，而不是僧人，就像國家主體是人民而不是政府一樣。當我們走進佛寺，我們就是佛寺這一空間功能的"主體"，僧人只是幫助我們實現信仰需求的服務性角色而已。但是我們往往不自覺間取消了我們應有的"主體"地位，反而認爲僧人是佛教的"主體"，因此喪失了直觀佛教本質的角度。所以，我們在這裏有必要重新調整認知佛教的角度和觀點，認爲決定佛教性質和傳播方向的主要因素，是信衆，而不是僧人。我們考察佛教傳播過程時，不僅關注僧人的行止，更要看到信衆的動向，才能比較全面地呈現佛教傳播的具體空間，並由此體會佛寺乃至佛教本身的性質。這也是本文嘗試從侍子制度入手，研究佛教傳播空間的主要理由。

一、主客曹、大鴻臚及蠻夷邸

漢晉時期國家主管四夷朝貢的機構，大致有兩個系統：一個是尚書屬下之主客曹，主要負責四夷朝貢過程文書章奏，偏重於政令性質；一個是大鴻臚，主要負責四夷朝貢過程禮儀食宿等，偏重於事務性質。主客曹是內廷機構，[4] 大鴻臚是外廷機構，兩者在職能上，是基本銜接的。上述兩個職能，在先秦的朝貢活動中應該早就存在，但作爲國家機構設置，則要晚一些。

內廷負責四夷文書事務的機構設置，應從早期國家負責文書事務的機構分化而來。"尚書"一職可追溯到秦代，至西漢時期，國家設置尚書"四曹"，主客曹爲"四曹"之一，"主外國四夷事"。東漢初，西域復通，分主客曹爲北主客曹、南主客曹。[5] 曹魏因舊制，亦設有北、南主客曹。西晉武帝時，曾置"左、右主客"，合爲北、南、左、右主客，可見四夷事務更加細化。晉室南渡後，又省簡爲主客曹。[6] 負責四夷事務的客曹增省，應與四夷通塞狀況，以及民族政策等大背景有關。

漢晉間尚書機構所在又稱"尚書臺"。據楊鴻年先生考察，"先秦及秦帝王居處以臺爲稱者極多"，如瑤臺、章臺、鴻臺、檀臺、平臺、藍臺等等，漢晉間又有漸臺、曲臺、武臺、承露臺、雲臺、柏梁臺、銅雀臺等等，[7] 則"臺"似爲先秦以來國家傳統禮制性建築形態之一。兩漢間內廷稱"臺"者，有尚書臺、御史臺、謁者臺、符節臺等，其中御史臺又稱"蘭臺"。兩漢時期"御史"一職，除了"掌察舉"以外，亦掌國家檔案。魏晉以來，佛教信徒皆傳說佛教最早經典《四十二章經》"藏在蘭臺石室"，將佛教最早經典與國家四夷事務密切的內廷檔案存儲空間聯繫起來，至少是符合當時國家朝貢制度的，所以，我們不能簡單地將此傳說視爲附會演繹，恐怕也存在着一定的事實依據，詳後。

外廷負責四夷禮儀食宿等事務的機構，早在秦代亦已經設立。秦代立"典客"，"掌諸歸義蠻夷"[8]；又立"典屬國"，"別主四方夷狄朝貢、侍子"[9]。前者應是指歸順中原國家之"蠻夷"僑民，屬於個人歸屬層面。後者則指與中原國家發生外交關係、或臣屬中原國家的"四方夷狄"國家，屬於國家交往層面。

漢承秦制，於景帝中元六年（前144），更"典客"名爲"大行令"。武帝太初元年（前104），又更名爲"大鴻臚"，"屬官有行人、譯官、別火三令丞，及郡邸長丞"[10]。成帝河平元年（前28），"罷典屬國，並大鴻臚"[11]。王莽時改"大鴻臚"曰"典樂"。東漢初，仍恢復"大鴻臚"名，[12]"省譯官、別火二令、丞，及郡邸長、丞，但令郎治郡邸"[13]。

大鴻臚下屬之"行人"，設有接待外國客人（使節、侍子等）的官邸，稱"蠻夷邸"。西漢時期的"蠻夷邸"，位於都城長安城內藁街，大概在未央宮北闕附近。[14]《漢書》卷九《元帝紀》：

> （建昭三年，前36）秋，使護西域騎都尉甘延壽、副校尉陳湯撟發戊已校尉屯田吏、士及西域胡兵攻郅支單于。冬，斬其首，傳詣京師，縣蠻夷邸門。四年春正月，以誅郅支單于告祠郊廟。赦天下。

東漢移都洛陽後，承舊制仍設"蠻夷邸"，《後漢書》卷八八《西域傳》：

> 永平（58—75）末，焉耆與龜茲共攻沒都護陳睦、副校尉

郭恂，殺吏士二千餘人。至永元六年（94），都護班超發諸國兵討焉耆、危須、尉黎、山國，遂斬焉耆、尉黎二王首，傳送京師，縣蠻夷邸。

雖然洛陽"蠻夷邸"的具體位置史無明載，但考慮到東漢諸帝起居皆在南宮，爲政治重心所在。太尉、司徒、司空三公府邸，亦位於都城東南開陽門内南宮附近，據此推測，九卿之一的大鴻臚及所屬蠻夷邸，亦應該離南宮不會太遠。《後漢書》卷八九《南匈奴傳》：

呼蘭若尸逐就單于兜樓儲先在京師，漢安二年（143），立之。天子臨軒，大鴻臚持節拜授璽綬，引上殿，賜青蓋駕駟、鼓車、安車、駙馬騎、玉具刀劍、什物，給綵布二千匹。賜單于閼氏以下金錦錯雜具，軿車馬二乘。遣行中郎將持節護送單于歸南庭。詔太常、大鴻臚與諸國侍子於廣陽城門外祖會，饗賜作樂，角抵百戲。順帝幸胡桃宮臨觀之。

太常、大鴻臚在位於西城南端的廣陽門外爲匈奴侍子祖會送行，看來廣陽門爲官府公務西出都城的主要通道。太常、大鴻臚很有可能就在廣陽門內，即位於南宮外的西南區，可見東漢外廷府邸相對集中在南城的南宮週邊區域。如果大鴻臚位於廣陽門內成立，那麼，傳說中的城西雍門外白馬寺前身爲鴻臚寺，有可能就是由大鴻臚屬下之蠻夷邸的一部分轉化而來（後面討論洛陽白馬寺時還會提到）。

魏晉兩朝沿襲兩漢外交制度，侍子事務仍繫於大鴻臚，《三國志》卷二四《崔林傳》：

> 文帝踐阼（黃初元年，220），拜尚書，出爲幽州刺史。……遷大鴻臚。龜茲王遣侍子來朝，朝廷嘉其遠至，褒賞其王甚厚。餘國各遣子來朝，間使連屬，林恐所遣或非真的，權取疏屬賈胡，因通使命，利得印綬，而道路護送，所損滋多。勞所養之民，資無益之事，爲夷狄所笑，此曩時之所患也。乃移書敦煌喻指，並錄前世待遇諸國豐約故事，使有恒常。

《晉書》卷三《武帝紀》：

> （太康元年，280）八月，車師前部遣子入侍。
> （太康四年，283）八月，鄯善國遣子入侍，假其歸義侯。
> （太康六年，285）冬十月，龜茲、焉耆國遣子入侍。

東漢末年，洛陽經歷了戰火，南宮毀壞嚴重。曹魏遷都洛陽後，重點修復了北宮，南宮從此湮沒無聞，都城格局發生了變化。魏晉鼎革是以"禪讓"方式完成的，都城格局不會有大改變。[15] 魏晉時期的大鴻臚有可能會向北宮移動，但蠻夷邸的位置，大概仍在城西地區。

漢晉以來，有着中原漢族國家傳統禮制觀念背景的侍子制度，亦被十六國、北朝時期的北方胡族政權所繼承，《晉書》卷一一二《苻健傳》：

> 其年（永和十年，354），西虜乞沒軍邪遣子入侍，健於是置來賓館於平朔門，以懷遠人。起靈臺於杜門。與百姓約法三章，

薄賦卑宫，垂心政事，優禮耆老，修尚儒學，而關右稱來蘇焉。

"平朔門"一名非西漢時期長安城門舊名。歷經鼎革之亂，特別是東漢移都洛陽後，長安漸衰，至西晉"永嘉之亂"後，"城中戶不盈百，牆宇頹毀，蒿棘成林"[16]，幾成廢墟。後趙建武十一年（345），羯人石虎"以石苞代鎮長安，發雍、洛、秦、并州十六萬人，城長安未央宫"，長安城得到了重建，但大概限於未央宫城。[17]十年後，關中氐人苻健佔據長安。故頗疑"平朔門"一名，乃重建之後北城門新名。苻氏儘管爲氐族，但漢化已深，"修尚儒學"，行漢政，爲了達到"以懷遠人"的目的，"置來賓館於平朔門"，以處侍子。從"來賓館"與"平朔門"義相聯屬來看，當是迎合了漢晉前朝舊制度。並且從位置上看，亦與西漢時期未央宫北闕及"蠻夷邸"格局大致重合，應該說，這不會是偶然的巧合。

二、侍子制度和侍子生活方式

我們充分注意到，先秦以來，在漢地社會傳統的國家空間"五服"觀念環境中，尤其是漢代儒教國家化完成以後，[18]已經形成以中原國家爲本位的政治意識形態，並直接影響國家對外政策和朝貢制度。《漢書》卷七〇《陳湯傳》：

> 建昭三年（前36），湯與延壽出西域。……於是延壽、湯上疏曰："臣聞天下之大義，當混爲一，昔有康虞，今有強漢。匈

奴呼韓邪單于已稱北藩，唯郅支單于叛逆，未伏其辜，大夏之西，以爲強漢不能臣也。郅支單于慘毒行於民，大惡通於天。臣延壽、臣湯將義兵，行天誅，賴陛下神靈，陰陽並應，天氣精明，陷陳克敵，斬郅支首及名王以下。宜縣頭藁街蠻夷邸間，以示萬里，明犯強漢者，雖遠必誅。"事下有司。

這種爲了實現"天下之大義，當混爲一"的政治理想而"將義兵，行天誅"，正是漢代儒教國家政治意識形態的通俗表達。顯而易見，這種儒教國家意識形態亦滲透到了侍子制度。

（一）侍子制度及其政治功能

侍子制度是指古代國際交往中，弱勢國家爲了表達誠意，通過遣送統治者親子到強勢國家都城作爲人質，以建立臣屬宗藩關係的一種外交制度。侍子制度在中古時期很流行，不僅通行於漢族政權與胡族政權之間，也通行於胡族政權與胡族政權之間，參見附表。在漢文化影響所及地區，侍子制度作爲朝貢制度的構成部分，也是充分體現着"漢家天子躬臨萬國"政治理念的。

所謂臣屬藩國遣子"入侍"，並不是讓侍子侍候中原國家皇帝的日常起居，中原皇帝日常起居自有一套制度。"入侍"除了作爲人質以外，同時還出於中原國家傳統禮儀的需要。在中原國家舉行重大典禮（如宗祀、上陵、巡狩等）的場合，需要各藩國侍子們禮儀性地侍候在中原皇帝身邊，象徵中原國家天子"混一六合"、號令天下諸侯的地位，如《後漢書·禮儀志上》云：

正月上丁，祠南郊。禮畢，次北郊，明堂，高廟，世祖廟，謂之五供。五供畢，以次上陵。先甲三日，辛也，後甲三日，丁也，皆可接事昊天之日。西都舊有上陵。東都之儀，百官、四姓親家婦女、公主、諸王大夫、外國朝者、侍子、郡國計吏會陵。畫漏上水，大鴻臚設九賓，隨立寢殿前。鐘鳴，謁者治禮引客，群臣就位如儀。

又如東漢永平二年（59），匈奴侍子"陪位"孝明帝宗祀光武帝典禮，見《後漢書》卷二《顯宗孝明帝紀》：

（永平）二年春正月辛未，宗祀光武皇帝於明堂，帝及公卿列侯始服冠冕、衣裳、玉佩、絢屨以行事。禮畢，登靈臺。使尚書令持節詔驃騎將軍、三公曰："今令月吉日，宗祀光武皇帝於明堂，以配五帝。禮備法物，樂和八音，詠祉福，舞功德，班時令，敕群後。事畢，升靈臺，望元氣，吹時律，觀物變。群僚藩輔，宗室子孫，衆郡奉計，百蠻貢職，烏桓、濊貊咸來助祭，單于侍子、骨都侯亦皆陪位，斯固聖祖功德之所致也。"

又如建寧五年（172），"西域三十六國侍子"出席孝靈帝上陵典禮，見晉袁宏《後漢紀》卷二三《孝靈皇帝紀上》：

（建寧）五年春，車駕上原陵，諸侯國公主及外戚家婦女、郡國計吏、匈奴單于、西域三十六國侍子，皆會焉。

毫無疑問，侍子制度中所體現的中原儒教國家政治意識形態以及國家禮儀，都是具有現實政治功能的。侍子在漢地生活日久，接受漢族文化是自然的，同時也會形成親漢的情感和立場。如果侍子回國後執政，那麼，對本國的制度和政策都會產生一定的影響。《後漢書》卷八八《西域傳》：

> 匈奴單于因王莽之亂，略有西域，唯莎車王延最強，不肯附屬。元帝時，嘗爲侍子，長於京師，慕樂中國，亦複參其典法。常敕諸子，當世奉漢家，不可負也。天鳳五年（18），延死，謚忠武王。

同時，侍子制度往往與國家其他外交措施結合在一起，比如在西域行政的漢族國家官員，也會有意扶植親漢勢力，甚至扶助有漢地入侍經歷的王子登上王位，以此構建有利於漢族國家生存和發展的國際環境。《後漢書》卷四七《班超傳》：

> 建初三年（78），超率疏勒、康居、于寘、拘彌兵一萬人攻姑墨石城，破之，斬首七百級。超欲因此叵平諸國，乃上疏請兵。曰："臣竊見先帝欲開西域，故北擊匈奴，西使外國，鄯善、于寘即時向化。今拘彌、莎車、疏勒、月氏、烏孫、康居復願歸附，欲共並力破滅龜茲，平通漢道。若得龜茲，則西域未服者百分之一耳。……今宜拜龜茲侍子白霸爲其國王，以步騎數百送之，與諸國連兵，歲月之間，龜茲可禽。以夷狄攻夷狄，計之善者也。"

又，《後漢書》卷八八《西域傳》：

> 靈帝熹平四年（175），于寘王安國攻拘彌，大破之，殺其王，死者甚衆。戊己校尉、西域長史各發兵，輔立拘彌侍子定興爲王。

類似材料在正史中可以找出不少，恐贅不俱引。

余太山先生曾概括過侍子的主要作用：（1）"人質的作用"，（2）"培植親漢勢力"，（3）"'致遠人'的象徵"[19]。非常明瞭。

（二）侍子的居住空間、生活方式及其環境

關於侍子的居住空間、生活方式及其環境，正史限於體例，正面描述材料未見。幸賴北魏楊衒之《洛陽伽藍記》記述，使我們有機會重溫1500年以前侍子生活情景。北魏孝文帝朝遷都洛陽後，有志於漢政，充分繼承了漢族國家傳統的朝貢制度，其中也包括侍子制度。《洛陽伽藍記》詳細記述了侍子的居住空間、生活方式及其環境，堪稱侍子生活的"紀錄片"，見《洛陽伽藍記》卷三《城南》：

> 永橋以南，圜丘以北，伊、洛之間，夾御道有四夷館。道東有四館：一名金陵，二名燕然，三名扶桑，四名崦嵫。道西有四里：一曰歸正，二曰歸德，三曰慕化，四曰慕義。
>
> 吳人投國者處金陵館，三年已後，賜宅歸正里。景明初，僞齊建安王蕭寶寅來降，封會稽公，爲築宅於歸正里。後進爵爲齊

王，尚南陽長公主。寶夤恥與夷人同列，令公主啓世宗，求入城內。世宗從之，賜宅於永安里。正光四年中，蕭衍子西豐侯蕭正德來降，處金陵館，爲築宅歸正里，正德舍宅爲歸正寺。

北夷來附者處燕然館，三年已後，賜宅歸德里。正光元年，蠕蠕主郁久間阿那肱來朝，執事者莫知所處。中書舍人常景議云："咸甯中，單于來朝，晉世處之王公特進之下，可班那肱蕃王、儀同之間。"朝廷從其議。又處之燕然館，賜宅歸德里。北夷酋長遣子入侍者，常秋來春去，避中國之熱，時人謂之雁臣。

東夷來附者處扶桑館，賜宅慕化里。

西夷來附者處崦嵫館，賜宅慕義里。

自蔥嶺已西，至於大秦，百國千城，莫不歡附，商胡販客，日奔塞下，所謂盡天地之區已。樂中國土風，因而宅者，不可勝數。是以附化之民，萬有餘家。門巷修整，閭闔填列，青槐蔭陌，綠樹垂庭，天下難得之貨，咸悉在焉。別立市於洛水南，號曰四通市，民間謂永橋市。伊、洛之魚，多於此賣，士庶須膾，皆詣取之。魚味甚美，京師語曰："洛鯉伊魴，貴於牛羊。"……

菩提寺，西域胡人所立也，在慕義里。沙門達多發塚取甎，得一人以進。

北魏景明二年（501），爲了安置"代遷之民"以及都城相應功能所需的其他人口，[20]朝廷在洛陽都城四週大規模修建了320座坊里，《魏書》卷一八《元嘉傳》：

（高祖）遺詔以嘉爲尚書左僕射，與咸陽王禧等輔政。遷司州牧。嘉表請於京四面，築坊三百二十，各周一千二百步，乞發三正復丁，以充茲役，雖有暫勞，姦盜永止。詔從之。

上引《洛陽伽藍記》所記城南之"四夷館"、"四夷里"，應該亦在其數。"四夷館"爲國家安置"四夷"（包括侍子）的邸舍，具有官方外事性質。"三年已後"，"賜宅""四夷里"。既謂"賜"，可見"四夷里"也是具有官方外事性質的住宅區，不會是一般"商胡販客"居住的生活社區。由此可以推想，居住在"四夷里"的人群，應該屬於四夷諸國的侍子、貴族階層及其隨從人員。也就是說，四夷諸國的侍子、貴族，是"四夷里"這一生活空間的主角。

從上引"四夷館"、"四夷里"材料中，我們可以歸納出侍子居住空間、生活方式及其環境的主要特徵：

（1）宗主國已經形成一整套完善的外交制度，包括對於侍子生活的制度性安排。

（2）身負國家使命的侍子，能得到宗主國禮節性對待，交往層面很高。

（3）在和平時期，侍子可以自由來往於本國與宗主國。

（4）西域侍子生活環境比較胡化，並與以"市"爲中心的商胡聚落相毗鄰，共同構成具有明顯商業特徵的亞社會。

（5）西域胡人在其聚落（慕義里）內立佛寺（菩提寺），僧人爲胡僧。

值得我們注意的是，儘管北魏遷都洛陽以後，北朝胡漢民衆奉佛風氣已盛，掩蓋了漢地社會早期奉佛的面貌，但在北魏洛陽的佛教形態中，依然包含着漢地社會早期奉佛的歷史信息。我們可以認爲，上面歸納出來的五條特徵中，其中由"侍子、四夷館/以'市'爲中心的胡人聚落/佛寺、胡僧"所構成的胡人亞社會，實爲西域佛教初傳漢地社會的發源性空間。

三、佛寺：蠻夷邸佛教化的表現形式

在此需要特別提醒，我們習慣上以現在還能看到的平民信徒在社區性佛寺燒香拜佛方式，來想象古代佛教信徒的信仰生活，特別是王族、貴族佛教信徒的信仰生活，可能是不合適的。事實上，古代王族、貴族佛教信徒的信仰生活方式，與平民信徒的信仰生活方式，有很大的不同。他們往往有自己的"門師"——僧人，指導自己的日常生活[21]；往往還有自己的宗教生活空間——"精舍"，或"功德寺"[22]。如果我們以信衆爲佛教"主體"的角度來審視佛教，並以此對佛寺進行分類，那麽，有很大一部分佛寺是屬於王族的官寺和屬於貴族的私寺。

我們知道，漢晉時期入侍漢地的西域諸國中，有一些是佛教國家，如《北史》卷二〇《安同傳》：

> 安同，遼東胡人也。其先祖曰世高，漢時以安息王侍子入洛。歷魏至晉，避亂遼東，遂家焉。

《出三藏記集》卷一三《安世高傳》所記安息僧安世高，亦云"安息王子",儘管不能斷爲一人("世高"可能爲安息國人常用名),但兩者的關係表明漢時安息王族奉佛是肯定的。在入侍漢地的西域諸國侍子中,佛教國家侍子的日常生活,應該是佛教化的,他們會有佛教化的生活老師——僧人,會有佛教化的生活空間——佛寺。

西域諸國王子在本國内的佛教化生活方式,如《出三藏記集》卷一三《佛陀耶舍傳》所記:

> (佛陀耶舍)後至沙勒國。時太子達摩弗多,齊言法子,見其容貌端雅,問所從來。耶舍酬對清辯,太子悅之。仍請宮內供養,待遇隆厚。羅什後至,從其受學《阿毗曇》、《十誦律》,甚相尊敬。什隨母東歸,耶舍留止。頃之,王薨。太子即位,王孫爲太子。時苻堅遣吕光攻龜茲,龜茲王急求救於沙勒王,自率兵救之,使耶舍留輔太子,委以後任。救軍未至,而龜茲已敗。王歸,具說羅什爲光所執,乃歎曰:"我與羅什相遇雖久,未盡懷抱。其忽羈虜,相見何期。"停十餘年。

關於西域侍子在宗主國的佛教化生活方式最直接描述,見於7世紀唐釋玄奘《大唐西域記》。該書卷一"迦畢試國"條追述西域侍子入侍貴霜時的佛教化生活方式云:

> 大城東三四里,北山下,有大伽藍。僧徒三百餘人,並學小乘法教。聞諸先志曰:"昔健馱邏國迦膩色迦王,威被鄰國,化洽遠方。治兵廣地,至蔥嶺東。河西蕃維,畏威送質。迦膩

色迦王既得質子，特加禮命，寒暑改館。冬居印度諸國，夏還迦畢試國，春秋止健馱邏國。故質子三時住處，各建伽藍。今此伽藍，即夏居之所建也。故諸屋壁，圖畫質子，容貌服飾，頗同中夏。其後得還本國，心存故居。雖阻山川，不替供養。故今僧衆每至入安居，解安居，大興法會，爲諸質子祈福樹善。相繼不絕，以至於今。"伽藍佛院東門南大神王像，右足下坎地藏寶，質子之所藏也。故其銘曰：伽藍朽壞，取以修治。……伽藍北嶺上，有數石室，質子習定之處也。其中多藏雜寶，其側有銘，藥叉守衛。

儘管目前學術界對迦膩色迦王執政時期的準確年代尚無定論，[23]但在1—2世紀之交，貴霜勢力開始侵入塔里木地區西部，應值得我們注意。《後漢書》卷四七《班超傳》：

初，月氏嘗助漢擊車師有功，是歲貢奉珍寶、符拔、師子，因求漢公主。超拒，還其使，由是怨恨。永元二年（90），月氏遣其副王謝將兵七萬攻超。超群少皆大恐，超譬軍士曰："月氏兵雖多，然數千里逾蔥嶺來，非有運輸，何足憂邪？但當收穀堅守，彼饑窮自降，不過數十日決矣。"謝遂前攻超，不下，又鈔掠無所得。超度其糧將盡，必從龜茲求救，乃遣兵數百於東界要之。謝果遣騎齎金銀珠玉以賂龜茲。超伏兵遮擊，盡殺之，持其使首以示謝。謝大驚，即遣使請罪，願得生歸。超縱遣之。月氏由是大震，歲奉貢獻。

又，《後漢書》卷八八《西域傳》：

> 安帝元初（114—120）中，疏勒王安國以舅臣磐有罪，徙於月氏，月氏王親愛之。後安國死，無子，母持國政，與國人共立臣磐同產弟子遺腹爲疏勒王。臣磐聞之，請月氏王曰："安國無子，種人微弱，若立母氏，我乃遺腹叔父也，我當爲王。"月氏乃遣兵送還疏勒。國人素敬愛臣磐，又畏憚月氏，即共奪遺腹印綬，迎臣磐立爲王，更以遺腹爲磐橐城侯。後莎車連畔于寘，屬疏勒，疏勒以强，故得與龜茲、于寘爲敵國焉。

從月氏求救於龜茲以及疏勒國政權轉換的事件中，我們清楚地看到了貴霜勢力已經滲入龜茲、疏勒等國。此時莎車國臣屬於疏勒國，則貴霜勢力亦將及於莎車國。貴霜是奉佛王朝，貴霜勢力向塔里木地區的侵入，在文化層面即表現爲佛教化。在班勇經略西域期間，有着貴霜勢力背景的疏勒國等又隨諸國內附漢地，入侍貢獻，同書同卷：

> 順帝永建二年（127），勇復擊降焉耆。於是龜茲、疏勒、于寘、莎車等十七國皆來服從，而烏孫、蔥領已西遂絕。
> （永建）五年，（疏勒國）臣磐遣侍子。

中原國家爲了實現"威德遍於四海"的政治理想，對於被貴霜化的西域諸國侍子（或貴族）的佛教化生活方式應該是寬容的，《晉書》卷九五《佛圖澄傳》記石趙時期中書著作郎王度追憶漢晉時期漢地佛教境況時說：

> 漢代初傳其道，惟聽西域人得立寺都邑，以奉其神，漢人皆不出家。魏承漢制，亦循前軌。

我們由此推想，"河西菩維"侍子入侍中亞貴霜的佛教化生活模式，應該也表現於入侍漢地期間。和"河西菩維"侍子一樣，臣磐也有在貴霜生活多年的經歷，那麼，臣磐遣子入侍漢地，也會帶來佛教化的生活方式。前引《洛陽伽藍記》所記載的北魏時期"四夷館"、"四夷里"的侍子生活方式，在整體氣息上，也是可以相互印證的。比如蕭正德"築宅歸正里"，"舍宅爲歸正寺"，歸正寺爲蕭正德功德寺自無疑問，那麼，在慕義里建立菩提寺的"西域胡人"身份，就有可能是來自西域諸國的侍子或貴族。菩提寺是滿足侍子或貴族佛教信仰生活的空間，"沙門達多"是隨從並服務於侍子或貴族佛教信仰生活的胡僧。

在這裏，我們需要重新檢察"佛寺"這一基本概念。

首先，"佛寺"到底指什麼？在漢代語境裏，"佛寺"的"寺"，是指稱一般意義的官府，"三公所居謂之府，九卿所居謂之寺"[24]。《後漢書》卷一下《光武帝紀》唐李賢注引漢應劭《風俗通義》：

> 寺，司也。諸官府所止，皆曰寺。

在中古時期正史中，以"寺"作官府義解的用例很多，如《漢書》

卷二七《五行志》：

> 成帝建始三年（前30）夏，大水，三輔霖雨三十餘日，郡國十九雨，山谷水出，凡殺四千餘人，壞官寺、民舍八萬三千餘所。

在中古時期語境中，"寺"與"邸"是可以通用的，《後漢書》卷八八《西域傳》：

> 至永元六年（94），都護班超發諸國兵討焉耆、危須、尉黎、山國，遂斬焉耆、尉黎二王首，傳送京師，縣蠻夷邸。

唐李善注："蠻夷皆置邸以居之，若今鴻臚寺也。"依語義進行變換，"蠻夷邸"也可以說成"蠻夷寺"，那麽，所謂"佛寺"，也就是佛教化的邸舍而已。

其次，佛寺作爲佛教文化空間，它又包括哪些基本功能？釋法顯於姚秦弘始二年（400）西行求律，其《佛國記》所記于寘佛寺形態，是目前所見最早直接描述西域佛寺材料之一，故引錄如下：

> （于寘）其國豐樂，人民殷盛，盡皆奉法，以法樂相娛。衆僧乃數萬人，多大乘學，皆有衆食。彼國人民星居，家家門前皆起小塔，最小者可高二丈許，作四方僧房，供給客僧。

注意材料中"客僧"一詞,它一方面明確表明了佛寺所有者是"人民"(信徒),另一方面還提示了佛寺的客舍功能。而門前"小塔"爲供奉亡人骨灰處,《高僧傳》卷四《晉洛陽朱士行傳》:

> (朱士行)遂以魏甘露五年(260),發迹雍州,西渡流沙。既至于闐,果得梵書正本,凡九十章。遣弟子不如檀,此言法饒,送經梵本,還歸洛陽。……士行遂終於于闐,春秋八十。依西方法闍維之,薪盡火滅,屍猶能全。衆咸驚異,乃呪曰:"若真得道,法當毀敗。"應聲碎散,因斂骨起塔焉。

《洛陽伽藍記》卷五《城北》亦記此俗,可見僧俗同俗:

> (于闐國)死者以火焚燒,收骨葬之,上起浮圖。居喪者,翦發劈面爲哀戚,發長四寸,即就平常。

根據上述材料可以看出,佛寺的基本功能有兩項:一是供奉亡靈的靈塔;二是用於"客僧"居住和日常修持的"四方僧房"。這兩項功能在漢地的一般佛寺裏都是具備的。于闐王族的佛寺與平民的佛寺在基本功能上,並沒有本質區別,只是佛寺規模更大,裝飾更奢華,《佛國記》又記:

> 其城西七八里,有僧伽藍,名王新寺,作來八十年,經三王方成。可高二十五丈,雕文刻鏤,金銀覆上,衆寶合成。塔後作佛堂,莊嚴妙好,梁柱、戶扇、窗牖,皆以金薄。別作僧

房，亦嚴麗整飾，非言可盡。

可以想象，如果于寶的侍子入侍漢地，日常生活應該定是非常佛教化；當然，在蠻夷邸建立供奉亡人的靈塔是沒必要的。

第三，佛寺的客舍功能來自"蠻夷邸"。自佛教傳入漢地以來，"蠻夷邸"的客舍功能一直在佛寺裏保留着，《高僧傳》卷九《晉洛陽耆域傳》：

> 時衡陽太守南陽滕永文在洛，寄住滿水寺，得病經年不差，兩腳攣屈，不能起行。域往看之，曰："君欲得病疾差不？"因取淨水一杯，楊柳一枝，便以楊柳拂水，舉手向永文而呪，如此者三。因以手捫永文兩膝令起，即起行步如故。

又如，《南史》卷三〇《何尚之傳附何求傳》：

> 泰始中，妻亡，還吳葬舊墓。除中書郎，不拜。仍住吳，隱居波若寺，足不踰戶，人莫見其面。宋明帝崩，出奔國哀，除永嘉太守。求時寄住南澗寺，不肯詣臺，乞於野外拜受，見許。

有關佛寺的客舍功能，已有學者做過專門敍述，可參看。[25]

佛寺的客舍不僅爲活人提供住宿，有時也"寄住"死人，如《南史》卷五八《韋鼎傳》：

> 侯景之亂，鼎兄昂於京口戰死，鼎負屍出，寄於中興寺，

> 求棺無所得。鼎哀憤慟哭，忽見江中有物流至鼎所，竊異之，往視乃新棺也，因以充斂。

甚至也寄存靈柩，如《夷堅志·甲志》卷一九"僧寺畫像"條：

> 平江士人徐賡，習業僧寺，見室中殯宮有婦人畫像垂其上，悅之。

不難看出，佛寺"寄住"死人或寄存靈柩，實爲前述佛寺供奉骨灰靈塔基本功能的轉化形態。佛寺寄屍、寄柩、寄牌位等度亡方面材料，古籍記載是很多的。由於西域火葬起塔習俗與漢地社會傳統土葬殊俗，故傳播漢地社會阻力較大，在表現形式上亦有所變異。佛寺供奉亡人的功能，是功德佛教的核心所在，涉及佛教與漢地禮俗的關係。這是佛教研究的大題目，有待全面展開。因與本文主旨關係不大，不贅述。

四、關於洛陽白馬寺

根據上文提出的"寺"即"邸"的觀點，那麼，我們似有理由認爲傳說中的漢地最早佛寺——洛陽白馬寺，有可能就是由大鴻臚屬下之蠻夷邸的部分佛教化空間轉化而來。

毫無疑問，洛陽白馬寺是漢地最早的一批佛寺之一，至遲在西晉時已見記載，《出三藏記》卷七《〈魔逆經記〉出經後記》：

太康十年（289）十二月二日，月支菩薩法護手執梵書，口宣晉言，聶道真筆受，於洛陽城西白馬寺中始出。折顯元寫。使功德流布，一切蒙福度脱。

種種跡象顯示，洛陽白馬寺與漢地早期佛教傳播空間有關。大概正是因爲白馬寺與蠻夷邸空間有關，靈帝於中平五年（188）在白馬寺南邊的平樂觀舉行了"以示遠人"的演武典禮，北魏酈道元《水經注》卷一六引華嶠《後漢書》曰：

靈帝于平樂觀下起大壇，上建十二重五采華蓋，高十丈。壇東北爲小壇，復建九重華蓋，高九丈。列奇兵騎士數萬人，天子住大蓋下。禮畢，天子躬擐甲胄，稱無上將軍，行陣三帀而還，設秘戲以示遠人。

這裏的"遠人"，無疑是指來自四方諸國的蠻夷。靈帝在平樂觀舉行"以示遠人"爲目的的國禮，宣揚武威，大致亦表明平樂觀基本功能與外事有關。可見城西白馬寺、平樂觀一帶，確是蠻夷比較集中的地方。東漢洛陽平樂觀始建於明帝永平五年（62），《後漢書》卷七二《董卓傳》：

明帝永平五年，長安迎取飛廉及銅馬置上西門外，名平樂館。

注意，此處"觀"又作"館"。其制度和功能，應是繼承西漢長安平

樂觀而來,《漢書》卷九六《西域傳》:

> 元康二年(前64),烏孫昆彌因惠上書:"願以漢外孫元貴靡爲嗣,得令復尚漢公主,結婚重親,畔絕匈奴,願聘馬、羸各千匹。"詔下公卿議,大鴻臚蕭望之以爲:"烏孫絕域,變故難保,不可許。"上美烏孫新立大功,又重絕故業,遣使者至烏孫,先迎取聘。昆彌及太子、左右大將、都尉皆遣使,凡三百餘人,入漢,迎取少主。上乃以烏孫主解憂弟子相夫爲公主,置官屬侍御百餘人,舍上林中,學烏孫言。天子自臨平樂觀,會匈奴使者、外國君長大角抵,設樂而遣之。使長羅侯光祿大夫惠爲副,凡持節者四人,送少主至敦煌。

長安平樂觀似在上林苑中,其性質似爲國家外事接待官邸,功能與大鴻臚相關是肯定的。故平樂觀又往往成爲國家官員因外事出行的祖道場所,《後漢書》卷三六《張玄傳》:

> 中平二年(185),(司空張)溫以車騎將軍出征涼州賊邊章等,將行,玄自田廬被褐帶索,要說溫曰:"天下寇賊雲起,豈不以黃門常侍無道故乎?聞中貴人公卿已下當出,祖道於平樂觀。明公總天下威重,握六師之要,若於中坐酒酣,鳴金鼓,整行陣,召軍正執有罪者誅之,引兵還屯都亭,以次翦除中官,解天下之倒縣,報海內之怨毒,然後顯用隱逸忠正之士,則邊章之徒,宛轉股掌之上矣。"

洛陽平樂觀稍南又有胡桃宮，《後漢書》卷八九《南匈奴傳》：

> （漢安二年，143），遣行中郎將持節護送單于歸南庭。詔太常、大鴻臚與諸國侍子於廣陽城門外祖會，饗賜作樂，角抵百戲。順帝幸胡桃宫臨觀之。

"胡桃宮"應是種植西域胡桃而得名，可見洛陽城西地區的蠻夷氣氛確實是很濃郁的。

傳說中的漢地最早佛寺——洛陽白馬寺，是與東漢明帝夢佛神話聯繫在一起的。傳說東漢永平年間，明帝夢見佛像，遣使西域，取經迎僧，於洛陽城西建立白馬寺。故洛陽白馬寺被認爲是漢地最早的佛寺，號稱"釋源"。漢明帝夢佛神話至遲在東晉時已經出現，南方、北方皆見流傳，版本亦多。通過排比、分析神話元素，我們可以發現，漢明帝夢佛神話版本存在着南方、北方兩個系統。南方系統的版本，自東晉袁宏《後漢紀》至梁釋僧佑《出三藏記集》，皆不與白馬寺發生關聯。據現存文獻材料來看，漢明帝夢佛神話與白馬寺發生關聯，始見於北方系統的北魏酈道元《水經注》，將漢明帝夢佛神話與"白馬負經"故事結合在一起，並出現洛陽白馬寺爲漢地最早佛寺說法，[26] 楊衒之《洛陽伽藍記》亦因之[27]。而在南方系統的釋僧佑弟子釋寶唱《名僧傳》中，竺摩騰、竺法蘭的"所住處"作"蘭臺寺"，似與白馬寺尚無關係。至釋慧皎在《高僧傳》中，才將竺摩騰、竺法蘭所住的"蘭臺寺"坐實爲白馬寺，[28] 應該是受到北方系統版本影響的結果。由此似乎表明，洛陽白馬寺與漢明帝夢佛故事的結合，大概發生在北魏時期或稍前的十六國時期。

漢明帝夢佛神話中關於佛經藏在"蘭臺石室"說法，亦值得我們注意。"蘭臺石室"本爲東漢國家内廷收藏"圖書秘緯"的地方，《後漢書》卷六六《王允傳》：

> 初平元年（190），代楊彪爲司徒，守尚書令如故。及董卓遷都關中，允悉收斂蘭臺石室圖書秘緯，要者以從。既至長安，皆分別條上。又集漢朝舊事所當施用者，一皆奏之。經籍具存，允有力焉。

湯用彤先生對魏晉宫廷秘藏佛經的史實，亦有所揭示：

> 《廣弘明集》載阮孝緒《七錄序》，謂《晉中經薄》有佛經書薄十六卷，則晉室秘府，原藏佛經。又《晉中經薄》源出《魏中經》（如隋志序）。是魏世朝廷，當已頗收集佛經。[29]

由此我們可以感受到，西域諸國向中原國家的朝貢，應是佛教初傳漢地的重要通道，宫廷亦因此成了佛教最初感染空間之一。基於如此認識，那麽，史籍記載的東漢時期楚王英奉佛[30]、桓帝宫中立"浮屠之祠"[31]、西晉時期愍懷太子建"浮圖"[32]等等，就變得容易理解。

通過以上探討可以發現，從中原國家朝貢制度的視角觀察佛教傳播，"白馬寺"和"蘭台石室"都成了與朝貢制度相關的功能性空間。

附表　西域國家向中原國家出遣侍子材料表

時間	國家	材料	備註
元帝（前48—前33）	莎車	《後漢書》卷八八《西域傳》：唯莎車王延最強，不肯附屬。元帝時，嘗爲侍子，長於京師，慕樂中國，亦復參其典法。	
成帝（前32—前7）	康居	《漢書》卷九六《西域傳》：至成帝時，康居遣子侍漢，貢獻，然自以絕遠，獨驕嫚，不肯與諸國相望。	
建武二十五年（49）	匈奴	《後漢書》卷八九《南匈奴傳》：二十五年春，南單于複遣使詣闕，奉藩稱臣，獻國珍寶，求使者監護，遣侍子，修舊約。	
永平二年（59）	匈奴	《後漢書》卷二《顯宗孝明帝紀》：（永平）二年春正月辛未，宗祀光武皇帝於明堂……單于侍子、骨都侯亦皆陪位，斯固聖祖功德之所致也。	
建初三年（78）	龜茲	《後漢書》卷四七《班超傳》：今宜拜龜茲侍子白霸爲其國王。	奉佛
建初八年（83）	烏孫	《後漢書》卷四七《班超傳》：超即遣邑將烏孫侍子還京師。	
永元六年（94）	匈奴	《後漢書》卷四七《班超傳》：超詰鞬支曰："汝雖匈奴侍子，而今秉國之權。都護自來，王不以時迎，皆汝罪也。"	
永建五年（130）	疏勒	《後漢書》卷六《孝順帝紀》：（永建）五年春正月，疏勒王遣侍子，及大宛、莎車王皆奉使貢獻。《後漢書》卷八八《西域傳》：(疏勒國)(順帝永建)五年，臣磐遣侍子。	奉佛
永建六年（131）	于寘	《後漢書》卷六《孝順帝紀》：（永建六年）（九月）丁酉，于寘王遣侍子貢獻。《後漢書》卷八八《西域傳》：順帝永建六年，于寘王放前遣侍子詣闕貢獻。	奉佛
漢安元年（142）	匈奴	《後漢書》卷八九《南匈奴傳》：漢安元年……呼蘭若尸逐就單于兜樓儲先在京師，漢安二年，立之。……詔太常、大鴻臚與諸國侍子於廣陽城門外祖會。	

(续)

時間	國家	材料	備註
建寧五年（172）	西域三十六國	《後漢紀》卷二三《孝靈皇帝紀上》：（建寧）五年春，車駕上原陵，諸侯國公主及外戚家婦女、郡國計吏、匈奴單於、西域三十六國侍子皆會焉。	
熹平四年（175）	拘彌	《後漢書》卷八八《西域傳》：（拘彌國）至靈帝熹平四年……戊己校尉、西域長史各發兵，輔立拘彌侍子定興爲王。	
	烏孫	《後漢書》卷四九《耿恭傳》：始置西域都護、戊己校尉……恭至部，移檄烏孫，示漢威德，大昆彌已下皆歡喜，遣使獻名馬，及奉宣帝時所賜公主博具，願遣子入侍。恭乃發使齎金帛，迎其侍子。	
獻帝	車師	《後漢書》卷二七《趙謙傳》：獻帝遷都長安，以謙行車騎將軍，爲前置。明年病罷。復爲司隸校尉。車師王侍子爲董卓所愛，數犯法，謙收殺之。	
漢時	安息	《北史》卷二〇《安同傳》：安同，遼東胡人也。其先祖曰世高，漢時以安息王侍子入洛。	奉佛
黃初元年（220）	龜茲	《三國志》卷二四《崔林傳》：文帝踐阼（220）……龜茲王遣侍子來朝，朝廷嘉其遠至，褒賞其王甚厚。餘國各遣子來朝，間使連屬。	奉佛
太康元年（280）	車師	《晉書》卷三《武帝紀》：（太康元年）八月，車師前部遣子入侍。	
太康四年（283）	鄯善	《晉書》卷三《武帝紀》：（太康四年）八月，鄯善國遣子入侍，假其歸義侯。	奉佛
太康六年（285）	龜茲	《晉書》卷三《武帝紀》：（太康六年）冬十月……龜茲、焉耆國遣子入侍。《晉書》卷九七《四夷傳》：龜茲國……俗有城郭，其城三重，中有佛塔廟千所。……武帝太康中，其王遣子入侍。	奉佛

(续)

時間	國家	材料	備註
太康六年（285）	焉耆	《晉書》卷三《武帝紀》：(太康六年) 冬十月……龜茲、焉耆國遣子入侍。 《晉書》卷九七《四夷傳》：(焉耆國) 武帝太康中，其王龍安遣子入侍。	奉佛
永嘉前（307—）	匈奴	《晉書》卷一〇〇《王彌傳》：彌謂其党劉靈曰："……劉元海昔爲質子，我與之周旋京師，深有分契，今稱漢王，將歸之，可乎？"	
永興元年（350）	後趙	《晉書》卷一一〇《慕容儁載記》：初，冉閔之僭號也，石季龍將李曆、張平、高昌等並率其所部稱藩於儁，遣子入侍。	奉佛
皇始二年（352）	乞沒	《晉書》卷一一二《苻健載記》：其年（皇始二年），西虜乞沒軍邪遣子入侍，健於是置來賓館於平朔門，以懷遠人。	奉佛
太和五年（370）	扶餘等國	《晉書》卷一一一《慕容暐載記》：散騎侍郎徐蔚等率扶餘、高句麗及上黨質子五百餘人，夜開城門以納堅軍。	
太安元年（386）	焉耆	《晉書》卷九七《四夷傳》：(焉耆國) 及光僭位（太安元年），熙又遣子入侍。	奉佛
神鼎三年（403）	後涼	《晉書》卷一一七《姚興載記》：又遣其兼散騎常侍席確詣涼州，征呂隆（神鼎401—403）弟超入侍，隆遣之。	

■ 注釋

[1]《中亞文明史》(第 2 卷) 第 10 章《匈奴和漢控制下的西域》(馬雍、孫毓棠執筆)，中國對外翻譯出版公司 2002 年版，第 181 頁。余太山主編《西域通史》，中州古籍出版社 1996 年版，第 240—246 頁。

[2] 季羨林：《再談"浮屠"與"佛"》，載《季羨林全集》(第 15 卷)，外語教學與研究出版社 2010 年版，第 253—268 頁。

[3] 葉德榮:《都邑的"市"、胡人聚落與佛教》,載《世界宗教研究》2010年第6期,第35—47頁。

[4] 楊鴻年:《漢魏制度叢考》,武漢大學出版社2005年版,第74—112頁。

[5]《後漢書·百官三》:"尚書令一人,千石。本注曰:承秦所置。武帝用宦者,更爲中書謁者令,成帝用士人,復故。掌凡選署及奏下尚書曹文書衆事。"《後漢書·百官三》:"尚書六人,六百石。本注曰:成帝初,置尚書四人,分爲四曹:常侍曹尚書主公卿事,二千石曹尚書主郡國二千石事,民曹尚書主凡吏上書事,客曹尚書主外國夷狄事。世祖承遵,後分二千石曹,又分客曹爲南主客曹、北主客曹,凡六曹。"中華書局1965年版。《晉書》卷二四《職官志》:"列曹尚書案:尚書本漢承秦置,及武帝遊宴後庭,始用宦者主中書,以司馬遷爲之,中間遂罷其官,以爲中書之職。至成帝建始四年,罷中書宦者,又置尚書五人,一人爲僕射,而四人分爲四曹,通掌圖書秘記章奏之事,各有其任。其一曰常侍曹,主丞相御史公卿事。其二曰二千石曹,主刺史郡國事。其三曰民曹,主吏民上書事。其四曰主客曹,主外國夷狄事。後成帝又置三公曹,主斷獄,是爲五曹。後漢光武以三公曹主歲盡考課諸州郡事,改常侍曹爲吏部曹,主選舉祠祀事,民曹主繕修功作鹽池園苑事,客曹主護駕羌胡朝賀事,二千石曹主辭訟事,中都官曹主水火盜賊事,合爲六曹。並令仆二人,謂之八座。"中華書局1974年版。

[6]《資治通鑒》卷七一"魏明帝太和四年"條注:"魏又改選部爲吏部,又有左民、客曹、五兵、度支,凡五曹尚書、左右二僕射、一令爲八坐。"中華書局1956年版。《晉書》卷二四《職官志》:"至魏,尚書郎有殿中、吏部、駕部、金部、虞曹、比部、南主客、祠部、度支、庫部、農部、水部、儀曹、三公、倉部、民曹、二千石、中兵、外兵、都兵、別兵、考功、定課,凡二十三郎。青龍二年,尚書陳矯奏置都官、騎兵,合凡二十五郎。每一郎缺,白試諸孝廉能結文案者五人,謹封奏其姓名以補之。及晉受命,武帝罷農部、定課,置直事、殿中、祠部、儀曹、吏部、三公、

比部、金部、倉部、度支、都官、二千石、左民、右民、虞曹、屯田、起部、水部、左右主客、駕部、車部、庫部、左右中兵、左右外兵、別兵、都兵、騎兵、左右士、北主客、南主客，爲三十四曹郎。後又置運曹，凡三十五曹，置郎二十三人，更相統攝。及江左，無直事、右民、屯田、車部、別兵、都兵、左右士、運曹十曹郎。康、穆以後，又無虞曹、二千石二郎，但有殿中、祠部、吏部、儀曹、三公、比部、金部、倉部、度支、都官、左民、起部、水部、主客、駕部、庫部、中兵、外兵十八曹郎。後又省主客、起部、水部，余十五曹云。"

[7] 楊鴻年：《漢魏制度叢考》，武漢大學出版社2005年版，第74—112頁。

[8] 《漢書》卷一九上《百官公卿表第七上》："典客，秦官，掌諸歸義蠻夷，有丞。"中華書局1962年版。

[9] 《漢書》卷一九上《百官公卿表第七上》："典屬國，秦官，掌蠻夷降者。武帝元狩三年，昆邪王降，復增屬國，置都尉、丞、候、千人。屬官，九譯令。"《後漢書·百官二》："本注曰：承秦有典屬國，別主四方夷狄，朝貢侍子。"

[10] 《漢書》卷一九上《百官公卿表第七上》："典客……景帝中（元）六年，更名大行令。武帝太初元年，更名大鴻臚，屬官有行人、驛官、別火三令、丞，及郡邸長、丞。武帝太初元年，更名行人爲大行令，初置別火。"

[11] 《漢書》卷一〇《孝靈帝紀》："（河平元年，前28）六月，罷典屬國並大鴻臚。"

[12] 《漢書》卷一九上《百官公卿表第七上》："王莽改大鴻臚曰典樂。初置郡國邸，屬少府，中屬中尉，後屬大鴻臚。"

[13] 《後漢書·百官二》："中興省驛官、別火二令、丞，及郡邸長、丞，但令郎治郡邸。"

[14] 《晉書》卷一一八《姚興載記》："（晉義熙二年後，406年後），興從朝門遊於文武苑，及昏而還，將自平朔門入。前驅既至，城門校尉王滿聰被甲持杖，閉門距之，曰：今已昏闇，姦良不辨，有死而已，門不可開。興乃迴從朝門而入。旦而召滿聰，進位二等。"《晉書》卷一一九《姚泓載記》："（義熙十三年，417），劉裕進據鄭城。

泓使姚裕、尚書龐統屯兵宮中，姚洸屯於灃西，尚書姚白瓜徙四軍雜戶入長安，姚丕守渭橋，胡翼度屯石積，姚贊屯霸東，泓軍於逍遙園。鎮惡夾渭進兵，破姚丕於渭橋。泓自逍遙園赴之，逼水地狹，因不之敗，遂相踐而退。姚諶及前軍姚烈、左衛姚寶安、散騎王帛、建武姚進、揚威姚蠖、尚書右丞孫玄等皆死於陣，泓單馬還宮。鎮惡入自平朔門，泓與姚裕等數百騎出奔於石橋。贊聞泓之敗也，召將士告之，眾皆以刀擊地，攘袂大泣。胡翼度先與劉裕陰通，是日棄眾奔裕。贊夜率諸軍，將會泓於石橋，王師已固諸門，贊軍不得入，眾皆驚散。"《晉書》卷一三〇《赫連勃勃載記》："群臣勸都長安，勃勃曰：朕豈不知長安累帝舊都，有山河四塞之固！但荊、吳僻遠，勢不能爲人之患。東魏與我同壤境，去北京裁數百餘里，若都長安，北京恐有不守之憂。朕在統萬，彼終不敢濟河，諸卿適未見此耳！其下咸曰：非所及也。乃於長安置南臺，以璝領大將軍、雍州牧、錄南臺尚書事。勃勃還統萬，以宮殿大成，於是赦其境內，又改元曰真興。刻石都南，頌其功德……名其南門曰朝宋門，東門曰招魏門，西門曰服涼門，北門曰平朔門。"

[15] 段鵬琦：《漢魏洛陽故城》，文物出版社 2009 年版，第 62—65 頁。

[16] 《晉書》卷五《愍帝紀》。

[17] 史念海：《論十六國和南北朝時期長安城中的小城、子城和皇城》，載氏著《河山集》（九集），陝西師範大學出版社 2006 年版，第 550—562 頁。

[18] 近來較有代表性的著述有：〔日〕福井重雅：《儒教的國教化》，載〔日〕佐竹靖彥主編：《殷周秦漢史學的基本問題》，中華書局 2008 年版，第 265—286 頁。甘懷真：《皇權、禮儀與經典詮釋：中國古代政治史研究》上篇《禮觀念的演變與儒教國家的成立》，華東師範大學出版社 2008 年版，第 1—85 頁。

[19] 余太山：《西漢與西域關係述考》，《西北民族研究》1994 年第 2 期，第 125—150 頁。

[20] 逯耀東：《北魏平城對洛陽規建的影響》，載氏著《從平城到洛陽——拓拔魏文

化轉變的歷程》，中華書局 2006 年版，第 179—180 頁。

[21] 如《高僧傳》卷一一《宋僞魏平城釋玄高傳》："時魏虜拓跋燾僭據平城，軍侵涼境。燾舅陽平王杜，請高同還僞都。既達平城，大流禪化。僞太子拓跋晃事高爲師。""時有涼州沙門釋慧崇，是僞魏尚書韓萬德之門師。"《高僧傳》卷一三《宋京師祇洹寺釋道照傳》："釋道照，姓麴，平西人。少善尺牘，兼博經史。十八出家，止京師祇洹寺。披覽群典，以宣唱爲業，音吐寥亮，洗悟塵心。指事適時，言不孤發，獨步於宋代之初。……臨川王道規從受五戒，奉爲門師。宋元嘉三十年卒，年六十六。"《高僧傳》卷二《晉河西曇無讖傳》："時魏虜託跋燾聞讖有道術，遣使迎請，且告遜曰：若不遣讖，便即加兵。遜既事讖日久，未忍聽去。後又遣僞太常高平公李順，策拜蒙遜爲使持節侍中、都督涼州西域諸軍事、太傅驃騎大將軍、涼州牧涼王，加九錫之禮。又命遜曰：聞彼有曇摩讖法師，博通多識，羅什之流；秘呪神驗，澄公之匹。朕思欲講道，可馳驛送之。遜與李順讌於新樂門上，遜謂順曰：西蕃老臣蒙遜，奉事朝廷，不敢違失。而天子信納佞言，苟見蹙迫。前遣表求留曇無讖，而今便來徵索。此是門師，當與之俱死，實不惜殘年，人生一死，詎覺幾時。"中華書局 1992 年版。如果重新審查《高僧傳》等相關材料，可以發現類似的例子還有很多。

[22] 如《高僧傳》卷三《宋京師枳園寺釋智嚴》："晉義熙十三年，宋武帝西伐長安，剋捷旋旆，塗出山東。時始興公王恢從駕，遊觀山川，至嚴精舍。見其同止三僧，各坐繩床，禪思湛然。恢至，良久不覺，於是彈指。三人開眼，俄而還閉，問不與言。恢心敬其奇，訪諸耆老，皆云：此三僧隱居求志，高潔法師也。恢即啓宋武帝，延請還都，莫肯行者。既屢請懇至，二人推嚴隨行。恢懷道素篤，禮事甚殷。還都，即住始興寺。嚴性愛虛靖，志避諠塵。恢乃爲於東郊之際，更起精舍，即枳園寺也。"

[23] 《中亞文明史》（第 2 卷）第 10 章《貴霜人》（B. N. 普里執筆），第 190—193 頁。

[24]《左傳》"隱公七年":"初,戎朝於周,發幣於公卿。"杜預注:"朝而發幣於公卿,如今計獻詣公府卿寺。"唐孔穎達疏:"朝於天子,獻國之所,亦發陳財幣於公卿之府寺。……自漢以來,三公所居謂之府,九卿所居謂之寺。"中華書局1981年版。

[25] 嚴耀中:《中國東南佛教史》第13章《寺廟及其社會功能》,上海人民出版社2005年版,第276—279頁。〔日〕那波利貞先生則從佛教信徒聖跡巡禮角度,考察了唐代佛寺的客舍功能,見氏著:《唐代寺院對俗人開放為簡便投宿處》,載《日本學者研究中國史論著選譯》(第7卷),中華書局1993年版,第288—315頁。

[26] 北魏酈道元《水經注》卷一六《穀水》:"穀水又南,逕白馬寺東。昔漢明帝夢見大人,金色,項佩白光,以問群臣。或對曰:西方有神,名曰佛,形如陛下所夢,得無是乎?於是發使天竺,寫致經像。始以榆欓盛經,白馬負圖,表之中夏,故以白馬為寺名。此榆欓後移在城內愍懷太子浮圖中,近世復遷此寺。然金光流照,法輪東轉,創自此矣。"浙江古籍出版社2001年版。

[27] 北魏楊衒之《洛陽伽藍記》卷四《城西》:"白馬寺,漢明帝所立也,佛入中國之始。寺在西陽門外三里御道南。帝夢金神,長丈六,項背日月光明,胡人號曰佛。遣使向西域求之,乃得經像焉。時白馬負經而來,因以為名。明帝崩,起祇洹於陵上。自此以後,百姓塚上,或作浮圖焉。寺上經函,至今猶存。常燒香供養之,經函時放光明,耀於堂宇,是以道俗禮敬之,如仰真容。"上海古籍出版社1978年版。

[28] 梁釋慧皎《高僧傳》卷一《漢雒陽白馬寺攝摩騰傳》:"漢永平中,明皇帝夜夢金人,飛空而至。乃大集群臣,以占所夢,通人傅毅奉答:臣聞西域有神,其名曰佛。陛下所夢,將必是乎。帝以為然,即遣郎中蔡愔、博士弟子秦景等,使往天竺,尋訪佛法。愔等於彼遇見摩騰,乃要還漢地。騰誓志弘通,不憚疲苦,冒涉流

沙，至於雒邑。明帝甚加賞接，於城西門外，立精舍以處之。漢地有沙門之始也。但大法初傳，未有歸信。故蘊其深解，無所宣述。後少時，卒於雒陽。有《記》云：騰譯《四十二章經》一卷，初緘在蘭臺石室第十四間中。騰所住處，今雒陽城西雍門外白馬寺是也。"

[29] 湯用彤：《漢魏兩晉南北朝佛教史》第4章《漢代佛法之流布》"伊存授經"條，上海書店據商務印書館1938年版影印，1991年版，第49—51頁。

[30]《後漢書》卷四二《楚王英傳》。

[31]《後漢書》卷三〇下《襄楷傳》。

[32] 同注[26]。

契丹早期部族組織的變遷

楊 軍

早已有學者指出,《遼史》首列《部族志》,是其編纂體例上的創舉,爲我們研究契丹人的部族組織留下了寶貴史料。也是鑒於部族制度在契丹史和遼史上的重要地位,因此,自金毓黻先生以來,[1]學界對契丹部族制已進行了比較深入全面的研究。本文試由考析史料入手,對契丹族興起時的古八部、大賀氏八部、遙輦氏八部,以及遼初對傳統部族制的改造,談一些個人不成熟的看法,以就正於學界先達。

一

元修《遼史》最重要的參考資料,是遼末耶律儼主纂的《實錄》和金章宗時陳大任等人撰寫的《遼史》。據馮家昇考證,耶律儼《實錄》即包括《部族志》。[2]陳述輯出《遼史》卷三二《營衛志》中"契丹之初,草居野次",至"部族實爲之爪牙云",[3]視爲耶律儼

《實錄》佚文，題爲《營衛志序》。[4] 細讀《遼史》可以發現，鈔自耶律儼《實錄》的文字遠不止此。

《遼史》卷三二《營衛志》"古八部"條稱："今永州木葉山有契丹始祖廟"，遼永州至金皇統三年（1143）已廢，[5] 元代雖有永州路，但卻是"唐改零陵郡爲永州，宋因之"[6]的永州，與遼永州南轅北轍，故《遼史》此處的"今永州"字樣，可證這段文字必出自耶律儼《實錄》，只有此時，才存在設在木葉山附近的永州。由此可證"古八部"條抄自《實錄》。

由《遼史·營衛志》"古八部"條分析，耶律儼《實錄·部族》的體例是，先在條目之下羅列部名，而後是一段解釋說明性文字。《遼史》卷三二《營衛志·部族上》各條記載皆與此體例相吻合，卷三三《營衛志·部族下》在"太祖二十部"條之末有"已上太祖以遙輦氏舊部族分置者凡十部，增置者八"。在"聖宗三十四部"條之末有"已上聖宗以舊部族置者十六，增置十八"。在"遼國外十部"條之末有"右十部不能成國，附庸於遼，時叛時服，各有職貢，猶唐人之有羈縻州也"。都是對這種體例的體現。再考慮到《遼史·營衛志》的作者，爲《營衛志·部族》所作之"序"涵蓋全部《部族志》的內容，可證，《遼史·營衛志》自"舊《志》曰"以下的文字全部抄自耶律儼《實錄》。只有卷三三《營衛志下》開頭部分，是因爲《遼史》將耶律儼《實錄·部族》原文分屬兩卷，而不得不在這一卷的卷首另加一段序言，是元代史臣所加文字。概言之，元代史臣在爲《部族志》寫了"序"之後，即將耶律儼《實錄·部族》的內容全部迻錄於下。此外，《遼史》卷六三《世表》："泥禮，耶律儼《遼史》書爲涅里，陳大任書爲雅里"[7]，《營衛志》即書爲"涅里"，這顯然是《營衛志·部族》出自耶律儼《實錄》的又一證據。

綜上，我們基本可以斷定，耶律儼《實錄·部族》全文保存在《遼史·營衛志》之中，是研究契丹部族制的最重要史料。

契丹古八部的名稱最早見於《魏書》，耶律儼《實錄》的相關記載應抄自《魏書》卷一〇〇《契丹傳》。但《魏書》卷六《顯祖本紀》和卷一〇〇《契丹傳》、《勿吉傳》的記載存在差異。學界現在基本可以肯定，《契丹傳》的記載有誤，契丹古八部的名稱應以《顯祖本紀》爲准。《顯祖本紀》皇興二年（468）夏四月辛丑，"高麗、庫莫奚、契丹、具伏弗、鬱羽陵、日連、匹黎爾、叱六手（應爲吐六于之誤）、悉萬丹、阿大何、羽真侯、于闐、波斯國各遣使朝獻"，[8]究竟應視"契丹"至"阿大何"爲古八部的名稱，還是應將契丹視爲民族名，而將"具伏弗"至"羽真侯"視爲古八部的名稱，學者間還存在不同的理解。[9]據《魏書》卷一〇〇《契丹傳》："有部落，於和龍之北數百里，多爲寇盜。真君以來，求朝獻，歲貢名馬。顯祖時，使莫弗紇何辰奉獻，得班饗於諸國之末。歸而相謂，言國家之美，心皆忻慕，於是東北群狄聞之，莫不思服。悉萬丹部、何大何部、伏弗鬱部、羽陵部、日連部、匹絜部、黎部、吐六于部等，各以其名馬文皮入獻天府，遂求爲常。"[10]細品文意，是契丹"有部落"率先向北魏朝貢，後來在其影響下，悉萬丹等部才紛紛向北魏朝貢，這個部落不應包括在下面列舉的諸部之中，應該就是見於《顯祖本紀》而在《契丹傳》中沒有出現的羽真侯部。所以，契丹古八部應爲：悉萬丹部、何大何部、具伏弗部、鬱羽陵部、日連部、匹黎爾部、吐六于部（一作叱六于部）、羽真侯部。[11]

耶律儼《實錄》除鈔錄《魏書》卷一〇〇《契丹傳》對古八部

的記載之外，還記載了有關奇首可汗的傳說，這應出自契丹人的口碑資料。

關於契丹始祖奇首可汗的傳說，最早見於《遼史》卷三二《營衛志》"古八部"條："契丹之先，曰奇首可汗，生八子。其後族屬漸盛，分爲八部。"刻於會同五年（942）的《耶律羽之墓誌銘》："公諱羽之，姓耶律氏，其先宗分佶首，泒出石槐"[12]，"佶首"指奇首可汗，石槐指建立鮮卑部落大聯盟的檀石槐。參之《魏書》稱契丹爲宇文鮮卑的後裔，[13]可證，契丹傳說中的奇首可汗，歷史上的原型應是領導宇文鮮卑遷入遼西的莫那。

《周書》卷一《文帝本紀》記載，宇文鮮卑的始祖名葛烏菟，"雄武多算略，鮮卑慕之，奉以爲主，遂總十二部落，世爲大人"[14]。關於宇文鮮卑的部族組織，史無明文，由此則記載推測，宇文鮮卑內部應分爲12個部落。《魏書》卷一〇〇《庫莫奚傳》："庫莫奚國之先，東部宇文之別種也。初爲慕容元真所破，遺落者竄匿松漠之間。……登國三年，太祖親自出討，至弱洛水南，大破之，獲其四部落，馬牛羊豕十餘萬。"[15]同卷《契丹傳》："在庫莫奚東，異種同類，俱竄於松漠之間。登國中，國軍大破之，遂逃迸，與庫莫奚分背。"[16]由此可證，在登國三年（388）宇文鮮卑遺民被北魏掠走4個部落以後，餘部分別發展，才形成契丹、奚兩個新的民族，所謂契丹古八部，實即宇文12部被北魏掠走4部落以後的殘部。因此，契丹古八部的形成當在388年以後。

前引《魏書》提到的弱洛水，即西喇木倫河，在此受到北魏攻擊的宇文鮮卑後裔的"逃迸"，自然是向東逃避。北魏延興年間（471—476）來朝貢的勿吉首領乙力支稱"從契丹西界達和龍"[17]，和龍在今遼寧朝陽，則此時契丹族的居住地當在今遼寧朝陽東北。可能其南界在今遼寧北票、阜新、彰武一帶，北界至西遼河流域，甚至更北地區。因此《魏書》卷一〇〇《勿吉傳》在記載勿吉旁諸國時，才提到了幾個契丹部落。也是在此期間，契丹向北魏朝貢，並開始逐漸遷回西喇木倫河、老哈河流域，即《遼史》所說的"奇首可汗故壤"[18]。

二

《遼史》卷三二《營衛志·部族上》"隋契丹十部"條，實爲鈔撮《魏書》卷一〇〇《契丹傳》、《北史》卷九四《契丹傳》、《隋書》卷八四《契丹傳》而成。綜合各史《契丹傳》可知，北魏末，契丹內遷於白狼水（今大淩河）以東。北齊文宣帝"三道來侵，虜男女十余萬口，分置諸州"，此後，契丹人漸分爲三個部分，除留居故地者外，一支"以萬家寄處高麗境內"，一支"臣附突厥"。但分裂時間不長，隋開皇四年（584）："諸莫弗賀悉衆款塞，聽居白狼故地。又別部寄處高麗者曰出伏等，率衆內附，詔置獨奚那頡之北。又別部臣附突厥者四千餘戶來降……依紇臣水而居。"[19]此後契丹人廣佈於大淩河至西喇木倫河、老哈河流域。

經歷一系列戰亂和遷徙，此時契丹人的部族組織肯定已非古八部之舊。但《遼史》卷三二《營衛志·部族上》稱其"分爲十部"，恐怕是指古八部之外又分出"寄處高麗"、"臣附突厥"的兩支，[20]並無其他史料依據。

據《舊唐書》卷一九九下《契丹傳》："其君長姓大賀氏。勝兵四萬三千人，分爲八部"[21]，唐代大賀氏部落聯盟建立時，契丹人仍是分爲八部。《遼史》卷三二《營衛志·部族上》所載大賀氏八部名稱完全鈔自《新唐書》卷二一九《契丹傳》：

> 窟哥舉部內屬，乃置松漠都督府，以窟哥爲使持節十州諸軍事、松漠都督，封無極男，賜氏李；以達稽部爲峭落州，紇便部爲彈汗州，獨活部爲無逢州，芬問部爲羽陵州，突便部爲日連州，芮奚部爲徒河州，墜斤部爲萬丹州，伏部爲匹黎、赤山二州，俱隸松漠府，即以辱紇主爲之刺史。[22]

《新唐書》卷四三下《地理志》記載，唐於契丹設羈縻府1、羈縻州17，除上述1府9州外，還有玄、青山、威、昌、沃、師、帶、信等8州。有學者據此認爲，契丹在唐初分爲十二部，[23]這種說法不無值得商榷之處。

玄州"貞觀二十年以紇主曲據部落置"[24]，青山州"景雲元年析玄州置"，兩者皆出自曲據所領契丹人，卻沒有提到其部落名稱，更可能的情況是，曲據僅是率某部的部分民眾降唐。最初的玄州刺史曲據，《新唐書》卷四三下《地理志》稱其爲"紇主"，卷二一九《契丹傳》稱其爲"大酋辱紇主"，其契丹語的稱號應爲"辱紇主"。參之窟哥所統八部"俱隸松漠府，即以辱紇主爲之刺史"，可證，曲據僅是八部中某一部的首領，認爲其地位當與窟哥並列，恐怕是不能成立的。

昌州"貞觀二年以松漠部落置"，沃州"載初中析昌州置"，所謂"松漠部落",顯然是其歸唐後被貫以的名稱,可能這些契丹人所出自的部落相當複雜,而不是來源於某一個部。師州"貞觀三年以契丹、室韋部落置",其部衆不僅包括契丹人,還包括室韋人,可見也不是出自契丹某一個部落。概言之,沒有證據表明,上述各州的契丹人來自窟哥所統八部之外。

帶州"貞觀十年以乙失革部落置",信州"萬歲通天元年以乙失活部落置",乙失革、乙失活爲同音異譯。《舊唐書》卷一四一《張孝忠傳》:"張孝忠,本奚之種類。曾祖靖、祖遜,代乙失活部落酋帥。父謐,開元中以衆歸國,授鴻臚卿同正";《新唐書》卷一四八《張孝忠傳》:"本奚種,世爲乙失活酋長",可證乙失革、乙失活爲奚人部族,《地理志》作契丹實誤。[25]

《舊唐書》卷一四二《王武俊傳》還提到"契丹怒皆部落",但《舊唐書》卷一〇三《王忠嗣傳》"與奚怒皆戰於桑乾河",《新唐書》卷一三三《王忠嗣傳》"北討奚怒皆",皆稱怒皆爲奚人部族。《舊唐書·王武俊傳》稱其父路俱,"開元中,饒樂府都督李詩率其部落五千帳,與路俱南河襲冠帶",與奚人酋長李詩一起降唐,可證怒皆爲奚人部族。

如果我們認爲,武德二年以之置威州的"內稽部落",即大賀氏八部中的芮奚部,或與芮奚部存在某種聯繫的話,[26]那麽,基本可以肯定,唐代以契丹部落所置之羈縻府州皆不出窟哥所統八部的範疇。[27]由此可證,唐代的契丹是分爲八部的,前引《舊唐書》卷一九九下《契丹傳》:"其君長姓大賀氏。勝兵四萬三千人,分爲八部",是正確的,《遼史》認爲唐代契丹"並玄州爲十州。即十部在其中"[28],是不能成立的。

從《新唐書》卷四三下《地理志》大賀氏八部以外 8 州的設置時間可以看出，這些都是在"窟哥舉部內屬"之前降唐的契丹人，在以窟哥所統八部設置松漠都督府及其下屬州縣之後，唐朝並未將這些契丹人重新併入八部，而是維持其原有的羈縻州，隸屬於營州都督府。也就是說，唐初存在大賀氏八部之外的契丹人羈縻州，是降唐時間不同、隸屬關係不同造成的，不能以此證明契丹人在大賀氏八部之外還存在其他的部落組織。趙衛邦認爲，"雖屢經戰爭、遷徙，契丹基本上是保持着這分爲八部的傳統"[29]，是正確的。

《新唐書》卷二一九《契丹傳》："以窟哥爲使持節十州諸軍事"，《資治通鑒》卷一九九胡三省注："峭落州、無逢州、羽陵州、白連州、徒何州、萬丹州、疋黎州、赤山州，並松漠府爲九州"，[30] 是遺漏了以紇便部所置的彈汗州，可見，窟哥所轄"十州"實爲 1 府 9 州，9 州是以大賀氏八部分置，在八部之外的一府並非另有部落，而是指窟哥可汗所部。

唐代大賀氏八部名稱已與古八部截然不同，但所置羈縻州名卻有 4 個明顯與古八部名稱存在聯繫，可能在唐代，雖然其部落組織已經歷過多次變化，但契丹人還記得，這 4 個部落與古八部中的某一部存在一定的聯繫。

古八部名				何大何部	悉萬丹	鬱羽陵	日連	匹黎爾
唐代羈縻州名	峭落州	彈汗州	無逢州	徒河州	萬丹州	羽陵州	日連州	匹黎、赤山
大賀氏八部名	達稽部	紇便部	獨活部	芮奚部	墜斤	芬問	突便	伏部

紇便部的州名彈汗，應與鮮卑檀石槐汗庭所在的彈汗山有關；

芮奚部的州名徒河，可能與被稱爲徒何的鮮卑段部有關，都是因契丹源於鮮卑而起的懷古性質的州名，不見得有實際意義。[31] 上表中由伏部分置的赤山州，不知是否與赤山烏桓有關，以揭示契丹人中包含一定的烏桓人後裔，附此備考。

《新唐書》卷二一九《契丹傳》："窟哥有二孫，曰枯莫離，爲左衛將軍彈汗州刺史；曰盡忠，爲武衛大將軍松漠都督。"由此來看，大賀氏聯盟的最高首領出自設爲彈汗州的紇便部，取從前檀石槐汗庭所在山名作爲其州名，可能也是爲了表示該部在大賀氏八部中的特殊地位。這也證明，大賀氏屬於八部之內，不是於八部之外另有大賀氏一部。從這個意義上講，陳述認爲大賀、紇便、彈汗同源，[32] 也是有道理的。

三

《遼史》卷三二《營衛志·部族上》所載遙輦八部爲：旦利皆[33]、乙室活、實活[34]、納尾、頻沒[35]、納會雞[36]、集解、奚嗢。但這條記載是有問題的。

在《遼史》之前成書的史籍中，遙輦氏八部的名稱還見於成書於961年的《五代會要》卷二九《契丹》、成書於1053年的《新五代史》卷七二《四夷附錄》、成書於1181年的《東都事略》卷一二三《附錄一》、成書於1307年的《文獻通考》卷三四五《契丹》，以及學界對其成書時間尚有爭議的《契丹國志》卷首《契丹國初興本末》。[37] 雖然後來諸書多鈔《新五代史》，但關於此八部最早的資料無疑出自《五代會要》，而通過文字的對比我們可以發現，《五代會要》的資料來自蘇逢吉《漢高祖實錄》，爲方便對比，現將兩書相關內容摘引如下。

《資治通鑒》卷二六六《考異》引蘇逢吉《漢高祖實錄》：

> 契丹本姓大賀氏，後分八族：一曰利皆邸，二曰乙失活邸，三曰實活邸，四曰納尾邸，五曰頻沒邸，六曰內會雞邸，七曰集解邸，八曰奚嗢邸。管縣四十一，縣有令。八族之長，皆號大人，稱刺史，常推一人爲王，建旗鼓以尊之。每三年，第其名以相代。僖、昭之際，其王邪律阿保機恃强恃勇，拒諸族不受代，自號天皇王。[38]

《五代會要》卷二九《契丹》：

> 其族本姓大賀氏，後分爲八部：一曰旦利皆部，二曰乙失活部，三曰實活部，四曰衲尾部，五曰頻沒部，六曰內會雞部，七曰集解部，八曰奚嗢部。管縣四十一，每部有刺史，每縣有令，酋長號契丹王。……其八族長皆號曰大人，稱刺史，內推一人爲王，建旗鼓以尊之。每三年，第其名以代之。唐末有邪律阿保機者，恃强恃勇，不受諸侯之代。[39]

因諸書皆在記載此八部之後提到耶律阿保機，因而《遼史》的作者認爲，此八部即遙輦氏八部。但最早記載此八部的《漢高祖實錄》和《五代會要》皆稱"本姓大賀氏"，認爲這是大賀氏八部，但其部名又明顯與上述大賀氏八部存在出入。李盡忠、孫萬榮死後，契丹人依附於突厥。《舊唐書》卷一九九下《契丹傳》："開元三年，其首領李失活以默啜政衰，率種落內附。失活即盡忠之從父弟也。於是復置松漠都督府，封失活爲松漠郡王，拜左金吾衛大將軍兼松漠都督。其所統八部落，各因舊帥拜爲刺史。"[40]《新唐書》卷二一九《契丹傳》作"所統八部皆擢其酋爲刺史"[41]。上述八部可能即此時重新組建的大賀氏八部，重建者爲李失活和可突于。[42]其部名與窟哥時大賀氏八部的差異，正反映出自李盡忠、孫萬榮反唐至降附突厥之際，契丹人部落組織的變化。

此後契丹人又經歷了一系列內亂，可能對大賀氏八部的內部組織構成了衝擊，至涅里立阻午可汗之後，對部族組織進行調整，形成了遙輦氏八部。

據《遼史》卷三三《營衛志·部族下》："太祖以遙輦氏舊部族分置者凡十部"，其實只是增入奚王府六部五帳分、將迭剌部一分爲二而已，則耶律阿保機以前，遙輦氏的八部爲迭剌、乙室、品、楮特、烏隗、涅剌、突呂不、突舉。迭剌部"其先曰益古，凡六營。阻午可汗時，與弟撒里本領之"，乙室部"其先曰撒里本，阻午可汗之世，與其兄益古分營而領之"；烏隗部"其先曰撒里卜，與其兄涅勒同營，阻午可汗析爲二：撒里卜爲烏隗部，涅勒爲涅剌部"；突呂不部"其先曰塔古里，領三營。阻午可汗命分其一與弟航斡爲突舉部；塔古里得其二，更爲突呂不部"；品、楮特二部，都是"阻午可汗以其營爲部"。《遼史》卷三二《營衛志·部族上》"古八部"條記載："當唐開元、天寶間，大賀氏既微，遼始祖涅里立迪輦祖里爲阻午可汗。時契丹因萬榮之敗，部落凋散，即故有族衆分爲八部。"由此可見，大賀氏八部大體得以保存的只有三部，阻午可汗將之皆一分爲二，再將另外兩個大賀氏八部的支系昇格爲部，以此湊成八部。

楮特部"其先曰洼"，《遼史》卷四五《百官志》北面諸帳官有遙輦九帳大常袞司，"掌遙輦洼可汗、阻午可汗、胡剌可汗、蘇可汗、鮮質可汗、昭古可汗、耶瀾可汗、巴剌可汗、痕德菫可汗九世宮分之事"。重熙十三年（1044）蕭韓家奴上疏說："臣聞先世遙輦可汗洼之後，國祚中絕；自夷離菫雅里立阻午，大位始定。"[43] 洼任遙輦氏之長在阻午可汗之前，但其後可能經歷過比較大的動亂，"國祚中絕"，遙輦氏損失較大。由此可證，遙輦氏屬於阻午可汗重建的契丹八部中的楮特部。迭剌部、乙室部的母體當爲大賀氏八部之一，此部被分爲迭剌、乙室二部之後，也是遙輦八部的組成部分。因此，《營衛志·部族上》"古八部"記載："涅里所統迭剌部自爲別部，不與其列。並遙輦、迭剌亦十部也"，不能理解爲迭剌部及遙輦氏是遙輦八部之外的兩個部落，其真實意義是，遙輦氏的阻午可汗及迭剌部的涅里，在成爲契丹最高統治者之後，開始在傳統的八部結構之外，另組自己的侍從部，以此作爲操控八部的力量。《遼史》卷三四《兵衛志》："大賀氏中衰，僅存五部。有耶律雅里者，分五部爲八，立二府以總之。"所謂十部，就是遙輦八部加上遙輦氏、迭剌氏的"二府"。

《遼史》卷一一六《國語解》有"大迭烈府"，"即迭剌部之府也。初，阻午可汗與其弟撒里本領之，及太祖以部夷離菫即位，因強大難制，析爲二院。"[44] 此處原文應有脫漏，當爲"初，阻午可汗[時，益古]與其弟撒里本領之"。"大迭烈府"就是迭剌部之"府"，爲"二府"之一，是出自迭剌部的、拱衛其首領耶律氏家族的特殊力量，而不是在迭剌部之外的部落。遙輦氏的情況應與此類似，其

契丹早期部族組織的變遷   113

"府"當指歷代遙輦氏可汗的斡魯朵，至耶律阿保機時演變爲遙輦九帳族。《遼史》卷一一一《蕭得里特傳》稱其爲"遙輦泩可汗宮分人"，同卷《蕭達魯古傳》稱其爲"遙輦嘲古可汗宮分人"，卷一一四《蕭特烈傳》稱其爲"遙輦泩可汗宮分人"，卷一一六《國語解》釋遙輦氏九帳爲"遙輦九可汗宮分"。所謂"宮分"即斡魯朵，這可以證明遙輦各可汗都有自己的斡魯朵，這也是"二府"之一。

李桂枝早已指出，阻午可汗組建遙輦八部時，凡是一分爲二的部落，都是弟領舊部，兄組建新部，這可能與北方民族的"幼子守產"原則有關。[45] 因此，上述由弟弟統領的三部，即乙室部、烏隗部、突舉部，以及"以其營爲部"的品、楮特二部，當與大賀氏舊部有關。由對音推測的各部關係如下表：

大賀氏早期八部	達稽部	紇便部	獨活部	芬問部	突便部	芮奚部	墜斤部	伏部
大賀氏後期八部	但利皆部	乙室活部	實活部	納尾部	頻沒部	內會雞部	集解部	奚嗢部
遙輦氏八部		乙室部	楮特部	烏隗部	突舉部		品部	

大賀氏早期八部中的紇便部、突便部，《冊府元龜》卷九七七《外臣部·降附》分別作祈紇使部、突使部，前者對音更接近乙室，後者對音更接近突舉，由此看來，可能《冊府元龜》的記載是更爲準確的。獨活部，張九齡《曲江集》卷八《敕契丹王據埒可突幹等書》、《冊府元龜》卷四三四《將帥部·獻捷》皆作蜀活，對音更接近楮特，可能"獨"爲"蜀"之誤。

四

至耶律阿保機時，契丹人的部族組織發生了另一次變化。《遼史》卷三三《營衛志·部族下》："太祖二十部，二國舅升帳分，止十八部"，是指國舅帳的拔里、乙室已族，同遙輦九帳族、橫帳三父房族一起，被列爲"遼內四部族"。其餘十八部，"太祖以遙輦氏舊部族分置者凡十部，增置者八"。耶律阿保機增置的八部，突呂不室韋部、涅剌拏古部爲室韋俘戶，迭剌迭達部、乙室奧隗部、楮特奧隗部爲奚人俘戶，品達魯虢部爲達魯虢俘戶，烏古涅剌部、圖魯部爲于骨里俘戶，都是其對外征伐中俘掠來的民戶，不是契丹人。概言之，耶律阿保機對契丹部族制的改造，主要是將原來契丹八部控制下的其他族民眾，從八部的控制下解脫出來，組成與契丹八部並列的新部，直接聽命於皇室，以此來加強新形成的皇權，並削弱契丹八部貴族的勢力。對契丹部族制的這種改造，成爲耶律阿保機化家爲國過程中的一個極爲重要的步驟。

《遼史》卷三三《營衛志·部族下》"聖宗三十四部"記載，特里特勉部，"初於八部各析二十戶以成奚，偵候落馬河及速魯河側，置二十詳穩。聖宗以戶口蕃息，置爲部，設節度使"。除此之外，聖宗三十四部中竟再也沒有一個與契丹八部有關的部，更不要說包括契丹八部本身了。由此看來，作爲"國族"的契丹人已被遼王朝的統治者整組進其他的統治結構之中，部族製成爲遼朝用來管理契丹人之外的北方民族的特殊機制了。刻於大安五年（1089）的《蕭孝忠墓誌》記載，其官銜爲"大遼國錦州界內胡僧山西廿里北撒里比部落、奚王府東太師所管、刺史位烈虎裔內祕鐵林軍廂主、男乣寧軍大師、靜江軍節度使"[46]，撒里比無疑就是列於聖宗三十四部之首的奚人撒里葛部。刻於統和四年（986）的《耶律延寧墓誌》記載，其官銜爲"大契丹國故保義奉節功臣、羽厥里節度使、特進、檢校太尉、同政事門下平章事、上柱國、漆水縣開國伯、食邑七百戶"[47]，羽厥里即《遼史》卷三三《營衛志·部族下》"遼國外十部"中居首位的烏古部。兩則石刻史料可以證明，聖宗以後，對隸屬於遼朝的北方各族，都是通過部族制加以整編，並任命部族節度使進行統治。

《遼史》卷四五《百官志》："遼國官制，分北、南院。北面治宮帳、部族、屬國之政，南面治漢人州縣、租賦、軍馬之事。因俗而治，得其宜矣。"宮帳無疑是指斡魯朵。由此我們可以發現，所謂北面官系統，就是管理遊牧民族的系統，只不過契丹人在聖宗以後已被整編到斡魯朵即宮帳體制之中，但就管理機制而言，宮帳與被稱爲"聖宗三十四部"的部族和被稱爲"遼國外十部"的屬國，[48]並不存在本質上的區別，都是按契丹族傳統的部族體制進行管理的。總之，作爲遼朝官制特色的北面官制，實際上就是由其部族制中發展衍生出來的。

■ 注釋

[1] 金毓黻：《遼部族考》，《東北集刊》5，1943年。

[2] 馮家昇：《遼史源流考》，趙鐵寒主編：《遼史校勘記》，文海出版社1971年版，第612頁。

[3]《遼史》卷三二《營衛志》，中華書局1974年版，第377頁。此下所引《遼史·營衛志》，未注明出處者皆見卷三二《營衛志中·部族上》和卷三三《營衛志下·部族下》，第377—393頁。

[4] 耶律儼：《營衛志序》，陳述輯校：《全遼文》，中華書局1982年版，第273頁。

[5] 史爲樂主編：《中國歷史地名大辭典》，中國社會科學出版社2005年版，第858頁。

[6]《元史》卷六三《地理志》，中華書局1976年版，第1529頁。

[7]《遼史》卷六三《世表》，第955頁。

[8]《魏書》卷六《顯祖本紀》，中華書局1974年版，第128頁。

[9] 李桂枝：《關於契丹古八部之我見》，《中央民族學院學報》1992年第1期。

[10]《魏書》卷一〇〇《契丹傳》，第2223頁。

[11] 蔡美彪：《契丹的部落組織和國家的產生》，《歷史研究》1964年第5—6期。

[12] 邢明遠：《耶律羽之墓誌銘》，轉引自蓋之庸：《耶律羽之墓誌銘考證》，《北方文物》2001年第1期。

[13]《魏書》卷一〇〇《庫莫奚國傳》："庫莫奚國之先，東部宇文之別種也。"同卷《契丹傳》"契丹國，在庫莫奚東，異種同類"，可證《魏書》的作者也將契丹視爲宇文部的"別種"，而"別種"是指從原部族中分出後獨立發展的子孫後代。關於"別種"的意義，參見楊軍：《從"別種"看高句麗族源》，《東疆學刊》2002年第1期。

[14]《周書》卷一《文帝本紀》，中華書局1971年版，第1頁。

[15]《魏書》卷一〇〇《庫莫奚傳》，第2222頁。

[16]《魏書》卷一〇〇《契丹傳》，第2223頁。

[17]《魏書》卷一〇〇《勿吉傳》，第2220頁。

[18]《遼史》卷三二《營衛志》，第378頁。

[19] 以上引文皆見《遼史》卷三二《營衛志》，第378頁。

[20] 孫進己據此認爲隋代契丹分爲十部。參見孫進己：《契丹部落組織發展變化初探》，《社會科學輯刊》1981年第4期。

[21] 《舊唐書》卷一九九下《契丹傳》，中華書局1975年版，第5349頁。

[22] 《新唐書》卷二一九《契丹傳》，中華書局1975年版，第6168頁。《冊府元龜》卷九七七《外臣部·降附》，紇便部作折紇便部，突便部作突便部。（鳳凰出版社2006年版，第11311頁）張九齡《曲江集》卷八《敕契丹王據埒可突幹等書》獨活作蜀活。（劉斯翰校注，廣東人民出版社1986年版，第430頁）

[23] 孫進己：《契丹部落組織發展變化初探》，《社會科學輯刊》1981年第4期。

[24] 《舊唐書》卷三九《地理志》"玄州"條："隋開皇初置，處契丹李去閭部落"，李去閭當爲曲據異名，以酋長之名稱呼部落，可見其部衆原本不構成獨立的部落，因而也沒有部落名號。

[25] 陳述認爲此部即紇便部。參見陳述：《契丹政治史稿》，人民出版社1986年版，第37頁。

[26] 注[25]所引陳述書，第37頁。

[27] 日本學者愛宕松男認爲："唐代契丹族二分爲李姓契丹和孫姓契丹，前者是大失活部（乙失革部）首領李窟哥領導的松漠都督府管下的十州八部，編制整然，內容明確，後者則與此相反，不具備統一形式，僅從文獻中看到他們有六州四部，而且只能看到內稽部首領佔有代表全體的地位。"愛宕松田：《契丹古代史研究》，邢復禮譯，內蒙古人民出版社1988年版，第141頁。

[28] 《遼史》卷三二《營衛志》，第379頁。

[29] 趙衛邦：《契丹國家的形成》，《四川大學學報》1958年第2期。

[30] 《資治通鑒》卷一九九，中華書局1956年版，第6263頁。

[31] 孫進己認爲，芮奚部州名的徒河，即古八部中的何大何；達稽部州名峭落和古八部中的叱六于音近；獨活部的州名無逢和古八部中的伏弗鬱部音近。但稱古八部

有"伏弗鬱",應是對"具伏弗"、"鬱羽陵"的誤讀,蔡美彪已有考辨;孫進己的對音也存在問題,故不取其說。參見孫進己:《契丹部落組織發展變化初探》,《社會科學輯刊》1981年第4期;蔡美彪:《契丹的部落組織和國家的產生》,《歷史研究》1964年第5—6期。

[32] 注[25]所引陳述書,第49頁。

[33] 葉隆禮:《契丹國志》卷首《契丹國初興本末》作"祖(一本作徂)皆利",乾隆癸丑承恩堂刻本,第1頁b。賈敬顏、林榮貴點校本(上海古籍出版社1985年版)無"一本作徂"四字。

[34] 《遼史》卷三九《地理志》"中京大定府"條作"室活",第483頁。

[35] 王稱:《東都事略》卷一二三《附錄一》作"瀕沒",齊魯書社2000年版,第1068頁。

[36] 《遼史》卷三七《地理志》"序"作"内會雞",第438頁。

[37] 劉浦江:《關於〈契丹國志〉的若干問題》,《史學史研究》1992年第2期。後收入劉浦江:《遼金史論》,遼寧大學出版社1999年版。

[38] 《資治通鑒》卷二六六,第8677頁。

[39] 王溥:《五代會要》卷二九《契丹》,叢書集成初編本,中華書局1985年北京新一版,第347頁。

[40] 《舊唐書》卷一九九下《契丹傳》,第5351頁。

[41] 《新唐書》卷二一九《契丹傳》,第6170頁。

[42] 李桂枝:《契丹大賀氏遙輦氏聯盟的部落組織——〈遼史·營衛志〉考辨》,《慶祝王鍾翰先生八十壽辰學術論文集》,遼寧大學出版社1993年,第399—402頁。

[43] 《遼史》卷一〇三《蕭韓家奴傳》,第1449頁。

[44] 《遼史》卷一一六《國語解》,第1534頁。

[45] 李桂枝:《契丹大賀氏遙輦氏聯盟的部落組織——〈遼史·營衛志〉考辨》,《慶祝

王鍾翰先生八十壽辰學術論文集》，第403頁。

[46] 向南：《遼代石刻文編》，河北教育出版社1995年，第416頁。

[47] 注[46]所引向南書，第85頁。

[48] 關於部族、屬國的數字，《遼史》記載不一。卷四六《百官志》"北面部族官"條提到4大部族、49小部族；同卷"北面屬國官"條卻列舉了78個"諸國"、8個"大部"和61個"諸部"。但其中多誇大不實之處，故此處依據卷三三《營衛志》。

　　本文的研究得到吉林大學傑出青年項目"契丹建國史研究"（2009JQ004）資助。

摩尼教"宇宙創生論"探討
——以 M98、M99 和 M178 II 文書爲中心

芮傳明

公元三世紀中葉,創建於波斯的摩尼教以"二宗三際"爲其根本教義,即認爲光明與黑暗兩個要素("二宗")是絕對對立和永遠鬥爭的;而其經歷的時期則分過去(初際)、現在(中際)、未來(後際)三個階段("三際")。宇宙即整個世界的創造,即是初際結束、中際開始(當今處於"中際"階段)的標誌,所以,"宇宙創生論"(cosmogony)是摩尼教基本教義中的一個重要環節,釐清和辨析這一說法和理論,對於了解和研究摩尼教有着相當重要的意義。

但是,摩尼教的宇宙創生論涉及諸多方面和衆多神靈,難以在一篇文章內全部顧及,因此,本文將只談論其中的"天體創造"部分;同時,鑒於東、西方摩尼教在某些說法和措辭上有所差異,在此將以東方摩尼教的文書研究爲主體,適當探討它與西方摩尼教的異同。

一、宇宙創生神話簡述 [1]

摩尼教的宇宙創生說可以概括兩大方面：一是天體的創造，一是俗世生物，即人類和動植物的創造。而這兩大類物體的創造過程，又可相應於摩尼教的最高神靈"大明尊"（Father of Light）的三次"召喚"或"發射"所形成的三個階段：第一召喚出 Primal Man（摩尼教漢語文書稱爲"先意"）等，他率衆與暗魔格鬥，最終失敗；第二次召喚出 Living Spirit（漢語文書稱爲"淨風"）等，他救出先意，並創造了天體；第三次召喚出 Third Envoy（漢語文書稱"三明使"）等，主要由他創造了人類和動植物世界。具體而言，其經過大致如次：

最初，分別以善良與邪惡爲特色的光明與黑暗互不相干，各居其處：光明處於北、東、西方，黑暗處於南方，這即是所謂的"初際"階段。但是，暗魔忽然獲得機會，見到了明界的種種美景，從而頓生貪慾之心，意欲佔領之，遂率衆侵入了明界。

大明尊爲了抵禦暗魔的入侵，便從自身"發射"或者"召喚"[2]出 Mother of Life（漢語文書稱"善母"），善母又以同樣的方式創造了先意。於是，先意隨即奉命前去和暗魔戰鬥。所以，嚴格地說，先意並不是大明尊"第一次召喚"的直接創造物。

與先意同赴戰場的還有他的五個"兒子"，這實際上是先意也用"召喚"方式創造的次級神靈。這"五子"即是五大元素氣、風、水、光、火，合稱"光明分子"。在此，它們既作爲先意的兒子和助手，也是他的甲胄或戰袍。然而，明尊派遣這支隊伍的目的似乎并非旨在取勝，而只是個誘餌：先意及其五子在戰鬥中敗給了暗魔，五子被暗魔吞食，先意本人也在黑暗深獄昏睡不醒；而暗魔卻因滿足於此勝利，不再侵犯整個明界。明尊的這一"計謀"也就相當於牧羊人拋給了獅子一只小羊羔，使之不再侵犯整個羊群一樣。不管怎樣，自此開始，光明與黑暗不再兩不相干，而是互相混雜在一起了，平靜的"初際"階段也就結束了。

當然，明尊并未真的犧牲其光明分子，他應善母拯救先意的請求，進行了第二次"召喚"或"發射"，從而創造了 Beloved of Lights(明友，漢語文書稱"樂明")，明友再創造 Great Builder(大般，漢語文書稱"造相")，大般相繼創造了 Living Spirit（淨風）。所以，在"第二次召喚"中扮演主角的淨風，猶如"第一次召喚"中的先意一樣，也只是大明尊的間接創造；比淨風更"高級"的明友和大般，倒像是無足輕重的配角。

總之，淨風擔負起了拯救先意和光明分子的重任，率領他所創造的"五子"（分別名爲輝煌、光榮王、阿達馬斯、榮耀王、阿特拉斯[3]），偕同善母一起，前赴深獄，拯救先意。淨風先在地獄邊呼喚先意，告訴他即將拯救他；而先意則被喚醒，作出了應答。這"呼喚"（Appellant）與"應答"（Respondent）兩個舉動也就成爲兩位神靈，分別作爲淨風的第六子和先意的第六子；漢語文書則稱之爲"說聽"和"喚應"。隨後，先由善母向先意伸出右手，幫他脫離困境，接着，淨風也伸出右手，二神一起將先意救離深獄。於是，伸出右手從此也成爲摩尼教的一個象徵性手勢。先意隨同善母、淨風回歸了明界，成爲最初的殉難者和最初的被拯救者。

然而，先意雖被救出，其"兒子"即光明分子卻仍被暗魔所囚禁，因此，淨風便採取了進一步的行動，創造了整個宇宙（更確切地說，是創造了宏觀宇宙，而並不包括微觀宇宙——人類與動植物），即現今所見的一切天體，以便將散佈於暗界的光明分子解放出來。

淨風殺死了許多暗魔，並用暗魔的屍體造成了八層地，暗魔的皮造成了十層天。還有許多暗魔則被囚禁於這些天、地之中。淨風還創造了太陽、月亮、三輪、黃道十二宮和五個行星，而這些天體是有善、惡之分的。例如，太陽和月亮基本上由光明分子構成，出於"偉大本質"，故代表善宗。它們具有強大的威力來淨化回歸明界的分子，是光明分子（或"活靈"）回歸明界時的中轉站或淨化場所。風、水、火三輪則象徵着這些元素的動力，也用以淨化光明分子。

而黃道十二宮和五大行星則基本上是囚禁暗魔的處所，代表了惡宗的勢力。例如，雙子宮、人馬宮是屬於黑暗世界的五界中的煙界；白羊宮、獅子宮屬於火界；金牛宮、寶瓶宮、天秤宮屬於風界；鉅蟹宮、室女宮、雙魚宮屬於水界；摩羯宮、天蝎宮則屬於暗界。至於五大行星，則稱宙斯（Zeus，即木星）、阿弗洛狄忒（Aphrodite，即金星）、阿瑞斯（Ares，即火星）、赫爾墨斯（Hermes，即水星）和克洛諾斯（Kronos，即土星）。它們所象徵的品格正好與太陽、月亮相反。

爲了解救依然被暗魔禁錮的光明分子，大明尊作了第三次"召喚"或"發射"，創造了三明使，三明使又相繼創造了 Pillar of Glory（漢語文書稱"相柱"）、Jesus the Splendour（漢語文書稱"夷數"）和 Maiden of Light（漢語文書稱"電光佛"）。三明使使得太陽、月亮和三輪開始轉動起來。他並和電光佛以裸體美男、美女的形象展現在被囚禁於蒼穹中的暗魔前，致使雄性暗魔因色慾旺盛而洩出精液。部分精液墜落海中，變成海怪；另一部分落到陸地上，則變成樹木與植物。另一方面，業已懷孕的雌魔也因見到美男而興奮異常，從而導致流產，墜落地上的胎兒因所含的光明分子少於雄魔精液所含者，遂變成了相應於五類魔（雙腿類、四腿類、飛行類、水生類、爬行類）形貌的生靈。

由於雌雄魔的這些排洩物中含有光明分子，暗魔仍想爭奪之，故魔王命令一對暗魔盡量吞食這些排洩物。嗣後，這對暗魔交配，生下了一男一女，男性名叫亞當，女性名叫夏娃，他們的形貌則分別類似於三明使和電光佛。亞當與夏娃結合後所產的子孫，便是後世的人類。光明分子作為人類的靈魂，被禁錮在由貪慾、仇恨等構成的肉體內，受盡折磨，因此，拯救被肉體囚禁的光明分子（靈魂）便成為"中際"階段的一項最重要和最艱鉅的任務。

三明使所創造的"相柱"即是銀河，被解救的光明分子便是通過它而抵達月亮進行淨化，再由此進入太陽，作進一步的淨化。因此，三明使的職能其實兼及了宏觀宇宙和微觀宇宙的創造。

二、中古波斯語文書 M98、M99 譯釋

從以上所述可知，淨風和三明使對於天體的創造，只不過是摩尼教整個宇宙創生論中的一部分，儘管是十分重要的一部分。本節譯釋的中古波斯語文書 M98 和 M99 最初由繆勒刊佈於 1904 年，配有德譯文[4]；嗣後，傑克遜於 1932 年對此殘片內容作了拉丁轉寫和英譯，以大篇幅的註釋對其進行了詳細的研究[5]；博伊絲於 1975 年以拉丁轉寫的形式刊佈了其原文，並有若干註釋[6]；克林凱特於 1993 年對此作了英譯，但最後一段略而未譯[7]。相比之下，傑克遜

的轉寫、翻譯和註釋都比較全面、深入，故漢譯文以此爲底本，再以其他諸本校勘之。

此文書是用摩尼體的中古波斯語書寫，由兩張對折頁構成連續的四頁，其前和其後的頁張都已佚失。每頁書寫 25 行，但 M98 那對折紙的兩頁上的最後一行都已損壞，而另一對折紙上的 25 行則保存完整。茲譯釋如下：

[標題] 我，（名叫）耶穌[8]之子，是個新的和無能的書寫員，和其他一切悲傷者一樣，都只有最少的榮耀。[9]

[正文]

M98，a1—a6：他[10]（即生命神[11]）固定了七行星[12]，並還束縛了二龍[13]，將它們綁定在最低天的高處；爲了令它們隨召喚而轉動蒼穹[14]，他委託一男一女兩位天使看管它們。

M98，a7—a24：此外，他又引導光明分子來到明暗交界處[15]，接著再送入光明之巔。他淨化了暗質混合物，從中分離出風、光、水、火，並以此創造了兩種光明之車。[16]其一是由火與光構成的太陽，有以太[17]、風、光、水、火五重圍墻，並有十二道門、五邸宅、三寶座，以及五位收集靈魂的天使，所有這一切都位於烈火圍墻之內。他還從風與水創造了月亮，有以太、風、光、水、火五重圍墻，並有十四道門、五邸宅、三寶座，以及五位收集靈魂的天使，所有這一切都位於水牆之內。

M98，a25—b8：這些……[本行結尾損壞，下一行，即本頁最末一行全部丟失]他穿上了……然後，太陽神穿上了三件外衣[18]：從混合物中分離出來的風、水、火。淨化後剩下的暗質則下沉至暗地[19]。爲了在上方創造偉大新天堂的聖跡，他剷除了死亡五窟，把它們填平。

M98, b8—b17：與上方諸天相應，他在暗地之上堆積了一層又一層，共四層大地[20]，即焦風層、陰暗層、烈火層和濕水層。他並構筑了一道圍墻，從明界向東，向南，向西延展，最終迴到明界而銜接。

M98, b17—b25；M 99, c1—c10：他又創造了另一大地，將它置於其他四層地之上，並委派思想神作爲"戶主"而治理之[21]。在此大地上，他建造了另一道圍墻，伸向東方、南方和西方。在這三個區域內，他建造了三個立柱和五個拱門。第一個拱門始自位於西方的牆端，相接西邊立柱；第二個拱門始自西邊立柱，相接南方立柱；第三個拱門始自南邊立柱，相接東邊立柱；第四個拱門始自東邊立柱，相接東方的牆端；第五個拱門魁偉鉅大，從東邊立柱一直連接到西邊立柱。

M99, c10—d4：他又建造了鉅大和堅固的一層地，共有十二道門，相當於諸天之門。在這層地的四週，他建造了四道圍墻和三道壕溝；在壕溝內則囚禁着諸魔。[22]他將最低之天設在思想神的頭頂上方，並讓他手握七根方柱[23]，以使其週圍的天保持秩序。他將這層大地置於立柱、拱門和兩道圍墻上，而它們又架在戶主神（思想神）的雙肩上；戶主神維持着位於最外圍墻上方的大地之東方、南方、西方，以及直達明界的北方的秩序。

M99, d4—d23：在這一廣闊而強大[24]的地面之上，除了諸壕溝之外，他還建造了另外兩層大地，有諸門、溝渠、地下水道，它們用以提昇大量的風、水、火[25]。在這層大地的週圍，他建造了一堵設有四道門的圍牆；他在四方委派了四位天使，以管理最低之天，其服飾亦如較高天上的天使一般。[26]爲了清除四個地區中的暗質殘滓，他建造了十二個地獄，每個地區三座地獄。此外，他還設置了一道環形牆，其中是邪物禁閉所，在邪物禁閉所的中央，他建造了一座囚禁毒魔們的監獄。

M99, d24—d25：接着，他又在大地的表面上建造了蘇迷盧山[27]。[餘者失佚]

三、M178 II 文書譯釋

摩尼教宇宙創生論中有關天體創造的文書，最爲重要者除上文譯釋的M98—99之外，還有粟特語文書M178（特別是它的第二頁）。按亨寧之說，它甚至是諸多不同版本中最爲詳細、複雜的記載，並且有着其他文書所未見的記述。[28] 鑒於此，本文亦列專節對該粟特語文書進行譯釋，主要參考者爲亨寧和克林凱特的著述。[29] 在此的譯釋內容，只是具體描繪天體創造的那一部分，即粟特語文書中的第二頁（M178 II），而非全部：

[明尊命令生命神和生命母創造了世界]……"清除他們（光明分子）所受的阿赫里曼[30]之毒，淨化他們，隨後將他們帶上天堂。"

於是，七域之主和正直之母[31]便開始規劃如何安排這一世界，他們開始創造它。首先，他們創造了五塊地毯，讓輝煌[32]落座於此。然後，他們創造了十重天，設置了具有十二面的魔法透鏡，並讓尊神的一位兒子作爲督察官而落座於此，以使十重天中的一切諸魔都無法再爲害。他[33]召喚出了四十個天使，他們擎着十重天，向上托起。

他們爲每一層天設置了十二道門；另外，他們又在四個方位的每面建造四道門，由這些天使在此守衛。十重天的厚度達到十萬帕勒桑；而空間層的厚度則達到一萬帕勒桑。[34]

他們爲每層天的十二道門中的每道門都建造了六道門檻，而每道門檻則有三十個集市，每個集市呈十二排，每排有兩側。他們在一側設置了一百八十個小間，另一側也設一百八十個小間。每個小間中囚禁了藥叉和諸魔，雄魔與雌魔分隔開來。[35]

此後，萬物創造者[36]召喚出諸天之主。他們讓他落座於第七天的王座上，但是充任所有十重天的主人和王者。

然後，在十重天之下，他們建造了一個滾動輪和黃道。在黃道內，他們囚禁了衆暗魔中的最邪惡、兇殘和難以駕馭者。他們爲十二星座和七行星的整個混合世界設立了治理者，並使它們相互對立。

他們從已被監禁在黃道內的一切暗魔那裏往復編織了根基、脈管和環扣。[37]他們在最低的一層天上鑽了個孔，將黃道懸掛在那裏。尊神的兩個兒子被置於此，作爲督察者，以便……卓越之輪持續地……

四、若干内容與術語辨析

上文譯釋的幾個文書雖然大體上展示了摩尼教有關宏觀宇宙創生的大致概況，但是仍有不少細節未曾提及，並且，與其他文書相比，其說法也有相異之處。因此，在此選擇幾個問題，略作比較、辨析和歸納，以更加全面地了解摩尼教的（宏觀）宇宙創生說。

1. "二龍"的指稱

前引文書 M98 a1—a6 提到"二龍"，在此較詳地談一下此詞在本文書中的含義及其文化淵源。首先，在這份摩尼教文書中，所謂的"二龍"顯然是指光明諸神的敵對勢力，亦即屬於"魔"類。但是，它具體是指什麼魔，卻不甚了了，至少，傑克遜認為，這"龍"不知是指哪兩種魔，儘管摩尼教中有許多魔都稱為"龍"。[38]克林凱特則謂"此即月球結節（That is, the lunar nodules）"，而未作任何其他解釋；[39]不過，其說當來自博伊絲："二龍是月球結節，由於它和日、月食結合在一起，故被視作邪惡的。在瑣羅亞斯德教的著述中，它們往往作為兩顆行星而取代太陽和月亮。"[40]則似乎暗示"二龍"是指太陽和月亮的邪惡對應者。

中古波斯語 'zdh'g (*azdahāg*) 或者 'wzdh'g (*uzdahāg*)、'jdh'g (*ažδahāg*) 都是指同一類神話生物，它是具有五花八門形貌的蛇狀怪物，通常十分鉅大，或居空中，或居地面，或居海裏；有時候與自然現象相關，特別是下雨和日月食。在大多數情況下，它都是邪惡的魔類（這樣的"龍"與中國的傳統概念截然不同，故在此只是借用"龍"字而已）。在瑣羅亞斯德教中，這種魔類與天象關係密切，故摩尼教的類似觀念便當是借鑒自瑣羅亞斯德教。

瑣羅亞斯德教的《創世記》所描繪的蛇狀魔類，或"龍怪"中，有兩個主要者，一稱古契爾（Gōčihr），一稱穆希佩里（Mūšparīg），它們的通稱爲 azdahāg，亦即"龍怪"，其狀貌則有長尾或翼翅。如，"古契爾位處天空中央，狀若龍怪，其頭在雙子座，尾在人馬座"；"龍怪古契爾將被熔化的金屬所燒"；"有尾的穆希佩里配有雙翼。太陽將她羈縛在自己的光芒中，以使之無法再作惡"。[41]

古契爾與穆希佩里這兩個龍怪在瑣羅亞斯德教的天象學中扮演了相當重要的角色，它們與五大行星（這在瑣羅亞斯德教和摩尼教中都屬於邪惡的一方）一起，共同對付光明和善良的一方。例如："行星的七個魁首對抗星座的七位領袖：水星對付提什塔爾（Tishtar），火星對付哈普托林（Haptoring），木星對付瓦南德（Vanand），金星對付薩特維斯（Sataves），土星對付天中央的偉大者，古契爾與鬼鬼祟祟的穆希佩里（它們都有尾巴）則對付太陽、月亮和星辰。"[42] 這段文字暗示了，龍怪古契爾和穆希佩里是太陽和月亮這兩個最大光明體的邪惡對應者。這一點在伊朗版《創世記》（即更爲詳細的 *Great Bundahishn*）的相應段落中得到了更清楚的展示："在蒼穹中，暗日對付太陽，暗月對付擁有馴良動物之種的月亮。……七個行星魁首對付七個星座領袖，例如水星對付提什塔爾，木星對付北斗七星哈普托林，火星對付瓦南德，金星對付薩特維斯，行星之首土星對付中天之主，而有尾的龍怪和穆希佩里則對付太陽、月亮和星辰。"[43]

在這段引文中，首先提到暗日對付太陽，暗月對付月亮，緊接着的詳細敘述中，則談到"有尾龍怪"（在此顯然是指古契爾）和穆希佩里對付太陽、月亮。那麼，龍怪古契爾和穆希佩里即是"暗日"和"暗月"，應該可以推定。事實上，這兩個魔怪與光明天體太陽、月亮的對應關係，在《創世記》的其他地方也反映得很清楚，例如："在這些行星中，暗日和穆希佩里以混合的狀態被羈縛起來，暗日被拘於太陽的光芒中，暗月被拘於月亮的光芒中。"[44] 既然本文譯釋的摩尼教文書 M98 提到了光明之神"束縛了二龍"，則其意與《創世記》之古契爾、穆希佩里二龍被分別羈縛於日月光芒中之說十分相似。故若謂摩尼教文書中的"二龍"即是借用了瑣羅亞斯德教文獻中的古契爾、穆希佩里，亦即所謂的"暗月"、"暗日"，當是合乎情理的。

另一方面，月亮運行軌道的特徵也可以被理解爲"二龍"之說的來源：《創世記》描述道，龍怪"古契爾位處天空中央，狀若龍怪，其頭在雙子座，尾在人馬座，故其首尾之間始終有六個星座。它是不斷向後運動的，故每隔十年，其尾便變成原來之首，其首則轉成原來之尾了"[45]。亦即是說，每隔十年，月亮的運行軌道便在黃道兩側形成首尾正好相反的兩條"龍"，那麼，若因此而有"二龍"之稱，似乎於理也通。

不管怎樣，摩尼教文書中所見的"二龍"，其主要文化因素肯定源自伊朗古代文化，特別是瑣羅亞斯德教，則是可以斷定的。

2. 天體的最初推動者

按摩尼教的宇宙創生說，在神靈創造諸天體之後，它們是靜止的，[46] 其最初的運動來自某些神的推動。但是在不同的記載中，其"推動者"也有所不同。在此則就該問題略作梳理。

按前文 M 98a1—a6 的內容所示，被創造的天體是由"二龍"推動的。但是，按《阿基來行傳》，這些天體是由生命神（漢語文書稱"淨風"）推動的："生命神創造了這些天體，它們由靈魂的殘餘構成；他並使得它們繞着蒼穹運轉。"[47] 又，按科普特語的《克弗來亞》所言，則天體之運轉當歸功於第三使："開悟者又說道：使者（即第三使。——引者）降臨，完成了十項業績。第一，（召喚）大建築師前來，建造了新永世。第二，（使得）衆船運行在諸天的高空。……"[48] 在摩尼教科普特語文書中，"船"多指太陽、月亮或其他天體，故太陽等天體的最初運轉，顯然被說成是第三使所爲。

然而，按 Theodore bar Khone 所撰的敘利亞語文書，則天體的推動者是第三使指派的"三名隨從"："使者來到這些舟船後，他命令三位隨從驅使這些舟船運行。他並命令大般建造新地，以及用以登昇的三輪。"[49] 在此，敘利亞語詞組 $l^e l\bar{a}th\bar{a}\ 'abhd\bar{\imath}n$ 的直譯之義便是"三位隨從"，所以從句子的文義看，他們似乎是第三使的"隨從"。然而，按其他各種摩尼教文書的記載，似乎未見第三使有過什麽"隨從"，因此，傑克遜認爲，這三名隨從即是生命神的三個兒子，因爲同一敘利亞文書在前文談及生命神創造天地時，曾提到他命令其五個兒子中的三個兒子去宰殺諸魔（一子負責宰殺，另二子負責剝皮），以用其屍體建造天地。生命神的這三個兒子的事蹟頗爲突出，故可能在此被移植到第三使的名下，作爲"三名隨從"，來推動天體的初始運轉。這三神當即是善戰的英雄阿達馬斯（Adamas）、榮耀王（King of Glory）以及光榮王（King of Honor）。[50]

歸納以上諸說，則天體的初始運轉，或當歸功於"二龍"，或當歸功於生命神，或當歸功於第三使，或當歸功於三位隨從（而這被認爲可能即是生命神的三個兒子），至少有四種說法，頗爲紛雜。若無更多證據，恐怕難以肯定某一說。然而，對於其中的一說似乎可以略加辨析，即三位"隨從"的比定。

一方面，如果按傑克遜之見，啟動天體的三位"隨從"即是生命神五個兒子中的三個兒子，那麽，當可進而推測，指派"隨從"的主神並非第三使，而是"隨從"的父親生命神。理由是：首先，生命神是大明尊第二次"召喚"出的一批神靈之一，其使命是創造宏觀宇宙；而第三使是大明尊第三次"召喚"出的一批神靈之一，其使命是創造微觀宇宙，即人類和動植物。那麽，推動天體的任務由以生命神爲首的神靈承擔，是順理成章的事情。其次，大般（大建築師，漢語文書稱造相佛）也屬於大明尊創造的第二批神靈之一，故與生命神合作比接受第三使指揮更合乎情理。最後，必須指出的一點是，在摩尼教的帕提亞語和中古波斯語文書中，myhr 一詞有時指稱生命神，有時指稱第三使（當然亦指稱太陽），[51] 因此，在其他文書中，亦不無可能誤解了詞義，從而混淆了二者。亦即是說，該文書的原義本是指生命神命令"三名隨從"啟動天體，結果卻被誤成了第三使。

另一方面，如果取下令運轉天體者確是第三使之說，那麽可以推測，這"三名隨從"恐怕并非如傑克遜認爲的那樣是生命神之子，而更可能是同在大明尊第三次"召喚"中誕生的另外三位次級神靈，即是由第三使本身"召喚"出的光耀柱（Pillar of Glory，漢語文書稱相柱）、耶穌（Jesus，漢語文書稱夷數）和光明少女（Virgin of Light，漢語文書稱電光佛）。科普特語的《克弗來亞》對此有一段描述:"第二父尊源自第一父尊,即是第三使,諸光之王的典範。他也從自身召喚出三大威力。一是光耀柱,即淨善人,撐起萬物;是福佑的偉大支柱,是比任何其他搬運者更偉大的搬運者。二是榮耀耶穌,通過他就能獲得永久的生命。三是光明少女,榮耀的智慧;她以其美貌贏得了衆君王之心和權力,滿足了偉大的愉悅。"[52] 顯然,光耀柱、耶穌和明女三位次級神靈,即是由第三使本身創造出來,雖然並未明確稱之爲"隨從"或"兒子",但其地位與生命神的五個"兒子"是完全一致的。那麼,他(她)們奉第三使之命去幹些什麼事,當然比生命神之子奉其命幹事更合乎情理了。由此或可推測,敘利亞語文書中啟動天體的"三名隨從"乃是這"三大威力"。

3. "光明舟"、"光明車"與"光明宮"

前文所引中古波斯語文書 M 98 的 a 10-11 行提到了"光明車"一名,在此的"車"即是中古波斯語 rhy (rahy),義爲乘具、戰車、馬車等。在摩尼教文書中,此詞凡與"光明的"構成詞組後,通常都是指稱太陽和月亮。在有些地方,它則直接與日、月構成詞組,稱"太陽車"和"月亮車"。例如,見於吐魯番的用中古波斯語書寫的摩尼著述《沙卜拉干》殘片中多次使用這樣的名稱:"然後,密特拉神(Mihryazd,即是指生命神。——引者)將從太陽車上下來,走向宇宙";"然後,奧爾密兹德(Ohrmezd,通常是指初人。——引者)的女形母身將從太陽車上顯現,觀看諸天"。[53]

但是,以"車"喻指太陽和月亮的情形似乎只多見於摩尼教的東方文書中,蓋因其西方文書往往以"船"或"光明舟"來指稱太陽和月亮。例如，奧古斯丁在其拉丁文的著述中談及摩尼教時，提到"舟船"[54]，使用了navis一詞，即是船、艦的意思。又，《阿基來行傳》曾提到，耶穌、生命母、明女等神靈居於"小船"中，生命神等則居於"大船"中。[55] 在此，"小船"是指月亮，"大船"是指太陽；而"船"一詞，拉丁文版用navis，希臘文版用πλοίῳ，都是"船"的意思。再如，記述摩尼教有關創世說的敘利亞語文書提到神靈"第三使"命令三個"隨從"去推動"這些舟船"開始運動。[56] 而這些"舟船"即是指剛剛創造出來的太陽和月亮，敘利亞文爲 'elpē。

除了上引的早期拉丁文、希臘文、敘利亞文等文書外，更多的將太陽、月亮稱爲"船"的例子則見於摩尼教的科普特語文書，通常單數作ϭⲁⲓ，複數或同單數，或作ⲉϭⲏⲩ。例如，"我父的航船，太陽和月亮"；"航船即是太陽和月亮：他登上了航船"；"我發現了航船，這航船即是太陽和月亮，它們運渡我，直抵我的城池。"[57] 又如，"此外，太陽清楚展示了另外三個原型，涉及最尊貴者的奧秘。首先，日船之盤飽滿滾圓，它的航船一年四季始終飽滿滾圓，它一點也不蝕損，不會像月船那樣蝕損。"[58] 當然，以上諸例是以"船"直接指稱太陽、月亮；而有的地方，"船"即使幷未明指，但就其文義看，實際上也是指日、月，如："靈魂啊，抬起你的眼睛，注視高空，對於你的羈縛仔細考慮……你已經抵達；你的父尊正在召喚你。如今，登上光明之船，接受榮耀花冠吧，回到你的故國，與永世們（Aeons）共享歡樂"；"如今，在你的光明禮物中……從此船到彼船，向着使者……他將運載我，渡過"；"航船正在高空等候你，它們會接引你上昇，將你帶到光明世界"[59] 諸如此類的例子不勝枚舉，清楚展示了在摩尼教西方文獻中，"船"與太陽、月亮的密切譬喻關係。

而摩尼教的東方文書中，除了上文談到的以"車"喻稱日、月外，雖然也有稱太陽、月亮爲"船"者（如漢語文書《摩尼教殘經》："又復淨風造二明舩，於生死海運渡善子，達於本界，令光明性究竟安樂。怨魔貪主，見此事已，生嗔妬心，即造二形雄雌等相，以放日月二大明舩，惑亂明性，令昇暗舩，送入地獄，輪迴五趣，備受諸苦，卒難解脫。"[60]），但是還有其他喻稱，例如，漢語文書《下部讚》中屢稱日、月爲"宮"："又啟日月光明宮，三世諸佛安置處，七及十二大舩主，並餘一切光明衆"（第127頌）；"對日月宮，二光明殿，各三慈父，元堪讚譽"（第389—390行）；"從彼直至日月宮殿，而於六大慈父及餘眷屬，各受快樂无窮讚歎"（第398—399行）。

稱日月爲"宮"的表達方式也見於東方的突厥語文書中：供"聽者"（即摩尼教俗家信徒）使用的突厥語懺悔詞有這樣的辭句："第二，是對於日月神，是對居於二光明宮中的神靈所犯的罪過"（ⅡA）；"我的明尊啊，如果我們曾經無意中以某種方式得罪了日月神，居於二光明宮中的神靈"。[61]這裏所謂的"宮"，突厥詞爲ordu，而它最初的意思即是"王家的居所"、"統治者的營帳"等，或者用在宗教方面則是"天宮"；後來被借用，則漸有"軍營"等義了。[62]

由此可見，摩尼教在由西往東傳播的過程中，原先太陽、月亮的喻稱"舟船"似乎有所演變，即由"船"向"車"、"宮"變異。如何解釋這一現象？傑克遜有一個解釋：摩尼長期生活在兩河流域，摩尼教也是在兩河流域創建。而底格里斯河與幼發拉底河中自古以來就有一種圓形的渡水器具，狀如浴盆，稱之爲 gufas。這種形狀的擺渡工具可能啟發了摩尼，使他將跨越天空的圓形天體日月與 gufas 聯繫起來，因爲日月不僅呈圓形，並按摩尼教教義，還是"靈魂"（光明分子）回歸明界的中間運渡站。而中亞地區由於水流稀少，故居民們不熟悉大河的渡水器具，遂將"船"改成了他們熟知的"營帳"、"宮殿"。[63] 若此說合理，那麼，我們可以進一步推測，"車"（戰車、馬車）更是中亞人，特別是中亞遊牧人所常用的器物，所以在摩尼教的東方文獻中，喻指日月的"舟船"被改成了他們更加熟悉的"馬車"。這種現象展示了宗教文化在傳播時往往因信衆居住環境的不同而有所演變。

4. 溝通天地的三種"脈管"

粟特文書 M178 II 在最後提到了生命神和生命母從黃道十二宮編織了"根基"、"脈管"等，語句過於簡單，其含義不甚清楚。實際上，"脈管"之說在摩尼教的宇宙創生說中頗有講究，故需要作較詳的探討；而對此作較多闡述的文字則見於科普特語的《克弗來亞》。茲將《克弗來亞》第48章中的相關敘述譯釋如下：

> 開悟者又說道：從暗獄到諸天的全部域界內都存在着三種導管。
>
> 第一種導管是上方一切威力[64]的根基，它們存在於一切諸天。它們被拋下，並羈縛於下方諸地。因爲下方之地是"剝光之物"，是上方諸天之衆威力的外衣和軀體。

因爲生命父尊建造天界之時，他剝光了它們的軀體，將它們拋擲到下方諸地。

這樣，上方諸界就由靈魂與精神構成，而下方諸界則由軀體和屍體構成。……如今，正因爲如此，他……天上諸威力。他在諸地上的軀體和屍體上蓋上印章，從而當生命從諸地的成熟中產生時，它能被完全汲取到天上的固緊在它們軀體裏的根基中，同時，一切生命也能在那裏得到淨化。然而，上登天界的淨化者所清除出的廢物將通過這些導管而丢落下方之地，將被倒入……以及扔至陰暗處。這即是第一種導管，它發自天界的諸威力，通往它們在諸地的軀體和屍體；也從諸地上的軀體和屍體通往諸天的衆威力。

第二種導管始自天界的寺廟、住宅和城市，下至地界，通往生長在地上的五類樹木。生命從樹木向上通往寺廟和城市。而天上之物的殘渣也通過導管下落到衆樹木。

第三種導管始自居於一切諸天的所有威力和戶主，從其根基向下通到蠕動於地上的五類肉體，相互固定。這樣，將被聚集起來的來自肉體世界的威力與生命以不同的外形分散在它們之間。上方的威力將通過導管把它們汲取上去。天界威力的更強烈的廢渣、貪欲、惡行和惱怒也將通過不同的導管而傾倒至地上。它們將被卸到人類和其他剩餘的動物身上。天界將清除自己的廢渣、臭氣和毒物，傾倒給下界的肉體生物；下界的這些生物也會因它們在天上的父輩的行爲而以更強烈的貪欲、惱怒和惡行而相互爭鬥。

使者說道：再看看衆星之輪，它在地上並無根基，但是它的根基卻結合在整體中。衆星之輪從經過導管而自諸地上昇到諸天的威力和生命那裏獲取生命。它也從那些從蒼穹和天界獲取生命的導管那裏取得生命。[65]

顯然，即使這段引文的字數也不少，但仍未完全清楚地表述其意，特別是兩個關鍵詞"導管"（科普特語爲 λιϵμε）[66] 和"基地"（科普特語 ΝΟΥΝΕ）的含義，畢竟與通常的用法不一樣。不過，其總體意思大致是可以理解的，即：天體與地界是無法分割的，它們之間始終有着緊密的聯繫。維繫其間交流的是三種"導管"，通過這些導管，地界的神聖生命可被汲取上天界，并且進行淨化；同時，天界的邪惡廢渣則通過它們傾倒入地界。

至於三種導管相互之間比較一下，也是有優劣的。有關這點，第48章接着作了解釋：第一種導管最偉大，因爲它與所有的地界聯結在一起，能汲取最多的神聖生命。第二種導管由於和地界的五種植物聯結起來，而植物廣泛地分佈於世界各處，故這類導管能夠汲取較多的生命。第三種導管最差，因爲它與地界的肉體生物聯結在一起，而包括人類在內的肉體生物只居於地界的一小部分（在南方）。[67]

摩尼教有關宇宙創生的這類說法，與伊朗古代文化甚有淵源。例如，以伊朗古宗教瑣羅亞斯德教諸典籍爲藍本而編纂的中古波斯語《創世記》（*Bundahishn*）集中談論了宇宙的創造情況，而其中就涉及星辰與"導管"的問題："他（指瑣羅亞斯德教主神Ohrmazd。——引者）將大熊星座佈置在北方，那裏是入侵者來犯時期的地獄所在地。有條繫鏈將七大陸中的每塊大陸都與大熊座連接起來，其目的是在混合時期內治理諸大陸。這就是大熊星座被稱爲

Hoftōreng 的緣故。"[68]

在此初看之下，似乎并無"導管"之詞，但是實際上，大熊星的別稱 Hoftōreng 即是中古波斯語 haftōrag 的合稱，而 haft 義爲"七"，rag 義爲"血管、脈管"等，亦即相當於前引粟特語文書中的 răk (r'k)。所以，瑣羅亞斯德教典籍《創世記》所謂的"七繫鏈" (Hoftōreng) 其實也就是"七導管"，目的即是爲了維繫上方天體與下界地面的聯繫，對其發揮作用。[69]

那麼，摩尼教宇宙創生論中的"天體導管說"，顯然頗受瑣羅亞斯德教或古代伊朗文化的影響。

綜上所譯、所釋、所論，足見摩尼教的宇宙創生論雖然頗爲複雜，也頗有自己的獨創之處，但是有許多重要因素仍然源自伊朗的古代文化；當然，也或多或少地以直接或間接的形式融入了希臘、印度的文化因素。同時，隨着時代和地域的不同，摩尼教本身的文化也始終在不斷地發展和演變，這是在探討摩尼教教義時決不能忽視的一點。

縮略語表：

APAW

Abhandlungen der Preussischen Akademie der Wissenschaften

BSOAS

Bulletin of the School of Oriental and African Studies

JRAS

Journal of the Royal Asiatic Society

Acta

Hegenonius, *The Acta Archelai*, tr. by Mark Vermes, com. by Samuel N.C.Lieu, Manichaean Studies IV, Lovanii, 2001.

Book of Scholia

Theodore Bar Khoni, *Book of Scholia*, tr. from the Syriac by Dr. Abraham Yohannan: "On Mānī's Teachings Concerning the Beginning of the World", in Jackson, *Researches*, pp.221-254.

Bundahishn

Zand-Akasih, Iranian or Greater Bundahishn, transliteration and translation in English by Behramgore Tehmuras Anklesaria, Bombay, 1956; Digital edition copyright 2002 by Joseph H. Peterson.

Dictionary

D.Durkin-Meisterernst, *Dictionary of Manichaean Texts, Vol.III Texts from Central Asia and China, Part 1 Dictionary of Manichaean Middle Persian and Parthian*, Turnhout, Brepols Publishers, 2004.

Etymological Dictionary

Sir Gerard Clauson, *An Etymological Dictionary of Pre-Thirteenth-Century Turkish*, Oxford, 1972.

Gnosis

Hans-Joachim Klimkeit, *Gnosis on the Silk Road : Gnostic texts from Central Asia*, New York, 1993.

Handschriften-Reste

F.W.K.Müller, *Handschriften-Reste in Estrangelo-Schrift aus Turfan, Chinesisch-Turkistan II*, aus den Anhang zu den *APAW*, 1904, 1-117.

Kephalaia

Iain Gardner, *The Kephalaia of the Teacher—The Edited Coptic Manichaean Texts in Translation with Commentary*, Leiden, E.J.Brill, 1995.

Literature and Art

Manfred Heuser & Hans-Joachim Klimkeit, *Studies in Manichaean Literature and Art*, Leiden, E.J.Brill, 1998.

Psalm-Book

C.R.C.Allberry, *A Manichaean Psalm-Book (Part II)*, Stuttgart, 1938.

Reader

Mary Boyce, *A Reader in Manichaean Middle Persian and Parthian*, Leiden, E.J.Brill, 1975.

Researches

A.V.Williams Jackson, *Researches in Manichaeism—with Special Reference to the Turfan Fragments*, New York, Columbia University Press, 1932.

Selected Papers II

Bibliothèque Pahlavi, Tehran-Liège, *W. B. Henning Selected Papers II*, Acta Iranica 15, Leiden, 1977.

Sogdian Fragment

W. B. Henning, "A Sogdian Fragment of the Manichaean Cosmogony", in *BSOAS*, 12, 1948.

X^{u}āstvānīft

Jes P. Asmussen, *X^{u}āstvānīft, Studies in Manichaeism*, Copenhagen, Prostant apud Munksgaard, 1965.

■ 注釋

[1] 本節的主體內容，可參看 *Literature and Art*, pp.25-48。

[2] 大明尊的"發射"（emanate）或"召喚"（call）都是同一種意思，即從自身分離出

同質的光明分子，形成新的神靈。所謂"發射"是從視覺角度而言（可視的光明），而"召喚"則是從聽覺角度而言（可聞的話語），二者都是指最神聖的本質"靈知"，是摩尼教的重要教義。有關摩尼教之光明與話語之間的關係及其象徵意義，可參看拙文《摩尼教"話語"考釋》，《傳統中國研究集刊》第八輯，上海人民出版社2011年版，第195—207頁。

[3] 更具體一些，是淨風從其 Reason（理性）喚出了 Splendour（輝煌），從其 Mind（才思）喚出了 King of Honour（光榮王），從其 Intelligence（智慧）喚出了 Adamas（阿達馬斯），從其 Thought（思想）喚出了 King of Glory（榮耀王），從其 Understanding（理解力）喚出了 Atlas（阿特拉斯）。在此的理性、才思、智慧、思想、理解力五者即是漢語文書所言的相、心、念、思、意，亦即"五妙身"，是摩尼教的重要教義之一。有關"五妙身"的論述，可參看拙文《摩尼教"五妙身"考》，《史林》2004年第6期，第86—95頁。

[4] 見 *Handschriften-Reste*, pp.37-43。

[5] 見 *Researches*, pp.22-73。

[6] 見 *Reader*, pp.60-62。

[7] 見 *Gnosis*, pp.225-227。

[8] 按敦煌出土的漢語文書，摩尼教的此神譯作"夷數"。由於筆者認爲，摩尼教神靈的許多漢譯名是在東方摩尼教融入濃厚佛教色彩之後的產物，故將未必具有如此濃重佛教色彩的其他非漢語文書中借用的基督教神名 Jesus，仍按通俗漢譯而作"耶穌"。下文的同類情況，亦按該原則處理。

[9] 本段文字見於 *Handschriften-Reste* 的德譯文，但是 *Gnosis* 略而未作英譯；漢譯據自 *Researches* 的英譯文，它對德譯文作了修正。

[10] *Gnosis*, pp.225, 227 將此詞譯作"他們"，並注釋稱此即生命神（Living Spirit）和生命母（Mother of Life）。

[11] 本譯名亦循上文"耶穌"之例，不取敦煌漢語文書之對應神名"淨風"，而按原義 Living Spirit 譯作"生命神"。另一方面，由於此前這一重要神名 Living Spirit 和另一重要專名 Living Soul 往往都被譯成"活靈"，遂易於導致漢語學界的概念混淆，故筆者認爲，凡是不適宜直接用"淨風"對應 Living Spirit 的情況下，將後者譯作"生命神"更爲恰當。

[12] 中古波斯語 'b'xtr (*abāxtar*) 義爲行星，在此，"七行星"作爲邪惡勢力的代表之一，其觀念源自古代伊朗文化，例如，在瑣羅亞斯德教中，它們與暗魔阿赫里曼（Ahriman）的邪惡力量一起，大肆破壞天界的秩序。古伊朗的《創世記》說："這些行星就這樣進入蒼穹，它們與諸星座交戰：暗日、暗月與發光體之王太陽、月亮搏鬥；木星與北方魁首七熊星座（Seven Bears）搏鬥；金星與南方魁首薩塔維薩星座（Satavaesa）搏鬥；火星與西方魁首心大星座（Antares）搏鬥；水星與東方魁首天狼星座搏鬥；土星與眾魁之首,中天之主搏鬥。"（見 *Bundahishn*, Chapter V, A, 3, p.64）。

[13] 中古波斯語 'jdh'g (*ažδahāg*) 是西文義爲 dragon 的一種想象中的怪獸（有翼,有爪，口中噴火），中文雖然通常譯之爲"龍"，但與中國傳統的神話生物"龍"的形象及品性迥異，故在此只是姑且借用習慣譯法而已，並不十分確切。有關此"二龍"之所指，學界之說較多，故下文另列專題討論，在此不贅。

[14] 顯然，本文書是將"二龍"說成爲天體最初運轉的推動者，但其他記載則有不同說法。有關問題將在下文作專題討論，在此不贅。

[15] 中古波斯語 wymnd（*wimand*）義爲邊界、邊境、界限，但在摩尼教文書中，它多指暗魔入侵明界之前，明、暗兩界的原始交界處。

[16] 中古波斯語 rhy (*rahy*) 義爲乘具、戰車、馬車等。在東方摩尼教文書中，似乎多以"車"或"光明車"作爲太陽和月亮的喻稱，但在西方文獻中，相應的名稱卻多爲"船"或"光明舟"。有關此類名稱的辨析，將在下文作專題討論，在此不贅。

[17] 中古波斯語 pr'whr (*frāwahr*) 義爲氣、以太。而"以太"（ether）一名在古代世界的宇宙構成演說中佔有相當重要，也頗爲神秘的地位，各大文明幾乎都有類似的說法。如古代希臘哲學家亞里斯多德將 Αἰθήρ 作爲土、火、氣、水四大元素之外的第五元素，並是比其他四者更爲精微、更爲輕巧，更爲完美的一種要素；其他要素的運動爲直線，它的運動則作循環。在古印度，梵語稱之爲 ākāśa（漢語譯作"虛空"），它表現爲"空"，但并非真的一無所有，它也有品質，例如，它不似火之發熱，故爲"冷"；不似土、風之重，故爲"輕"；不似風之推力，故爲"靜止"；不似其他要素的顯眼，故爲"隱"。古伊朗的瑣羅亞斯德教也有類似的說法，這些都爲摩尼教的宇宙說提供了文化來源。

[18] 中古波斯語 myhr (*mihr*) 義爲太陽，yzd（*yazad*）義爲神靈，故這裏的 Myhryzd 一詞便譯"太陽神"。在摩尼教文書中，"太陽神"多指生命神（Living Spiril, 淨風）或第三使（Third Messenger, 三明使），故若按這樣的譯法，是指生命神自己穿上了三件外衣。但是，*Researches*, p.33 的英譯卻作"Then...furthermore he clothed the Sun God with three coverings"，顯然意謂"他"（本文書的主角生命神）爲太陽神穿上了三件外衣，則"太陽神"成了區別於生命神的另一神。而 Gnosis, p.226 則譯作"Then Mihryazd (the Living Spirit) (put on, of) the same purified light, three garments"，顯然是謂生命神自己穿上了三件外衣。鑒於前譯於文義欠通（突然出現出了一個并非生命神的"太陽神"），故參考後譯，作正文之漢譯。

另一方面，中古波斯語 pymwg (*paymōg*) 本義爲外衣、長袍，故在此的 pymwg sḫ 便可直譯作"三件外衣"。博伊絲說，這其實即是"三輪"的另外一種表達法；而"三輪"即是火、水、風，也是生命神爲了拯救光明分子而創造的（見 *Reader*, p.61, note）。

[19] *Gnosis*, p.226 將此語英譯成"and descended to the Earth of Darkness"，則是謂生命神本身下降暗地。但是，早在公元四世紀希臘學者 Alexander of

Lycopolis 反對摩尼教的著述中，就介紹摩尼教的教義道："從太陽和月亮分離出來的黑癥（ϋλη，拉丁轉寫作 Hylè；即黑暗物質）被擲出宇宙；那東西是火，能燃燒，但如黑暗一樣，不見光明，猶如黑暗。"傑克遜認爲，這與本文書的說法吻合（見 *Researcehes*, p.47, note 31）。傑克遜的看法有理，故漢譯文不取 *Gnosis* 的譯法。

[20] 中古波斯語 nyr'myšn (*nirāmišn*) 本義爲"層"，但在摩尼教文書中，只見於對最下部的四層大地的稱呼中；因此，它與 ch'r (*čahār*) 構成的 nyr'myšnb ch'r 詞組（字面意義爲"四層"，便成了號稱爲"暗魔居所"的這四層大地的專名。

[21] 中古波斯語 prm'ngyn (*parmānagēn*) 義爲思想，yzd (*yazad*) 義爲神，而此"思想神"則是生命神（淨風）從其相、心、念、思、意創造出的五子中的第四子。M'nbyd (*mānbed*) 義爲戶主 (master of the house)，也是這位神靈的名號。傑克遜將此語譯作 "made the Mānbēd commanding god over it" (*Researches*, p.33)；克林凱特則作 "appointed the God of Thought to be the lord of the house" (*Gnosis*, p.226)。似以後者更確切，故漢譯從其意。

[22] 這四道圍墻和三道壕溝，其結構應該是一道圍墻之外爲一條壕溝，再依次一道圍墻、一道壕溝、一道圍墻、一道壕溝，最後一道圍墻包在最外側，從而形成每條壕溝都被兩道圍墻所隔。而諸魔則被禁錮在溝中，無所脫逃。

[23] 中古波斯語 tskyrb (*taskirb*) 義爲四種形貌的、四方形、四足動物等。但傑克遜認爲在此或當作"四倍的"理解，這裏的"立柱"之數不是七，而是七的四倍，亦即二十八。他說，或許可以推測，"二十八根立柱是相應於農曆月的二十八天之數"(*Researches*, p.58, note 66)。但是，博伊絲和克林凱特則均將此詞理解成"四方的"（分別見 *Reader*, p.62, note 和 *Gnosis*, p.226），今從之。

[24] 用來形容生命神所造第六地的中古波斯語 m'zmn (*māzman*) 的含義不明，傑克遜認爲，或可與讀音相近的梵語相比較，取其義爲"強大的"（mighty）（見

Researches, p.60, note 79)。今姑取其說。

[25] 在此，"建造……"云云一語據自 *Gnosis*, p.226；*Researches*, pp.36-37 對此未有完整的轉寫和翻譯。

[26] 克林凱特之英譯文到此結束，嗣後的內容未見翻譯（見 *Gnosis*, p.227）。

[27] 有關這一詞組，文書殘損，前一詞爲 kwp, 義爲"山"、"山脈"；後一詞則僅見最後一個字母 r，但傑克遜推測爲 smyr (sumēr) 之殘存，故補其詞組爲"蘇迷盧山"，而這也正是許多摩尼教東方文書經常借用的佛教術語（見 *Researches*, pp. 69-70, note 111）。其說有理，今漢譯從之。

[28] 見 Sogdian Fragment, p.306。

[29] 亨寧的 Sogdian Fragment 中有該文書原文的拉丁字母轉寫和英譯本，並有詳細註釋；此文除原載 *BSOAS* 卷 12 的 306—318 頁外，後還收載於亨寧的 *Selected Papers II*, 301—313 頁。克林凱特則依據亨寧，將 M178 中有關天體創造的那部分譯文錄於其 *Gnosis* 的 235—236 頁，並略作註釋。

[30] 阿赫里曼（Ahriman）本是瑣羅亞斯德教頻繁使用的魔王名，是最高神的敵手。摩尼教借用此名，通常指稱暗魔之首。

[31] 粟特語詞組 *'βtkyšpy xwt'w* 意爲"七方之主"（*'βt* 義爲七；*kyšp* 義爲地區、地帶；*xwt'w* 義爲國王、宗主），在此即是生命神的異稱：但在粟特語文書中，不如"生命神"之稱那麼多見。這一觀念來自伊朗的古代神話：大地由七個同心的地域構成，故每個地域稱爲"大地的七分之一"；它們形成於創世之初，當時天狼星（Sirius）造雨，導致不同的海洋出現，以及大地分成七個部分（說見 *Bundahišn*）。摩尼教承襲了古伊朗的這類說法，遂有"七域世界"之稱，並以創造世界的生命神爲"七域之主"，亦即"世界之主"。

　　粟特語詞組 *'rd'wn m't* 則義爲"正直之母"（*'rd'w* 義爲正直的、公正的、誠實的；*m't* 義爲母親），是爲生命母的異稱。摩尼教漢語文書的"善母"當是此名的直接意譯。

[32] 粟特語 xšyšpat 是生命神之五子的第一位，西文通常作 Splenditenens，意爲"輝煌"，其職責是保護諸天，直到物質世界被大火燒盡，一切復歸原始狀態時爲止。

[33] 之所以作"他"而非"他們"，亨寧謂是"原文如此"（Sogdian Fragment, p.312）。則可理解爲僅指生命神（淨風），今從英譯文。

[34] 粟特語 fswx 即是如今通用的 parasang，爲古伊朗的長度單位，原爲步兵在某段時間內的行軍距離，具體長度則諸說各異，相當於今天的三到五公里。有關這段文字的確切意思，亨寧解釋道："這段文字的辭句很拙劣，可能意爲：每層天的厚度爲一萬帕勒桑，而在每兩層天之間的空間層的厚度也爲一萬帕勒桑。因此，從最低天之底部到最高天之頂部的距離當爲十九萬帕勒桑。"（Sogdian Fragment, p.313, note 1）

[35] 顯然，這裏之所以聲稱將雄魔和雌魔分隔囚禁，是體現了防備黑暗勢力再度繁殖的意思；同時，也表明摩尼教採納了古希臘有關天體也分雌雄性的觀念。

[36] 粟特語 wyšprkr (wišparkar) 義爲創造一切者，其語源來自梵語 Viśvakarman。後者音譯作"毘首羯磨"，是爲古印度的天神，住於三十三天，乃帝釋天的大臣，執掌建築、雕刻等。在《梨俱吠陀》中稱爲宇宙之建造者。此名在此指摩尼教的生命神（淨風），但似乎并非他的專名，而是對所有"世界創造者"的通稱。

[37] 粟特語 wyx (wēx) 義爲根部、根基、根源等；r'k (răk) 義爲血管、葉脈、脈絡、脈管等；ptβnd (patβand) 義爲環節、紐帶、連接等。摩尼教有關創造"脈管"，連通諸天與諸地的說法頗爲複雜，也頗古怪；但其源流當來自古代伊朗文化，因爲瑣羅亞斯德教的經典《創世記》（Bundahishn）有類似的說法。下文將對此問題作專門論述，在此不贅。

[38] *Researches*, p.38, note 3.

[39] *Gnosis*, p.237, note 27.

[40] *Reader*, p.60, note.

[41] 分別見 *Bundahishn*, Chapter V A, 5 (Iranian recension), p.65；Chapter XXXIV, 27 (Iranian recension), p.142；Chapter V A, 6 (Iranian recension), p.65。

[42] *Bundahishn*, Chapter V, 1 (Indian recension), p.159.

[43] *Bundahishn*, Chapter V, 4 (Iranian recension), pp.63-64.

[44] *Bundahishn*, Chapter V, A, 7 (Iranian recension), p.65.

[45] *Bundahishn*, Chapter V, A, 5, p.65.

[46] 天體被創造之後靜止不動的這一觀念，並非源自摩尼教，而可追溯到更古的伊朗文化，例如，瑣羅亞斯德教的經典也作此說："在三千年內，這些創造物只有軀體，而無法用其肚臍行走；太陽、月亮、星辰始終保持靜止。"（見 *Zād-sparam*, Chapter I, 22，原文爲中古波斯語，E.W.West 英譯，載 *Sacred Books of the East*, Part V, Clarendon, 1880, p.159）

[47] 見 *Acta*, 8.1, p.49。

[48] *Kephalaia*, Chapter 34, 8631-875, p.90.

[49] *Book of Scholia*, pp.242-243.

[50] 參看 *Researches*, p.233, note 45 和 p.242, note 86。

[51] 見 *Dictionary*, p.235, myhr 條。

[52] *Kephalaia*, Chapter 7, $35^{8\text{-}17}$, p.39.

[53] 見文書 M472IR，原文的拉丁轉寫及英譯文，見 D.N.MacKenzie, "Mani's Šābuhragān", *BSOAS*, Vol.42, No. 3 (1979), pp.512, 513。

[54] *De Haeresibus of Saint Augustine: A Translation with an Introduction and Commentary*, by Liguori G. Müller, Patristic Studies 90, Catholic University of America, Washington, 1956, p.46.

[55] 見 *Acta*, 13.2, p.57。

[56] *Book of Scholia*, p.242.

[57] 分別見 *Psalm-Book*, 75[4]、134[24-25]、168[5-8]。

[58] *Kephalaia*, 162[22-26], Chapter 65, p.171.

[59] 分別見 *Psalm-Book*, 55[9-14]、85[7-9]、163[14-15]。

[60] 見《殘經》第 48—52 行。

[61] 突厥語的拉丁字母轉寫和英譯文，分別見 *X^{w}āstvānīft*, pp.169, 170, 194；漢譯文則見芮傳明《摩尼教突厥語〈懺悔詞〉新譯和簡釋》,《史林》2009 年第 6 期，第 56 頁。

[62] 參看 *Etymological Dictionary*, p.203。

[63] *Researches*, p.42.

[64] 科普特語 6αμ 義爲力量、權勢、威力等。在摩尼教文獻中。它大多用來指稱明界的正義力量或神靈，但有時亦用以指稱與之相對的黑暗勢力。在本節中，該詞似乎主要是指被生命神囚禁於黃道（天界）的衆暗魔；由於這些暗魔此前吞食了光明分子，故導致了在它們身上汲取"生命"，排除"廢渣"的必要性，從而產生了這裏所描繪的通過"導管"上上下下"淨化"的情景。

[65] *Kephalaia*, Chapter 48, 120[24]-122[4], pp.128-129.

[66] 在早期的科普特語文書編纂譯本中，λιsμε 一詞未作解釋，顯然是對其義不甚了了。後漸有各種解釋，例如，或以爲源自中埃及方言波海利語（Bohairic）的 λαsμ，義爲幹、枝、莖、管等（見 W.E.Crum, *A Coptic Dictionary*, The Clarendon Press, Oxford, 1939）；或以爲源自義爲連接、弦的阿拉米語（Aramic）詞 lhm，因爲《克弗來亞》最初很可能是用阿拉米語書寫的（見 E.B.Smagina, "Some Words with Unkown Meaning in Coptic Manichaean Texts", *Enchoria*, Vol.17, 1990, pp.121-122）；當然，在本文所引的 *Kephalaia* 英譯本中，此詞則譯作"導管（conduits）"。從文書上下文的內容，當以"導管"之釋最爲近是。

[67] *Kephalaia*, Chapter 48, 123[29]-124[22], pp.131-132.

[68] *Bundahishn*, Chapter 2, A 27[11], 英譯文見 W.B.Henning, "An Astronomical Chapter of the Bundahishn", *JRAS*, No.3, Oct. 1942, p.232。

[69] 說見注 [68] 引文，p.232, note 6。

　　本文爲復旦大學亞洲研究中心資助課題的研究成果之一；在復旦大學文史研究院訪問期間完成。

地中海和中國關係史

關於突厥可汗致拜占庭皇帝書

余太山

據拜占庭史家 Theophylactus Simocatta 所撰 *Oikumenike historia*（撰寫於 Heraclius 時期，即 610—641 年）一書[1]記載，突厥可汗曾致書拜占庭皇帝 Mauricius（539—602 年），陳說突厥西征諸事。由於事關六世紀後半葉內陸歐亞發生的一系列重大歷史事件，Theophylactus Simocatta 這篇記載廣受學界關注。以下就若干問題略述己見：

一

Theophylactus Simocatta 所載突厥可汗致拜占庭皇帝 Mauricius 書的性質。

一說突厥可汗致拜占庭皇帝 Mauricius 書是一封 ἐπινίκιον（捷報）。[2]蓋據 Theophylactus Simocatta 所傳：

> 是年（598）夏，東方的突厥可汗遣使莫里斯（Maurice）皇帝，呈一函銜耀其戰績。函首致辭稱"可汗、七姓大君長、世界七域之共主致書羅馬皇帝"云。正是這位可汗戰勝了 Abdeli 族（應即嚈噠）之主，君臨其國。受此勝利之鼓舞，遂與 Stembis 可汗結盟，征服了 Avar 族。(VII, 7, 7-9)

這分明是突厥可汗在向 Maurice 皇帝通報其戰績。這種文體屢見於古代近東，通常由一位王者向有關地區的統治者通報其戰績。著名的例子有大流士一世的貝希斯登銘文和沙普爾一世的 Ka'be-yi Zardušt 銘文，前者是向整個帝國通報，後者則是向鄰國通報。

今案：Theophylactus Simocatta 所載突厥可汗致拜占庭皇帝 Mauricius 書很容易使人聯想起《史記·匈奴列傳》所載匈奴冒頓單于遺漢文帝書：

> 天所立匈奴大單于敬問皇帝無恙。前時皇帝言和親事，稱書意，合歡。漢邊吏侵侮右賢王，右賢王不請，聽後義盧侯難氏等計，與漢吏相距，絕二主之約，離兄弟之親。皇帝讓書再至，發使以書報，不來，漢使不至，漢以其故不和，鄰國不附。今以小吏之敗約故，罰右賢王，使之西求月氏擊之。以天之福，吏卒良，馬彊力，以夷滅月氏，盡斬殺降下之。定樓蘭、烏孫、呼揭及其旁三十六國，皆以爲匈奴。諸引弓之民，并爲一家，北州已定。願寢兵休士卒養馬，除前事，復故約，以安邊民，以應始古，使少者得成其長，老者安其處，世世平樂。未得皇帝之志也，故使郎中係零淺奉書請，獻橐他一匹，騎馬二

匹，駕二駟。皇帝即不欲匈奴近塞，則且詔吏民遠舍。使者至，即遣之。

突厥可汗致書拜占庭皇帝是通報突厥對嚈噠和 Avar 的勝利，匈奴冒頓單于致書漢文帝則是通報匈奴對月氏和西域諸國的勝利。這是兩者最主要的類似之處。兩者書首的致辭"天所立匈奴大單于敬問皇帝無恙"與"可汗、七姓大君長、世界七域之共主致書羅馬皇帝"亦可謂相映成趣。

匈奴和突厥均係北亞遊牧部族，兩者又都是在稱霸蒙古高原後西向擴張。冒頓單于以戰勝月氏爲契機，致書漢文帝，顯然是挾戰勝之威，有所企求，並非僅僅衒耀勝利。儘管從 Theophylactus 所轉述的內容來看，突厥可汗似乎只是在炫耀勝利，但背後也未必沒有其他目的。

這就是說，相對於大流士一世的貝希斯登銘文和沙普爾一世的 Ka'be-yi Zardušt 銘文，突厥可汗致拜占庭皇帝 Mauricius 書與匈奴冒頓單于遺漢文帝書應該更具可比性。

匈奴冒頓單于遺漢文帝書既通報了破滅月氏，又通報了降服西域三十六國。這是一連串戰役的勝利，顯然不能視作一封捷報。同樣，突厥可汗致拜占庭皇帝 Mauricius 書既通報了對嚈噠的勝利，又通報了對 Avar 等的勝利，不是某一次戰役的勝利。既然前者不能視作一封捷報，後者似乎也難定性爲捷報。

要之，Theophylactus Simocatta 所載突厥可汗致拜占庭皇帝 Mauricius 書與匈奴冒頓單于遺漢文帝書無論形式、內容、性質均有類似之處，可以對照閱讀。

二

對 Theophylactus Simocatta 所載突厥可汗致拜占庭皇帝 Mauricius 書主要史實的理解。

說者之所以指 Theophylactus Simocatta 所載突厥可汗致拜占庭皇帝 Mauricius 書是一封捷報，無非是要強調其即時性，認爲這對於理解所傳事實有重要意義。

一般認爲，致書 Maurice 皇帝的突厥可汗爲達頭可汗（576—603 年在位），與之結盟的 Stembis 可汗，應即達頭可汗之父室點密（Isiämi）。由於譯文有誤，抑或其他原因，以致此前可汗之武功一併歸於達頭。[3]

而如果將可汗致拜占庭皇帝書看做一封捷報，則自然不能將 Stembis 與室點密作同一認定，達頭可汗在一封捷報中提及其父或其他前輩之功績就顯得很不自然。於是，所謂 Stembis 可汗就被比定爲俟毗可汗：Στεμβίς = Čebi 或 J̌ebi，即 Sê-pi（俟毗）。[4]

今案：除起首一句外，Theophylactus Simocatta 並未照錄可汗致 Mauricius 書的原文，其全貌亦不得而知。如果承認此書性質與冒頓致漢文帝書有類似之處，則應該承認書中所述諸事未必全部具有即時性。

這就是說，將 Stembis 與室點密作同一認定的可能性不能完全排除。儘管漢文史籍記載征服嚈噠的是室點密可汗，但身先士卒的可能是其子達頭。達頭在敘說自己的戰績時涉及其父是完全可以理解的，只是 Theophylactus Simocatta 的轉述未能正確說明其間的關係而已。果然，達頭致 Mauricius 書傳達的是六世紀後半葉突厥西征實錄，不僅僅是達頭個人的戰蹟。

另外，儘管據 Menander[5]（10.1：Exc. de Leg. Gent. 7），558 年前已有阿瓦爾人逃離突厥之統治，似乎其人役屬突厥早於嚈噠。但並不排除達頭、室點密乘戰勝嚈噠之餘威，再次打擊阿瓦爾人的可能性。

當然，我們也不能完全排除 Stembis 即俟毗的可能性，Theophylactus Simocatta 所傳可汗征服嚈噠一役正是達頭與俟毗聯手的結果也未可知。達頭致 Mauricius 書不是一封單純的捷報，並不排斥其中含有即時的信息。

Theophylactus Simocatta 並沒有明確記載可汗擊破嚈噠、阿瓦爾等的時間。因而，有關內容可以作如下不同的解讀：雖然 558 年突厥已從整體上擊垮嚈噠，但其餘眾反叛，可汗致 Mauricius 皇帝書所述正是達頭（協同俟毗）對嚈噠餘眾的進剿。同樣，Theophylactus Simocatta 所傳可汗征服 Avar 事，也可能是指達頭對阿瓦爾叛眾的追剿。

要之，囿於 Theophylactus Simocatta 含糊的措辭，目前尚無法確指突厥可汗致拜占庭皇帝 Mauricius 書所載突厥對嚈噠和 Avar 戰事的內涵。

三

突厥可汗致拜占庭皇帝書與柔然—阿瓦爾同族論。

突厥可汗致拜占庭皇帝書之所以引起史學界的濃厚興趣，主要原因在於 Theophylactus Simocatta 在記載突厥可汗征服阿瓦爾後，還接着記載：

> 阿瓦爾既服，餘衆逃亡 Taugast 人之中。……其餘不甘心失敗者往投 Mucri。Mucri 人緊鄰 Taugast，訓練有素，不畏艱險，能征慣戰。（VII, 7, 7-14）

Taugast 一名的語源雖然衆說紛紜，但多數學者認爲在這裏是指中國，[6] 這則記載因此被認爲構成了柔然—阿瓦爾同族論的重要基礎。[7] 質言之，Theophylactus Simocatta 阿瓦爾人戰敗後餘衆逃入中國的記載和漢文史籍關於柔然戰敗後餘衆逃入西魏的記載若合符契。

但是，這樣理解 Theophylactus Simocatta 的記載有不少障礙：首先，Theophylactus Simocatta 記載擊敗阿瓦爾的是達頭，而漢文史料記載擊破柔然的是木杆，並沒有證據表明，達頭亦曾參與木杆擊敗柔然之事。其次，據 Theophylactus Simocatta，突厥征服阿瓦爾在征服嚈噠之後；而據中國史料，突厥擊破柔然在擊破嚈噠之前。爲此，學界進行了反復討論。[8]

其實，阿瓦爾餘衆在被突厥擊敗後逃亡中國也不能視作積極的證據，柔然被擊敗後可逃亡中國，其他部族（譬如阿瓦爾）被突厥擊破後同樣可以逃亡中國。[9] 自然不能因柔然被突厥擊破後逃亡中國而認定凡被突厥擊破而逃亡中國者皆爲柔然。

另外，部份柔然—阿瓦爾同族論者爲了克服突厥征服阿瓦爾、嚈噠的次序顛倒這一障礙，假定 Theophylactus Simocatta 所述阿瓦爾係被土門擊破後西逃之柔然餘衆。但是，這樣一來，等於否定了上述構成了柔然—阿瓦爾同族論的重要基礎。因爲漢文史籍所載逃入西魏者乃是柔然汗國破滅後之餘衆，決不是餘衆之餘衆。[10]

要之，Theophylactus Simocatta 所載突厥可汗致拜占庭皇帝書無助於柔然—阿瓦爾同族論成立。

四

突厥可汗致拜占庭皇帝書與悅般—阿瓦爾同族論。

阿瓦爾的淵源，除柔然說外，另有悅般說。[11] 今案：相對於柔然—阿瓦爾同族論，此說似較合理，茲據 Theophylactus Simocatta 所載突厥可汗致拜占庭皇帝書審核之。

（1） Avar 和悅般就名稱而言，無疑可以勘同。

（2） 悅般見諸《魏書·西域傳》。據傳，其先是匈奴部落之一，隨北匈奴單于西遷，留居於龜茲之北，後發展成一個強大的部族，有衆二十萬，與新興的柔然爲敵。可能因不堪柔然騷擾，終於消失於塞北和西域舞臺。換言之，悅般很可能西徙了，其時間上限爲 448 年。[12]

而如前述，阿瓦爾人役屬突厥早於嚈噠。Theophylactus Simocatta 所傳可汗征服 Avar 事，不管是達頭追隨室點密乘戰勝嚈噠之餘威再次打擊阿瓦爾人，還是達頭協同俟毗追剿阿瓦爾之叛衆，與依據漢文史料推出的悅般人西遷的時間均無矛盾。

要之，無論對突厥可汗致拜占庭皇帝書之性質及所傳史實作何種詮釋，均無妨悅般—阿瓦爾同族論成立。

五

突厥可汗致拜占庭皇帝書與僞阿瓦爾問題。

擊破阿瓦爾後，據 Theophylactus Simocatta，"此可汗又征服了所有 Ogur 部落。Ogur 人衆而強，習攻戰，居於東方 Til 河上，突厥習呼爲該河爲黑河（Melas）。其古酋長有名 Var 與 Chunni 者，若干部落因以爲名焉"。（VII, 7, 13-14）而這些以 Var 與 Chunni 命名的 Ogur 部落，據 Theophylactus Simocatta 記載：

> Justinian 帝在位時（Justinian I, 527—565），小部分 Var 和 Chunni 人逃離其祖先之部落，定居歐洲。他們自稱 Avar 人，其首領則僭稱"可汗"。其人改名具有特別的意義。當 Barselt、Onogurs、Sabir 以及其他 Hun 人部落發現有若干 Var 和 Chunni 人逃入他們的領地時，以爲這些移民可能是 Avar 人，恐懼至極，遂以貴重的禮品向這些亡命者致敬，希冀換取安全的保障。Var 和 Chunni 人發覺其亡命生涯出現轉機，便利用這些來使的錯誤，自稱 Avar 人。蓋斯基泰諸族中，Avar 人最爲出衆。事實上，時至今日，僞 Avars 業已按其血統區分，若干稱 Var，若干稱 Chunni。（VII, 8, 1-5）

這就是所謂僞阿瓦爾的來歷。從中，我們似乎可以得出以下幾點認識：

（1）Var 和 Chunni 人定居歐洲，並冒稱阿瓦爾，時在 Justinian 帝在位時，說明 Var 和 Chunni 人西徙遲於阿瓦爾人。儘管如此，

Theophylactus Simocatta 所傳突厥討伐僞阿瓦爾人一事依然存在兩種可能：既可能是達頭追隨室點密所爲，也可能是達頭偕同俟毗所爲。

（2）Theophylactus Simocatta 稱 Var 和 Chunni 冒稱阿瓦爾其實是一種誤解。其實，所謂"Var 和 Chunni"才是 Ogur 人的冒稱，並非原名爲 Var 和 Chunni 之部落冒稱 Avar。Var 不妨視作 [A]var 之略，Chunni 應即 Hunni。因此"Var 和 Chunni"可連讀做"Avar Huns"。這些 Ogur 人冒稱 Avar，而自稱或被稱爲"Avar Huns"，從 Avar 人即悅般的角度就不難理解了：悅般原係匈奴之部落，故"Avar Huns"就是"悅般匈奴"。這"悅般匈奴"譯成希臘語就成了 Οὐαρχωνῖται（Menander, 19.1：Exc. de Leg. Rom. 14）。Theophylactus Simocatta 不僅誤一爲二，而且將冒稱誤作原名。

（3）說者認爲 Var 是嚈噠國城市，因而指 Var 爲嚈噠。[13] 今案：其誤不待辯。別的不說，Theophylactus Simocatta 的記載本身已將 Var 和嚈噠作了清楚的區分。

■ **注釋**

[1] Michael and Mary Whitby, *The History of Theophylact of Simocatta: An English Translation with Introduction and Notes*, Oxford University Press, 1986.

[2] J. Harmatta, "The Letter Sent by the Turk Qayan to the Emperor Mauriciu", *Acta Antiqua Academiae Scientiarum Hungaricae* 41 (2001), pp. 109-118.

[3] 主此說者較早如：J. Deguignes, *Histoire générale des Huns, des Turcs, des Mogols et des autres Tartares occidentaux, etc*, I, Paris, 1756, pp. 344-366. E. Chavannes,

Documents sur les Tou-kiue (Turcs) occidentaux, Paris, 1903. pp. 221-259.

[4] 注 [2] 所引 J. Harmatta 文。

[5] R. C. Blockley, *The History of Menander the Guardsman, Introductory Essay, Text, Translation, and Historiographical Notes*, Published by Francis Cairns Ltd., Printed in Great Britain by Redwood Burn Lid. Trowbridge, Wiltshire, 1985.

[6] 關於 Taugast，參看注 [3] 所引 E. Chavannes 書，p. 230。

[7] 參看內田吟風：《柔然（蠕蠕）アヴァール同族論考》，《史泉》23·24（1962 年），第 23—34 頁。

[8] 同注 [7]。

[9] 說見注 [2] 所引 J. Harmatta 文。

[10] 參看余太山：《柔然—阿瓦爾同族論質疑——兼說阿瓦爾即悅般》，《噘噠史研究》，齊魯書社 1986 年版，第 163—192 頁。

[11] 最早提出此說者爲 E. H. Parker, "China, the Avars, and the Franks", *Asiatic Quarterly Review and Oriental and Colonial Record*, Series 3, XIII, 1902, pp.346-360, esp. 351-352。論證參看注 [10] 所引余太山文。

[12] 關於悅般，詳見注 [10] 所引余太山文。

[13] 說見 J. Markwart, *Wehrot und Arang*, Leiden, 1938, p. 45。

"納藥"與"授方"：中古胡僧的醫療活動
陳 明

一、中古入華的各宗教及其醫療觀概說

　　從醫療史的角度切入宗教史，或者討論醫學與宗教的關係，在基督教、伊斯蘭教、佛教、道教等研究領域取得了相當不錯的成果。而從域外宗教信徒的活動及其教法傳播的層面，來考察醫療所起的作用，還有較大的研究空間。

　　整體來看，中古時期（六朝至五代）在華胡人的角色（或身份）分類，大致有七類：胡使、胡商、胡僧、胡醫、胡兵（胡將）、胡奴（僕役）以及職業不易歸類的其他普通胡民，甚至胡神似乎也可作爲胡人的一種神異化身。當然，不少胡人的身份是多元的，幾種志業兼而有之，而很少是單一化的。醫學是人類維持健康的一門技藝或學問，醫療活動是由醫者、病者、護理人員等多種角色的人員組成的，處處離不開人的活動。胡人涉及的醫療活動一般包括：醫學教育（習醫的途徑與過程）與醫理探究、對疾病的認知、藥方的開具、藥物使用與配製、非藥物性的祛病方術（含呪語、魔法）、醫學文本

的譯介或醫學的知識傳播等等。而兼具"僧"與"醫"雙重身份的胡人，在中古醫療史上究竟有哪些表現或者處於何等地位，亦是值得討論的問題。

中古時期中外文化交流繁盛，外來的胡僧有着不同的淵源與宗教文化背景，他們主要是佛教僧、婆羅門僧、景教僧、祆教僧、摩尼教僧，分別來源於五天竺（印度）、南海、波斯或者粟特等中亞地區。因此，在提到所謂的"胡僧"時，從學理的角度，實際上需要嚴格區分他們的宗教身份。自唐代釋彥琮"獨分胡梵"之後，儘管唐人心中已有梵、胡的區別，但是在中古文獻中，實際上，梵、胡的區別有時候並不那麼清楚。也就是說，並不是"梵"就全指天竺人（印度人），而"胡"就完全等同於以粟特爲代表的中亞九姓胡人，有時候這兩種指代存在混淆不清的情況。[1]因此，要將所有"胡僧"一一辨明身份顯然存在很大的困難。

入華胡僧主要從事的是宗教活動，包括經籍的翻譯、撰述、講經或佈道、法會、巡禮、日常教儀等。在唐代的小說與詩歌中，不少地方描繪了胡僧的形象及其事跡。[2]《全唐詩》卷五〇三中有周賀的《贈胡僧》，詩云："瘦形—作影無血色，草履著行—作從穿。閒話—作語似作呪，不眠同坐禪。背經來漢地，袒膊過冬天。情性人難會，游方應信緣。"[3]可見，在作者的筆下，胡僧的外貌瘦削而沒有血色，腳穿破舊的草鞋，冬天也袒露胳膊，說話就像念誦呪語一樣，喜好坐禪，不眠修定，肩負原典經籍，游方中土，廣施善緣，修證佛法。岑參《太白胡僧歌並序》則描繪了一位隱居太白山的長年胡僧，其外形爲"草衣不針復不線，兩耳垂肩眉覆面"，念誦《楞伽經》，解老虎，降蛟龍，法力無邊。[4]

雖然教義有很大的差異，行爲的方式也多不相同，但入華胡僧程度不同地選取醫療之途，其内在的原因或有相同之處。其一，宗教教義與醫法在理論敍述上有所交集，常常出現以醫事作譬喻來說明教法的書寫模式。其二，由於涉及治療身心，宗教教主與"大醫王"名號之間亦有類似的關聯。[5]不過，不同宗教的信徒們在醫療方面的動機並不完全一致。其三，多種宗教常以顯示治病救人的高超技藝來作爲吸引民衆入教的方式之一。佛教、基督教、摩尼教等均不例外。

佛教徒能否行醫，經歷了一個變化的過程。在原始佛教階段，佛陀最初是禁止僧徒涉及醫療的，因爲醫療活動往往與世俗的利養聯繫在一起，所以，他不允許僧徒因爲行醫而影響到佛法的修行。但出於慈悲救世的目的，佛陀爲了醫治患病的僧衆以及俗人，他又允許善解醫方的僧人開方陳說，解除患者的病苦。到了大乘佛教階段，救度衆生的法門更爲多樣化，行醫施藥成爲傳播佛法的方便之一。竺法護譯《郁迦羅越問菩薩行經·止足品第七》甚至提出了出家菩薩習行醫藥之十事：

> 佛言：出家菩薩習行醫藥有十事。何等爲十？一者我當得如來世尊之智。二者不從他人取足。三者不復習瑕穢不淨想。四者我當住清淨。五者不復念諸欲味棄諸著。六者我當於凡夫有差特。七者諸善味當自然現我前。八者以醫藥斷諸塵勞。九者斷自諸見著。十者疾斷諸病瘦得安隱。長者，是爲十事行，出家菩薩盡形壽當習醫藥。[6]

很顯然，這是從佛教內在理論的角度去闡發當習行醫藥的重要性。而在多種宗教盛行的古代天竺，佛教徒眼中的婆羅門與尼乾子等外道們患病之時，正是其接受佛教熏洗的一個很好的時機。唐代義淨譯《根本說一切有部毗奈耶》卷四三《非時入聚落不囑苾芻學處第八十之餘》記載了比丘鄔陀夷藉助呪術醫治婆羅門使之皈依佛教的事跡：

> 醫人者。時室羅伐城有婆羅門，於三寶中，心無信敬，身嬰疾苦，綿歷多年。所有醫人無不棄捨，云是惡病，不可療治。時婆羅門更不求醫，端然待死。鄔陀夷觀彼機堪受化，持衣鉢入城中，到彼家立門外，化作醫人，報言：我善醫療。家人喚入。病者告曰：我病多時，諸醫皆棄。但知守死，無可歸依。化醫報曰：汝不須憂。呪術良藥，力不思議，須臾之間，令得平復。病人聞已，深生欣慶。鄔陀夷即爲誦呪，稱三寶名。彼婆羅門既聞呪已，衆病皆除，平復如故。尊者見已，還復本形。彼家夫婦倍生敬信，歎未曾有，辦妙飲食，請受供養。食已說法，俱證初果，爲受歸戒，廣說如前，乃至捨之而去。[7]

鄔陀夷的故事並非孤例，患病的婆羅門等外道或世俗人士接受佛教徒（出家或在家者）治療，在古代天竺是一種被認可的選擇，大部份患者更多考慮的是自身的病情，並不因爲自己宗教信仰的差異，而一味排斥佛教醫療。甚至有外道爲擺脫病苦而改宗佛教，在僧團中治癒病情之後，又脫離佛教而回歸原來的宗教。最典型的事例就是與佛陀同時代的大醫耆婆（Jīvaka）常常遇到外道患者，廣施仁術，救治病患。依現存佛經可見，自印度原始佛教始，部派佛教及大乘佛教時期，佛教僧徒治療病人的例子繁多，且留下了不少論醫或涉醫的佛教典籍。入華的佛教徒"醫術經懷"的原因可以用南朝梁代慧皎《高僧傳》卷四中于法開的名言來歸納，即："明六度以除四魔之病，調九候以療風寒之疾。自利利人，不亦可乎？"[8]這表明入華的佛教徒認同醫術與佛理一樣有"治病救人"之功效，而行醫亦起到"自利利人"的客觀效果，完全符合佛教普度眾生的宗旨。

聶斯脫利亞教派（Nestorianism）源出敘利亞地區，作爲古代基督教的東部分支，實稱異端，唐代傳入中國，名之爲景教。景教僧徒素以善醫而聞名，[9]其根源之基督教宣導將醫學包含在宗教之內，不僅涉足信徒們的日常醫事，而且對醫學的發展起到了一定的促進作用。[10]在傳教的過程中，"一些傳教士通過講授福音來闡述疾病治療上的奇跡，強調誠信對於戰勝疾病的重要作用"[11]。基督教的《聖經》特別強調耶穌治療病人的神異事跡，《新約·馬太福音》第九章就記載了醫治癱子、瞎子、血漏病人、管會堂者的女兒等故事。這一點甚至在日本高楠順次郎收藏的所謂敦煌出土的唐代景教文獻《序聽迷詩所經》中也可找到類似的描述："彌師訶及有弟子十二人，遂受苦回飛者作生，瞎人得眼，形容異色者遲差，病者醫療得損，被鬼者趂鬼，跛腳特差。所有病者，求向彌師訶邊，把著迦沙（袈裟），並惣得差。"[12]後一句可與《新約·馬太福音》第九章（9.18—22）中一位患12年血漏的女病人摸了耶穌的衣服，因爲正信而痊癒的故事相印證。《序聽迷詩所經》亦云："見他人宿疾病，實莫笑他。此人不是自由，如此疾病。"此句無疑含有對患者關照的意味。儘管《序聽迷詩所經》可能是一部"僞經"，但其在表達彌師訶（耶穌）

"納藥"與"授方"：中古胡僧的醫療活動　　169

的神格中所包含的"大醫王"形象卻是有所本的,符合基督教典籍的慣例。

李盛鐸原藏、日本武田財團杏雨書屋現藏的敦煌唐代景教文獻《志玄安樂經》(羽013)中,有的譬喻涉及治病之事,略舉三例如下:

彌施訶曰:如是如是,誠如汝言。譬如寶山,玉林珠菓,鮮明照耀,甘美芳香,能療飢渴,復痊衆病。時有病人,聞說斯事,晝夜想念,不離菓林。然路遠山高,身尫力弱,徒積染願,非遂本懷。賴有近親,具足智功,爲施梯橙(櫈),引接輔持,果尅所求,乃蠲固疾。

若復有人,時逢疫癘。病者既衆,死者復多。若聞反魂,寶香妙氣,則死者反活,疾苦消愈。惟此景教,勝上法文,能令含生,反(返)眞智命,凡有罪苦,咸皆滅除。

彌施訶曰:汝當止止,勿復更言。譬如良井,水則無窮,病若新愈,不可多飲,恐水不消,使成勞復。[13]

這樣的譬喻既表明了景教教義與醫學之間的對應關係,也強化了景教經文的神奇"療效"。其敍述方式與漢譯佛經中的段落頗有神似之處。

敦煌出土的唐代景教文獻 P.3847 由三部分組成:《景教三威蒙度贊》、《尊經》和卷尾案語。[14] 第二部分列舉了 22 位元法王與 35 部尊經的一份名單,其中有一位法王名爲"摩薩吉思"(Mar Sargis, ? —303 年),有一部尊經名爲《摩薩吉斯經》(*Mar Sargis*)。吳其昱先生推斷該書是"希臘文哲學科學醫學著作之敍利亞文翻譯",其中可能包含了以醫學家蓋倫爲代表的古希臘古羅馬的醫學知識，"其爲介紹希臘文化與思想傳入中國，則爲中外文化關係史最重要之大事，殆可斷言"[15]。由《尊經》可知，唐代景教徒以敘利亞語文獻爲媒介，將一些科學與醫學的知識傳遞到中土，不僅如此，還有景教徒使用過的具體藥方在西域流傳。[16]因此，雖然唐代景教被學者稱作是一種"流產文明"，[17]但其在中國文化史上留下了不可磨滅的痕跡。唐代景教在中國的生存方式被學者歸納爲三點：對上層參與政治；對中層方伎溝通；對下層慈悲救濟。[18]在華的景教徒保持了以出色方伎而奪人耳目的特點，其對中國社會生活的影響也主要體現於醫術一途。[19]

在前伊斯蘭時代，波斯本土的瑣羅亞斯德教（Zoroastrianism，俗稱拜火教）極爲盛行。瑣羅亞斯德教的祭司穆護（Magi，或譯"麻葛"）們可以承擔醫師的職責，教徒的生活與醫學有不可脫離的關係，[20]瑣羅亞斯德教徒與"地火水風"四元素說之間亦有密切的關聯。[21]該教的聖典《阿維斯塔》（Avesta）中記載了醫藥之神思里塔（Thrita）以及醫藥的起源，還敘及凶神Angra Mainyu創造了99999種疾病，大神阿胡拉·馬茲達（Ahura Mazda）則提供了大量的治病咒語和藥用植物來對付。[22]有學者認爲，對波斯人來說，象徵"神的榮光"的吉祥神獸Simurgh（即婆羅鉢語的Senmurva，或音譯"森木鹿"），甚至比希臘醫神阿斯克勒庇俄斯（Aesclepius）手杖上盤旋的虵更適合作爲醫藥的象徵符號。[23]瑣羅亞斯德教的某些醫師也是博學多才的人士，對古代波斯的醫學與文化均起到重大的作用。相傳公元六世紀時，將著名的寓言故事集《五卷書》（Pañcatantra）從印度鈔錄回波斯的大醫師白爾澤維（Burzōy），其父母分別出身瑣羅亞斯德教的穆卡蒂來派和澤馬載邁派，醫學是他從小所學的第一門科學知識。"從醫書中，我（即白爾澤維）發現最高貴的醫生是堅持行醫，只追求來世幸福的人。"[24] 白爾澤維用行醫來追求來世的榮華，正是將瑣羅亞斯德教的教規作爲自己的行爲準則。

祆教是波斯瑣羅亞斯德教的"中國版"，由於祆教徒沒有留下任何漢文經書，其醫療觀並不清楚。但瑣羅亞斯德教的《阿維斯塔》第四卷《萬迪達德》（*Vendīdād*，或譯《辟邪經》）的第七章中指出："呵，塵世的造物主！假如馬茲達教徒打算行醫治病，那他首先應該試着給什麼人[看病]，給馬茲達教信徒，還是魔鬼崇拜者？[行醫者]首先應該試着給魔鬼崇拜者看病，而不是馬茲達教徒。"只有那些醫術高超、經驗豐富的醫生纔有資格爲馬茲達教徒看病或者施行手術。《萬迪達德》認爲："[行醫者]的手段各不相同，有的用手術刀，有的用藥草，有的用神聖的語言，後者纔是醫中翹楚，因爲他們能治癒虔誠教徒的心病。"[25] 瑣羅亞斯德教徒（馬茲達教徒）有三種醫生：外科醫生、草藥醫生和畫符念呪的巫醫，後者能使用該宗教的神聖語言。《萬迪達德》還要求行醫者優先治療其信徒，而將與之對立的崇拜魔鬼的人士置於醫療的邊緣，或者作爲醫療的試驗品而先行治療。這樣的教規與佛教的慈悲爲懷、普救衆生的醫療觀是有很大出入的。

入華的火祆教徒行事有強烈的民俗化傾向，其在華的醫事活動可能也脫離不了這一傾向。宋代董逌《廣川畫跋》卷四《書常彥輔祆神像》記載了該幅祆神畫像的來歷，云：

> 元祐八年（1093）七月，常君彥輔就開寶寺之文殊院，遇

寒熱疾，大懼不良。及夜，禱於祆神祠。明日，良愈。乃祀於庭，又圖像歸事之。

祆神祠具有治癒疾病的靈驗功能，並且進入了宋代王朝祭禮的範疇。[26]此事雖與祆教信仰無關，但常彥輔在疾病痊癒之後，"乃祀於庭，又圖像歸事之"，則顯然有感恩之心，認可並崇拜祆神的神奇功能。再者，患病於佛寺，痊癒於祆祠，無疑暗示了二者在治病功效方面有高下之分。

六世紀中期，摩尼在波斯創立了摩尼教（Manichaeism），以"二宗三際"作爲基本教義。馬小鶴指出：摩尼以施行奇跡和行醫聞名，摩尼的主要經典被譬喻爲"有二十二種複合物的解毒藥劑"。摩尼教經文中將摩尼光佛比作是大醫王。敦煌出土的《摩尼光佛教法儀略》（S.3969+P.3884）指出："佛夷瑟德烏盧詵者 本國梵音也（中古波斯語 frēstag-rōšan，或帕提亞語 frēstag-rōšan），譯云光明使者，又號具智法王，亦謂摩尼光佛，即我光明大慧無上醫王應化法身之異號也。"[27]敦煌出土的《摩尼教殘經》（北 8470/宇字五六號）云："唯有大聖，三界獨尊，普是衆生慈悲父母，亦是含靈大醫療主。"[28]又，S.2659《下部讚》云："一切病者大醫王，一切暗者大光輝"、"美業具智大醫王"。摩尼教經文將其教義比作是大法藥。《摩尼光佛教法儀略》云："無上所以位高尊，醫王所以佈法藥。"[29]《摩尼教殘經》云："緣此法藥及大神呪，呪療我等多重劫病，悉得除愈。"[30]《下部讚》云："一切病者之良藥"，"蒙父潛念降明使，能療病性顛倒錯"。摩尼教經文中還有用病者所作的譬喻。《摩尼教殘經》云："如是世界，即是明身醫療藥堂，亦是暗魔禁繫牢獄。"[31]"亦不別衆，獨處一室，若有此者，名爲病人。如世病人，爲病所惱，常樂獨處，不願親近眷屬知識。不樂衆者，亦復如是。"[32] 由此不難窺見摩尼教對醫療與疾病的一些觀念[33]。

中亞摩尼教徒頗重視醫治疾病，即"勤行醫藥防所禁，其有苦患令療愈"。據《摩尼光佛教法儀略》的"寺宇儀第五"，摩尼教的寺院有五堂的設置，即"經圖堂一、齋講堂一、禮懺堂一、教授堂一、病僧堂一"[34]。對患病摩尼教徒的治療，吐魯番出土的《回鶻文摩尼教寺院文書》（第 105—123 行）就有明顯的記載：

'YWRX'NY ZM'ŠTYK……和 Šaxan qya 生病時，要 [派人] 照看，要讓人治療。要請醫生 [診治] 並從管事的那裏及時取來藥好好治療。如哪個摩尼生病，Yïγmïš 未照看好，要挨三百大板，並要被問罪。……摩尼寺專用醫生爲藥師（Yaqšï）阿闍梨（ačari）及其弟和其子……所有這些人都要在摩尼寺做工。醫生們要常住（摩尼寺中）。[35]

既然是常住摩尼寺中的、專門藥師阿闍梨及其弟子，那麽，十有八九，他們本身就是摩尼教信徒。儘管此段是有關醫治寺院患病教徒的規定，從中仍可得見摩尼教團日常生活中的醫療信息。

在絲綢之路上，隨着多種宗教的傳播，這些宗教所包含的醫學信息與相關的知識和技能，甚至神乎其技的呪語也逐漸擴散，特別是宗教教主作爲醫生（或大醫王）的形象與觀念得以被大衆熟悉甚至被接受。[36]

二、中古胡僧的醫學教育與知識傳播

（一）"五明大論"：醫學教育及其途徑

《大唐西域記》卷二指出，天竺古代的教育是"七歲之後，漸授五明大論"，其中包括傳授"禁呪閑邪，藥石針艾"的"醫方明"。醫方明，又作"醫明"，在敦煌文獻中也多有使用。唐和尚撰寫的《沙州釋門索法律窟銘》（S.530、P.4640）敘述索法律"示疾數旬，醫明無術"，於咸通十年（869）坐化。此窟銘還提到"寢疾宇床，醫明窮術"。作爲佛門中人，唐和尚無疑很明瞭"醫明"一詞的含義。

除了"五明"（聲明、工巧明、因明、醫明、內明）中的醫學知識之外，印度文獻中的"十八明處/十八種術"一詞也包含了醫學的分支。作爲一個集合名詞，"十八明處/十八種術"可以指代古代天竺的全部知識。[37] 北涼天竺三藏曇無讖譯《大方等大集經》卷第十九《寶幢分第九魔苦品第一》："爾時城中有二智人，一名優波提舍，二名拘律陀，具足成就十八種術。"[38] 唐天竺三藏波羅頗蜜多羅譯《寶星陀羅尼經》卷第一《降魔品第一》："爾時王舍大城有二外道，聰慧明達，過十八明處。一名優波底沙，二名俱利多，而爲上首。"[39] 這說明優波提舍（優波底沙）和拘律陀（俱利多）也精通醫術。

天竺佛教徒亦強調學習"五明大論"。據《大慈恩寺三藏法師傳》記載，中天竺那爛陀寺（Nālandā）等大型的寺院中就設有醫學教育。[40] 從佛陀時期的印度名醫耆婆（Jīvaka）的事跡記載來看，當時北印度的得叉尸羅（Taxila）是一個重要的學術中心，耆婆就是在那裏拜師阿提梨賓迦羅學醫七年的。[41]唐初的玄奘留學印度期間，向杖林山居士勝軍論師所學習二年，此人是"刹帝利種，幼而好內外經書，五明數術，無不窮覽"[42]。

自後漢起，陸續有學過醫的佛教僧徒來華傳教。其中有名的人物如下：

1. 安世高

安世高是安息國人，《出三藏記集》卷一三《安世高傳第一》中記錄了他最早的傳記資料，其對安世高的描述相當廣泛："加以志業聰敏，刻意好學，外國典籍莫不該貫。七曜五行之象，風角雲物之占，推步盈縮，悉窮其變。兼洞曉醫術，妙善針脈，覩色知病，投藥必濟，乃至鳥獸鳴呼，聞聲知心。於是俊異之名被於西域，遠近鄰國咸敬而偉之。"[43]安世高學識廣博，從他的知識背景來看，他所學的醫術無疑包含了安息（古代波斯）和天竺兩地的醫術，而且他展示過自己的博學多才，以此而獲得西域諸國的敬重。

2. 曇柯迦羅（Dharmakāla）

《高僧傳》卷一《曇柯迦羅傳》云："曇柯迦羅，此云法時，本中天竺人。……善學四圍陀論，風雲、星宿、圖讖運變，莫不該綜。"[44]大唐翻經沙門釋靖邁撰《古今譯經圖紀》卷一中的記載略有改動，"沙門曇柯迦羅者，此云法時，印度人也。……善四圍陀，妙五明論。圖讖運變，靡所不該"[45]。曇柯迦羅所學的除吠陀外，風雲、星宿、圖讖屬於數術的範疇，在靖邁理解的數術語境中，無疑包含了醫術。

3. 鳩摩羅什（Kumārajīva，附：外國道人羅叉）

鳩摩羅什是四大佛經翻譯家之一。他的傳記史料主要來自《出三藏記集》卷一四、《高僧傳》卷二和《晉書·藝術傳》，撰寫者的背景和旨趣各有不同。《出三藏記集》卷一四云："遂博覽四韋陀、五明諸論，外道經書、陰陽星算莫不究曉，妙達吉凶，言若符契。"[46]《高僧傳》卷二云："什以說法之暇，乃尋訪外道經書，善學《圍陀舍多論》，多明文辭製作問答等事。又博覽四圍陀典及五明諸論，陰陽星算，莫不必盡，妙達吉凶，言若符契。"[47] 在鳩摩羅什的學習歷程中，博覽四圍陀典、五明諸論等知識，是他在離開罽賓到達沙勒後的行爲，他之所以要學習這些知識，"這正是轉向大乘的心理準備"[48]。

在鳩摩羅什的傳記中，他除了是一位譯經的高僧外，還是一位數術大師，甚至有未卜先知之能。《出三藏記集》和《高僧傳》中均有一處提及了鳩摩羅什參與治病的事例。呂光在中書監張資寢疾困篤之時，博營救療，有一位名叫羅叉的外國道人聲稱能治好張資的病，騙得了豐厚的賞賜。鳩摩羅什向張資指出了羅叉的誑詐，並以五色絲作成的繩結燒爲灰末投入水中作爲佐證，事情的結果證明了鳩摩羅什是對的。被稱作"外國道人"的羅叉應該是來自涼州之西的地區，有可能是佛教徒或婆羅門教徒。像羅叉這樣的外國道人在絲綢之路從事醫療活動，當不是孤例，佛圖澄的傳記中也有"外國道士"這類角色。羅什燒繩灰爲驗的方術顯然是一種治病過程中的"預後"之法，而對預後之法的重視是印度古典醫學的特點之一，正如《醫理精華》（*Siddhasāra*）第四章中所顯示的那樣。

《高僧傳》記載羅什在生命之火快要熄滅的時節，感受到由四大構成的身體不適，所採取的措施是"乃口出三番神呪，令外國弟子誦之以自救"，但最終沒有起到預期的效果。羅什口出神呪，無疑表明其對五明諸論的熟悉。由外國弟子而不是漢人弟子來誦呪，有可能是屬於用來"顯示羅什和中土的精神距離"的細節，更有可能是基於外國弟子更精熟於神呪的念誦，以期待獲得良好的醫療效果。

4. 佛陀耶舍（Buddhayaśas）

《出三藏記集》卷一四云："佛陀耶舍，齊言覺明，罽賓人也，婆羅門種。……年及進戒，莫爲臨壇，所以向立之歲，猶爲沙彌。乃從其舅學五明諸論，世間法術多所練習。二十七方受具戒。"[49]《高僧傳》卷二基本同此。耶舍能用藥呪水洗足，快行數百里。耶舍入華後，曾接受姚興的考驗，在三日之內一字不差地背誦出"民籍、藥方各四十餘紙"（《高僧傳》卷二則謂"羌籍藥方可五萬言"），這種近乎神奇的表現，一則是因爲耶舍的記憶力超強，二則是他學習過醫明，對藥方並不陌生。

5. 曇無懺（Dharmarakṣa）

曇無懺是中天竺人，從小拜沙門達摩耶舍（此云法明，Dharmayaśas）爲師，十歲開始學習神呪，"初學小乘，兼覽五明諸論，講說精辯，莫能詶抗"[50]。曇無懺以善於神呪而著稱，能呪石出水，"明解呪術，所向皆驗，西域號爲大神呪師"[51]。曇無懺所學的五明諸論和神呪等知識，應該是來自達摩耶舍等師尊。

6. 求那跋陀羅（Guṇabhadra）

《出三藏記集》卷一四云："求那跋陀羅，此云功德賢，中天竺人,以大乘學故,世號摩訶衍。本婆羅門種,幼學五明諸論,天文、書算、醫方、呪術,靡不該博。"[52] 求那跋陀羅是按照印度婆羅門教常規的教育方式而學習的,所學的醫方、呪術等知識也是屬於婆羅門教的範疇,他是後來纔改宗佛教的。

7. 勒那漫提(Ratnamati)

道宣撰《續高僧傳》卷二五《感通上》之《魏洛京永寧寺天竺僧勒那漫提傳一》云:"天竺僧也。住元魏洛京永寧寺,善五明,工道術。"[53] 勒那漫提精通建築術,他常與當時住在洛南玄武館的一位舊交蠕蠕客,過從甚密。二人用"夷言"交談,旁人不知他們談論的內容,而提出疑難,結果證明二人均爲西域的數術大師。

8. 闍那崛多(Jñānagupta)

《續高僧傳》卷二《譯經篇二》之《隋西京大興善寺北賢豆沙門闍那崛多傳二》云:闍那崛多"博聞三藏,遠究真宗,遍學五明,兼閑世論。經行得道場之趣,總持通神呪之理"[54]。顯然,在闍那崛多所學的知識中,包括了五明、世論和神呪,世論應該是指《順世論》一類的文本,屬於印度六派哲學之一順世外道的理論範疇。

9. 般剌若(Prajñāna)

《宋高僧傳》卷二《唐洛京智慧傳》云:"釋智慧者,梵名般剌若也,姓憍答摩氏,北天竺迦畢試國人。……後詣中天竺那爛陀寺,稟學大乘《唯識》、《瑜伽》、《中邊》等論;《金剛般若經》、因明、聲明、醫明、王律論等。"[55] 般剌若是在中天竺那爛陀寺接受醫明教育的，反映了那爛陀寺院教育的多元性。這與玄奘、義淨對那爛陀寺的記載是一致的。義淨在那爛陀寺留學的時候，"於此醫明已用功學，由非正業遂乃棄之"[56]。

10. 菩提流志（Bodhiruci，達摩流支 Dharmaruci）

菩提流志的名字乃武則天所取，他原名達摩流支，是南印度的婆羅門種，十二歲時，隨外道出家，師從波羅奢羅，學習經術，"洞曉聲明，尤閑數論。陰陽曆數、地理天文、呪術醫方，皆如指掌"。[57] 因此，他的醫術有明確的師承，他應該是向波羅奢羅等婆羅門外道師尊所學習的。他受武則天所邀，抵達長安後從事譯經工作，似乎沒有施展其醫術的記錄。

11. 阿地瞿多（Adikuta）

《佛說陀羅尼集經翻譯序》和智昇撰《開元釋教錄》卷八均簡要記載了唐永徽年間入華的中印度沙門阿地瞿多（唐言無極高）的事跡，他遊學五天竺，"精練五明，妙通諸部"。他的知識多是遊學所得。

12. 地婆訶羅（Divakara）

《開元釋教錄》卷九記載來自中印度的地婆訶羅（華言日照）"洞明八藏，博曉四含。戒行清高，學業優贍。尤工呪術，兼洞五明"[58]。從八藏、四含、呪術、五明這幾個詞語來看，地婆訶羅是一位博通佛教內外知識的法師。

13. 提雲般若（Devendraprajña）

《開元釋教錄》卷九記載來自于闐的提雲般若（唐云天智）"學通大小，智兼真俗，呪術禪門悉皆諳曉"[59]。提雲般若翻譯過《大乘智炬陀羅尼經》和《諸佛集會陀羅尼經》等六部佛經，[60]其中有對應的于闐語文本出土。于闐受印度佛教醫學的影響甚深，提雲般若在于闐寺院中難免不學習與醫術相關的呪術。

14. 金剛智（Vajrabodhi）

《宋高僧傳》卷一《唐洛陽廣福寺金剛智傳》云："釋跋日羅菩提，華言金剛智。南印度摩賴耶國人也。……父婆羅門，善五明論，爲建支王師。"[61]圓照撰《貞元新定釋教目錄》卷一四收錄了灌頂弟子呂向的記載，金剛智遊學時，"往南天竺，於龍樹菩薩弟子龍智，年七百歲，今猶見在。經七年承事供養，受學《金剛頂瑜伽經》及《毗盧遮那總持陀羅尼法門》諸大乘經典，並五明論，受五部灌頂諸佛秘要之藏，無不通達"[62]。金剛智的五明論知識既有父親的家傳，也有龍智的師傳。龍智號稱是龍樹菩薩一系的弟子，龍樹精通醫藥是有名的。金剛智入華後，執總持契，所至皆驗，曾經爲久疾不救的唐玄宗之第二十五公主施展法術，延續些許生命，可謂其習學過五明之例證。

從上述記載來看，有幾點頗值得注意：（1）一部分佛僧出身爲婆羅門，即"本婆羅門種"，大多是按照婆羅門教的習慣，在年輕時就學習四吠陀與醫學等知識。在皈依佛門之後，他們並未放棄這些屬於"外道"的知識或者技藝。（2）從學習的年齡來看，一般是在青少年時期。敦煌文書中也有佛僧幼小時期學習"五明大論"的記載。P.3931所收《中印度普化大師牒文》云："牒：法師者，中印度人也，利名如來賢，歷代爲君，霸化氏國，乃釋迦之苗矣。自幼出家，會五明[論]，解八般書，諸國宗師，推爲法器。游方志切，利物情殷。"[63]正因爲普化大師是自幼出家，其五明必定是在中天竺寺院所學習的。(3)所學醫學的途徑是多元的，既有家傳的情況，如佛陀耶舍從舅學五明世術，金剛智從父習讀五明論；也有從師單獨學習的（如達摩流支師從波羅奢羅），還有在寺院（如中天竺那爛陀寺等）中接受共同教育的。除家學之外，多方從師遊學是更爲普遍的現象，甚至有遍學五天竺的事例，而且家傳與師傳可結合在一起，二者之間並無明顯的衝突。這與中國魏晉南北朝時期的家傳醫學占主導地位的現象有着極大的差異。(4)所學的醫學並不是單一化的、與其他可脫離的知識體系，而是與多種知識結合在一起的，尤其是醫術多與數術，特別是呪術等相混於一身。(5)學習過醫學的佛僧多少會遇到治病救人的場合，有些還會因爲各種因緣而參與其中，或用呪術或用藥物，但知曉醫學的佛僧並不等於一定會行醫。(6)天竺、中亞的佛僧（或婆羅門僧）不僅向本族類的後學傳授醫學或數術的知識，而且吸收中土少數民族的居士或學者爲徒，比如，萬天懿。《續高僧傳》卷二記載那連提黎耶舍的譯場中，沙門法智、居士萬天懿負責傳語。"懿元鮮卑，姓萬俟氏，少出家師婆羅門，而聰慧有志力。善梵書語，工呪符術。由是故名，預參傳焉。"[64]很顯然，源出鮮卑族拓跋家族的萬天懿從小就師事婆羅門，學習過天竺的語言文字，工呪符醫術，[65]正因爲有相應的知識背景，萬天懿纔能加入到佛經翻譯的事業當中來。

中古時期的佛道相爭與論衡比較劇烈，然而在醫學領域內，佛道是有所交集的。特別是道教文獻中直接或者以改頭換面的方式吸收了漢譯佛典中的內容，乃至有關醫學的論述。比如，道教煉丹術文獻《石藥爾雅》卷下就提到了《五明論》的名字。[66]這說明道教徒對域外的"五明"內容有一定的認知。

由於史料的匱乏，筆者尚未發現記載入華三夷教徒如何習醫的史料，存在着兩種可能性：其一他們是入華前在其家鄉本土學習醫術的；其二，他們是在入華後向本國（或本部族）的人習醫的。

（二）域外醫學知識在漢地的傳譯

從域外的醫籍傳譯的時地來看，有以下幾種情形：

1. 醫書翻譯及其上呈朝廷

（1）《五明論》

道宣《續高僧傳》卷一《譯經篇初》之《魏南台永寧寺北天竺沙門菩提流支傳四》云："至周文帝二年，有波頭摩國律師攘那跋陀羅，周言智賢，共耶舍崛多等，譯《五明論》，謂聲、醫、工、術及符印等，並沙門智僊筆受。建武帝天和年（566—571），有摩勒國沙門達摩流支，周言法希，奉勅爲大冢宰晉陽公宇文護譯婆羅門天文二十卷。"[67]《五明論》（合一卷，包含了"一聲論、二醫方論、三工巧論、四咒術論、五符印論"）與二十卷的婆羅門天文不是正統的佛教知識，譯者分別是域外的高僧攘那跋陀羅、達摩流支，譯本是由本土的沙門擔任筆受工作的。攘那跋陀羅是持律的僧人，而律僧往往學識廣博，通曉內外典。值得注意的是，這兩種文獻特別是後者的翻譯與北周的政局有密切的關係。西魏權臣宇文泰死於556年，第二年北周取代了西魏，宇文泰被追諡爲太祖文皇帝，即周文帝，因此歷史上並沒有"周文帝二年"這樣的一個年號。根據隋費長房《歷代三寶記》卷一一和《古今譯經圖紀》卷四的記載，《五明論》的翻譯是在北周明帝二年（558）。宇文護權蓋朝野，因此，北周武帝宇文邕纔讓達摩流支專門爲他翻譯出婆羅門的天文著作，以及闍那耶舍、耶舍崛多翻譯另外九部佛經，以示優渥。

（2）《方藥》、《本草》

與中土人士進貢藥方一樣，胡僧也有直接將翻譯的域外本草乃至醫書獻給唐朝皇帝的現象。最突出的人物是來自龜茲的僧人利言。唐代圓照的《貞元新定釋教目錄》卷一四《總集郡經錄上之十四》記載了他的事跡：

> 三藏沙門達摩戰涅羅（唐言法月）東天竺國人也。遊中印度，亦稱摩提國人焉。學通三藏，善達醫明。利物隨緣，至龜茲國（《漢書》云丘茲，並訛謬），正曰屈（軍郁反）支。教授門人地戰（上）濕羅（唐言真月），字布那羨，亦稱利言，使令記持梵本《大乘月燈三摩地經》滿七千偈，及《曆帝記》過一萬偈、瑜伽真言獲五千偈，一聞於耳，恒記在心。開元十四年（726），受具足戒。自後聽習律、論、大小乘經、梵書、漢書、唐言文字、石城四鎮護密戰於吐火羅言。眼見耳聞，悉能領會。便令譯語，形影相隨。開元十八年安西節度使呂休林表薦入朝。利言隨師，以充譯語。……至二十秅（732），居於長安。所司奏，引對大內，進奉方術、醫方、梵夾、藥草、經書，稱愜天

心。……弟子比丘利言隨師譯語,《方藥》、《本草》,隨譯上聞……[68]

依此記載,利言(Satyacandra,地戰﹄濕羅)與師尊達摩戰涅羅(Dharmacandra,唐言法月)均"善達醫明",不僅在首次謁見唐玄宗時,"進奉方術、醫方、梵夾、藥草、經書,稱愜天心",而且隨後還"《方藥》、《本草》,隨譯上聞",這說明他們不僅貢獻了藥草實物,還翻譯了醫藥方書和《本草》類的著作。儘管利言的這些譯著沒有保留下來,但是它稱得上是中外醫學文化交流史上的重要一幕。

此類事還見於《冊府元龜》卷九七一《外臣部·朝貢四》的記載:開元二十五年四月,"東天竺國三藏大德僧達摩戰來獻胡藥卑斯比支等及新呪法、梵本雜經論、《持國論》、《占星記》、梵本諸方"[69]。所謂東天竺的"達摩戰"應該就是達摩戰涅羅的不完整譯名。這個年代比達摩戰涅羅初次到達長安的年代要晚,或許達摩戰涅羅有過多次進貢,《冊府元龜》所記載的不過是他數次進奉中的一個紀錄。[70]

(3)《隋書·經籍志》等書目中的外來醫方書

南梁阮孝緒的《七錄》中著錄了《摩訶出胡國方》十卷,由摩訶胡沙門撰,從撰著者名和書名來看,該書應該是一本外來的醫書。[71]另一本是宋武帝所撰的《雜戎狄方》一卷,其中亦包含了西域或西北週邊地區民族的醫方。

《隋書》卷三四《經籍志三》中著錄十數種印度和西域的醫籍名稱,包括:《龍樹菩薩藥方》四卷、《西域諸仙所說藥方》二十三卷(目一卷,本二十五卷)、《香山仙人藥方》十卷、《西域波羅仙人方》

三卷、《西域名醫所集要方》四卷（本十二卷）、《婆羅門諸仙藥方》二十卷、《婆羅門藥方》五卷、《耆婆所述仙人命論方》二卷（目一卷，本三卷）、《乾陀利治鬼方》十卷、《新錄乾陀利治鬼方》四卷（本五卷闕）、《龍樹菩薩和香法》二卷、《龍樹菩薩養性方》一卷。與《摩訶出胡國方》一樣，這一批醫籍應該都是漢譯本，其譯介和流播與印度宗教的東傳歷程是相吻合的。儘管《隋書·經籍志》並沒有相關的翻譯過程的記錄，但基本上可以確認這些醫書是由域外的高僧參與翻譯的，而且這些書籍與婆羅門教有很深的淵源，不能籠統視爲佛教一脈的產物。[72]

（4）含有耆婆名字的醫著

在中古的書目和其他文獻中，有多種以耆婆的名字命名的醫著，其中就包含了來自印度或西域的醫學知識。在印度佛教文獻中，耆婆有醫王之稱。以他的名字命名的醫著除上引《耆婆所述仙人命論方》之外，還有：

《耆婆醫方論·治疾風品法》（出自孫思邈《千金翼方》卷二一）

《歧婆論》（唐代楚澤先生編道教文獻《太清石壁記》卷下）

《耆婆五臟論》一卷（吐魯番交河故城出土，現藏德國，現編號Ch.3725r）

《耆婆書》（*Jīvaka-pustaka*，敦煌出土梵語于闐語雙語本醫方集）

《耆婆方》（出自《醫心方》，《本草和名》亦引用《耆婆方》）

《耆婆服乳方》（出自《醫心方》）

《耆婆脈訣經》（出自《醫心方》）

《耆婆脈訣》十二卷（出自《日本國見在書目錄》）

《耆婆茯苓散方》一卷（出自《日本國見在書目錄》）

《耆婆五臟論》（北宋陳自明《婦人大全良方》卷一〇"胎教門"引用）

《耆婆脈經》三卷（出自《宋史·藝文志》）

《耆婆六十四問》一卷（出自《宋史·藝文志》；《通志·藝文略》載《耆婆八十四問》一卷）

《耆婆要用方》一卷（出自《宋史·藝文志》）

《耆域方》（出自南宋初李朝正《備急總效方》）

《耆婆五臟論》（出自日本《有林福田方》）

《耆婆五臟經》二卷（日本鈔本，現藏臺北故宮博物院）[73]

《耆域四術經》（已佚佛典）

以上所列十七種耆婆醫著並不等於印度醫書的傳譯本，而有不少是託名之作，多中醫內容，但至少表明耆婆的強大影響力。[74]

（5）佚名《五明經》

還有一種佚名的《五明經》。孫思邈《備急千金要方》卷二六《食治》中，引用了胡道洽對"芸薹"的藥物性能的認識："芸薹：味辛寒，無毒。主腰腳痹，若舊患腰腳痛者不可食，必加劇。又治油腫丹毒，益胡臭，解禁呪之輩，出《五明經》。其子主夢中泄精，與鬼交者。胡居士云：世人呼爲寒菜，甚辣，胡臭人食之，病加劇。隴西氏羌中多種食之。"[75]

胡道洽的事跡見於劉敬叔《異苑》，"自云廣陵人，好音樂醫術之事，體有臊氣，常以名香自防"。因爲他有胡人特徵之一的"臊氣"（胡臭、狐臭），又喜好醫術，雖冒稱廣陵人，卻被認做是胡人（胡居士）。《隋書·經籍志》中有"《胡洽百病方》二卷"、《舊唐書·經籍志》中有"《胡居士方》三卷 _{胡洽撰}"、《新唐書·藝文志》中有

"《胡居士治百病要方》三卷_{胡洽}"、《宋史·藝文志》中有"《胡道洽方》一卷"、《崇文總目》卷七有"《道洽方三卷_{闕}》"，這些書雖名稱稍異，卷數不一，實應是同一部書。《備急千金要方》此處的《五明經》或許同胡道洽有關，它與《五明論》一樣，與印度有千絲萬縷的聯繫，其中夾雜了一些印度的醫學知識。

(6)《諸醫方髓》

吐魯番交河故城出土的《耆婆五臟論》背面就是《諸醫方髓》（Ch.3725v），該殘片雖以佛教創世神話開端，實際是印度佛教醫學文本的編譯。《諸醫方髓》與俄藏的西域殘片"八術"（Дx09888正背面）和"鬼疰心痛方"（Дx09170正背面）有內容上的關聯。[76] 該書名與上述《隋書·經籍志》中的《西域名醫所集要方》名稱涵義相近，暗示了文獻自身的性質。這說明在西域當時有多種彙聚色彩的醫籍，其內容是從前代（或同時代）的醫學著作鈔錄或彙編而來的。實際上，不論是"方髓"還是"集要方"，這兩者都可當做是七世紀印度醫學名著 *Aṣṭāṅga-saṃgraha* 書名中 saṃgraha 一詞的準確對譯，*Aṣṭāṅga-saṃgraha* 就可譯作《八支集要方》。雖然我們不能妄自判斷《諸醫方髓》和《西域名醫所集要方》是《八支集要方》的漢譯，但是，可以斷言，三者有類似的性質，反映了西域與印度醫學之間的密切的聯繫。

(7)波馳波利譯《吞字貼腫方》

《宋史·藝文志》和《崇文總目》中著錄了"波馳波利譯《吞字貼腫方》一卷"。《通志》卷六九云"《吞字帖腫方》一卷唐波馳波利奉詔譯"。波馳波利、波馳波利，實乃佛陀波利的誤寫。佛陀波利的傳記見於《宋高僧傳》卷二《唐五臺山佛陀波利傳》，他乃北印度罽賓國人。其主要事跡是朝拜五臺山和翻譯《佛頂尊勝陀羅尼經》，該經中雖有"若人遇大惡病，聞此陀羅尼，即得永離一切諸病"之說，但未提及佛陀波利翻譯過醫書或者與醫事有何牽連。從書名來推測，《吞字帖腫方》是一部收錄了治療癰疽瘡腫之類疾病的醫方集。

2. 漢譯佛經中的醫書及其夾雜的醫學知識

漢譯佛經的內容十分廣泛，夾雜着豐富的醫學知識，一般認爲，佛藏中有論醫佛經及涉醫佛經，主要的有《佛說佛醫經》、《佛說醫喻經》、《佛說療痔病經》、《千手千眼觀世音菩薩治病合藥經》、《佛說溫室洗浴衆僧經》、《延壽命經》、《救疾經》、《禪秘要法經》、《佛說胎胞經》、《除一切疾病陀羅尼經》、《佛說除恐災患經》、《迦葉仙人說醫女人經》、《五分律·藥法》、《摩訶僧祇律·明雜誦跋渠法》、《四分律·藥揵度》、《十誦律·醫藥法》、《金光明經·除病品》與《金光明最勝王經·除病品》等。有關佛教醫學的譯介與內容分析，學界已多有涉及，[77] 此不贅述。在向印度求法或者參與佛經翻譯過程中，中土的僧徒在自己的撰述中，也會記錄一些印度醫學的內容，最著名的例子是唐代求法高僧義淨在《南海寄歸內法傳》卷三中，有三節專門論述醫學的內容，即"先體病源"、"進藥方法"和"除其弊藥"。由於義淨在那爛陀寺學習過醫方明，他筆下記錄的"世尊親說醫方經"等內容無疑是相當正宗的，給本土的學者提供了準確的新知。

對漢譯佛經中的醫學知識的實際應用，不宜誇大，而有必要意識到其局限性，因爲佛經的流傳畢竟不如普通儒家典籍那樣普及。普通的習醫者沒有多少機會或者興趣去閱讀佛經，即使讀了也不見得就會吸收使用。甚至有些醫籍還會被正統的佛教徒排除在佛藏之外。智昇《開元釋教錄》卷六提到了梁武帝時中天竺國三藏法師勒那摩提譯《龍樹菩薩和香方一卷》，特別注明"凡五十法，今以非三藏教，故不錄之。"這說明在面臨醫法與佛法的選擇時，佛法佔據優先的地位。

敦煌的情況略有不同，從現存寫卷來看，一方面，一些佛教文獻與醫書有正背面混鈔的現象；另一方面，一些佛教文獻（不一定都是翻譯文本）夾雜醫方或療法。這表明它們在敦煌寺院或者聚落中的應用是比較常見的。因此，類似《毗沙門天王奉宣和尚神妙補心丸方》（S.5598）、《金光明最勝王經·大辯才天女品》（S.6107等）、《千手千眼觀世音菩薩治病合藥經》（S.6151）、《救諸衆生苦難經》（S.3417）這樣的佛書中所夾雜的域外醫學知識流行於敦煌。

此外，值得注意的是疑僞經中也夾雜了一些外來的醫學知識或者醫療習俗，比如《龍樹五明論》。

3. "醫僧法"：胡僧與域外醫學知識的傳播途經

中古時期的標明爲醫僧所留下的完整方劑數目很少，敦煌文書中僅見到一例，如下：

> P.3596V⁰《醫藥方》：白朮飲子方：
>
> 下食脾胃氣冷，不餌下食_醫僧法_，並防食腹吐妨痛，白朮飲子方：白朮六分，厚朴五分，甘草四分，橘皮五分，薑五分，右切，以水一升半，煎取五合，去滓，空腹服。

這個"白朮飲子方"是一個中醫方劑，應該是中土醫僧所出。敦煌文獻中所記載的幾位醫僧基本上都是本地的漢僧，[78] 不是外來的胡僧。那麼，胡僧傳播醫學知識的情況又如何呢？

（1）西國胡僧

唐代胡僧傳播醫學，最顯著的一個例子是王燾《外台秘要方》卷二一："《天竺經論眼》序一首　隴上道人撰，俗姓謝，住齊州，於西國胡僧處授。"[79] 這說明謝道人在齊州的時候，一位來自西國的胡僧向他口述了這段眼科論著，最後由謝道人筆受整理而成。從其內容來看，《天竺經論眼》確實是來自印度傳統眼科理論的著作，[80] 而不是假託胡僧名義的中土撰述。可惜這位胡僧沒有留下姓名，其事跡也就無從追查了。《天竺經論眼》要麼是收入了皇家大內書庫，要麼流傳甚廣，纔能被王燾收入《外台秘要方》之中。

（2）拂林國僧彎（別本作鸞）與摩伽陀國僧提婆

段成式的《酉陽雜俎》詳細地描繪了外來的植物、動物、礦物藥物的稱謂、產地、語言讀音、形狀、顏色和性能等，成爲唐代最出色的博物學著作之一。他廣泛結交文人異士，特別是不少外國人，請教並且記錄各種風土人情、奇聞趣事、外來方物的掌故。他的門下吳士皋是一名醫生，"嘗職於南海郡"，有機會與外商（舶主）接觸，所瞭解的異域情況多被段成式所採納。[81] 段成式《酉陽雜俎》前集卷一八中的"阿魏"條云："阿魏，出伽闍那國，即北天竺也。伽闍那呼爲形虞，亦出波斯國，波斯國呼爲阿虞截。樹長八九丈，皮色青黃，三月生葉，葉似鼠耳，無花實。斷其枝，汁出如飴，久乃堅凝，名阿魏。拂林國僧彎（別本作鸞）所說同。摩伽陀國僧提婆言，取其汁和米、豆屑，合成阿魏。"[82] 從這條記載來看，拂林國僧彎是段成式詢問的對象之一。一般認爲，拂林國僧彎是景教僧，而林英推測拂林僧是來自敘利亞的邁爾凱特派（Melkites）教徒。[83]摩伽陀國僧提婆應該是佛僧或者婆羅門僧。顯然僧彎、提婆他們對藥物的認知和配製相當熟悉。《酉陽雜俎》前集卷一八"紫鉚樹"條中，提及了兩位波斯國使的名字，"波斯國使烏海及沙利深，所說並同"。烏海與沙利深的宗教背景並無記載，可能是祆教徒。

（3）跋摩米帝、矩法師與"服菖蒲方"

孫思邈《千金翼方》卷一二《養性》中記錄了"服菖蒲方"的來源。"天竺摩揭陀國王舍城邑陀寺三藏法師跋摩米帝，以大業八年（612）與突厥使主至，武德六年（623）七月二十三日，爲洛州大德護法師淨土寺主矩法師筆譯出。"此條史料在突厥史研究界很少被涉及。高僧依附使團來至中土，並不鮮見。隋代雖短，但印度、西域譯經僧人不少。

王舍城（Rājagṛha）是摩揭陀國（Magadha）的都城，當地有印度最大的佛教學院那爛陀寺。筆者認爲，所謂"天竺摩揭陀國王舍城邑陀寺"應該爲"天竺摩揭陀國王舍城邑[那爛]陀寺"，傳本中漏掉了"那爛"二字。攜帶醫方的三藏法師跋摩米帝就是出自那爛陀寺。至於跋摩米帝的名字，可以構擬其梵名爲Varman-mitra。很可惜他的名字不見於佛教文獻之中。跋摩米帝將藥方口譯，筆受者是洛州大德護法師、淨土寺主矩法師。矩法師就是行矩法師，原因有二：其一，行矩法師參與過佛經翻譯，擔任過筆受工作。道宣《續高僧傳》卷二《隋東都上林園翻經館沙門釋彥琮傳四》記載：

> 行矩者，即琮兄之子，爲立行記，流之於世。矩少隨琮學，諮訓葉經。東西兩館，並參翻譯。爲性頗屬文翰，通覽墳素。

凤爲左僕射房玄齡所知，深見禮厚。貞觀初，奏敕追入。既達京室，將事翻傳。遂疾而終，不果開演。鄉族流慟，接柩趙州。所譯衆經，具在餘錄。[84]

《大唐内典錄》卷五："沙門釋行矩（二部二卷）。"[85] 又，同卷，云："《序内法》一卷、《内訓》一卷，右翻經沙門行矩所撰。矩即彥琮之猶子也。然以家風梵學，故之此任。後召翻經，不久終世，不成其器云。"[86] 智昇撰《開元釋教錄》卷七指出："《藥師如來本願經》一卷[第二出，與《灌頂》第十二卷及唐譯《藥師本願功德經》等同本，見《内典錄》，大業十一年（615）十二月八日於翻經館譯訖，沙門行矩制序]。"[87] 他爲含有一些醫療内容的《藥師如來本願經》寫了譯序。可見，有梵學才華的行矩參與佛教譯場，自然會認識一些梵僧，他與跋摩米帝的合作也就顯得順理成章了。其二，行矩法師也通曉醫學。《隋書·經籍志》和《新唐書·藝文志》行矩著有《諸藥異名》八卷。由此兩條，基本上可以證明矩法師就是行矩法師。

從"菖蒲方"的情形來看，跋摩米帝帶來的藥方並未及時譯出，而是在十來年後纔由漢僧行矩等人翻譯出來，並流傳到大醫家孫思邈的手裏。可見一個域外藥方的順利流傳是由中外人士共同完成的。

（4）不空三藏傳方

范家偉在《六朝隋唐醫學之傳承與整合》一書的第五章"醫學傳承方式的轉變——從密傳、世傳形式到開放形式"中，指出唐代醫方公開的趨勢在三個方面有所體現：其一爲石刻藥方，其二爲官頒醫書，其三爲醫術世家的醫方外傳。[88] 唐人重視驗方，並廣爲流傳。唐代傳播醫方（特別是驗方）的主要方式有：御敕與官方頒佈

(《廣濟方》、《廣利方》)、進方與上奏、衆說單方（包括官員之間的座談、書信告知等活動）、鈔寫、刊印、石刻或秘方公開等，如《全唐文》卷六〇四收錄的劉禹錫《答道州薛侍郎論方書書》。不僅從傳世的文獻中可以看到這些方式，而且敦煌出土寫卷中也有這方面的記載。最有代表性的例子是 S.9987-B2《備急單驗藥方卷並序》。《備急單驗藥方》的目的是爲了方便民衆，不勞市求，"刊之岩石，傳以救病，庶往來君子錄之備急"，以便爲患者提供最方便的藥方。

隋唐外來醫學知識是否與一般的中醫藥方一樣，也採取上述的傳播途徑與方式呢？不妨從"婆羅門參/仙茅"來考察。

仙茅，李珣《海藥本草》云："生西域。粗細有筋，或如筆管。有節文理。其黃色多涎。梵音呼爲阿輸乾陀。味甘，微溫，有小毒。主風，補暖腰腳，清安五臟，強筋骨，消食。久服輕身，益顏色。自武城來，蜀中諸州皆有。葉似茅，故名曰仙茅。"[89] 仙茅的梵音呼爲阿輸乾陀，梵語即 Aśvagandha。[90] 對於仙.茅方的來源與傳播，蘇頌《本草圖經》指出：

> 謹按《續傳信方》敘仙茅云：主五勞七傷，明目，益筋力，宣而復補，本西域道人所傳。開元元年（713），婆羅門僧進此藥，明皇服之有效，當時禁方不傳。天寶之亂，方書流散，上都不空三藏始得此方，傳與李勉司徒、路嗣恭尚書、齊杭給事、張健封僕射，服之皆得力。路公久服金石無效，及得此藥，其益百倍。齊給事守縉云：日少氣力，風繼作，服之遂愈。八、九月時採得，竹刀子刮去黑皮，切如豆粒，米泔浸兩宿，陰乾搗篩，熟蜜丸如梧子。每旦空肚酒飲任使下二十丸。禁食牛乳

及黑牛肉，大減藥力也。《續傳信方》僞唐筠州刺史王紹顔所著，皆因國書編錄，其方當時盛行。故今江南但呼此藥爲婆羅門參。[91]

南唐（937—962）王紹顔所著《續傳信方》中這一段記載的線索是比較清晰的：西域道人／婆羅門僧—唐玄宗—不空三藏—司徒李勉、尚書路嗣恭、給事齊杭（應是齊抗）、僕射張健封（應是張建封）。李勉、路嗣恭、齊抗、張建封都是中唐時期的名臣，《舊唐書》中有傳。李勉早年曾經救助過患病的波斯老胡，不貪圖其珠寶，事見《集異記》。不空三藏地位尊崇，"翼贊三朝，近三十載"，與朝廷官宦交往頻密，相贈以秘方，乃是平常之事。該方進入宮廷之後，是"禁方不傳"，安史之亂後，方書流散，纔從宮廷傳到了社會上。這說明大的政治動蕩或者社會變革過程中，藥方比平時流散的速度還要快一些。不可忽視的是不空三藏在此藥的傳播中起到了重要的中介作用，甚至該藥的名號"婆羅門參"都是出自不空大師筆下。不空譯《文殊師利菩薩根本大教王經金翅鳥王品》一卷中有一條"又法，若有憍寵傲慢有勢及宰臣，以馬香草（此云婆羅門參）護摩，即得敬伏。"[92]此處的"馬香草"中的"馬香"二字正是 Aśva（馬）-gandha（香）的意譯。"此云婆羅門參"無疑是不空法師所加注釋。因此，五代宋初江南"但呼此藥爲婆羅門參"正是源自不空。不空三藏將這種滋補作用明顯的藥物推薦給多位高官，正好加速了該藥的擴散。不空法師傳播此婆羅門僧所進獻的藥方，正表明了佛教徒與婆羅門僧在醫藥方面的交集與認同，與各自的宗教信仰並不矛盾，雙方在此點亦無宗教方面的衝突。《宋史·藝文志》收錄了"《婆羅門僧服仙茅方》

一卷",該書之源也正在此。而《婆羅門僧服仙茅方》的存在並不表明婆羅門教的影響在宋代的延續,只不過是說明了中土醫家對該藥的養生功能超過金石的認可。

(5) 隋唐醫書中所見婆羅門醫學知識

在隋唐之前,中醫方書中收錄的域外藥方較爲少見。陶弘景《肘後備急方》卷八中有一種外來藥方:"藥子一物方:婆羅門胡名船疎樹子,國人名藥[子],療病唯須細研,勿令粗,皆取其中仁,去皮用之。"所謂"婆羅門胡名"應該是指來自婆羅門的梵語(或俗語)名稱。隋唐醫書中的外來藥方或使用了外來藥物的方劑明顯增多,其中屬於婆羅門法或婆羅門方的,其一,有《備急千金要方》中的按摩法,"天竺國按摩,此是婆羅門法",這一套按摩法與印度傳統的瑜伽修行法門有密切的關係。其二,還有王燾《外臺秘要方》輯錄的三個藥方。第一個是《外臺秘要方》卷一九中的"張文仲硇砂牛膝三物散療腳氣上氣方",該方"敕賜慕容寶節將軍,服者云神効,蘇恭《腳氣方》云:是婆羅門法。《備急》、《必效》同"。慕容寶節,兩《唐書》中無傳,貞觀十三年時任右武衛大將軍,出使吐谷渾。顯慶中,時任右衛大將軍慕容寶節用毒酒謀害同僚楊思訓,而配流嶺表,後途中被斬。作爲高階軍將,慕容寶節受皇帝敕賜藥物(或藥方)不是什麼稀罕的事情。張文仲是初唐名醫,蘇恭(蘇敬)是編撰《新修本草》(《唐本草》)的骨幹,他們有意識也有機會吸收來自婆羅門的驗方。該方被寫入《張文仲方》、《腳氣方》、《備急》和《必效》,說明其頗受青睞。第二個乃《外臺秘要方》卷三〇中的"《近效》婆羅門僧療大風疾,並壓丹石熱毒、熱風、手腳不隨方",是從"呂員外處得"。呂員外應即善陰陽方伎之術的呂才,其傳見《舊唐書》卷七九，他亦精通醫術，參與過《新修本草》的工作，出任過尚藥奉御。《外台秘要方》卷二一的"崔氏療三、五十年眼赤，并胎赤方"，也是"西域法，太常丞呂才送效"。可見以帝后武則天爲後臺的呂才雖著書破斥佛教，在論辯之中遭敗績，但他對西域法和婆羅門方照收不誤。第三個是《外台秘要方》卷三一中的《近效》蓮子草膏，"本是婆羅門方"，"韓庶子處得，每用驗"。從張文仲、慕容寶節、蘇恭、呂員外、韓庶子、崔氏（崔知悌）的身份來看，他們基本上都是任職朝廷的官員。這些醫方也多是由婆羅門先傳給官員，由官員之間的相互傳播，而被記錄進入醫書之中，從而被廣大的醫者和病者所知曉。

（6）呂西華所傳的胡僧醫方

《蘇沈良方》是後人將北宋大詩人蘇軾和科學家沈括的資料合編而成，其卷七"治癰疽瘡久不合方"條下記載了中唐時期洛陽人呂西華的醫案故事。呂西華的故事曲折離奇，他因背上生疽，被棄於王屋山。在生命垂危之際，一位胡僧拄着錫杖出現在他的身邊，仔細檢查了他背上的惡瘡，說："幸好膜還完整，還可以救治。"胡僧從身上掏出一個藥盒，從盒子中拿出藥膏，塗抹在軟帛上，然後貼在呂西華的背上。一連貼了四五天，傷口上開始長出了新的肌肉，八九天之後傷口平復，呂西華的飲食也跟以前沒有什麼兩樣了。胡僧說："我要去別的地方了。"考慮到呂西華可能會舊病復發，到時候會無藥可救，因此，他就將這個藥方告訴了呂西華，並且讓其保密。呂西華叩頭說："老師呀，沒有您我早就暴屍荒郊野外了。雖然我目前沒有能力報答您，但以後願意用我的區區之心來回報，您爲何要這麼急着要說離別呢？"胡僧說："我一開始就是因爲你的病而來的，現在你的病痊癒了，我當然要離開了，哪里用得着什麽報答呢？"說完，他就離開了，走了幾步忽然就沒有了蹤影。呂西華痊癒之後，爲了保守此藥方的秘密而飽受磨難。醫方最後由李潛鈔錄廣爲散發。呂西華的故事雖有很強的虛構成份，卻不無現實的因素在內。此胡僧醫方（"麥飯石膏治諸般癰疽神効方"）由密傳到公開的過程，與唐代醫學風氣的轉變是相一致的。與前代相比，唐代已經由禁方密傳和世家傳授的局面，走向了比較開放的時代，寫方傳佈的事例屢見不鮮。

4."悖散湯"：波斯及大秦醫方之例

傳世的中醫文獻中，直接記載大秦醫方的資料比較少見。孫思邈《千金翼方》卷一二《養性》的《養老食療第四》："服牛乳補虛破氣方：牛乳三升 畢撥半兩，末之，綿裹。右二味，銅器中取三升水，和乳合煎取三升。空肚頓服之，日一。二七日除一切氣。慎面豬魚雞蒜生冷。張澹云：波斯國及大秦甚重此法，謂之悖散湯。"[93] 可見這是一個在波斯和大秦均很重要的醫方。這個醫方（或稱爲"乳煎畢撥方"）與唐太宗有關，其故事主要見於《獨異志》和《定命錄》等，[94] 已經有不少學者進行了論述，此不贅言。[95]

三、中古胡僧從事醫療活動的類型分析

中古時期的行醫胡僧有明確記載的，主要是景教僧、佛僧和婆羅門僧。

(一) 中古行醫的景教僧

1. 醫眼大秦僧

在唐朝,大秦醫學就是使用敘利亞語的景教僧人所傳播的醫學。中土文獻所記載的大秦醫學史料,最直接的是杜環《經行記》中的"其大秦善醫眼及痢,或未病先見,或開腦出蟲"。大秦的眼科較發達,來華的醫生見於文獻明確記載身份的僅有一處,即文宗太和三年(829)在成都被掠人中就有"醫眼大秦僧一人"。[96] 此人即兼職醫事的大秦景教徒。

2. 秦鳴鶴 (?)

《太平廣記》卷二一八《醫一》的"秦鳴鶴"條,如下:

> 唐高宗苦風眩,頭目不能視。召侍醫秦鳴鶴診之。秦曰:"風毒上攻,若刺頭出少血,愈矣。"天后自簾中怒曰:"此可斬也。天子頭上,豈是出血處耶?"鳴鶴叩頭請命。上曰:"醫人議病,理不加罪。且吾頭重悶,殆不能忍,出血未必不佳。朕意決矣。"命刺之。鳴鶴刺百會及腦戶出血。上曰:"吾眼明矣。"言未畢,后自簾中頂禮以謝之曰:"此天賜我師也。"躬負繒寶以遺之。(《譚賓錄》) [97]

秦鳴鶴爲唐高宗治療眼睛的故事,還見於《大唐新語》卷九、[98]《獨異志》卷上等處。[99] 秦鳴鶴是否爲景教醫生,其醫術是否源自大秦?這個問題還存在着較大的爭議。馬伯英、季羨林等認爲秦鳴鶴是一名景教醫生。[100] 黃蘭蘭進一步考察秦鳴鶴所採用的刺穴放血療法，間接通過腦部來治癒眼疾，不同於治療白內障的印度眼醫用金針拔除患者的眼膜使其恢復視力。這表明在唐代中原地區至少傳入了分別來自印度和大秦的治眼術。[101] 張緒山還推測，"鳴鶴"或許是Markus的敘利亞語讀法："Markus在基督教聖經中爲使徒之一，教徒中以此爲名者而不乏其人，此名也見於景教敘利亞文字。"[102] 而張一純認爲秦鳴鶴的療法與大秦醫學無關，[103] 范家偉則指出，秦鳴鶴的醫術屬於中醫針灸範圍，而不是域外的放血療法，與景教醫術無關。[104] 這個問題還有進一步研究的必要。因爲高宗的風眩之疾痛苦多年，如果中醫針刺百會、腦戶二穴位就有"眼明"之效，那麼，他何不早日診治，而要等到生命之火將熄之際纔請來秦鳴鶴呢？況且，張文仲投靠武則天一事也純屬揣測，他就是一名治風病的高手，他完全有能耐施行針灸之術。因此，需要在進一步瞭解當時波斯、大秦眼科技術的確切內容之後，纔有可能對秦鳴鶴的身份和醫術作出清楚、準確的判斷。[105]

3. 僧崇一 (?)

段成式《酉陽雜俎》前集卷三云：[開元二十八年（740）冬]"寧王憲寢疾，上命中使送醫藥，相望於道。僧崇一療憲稍瘳，上悅，持賜崇一緋袍魚袋。"陳垣、王治心指出，僧崇一是一名通曉醫術的景教僧人。[106] 對崇一應該是景教徒的這一觀點，曹仕邦明確反對。[107]

筆者認爲，僅僅憑藉"崇一"這個名字就推導出其與景教的關係，還不能令人信服。[108] 因爲唐代的佛教徒中也有以"一"結尾的人名，如《大唐荷恩寺故大德敕諡號法律禪師（常一）墓誌銘》，此僧亦與朝廷關係密切，"不然，豈寢疾之時，御醫登門；謝世之日，□□徹膳"[109]。開元年間還有一位名爲"李崇一"的道士。敦煌出土 P. 2457《閲紫籙儀三年一說》末題："開元廿三年（735）太歲乙亥九月丙辰朔十七日丁巳，於河南府大弘道觀勅隨駕修祈禳保護功德院，奉爲開元神武皇帝寫一切經，用斯福力，保國寧民，經生許子顯寫；修功德院法師蔡茂宗初校，京景龍觀上座李崇一再校，使京景龍觀上座丁政觀三校。"顯然，這位"景龍觀上座"李崇一參與了玄宗宮廷的鈔寫道經活動，與宮廷有聯繫。他與"僧崇一"的年代相近，名字基本相同，作爲道士出身，也很可能懂醫學，因此，筆者懷疑他們可能是同一個人。至於爲何從"李崇一"變成了"僧崇一"，一則可能是文本流傳過程中的筆誤；二則可能李崇一棄道從佛。

4. 伊斯

《大秦景教流行中國碑》中記載了景教徒伊斯"藝博十全"，而且"更效景門，依仁施利。每歲集四寺僧徒，虔事精供，備諸五旬。餒者來而飯之，寒者來而衣之，病者療而起之，死者葬而安之。清節達娑，未聞斯美；白衣景士，今見其人"[110]。聶志軍據此認爲，伊斯也是一名景醫。[111]

5. 秦德丘

羅香林曾指出段成式《異疾志》中的醫士秦德丘也是景教徒，但此說沒有旁證。

6. 蔺道者

馬伯英曾認爲《仙授理傷續斷秘方》所記載的蔺道者也可能是景教徒；而且《玉堂閒話》所記載的以乳香酒麻醉，開腦出蟲來治療大風病的方法，可能與大秦的醫術有關。[112]

對秦德丘和蔺道者這兩位是否確爲景醫有待詳考。

7. 李珣家族

羅香林則推測李珣（《海藥本草》的作者）家族原有的信仰是景教，因爲唐代入華的景教徒中有不少善醫者，九世紀中期，蜀中有景教醫僧的存在。筆者認爲這種推測有一定的道理，而把李珣家族的宗教背景定爲祆教或者伊斯蘭教（回教），都是不妥當的。[113]

（二）中古行醫或涉醫的外來佛僧

中古時期中土的僧人參與醫療活動是比較普遍的現象，寺院成爲國家醫療體制之外的補充。敦煌文書中有"醫僧法"，段成式《酉陽雜俎》前集卷一三中兩次引證了"醫僧行儒"敍述的事情。中土"醫僧"的形象正如韓偓（844—923）《騰騰》一詩中所描述的那樣："烏帽素餐兼施藥，前生多恐是醫僧。"中古施行過醫術的外來佛僧可排列如下：

1. 于法開

梁代慧皎《高僧傳》卷四描述于法開"祖述耆婆，妙通醫法"，並未點明其學醫的時間與地點。南朝宋劉義慶編撰《世說新語》卷上《文學四五》注引《名德沙門題目》曰："于法開，才辯縱橫，以數術弘教。"《高逸沙門傳》曰:"法開初以義學著名,後與支遁有競,故遁居剡縣,更學醫術。"[114] 于法開在義理方面不如支循,他不服氣,就到剡縣隱居,學習醫術。從"祖述耆婆"一語來推測,于法開所宗習的並非是西晉惠帝末期入華的神僧耆域,因爲兩人的生活年代相距甚遠,耆域的往來路線爲天竺—扶南—交廣—襄陽—洛陽—流沙—天竺,沒有在江浙活動以及授徒的記錄,因此,筆者傾向于法開可能是來自于闐的醫僧。[115] 他的具體醫事有救治過臨產危急的產婦,[116] 昇平五年(361)還爲孝宗視脈。于法開爲奉道信徒郗愔治病的事跡尤其值得考察。《世說新語》卷下《術解第二十》云:

> 郗愔通道甚精勤,常患腹內惡,諸醫不可療。聞于法開有名,往迎之。既來,便脈云:"君侯所患,正是精進太過所致耳。"合一劑湯與之。一服,即大下,去數段許紙,如拳大,剖看,乃先所服符也。[117]

此段軼事可謂"志人小說"之言,一者凸顯于法開醫術之高明,超過諸醫;二者反映奉道者在患病之時,除符水治病和上章首過之外,尋求道外的"諸醫",甚至醫僧都成爲其認可的選擇之一。[118] 在醫療的場合,人命關天,能者爲醫,而佛與道在宗教教理層面的衝突有可能暫時退居次要的地位。

2. 師賢

《魏書·釋老志》記載:"有罽賓王種沙門師賢者,東遊涼城。至魏值罷教,權假藥術,守道不改。於復教日,即爲沙門。"後來,師賢還出任過僧統一職。在中土佛教遭受滅法的時期，外來的佛僧常披着醫療的外衣，以應付法難，暗中維持佛法。不惟佛僧如此，在唐武宗滅法時，遭受牽連的景教僧人也是如此，或假借道教，行醫賣藥。"土生波斯"李珣之弟李四郎（名玹）就是一例。[119]

3. 求那跋摩（Guṇavarman）

《高僧傳》卷三指出，求那跋摩出身罽賓國刹利王族，"洞明九部，博曉四含"，他不願繼承王位而出家遊學，到師子國、闍婆國（今爪哇）弘教。傳記中並未言明他在何處習醫，卻記載了他兩度爲闍婆國王醫治流矢傷腳和木材傷腳趾，用呪水洗之，很快平復。治療這類外傷雖有呪語的神奇作用，其呪水之中必定含有相應的外傷內服藥物，可見求那跋摩是善醫者。他劉宋初年入華之後，雖未見有在中土行醫之記載，但以其才能和在闍婆國的先例，在中土偶施醫術是完全有可能的。這就需要我們透過現有的史料去想像和推測人物那隱而未顯的行爲。

4. 那連提黎耶舍（Narendra-yaśas）

《續高僧傳》卷二記載那連提黎耶舍是北天竺烏場國人，天保七年（556），抵達京師，後於汲郡西山建立三寺，"又收養癘（癩）疾男女別坊，四事供承，務令周給"。與後世隋唐時期一般的佛寺病坊尚有不同，癘人坊是專門收治麻風病人的救濟醫療機構，而那連提黎耶舍是首位建立癘人坊的佛僧，他的這一行爲是受印度本土頗有傳統的"福德醫藥舍"的影響。[120] 癘人坊與佛寺的聯繫，在中國麻風病治療史上寫下了重要的一頁。[121]

5. 波羅頗迦羅蜜多羅（波頗）（Prabhakaramitra）

《續高僧傳》卷三記載，波羅頗迦羅蜜多羅是中天竺的刹帝利，在摩伽陀國那爛陀寺求學，博通內外，研精大小。唐初武德九年抵京，開始佛經翻譯。貞觀六年（632），太子李承乾染患，衆治無效，唐太宗讓波頗進入內宮，參與治療，頗得太宗的心意，待承乾病情逐漸好轉之後，他纔回歸本寺。[122]李承乾素有足疾，此次所患應是重病，纔需要波頗出手相救。

6. 僧伽（Saṅgha）

《宋高僧傳》卷一八《唐泗州普光王寺僧伽傳》記載，釋僧伽是西域何國比丘，昔年在長安，駙馬都尉武攸暨有疾。釋僧伽"以澡罐水噀之而愈，聲振天邑"。武攸暨之妻被殺，而被強行婚配太平公主，有權有勢，因此，他患病之時，釋僧伽設法救治。釋僧伽由此暴得大名，這對他的弘法事業大有幫助。"後有疾者告之，或以柳枝拂者，或令洗石師子而瘥，或擲水缾，或令謝過。驗非虛設，功不唐捐。卻彼身災，則心馬也。"[123]從僧伽的方法來看，他採用的實際上是一種暗示性的心理療法。他所治療的對象不只是皇家貴族，當包括一般民衆在內。

以上是僧傳中有明確記載的，還有一些不見於僧傳的情況，亦不難想像。

7. 梵僧名醫

在唐末五代宋初，回鶻與中原的往來頻密，在醫藥方面也有聯繫。《遼史》卷一四云："統和十九年（1001）春正月，甲申，回鶻進梵僧、名醫。"回鶻是中亞突厥人之後，梵僧應不是回鶻地面的，而是來自天竺；名醫則可能是回鶻人。有學者將梵僧名醫理解爲一人，或謂此梵僧名醫入華後是否傳播過醫學（或者從事過醫療）則語焉不詳。

（三）中古行醫或涉醫的婆羅門僧

1. 與玄奘法師交往過的印度長年師

（1）長年師及邪奢

敦煌本 P.2263《大辯邪正經》題記"玄奘及長年師及邪奢等，於如來七寶窟中，得此《如來大辯邪正甚深密藏經》一卷"[124]。所謂"長年師"就是指印度修煉生命吠陀（Āyurveda）之一"長年術"（Rasayana）的婆羅門僧人。佛教龍樹一派以長生爲其要術，其門徒亦號"龍樹宗"。可見玄奘在印度求法時與傳習長生術者就曾有接觸。

唐清涼山大華嚴寺沙門澄觀述《大方廣佛華嚴經隨疏演義鈔》卷七："又案《西域記》，唐三藏初遇龍樹宗師，欲從學法。師令服藥求得長生，方能窮究。三藏自思本欲求經，恐仙術不成，幸我夙願。遂不學此宗，乃學法相之宗。若藏和上義分齊云。法藏於文明年中，幸遇中天竺國三藏法師地婆訶羅，唐言日照，於西太原寺翻譯經論，躬親問之，故有憑矣。"[125] 志磐《佛祖統紀》卷二九亦引此事。

（2）長命婆羅門那羅邇娑婆寐（Nārāyaṇasvāmin）

貞觀二十二年（648），王玄策將婆羅門僧那羅邇娑婆寐從天竺帶回長安，唐太宗讓其於金颷門造延年之藥。[126] 高田時雄利用日古寫本《大唐三藏玄奘法師表啓》之中的《太宗文皇帝與長命婆羅門書》（一鈔本作《太宗文皇帝長命婆羅門與玄奘法師書》），論證了玄奘與這位印度長命婆羅門之間的密切關聯。[127]知恩院本《太宗文皇帝與長命婆羅門書》末題作"貞觀廿二年八月十日內出與長命婆羅門玄奘師"。太宗之所以將此書狀發給玄奘法師一份，就是意在與婆羅門乃至印度本土的交往中，藉助法師的一臂之力。

小泉本《太宗文皇帝長命婆羅門與玄奘法師書》云："朕自顧德薄行輕，智微力淺，幸因夙緣有慶，得遇真人。自熨藥已來，手腳漸覺輕損，彌加將慎，冀得全除。撫疲躬而自歡，荷神方而多愧。唯憑命於後藥，庶遐齡之可期。必望超促世而長存，駐常顏而不朽。既白之髮變素成玄，已弊之躬除衰益壯。此心此願，其可遂乎？唯竭深誠，敬佇良術。內出與玄奘法師。"[128]言辭之間，在在表現唐太宗的感謝與殷切之情。太宗雖素謂英明神武，卻因此長生之念，誤信該婆羅門僧所製造的金丹，服用不效而駕崩，徒留後人之長歎息。

（3）中天竺國長年跋吒那羅延／拔吒那羅延長年師

大唐總持寺沙門釋智通譯《觀自在菩薩隨心呪經》"總攝印呪第五十"指出："此一印通於師三藏玄奘法師邊親受，三藏知此印關故授與智通。師中天竺國長年跋吒那羅延，與罽賓國沙門喝囉那僧伽，同三曼茶（荼）羅會受此法。"[129]智通譯《千眼千臂觀世音菩薩陀羅尼神呪經》卷二《菩薩成就印第十八》中有一個譯注："此印法拔吒那羅延長年師纔翻，便即歸國，並將所翻之本。智通畢竟尋逐不得，遇於一僧邊，得梵本譯出，在外無本。"[130]跋吒那羅延（拔吒那羅延）是中天竺國的長年婆羅門，受持密教法印，或許因爲智通的中介，玄奘與跋吒那羅延有過接觸。

玄奘歸國後，不僅在貞觀末期與長年婆羅門多有相接，在其境遇艱困的晚年，仍然與"婆羅門上客"有一些交往。顯慶二年（657），玄奘向高宗請求回家鄉爲父母改葬，高宗僅僅允許他三天假期安排葬事，玄奘上表中提到"又婆羅門上客今相隨逐，過爲率略，恐將嗤笑"[131]。藉助同行的"婆羅門上客"的面子，玄奘纔達到了目的。[132] 此婆羅門上客雖無名諱，但無疑是與玄奘交情匪淺的天竺人士，能追隨玄奘一同返鄉，或許與高宗時期的盧伽逸多一樣，也是一位精通長年術的婆羅門。

2. 盧迦溢多／盧伽逸多／盧伽阿逸多（Lokāditya）

《舊唐書》卷八四《郝處俊傳》云："又有胡僧盧伽阿逸多受詔合長年藥，高宗將餌之。處俊諫……高宗納之，但加盧伽爲懷化大將軍，不服其藥。"這位來自天竺羯濕彌囉國的婆羅門僧亦被稱爲胡僧，擅長合長年藥。據義淨《大唐西域求法高僧傳》卷一的《玄照傳》記載，盧迦溢多在北印度界的入華途中，與玄照相遇，讓玄照及使傔數人向西印度羅荼國取長年藥。玄照輾轉到了羅荼國，"蒙王禮敬，安居四載，轉歷南天。將諸雜藥，望歸東夏"。不過，玄照遘疾圓寂於中印度庵摩羅跛國，未能將長年藥（或者製造長年藥的藥劑）送回東土。盧伽阿逸多在中土配製了長年藥，而高宗因爲郝處俊的勸諫和太宗的前車之鑒，並未服用其藥。盧伽阿逸多頗受禮遇，他的將軍封號有"懷柔遠化"的含義，他住在蓬萊宮（原大明宮）中，同住的還有釋迦彌多羅等其他長年婆羅門。

3. 見於多種文本記載的釋迦彌多羅（Śākyamitra）

(1) 釋迦彌多羅/釋迦蜜多羅

法藏《華嚴經傳記》卷四："師子國長季沙門釋迦彌多羅者，第三果人也，此土云能友。麟德之初（664），來儀震旦，高宗天皇甚所尊重。請在蓬萊宮，與長年真人懷化大將軍，同處禁中。歲餘供養。多羅請尋聖跡。遍歷名山，乃求往代州清涼山，禮敬文殊師利。"[133] 釋迦彌多羅是來自師子國的煉丹家，精通婆羅門長年術，而長年真人懷化大將軍就是僧盧伽阿逸多。

比法藏的記載更早，道宣《律相感通傳》卷一云："去歲（乾封元年，666）長年師子國僧，九十九夏，三果人也。聞斯聖跡，跣行至此，尋清涼山，國家供送。今夏在彼，所願應遂也。"[134] 又，道宣《關中創立戒壇圖經》卷一云："近以乾封二年九月，中印度大菩提寺沙門釋迦蜜多羅尊者，長年人也，九十九夏來向五台，致敬文殊師利。"[135] 這位九十九歲巡禮五台的長年師本是師子國人，著籍中印度大菩提寺，入華後，先與長年僧盧伽阿逸多同在宮禁中修煉，後由朝廷派人護送，巡禮五台。

(2) 支法林

唐代佚名的道家煉丹著作《金石簿五九數訣》云："唐麟德年，甲子歲（664），有中人婆羅門支法林，負梵夾，來此翻譯，請往五臺山巡禮。"[136] 支法林正確地指出了當地所產硝石的品質，並與天竺烏長（烏仗那國）的產品進行了比較，而烏長國的硝石在初唐頗負盛名。

(3) 婆羅門長年

崔致遠撰《唐大薦福寺故寺主翻經大德法藏和尚傳》云："總章

初（668），藏猶爲居士，就婆羅門長年，請授菩薩戒。"[137]富安敦（Antonino Forte）認爲授法藏菩薩戒的婆羅門長年，就是釋迦彌多羅，也即是支法林。[138]陳金華也認爲，不管這位婆羅門能否確定是釋迦彌多羅，康法藏由一位長年婆羅門授菩薩戒應是一個歷史事實。[139]

（4）西域摩伽陀菩提寺長年師

唐代道世《法苑珠林》卷四記載了一次隕石降落的事情，唐貞觀十八年十月丙申後，汾州并州文水縣兩界交接處，天降大石，地方官員奏報朝廷。當時西域摩伽陀菩提寺的一位內外博知的長年師來到西京，朝廷就此向他諮詢，他回答說這是天上的兩條龍爭鬥時落下的"龍食"。這種出人意料的解釋，引發道世發了一番長議論。這位來自摩伽陀國菩提寺的長年師，並不是事發的貞觀十八年十月就已經到了長安，而是事後數年——麟德初年來的，他就是釋迦彌多羅。

4. 長年婆羅門僧

洛陽佛授記寺的印度僧人慧智，出生於中土，父親是一位來華的婆羅門種。《開元釋教錄》卷九記載，慧智"天皇時，因長年婆羅門僧，奉勑度爲弟子"[140]。他兼通梵漢雙語，參與佛經翻譯，於天后長壽二年癸巳（693）在東都佛授記寺，獨立翻譯了一部佛經《讚觀世音頌》。慧智的師傅必定是一位入華的長年婆羅門僧，這表明在高宗和武則天當政時期，在兩京的長年婆羅門人數不菲，遠不止僧盧伽阿逸多和釋迦彌多羅。

5. 進仙茅的婆羅門僧

前引《續傳信方》敘仙茅方的來源，此藥"本西域道人所傳。

開元元年（713），婆羅門僧進此藥，明皇服之有效，當時禁方不傳"。最初進藥的就是一位婆羅門僧。

6. 傳"蓮子草膏"的婆羅門

王燾《外台秘要方》卷三一指出："《近效》蓮子草膏，療一切風、耳聾、眼暗。生髮變白，堅齒延年。本是婆羅門方。"可以想見最初傳播此藥方的必然是一位婆羅門僧。他的這個藥方傳到了韓庶子的手裏，而且"每用驗"。此方被《近效方》所收錄，最後被王燾編入《外台秘要方》之中。

7. 傳"療大風疾"方的婆羅門僧

王燾《外台秘要方》卷三〇亦引用了《近效方》中的外來藥方，即"《近效》婆羅門僧療大風疾，並壓丹石熱毒、熱風、手腳不隨方"。此方使用了消石、生烏麻油等，是從"呂員外處得"。這是婆羅門僧用來治療大風疾的藥方，且用消石（硝石）入藥是初唐時期盛行的印度醫法。這個藥方也是婆羅門僧初傳的。

8. 眼醫婆羅門僧

劉禹錫《劉賓客文集》卷二九中的《贈眼醫婆羅門僧》詩云："三秋傷望遠，終日泣途窮。兩目今先暗，中年似老翁。看朱漸成碧，羞日不禁風。師有金篦術，如何為發蒙？"[141] 儘管劉禹錫此詩所作年代不明，但顯然是其中年所作。大約是劉禹錫四十多歲時在連州刺史任上所作。這說明此婆羅門僧擅長印度眼科的金篦術，與地方官員有聯繫，為其提供醫療之術，可惜這種接觸的過程並不清楚。

9. 東市梵僧

段成式《酉陽雜俎》卷一：永貞時（805）長安東市有梵僧乞食，而且醫術高超，爲人治病。"僧乃取藥，色正白，吹其鼻中。"他使用的可能是治鼻息肉的藥物。

10. 梵僧難陀

段成式《酉陽雜俎》卷五："有梵僧難陀，得如幻三昧，入水火，貫金石，變幻無窮。"難陀入蜀之後，自謂"某寄跡桑門，別有藥術"。他還表演了數場幻術，屬於神異一類的人物。

11. 眞婆羅門僧

道世《法苑珠林》卷六〇云："又此呪能轉女身令成男子。今別勘梵本，並問眞婆羅門僧等，此呪威力不可思議。但旦暮午時，各誦一百遍，能滅四重五逆。拔一切罪根，得生西方。"[142] 這位"眞婆羅門僧"爲道世等中土僧人提供了此呪語（阿彌陀呪）的諮詢，體現了其在解釋呪語方面的話語權威。

對上述的"婆羅門僧"與"梵僧"，要作具體的個案分析，他們有可能是婆羅門教徒，也可能是佛教徒，不能一概而論。[143]

（四）中古外來醫僧的呪語與法術醫療

人的生死有自身的規律，無法次次能靠呪語與法術起死回生。但呪語與法術在中古時期的醫療活動中頗佔份量，不僅道教徒施行，外來的醫僧亦頗多精通者，並以此作爲"除病濟貧、護生延命"的重要手段。

1. 佛圖澄（附：竺佛調）

佛圖澄，本姓帛氏，當出自龜茲，他曾經到罽賓受教於名師。佛圖澄以神異著稱，善誦神呪，能役使鬼物。他的神呪與醫學知識源自天竺，則無疑義。佛圖澄為救戰火中的蒼生，以道術勸化石勒，"於是中州胡晉略皆奉佛。時有癘疾世莫能治者，澄為醫療，應時瘳損。陰施默益者不可勝記"。石虎的兒子石斌忽患暴病而亡，已過了兩天，石勒把佛圖澄當做了能使虢太子死而復生的上古神醫扁鵲，讓他去救活石斌。佛圖澄取楊枝灑呪水，竟然使石斌起死回生。佛圖澄並不是次次都能這麼妙手回春。他預告太子石邃在襄國的兒子小阿彌將患重病，石邃速去看視，果已得病。大醫殷騰及外國道士自誇能夠治好此病，而佛圖澄對弟子法雅斷言病人已無藥可救了。事實證明他的斷言是對的。那位不知名的"外國道士"正是胡僧在中土介入官宦人家的疾病醫療的一個縮影。

佛圖澄還有一件神奇的事情，即可以自己洗腸。其洗腸的神異功能通過《高僧傳》等文獻的描述而廣為人知。敦煌莫高窟初唐第323窟北壁以全景連環畫式畫面選繪了有關佛圖澄神異事跡的三個故事：河邊洗腸、幽州滅火、聽鈴聲辯吉凶等。敦煌 S.276 背三《佛圖澄羅漢和尚讚鈔》中有"以油塗掌，探腹洗腸"和"權實應無方，臨流每洗腸"這樣的詩句。這是佛圖澄神奇事跡在敦煌地區流傳的反映。

佛圖澄的弟子也有些乃師的風采。來自天竺的竺佛調事佛圖澄為師，住在常山寺，有一對兄弟信徒，其中的兄嫂因為疾篤，"載至寺側，以近醫藥"。這說明竺佛調所在的常山寺當時能給方圓百里的民眾提供醫藥救助，中古時期寺院在醫藥事業上的獨特價值體現於此。

2. 耆域

這位天竺來的高僧與佛教史上最有名的醫王耆婆是同名者,也是有神異呪語的醫療能力者。《高僧傳》卷九中記載了他以晉惠之末(306)至於洛陽,在中土有兩件著名的醫案。其一,在洛陽滿水寺寄住的衡陽太守南陽滕永文,得病經年不差,兩腳攣屈不能起行,耆域取施加了呪語的淨水,用楊柳拂水,灑在他的腳上,竟然讓滕永文行步如故。其二,一位患者在酷暑中病症將死,耆域將一個空器皿放在病者的腹上,用白布蓋上。耆域施加了數千言呪語,使患者放出了腹中類似臭淤泥的污穢,病者順利康復。有學者指出,耆域用楊柳禁呪的法術,其淵源可能並非是印度,而是西域地區的一種古老觀念,且以絲綢南道墓葬出土的細柳枝爲證。[144] 在印度密教文獻中,用柳條拂水的用法並不鮮見,且此故事中,楊柳枝僅僅是療病法術的道具,法術的核心是呪水,因此,不必以柳枝坐實耆域此法爲西域古老的巫術信仰。

3. 訶羅竭

《高僧傳》卷一〇說訶羅竭是樊陽人,從他的名字和事跡來看,他應該是一位出生於中土的域外人士。晉武帝太康九年(288)洛陽疫疾流行,死者相繼。訶羅竭爲之呪治,十差八九,可見其救治傳染病人的效果非常好。他在所住的寺廟附近,開出山澗之水,"來飲者皆止饑渴、除疾病"。呪語或神奇的山泉能治病救人,在中古時期常有所聞。

4. 胡僧呪生死

劉餗《隋唐嘉話》卷中云:"貞觀中,西域獻胡僧,呪術能死生人。太宗令於飛騎中揀壯勇者試之，如言而死，如言而蘇。"[145] 此事見載《太平廣記》卷第二八五"胡僧"條，出《國朝雜記》。又見《資治通鑒》卷一九五，故事發生的時間爲貞觀十三年（639）。顯然，司馬光亦把此事放入了歷史的真實語境中加以描述。這位精通呪術的胡僧卻因爲反佛者傅奕的相鬥，最後把自己呪死了。此事的描寫充分反映了唐初佛道相爭的殘酷局面。

5. 金剛智

前述的金剛智堪稱唐代頂級的密教高僧之一。他不僅精通五明知識，也有醫療的實踐活動：

> 初帝之第二十五公主甚鐘其愛，久疾不救，移臥於咸宜外館，閉目不語，已經旬朔。有勅令智授之戒法。此乃料其必終，故有是命。智詣彼，擇取宮中七歲二女子，以緋繒纏其面目，臥於地。使牛仙童寫勅一紙，焚於他所。智以密語呪之，二女冥然誦得，不遺一字。智入三摩地，以不思議力，令二女持勅詣琰摩王。食頃間，王令公主亡保母劉氏護送公主魂隨二女至。於是公主起坐開目，言語如常。帝聞之，不俟仗衛，馳騎往於外館。公主奏曰："冥數難移，今王遣回，略覲聖顏而已。"可半日間，然後長逝。自爾帝方加歸仰焉。[146]

金剛智不僅念誦密語，而且"以不思議力"導演了一場與琰摩王溝通的好戲，延續了唐玄宗的公主半日的壽命，以此博得了皇帝的"歸仰"。"開元三大士"都是施行密法的高僧，其靈異事跡頗多，不煩具說。

6. 梵僧持呪

段成式《酉陽雜俎》卷一五敘述劉積中的妹妹因爲鬼魅而病心痛，家人"迎道流上章，梵僧持呪，悉不禁"。可見在京郊地區能夠請到梵僧來舉行持呪除病的法會。

類似這種以呪除病的情況還有很多，就不一一列舉了。以呪語與法術進行醫療，尤其是密教的強項，因此，即便是同屬佛教，也需要注意這些事情有不同的教派色彩。

（五）納藥與貢藥：中古胡僧在藥物方面的貢獻

藥物是醫療的基礎。隨着文化交流的加強，外來的藥物不斷進入中土醫家的視野，這從《唐本草》、《食療本草》和《本草拾遺》中不難發現這種趨勢，更何況唐五代還連續出現了專門記錄外來藥物的兩部專著，即鄭虔的《胡本草》和李珣的《海藥本草》。在促進外來藥物的實際使用方面，不僅專事胡藥貿易的胡商發揮了主要作用，而且佛教寺院的藥園或者"藥藏"在其中起到了不少的作用。胡僧在藥物方面的貢獻主要有三點：

1. 採藥

（1）僧伽跋摩（Saṅghavarman）

《大唐西域求法高僧傳》卷上云："僧伽跋摩者，康國人也。少出流沙，遊步京輦。……以顯慶年內奉敕與使人相隨，禮覲西國。……後還唐國，又奉敕令往交阯採藥。"[147] 僧伽跋摩是粟特人士，週遊四方。他接受朝廷的敕令到交阯採藥，包含了兩個信息：

其一，他與朝廷有一定的聯繫，高宗對搜集異域神藥也頗有興趣；其二，他在藥物學方面不乏深厚的知識，有識藥之能。這也從側面說明了在絲綢之路以經商著稱的粟特人，由於操持大宗的藥物貿易，對藥物的認識超過其他的民族，必定會總結出藥物方面的專門著述，僧伽跋摩這樣的僧人也有學習和積累藥物知識的環境與條件。僧伽跋摩到交阯並未採藥而歸，而是在饑荒的交州救濟孤苦，染疾而終。

(2) 那提

那提三藏全名布如烏伐邪（Puṇyopaya），唐曰福生，他的事跡虛實不明。據《續高僧傳》卷四那提的傳記，他首次到達長安是永徽六年（655），住在慈恩寺，因為受到譯經對手玄奘法師的排斥，在顯慶元年（656）被朝廷派往南海崑崙諸國，採取異藥。那提在南海時期，頗受禮遇，弘法事業興旺。他為了完成朝廷的勅命，於龍朔三年（663）還返長安舊寺。那麼此次那提應該是帶回了一些南海的異藥。由於他上次所帶的梵本被玄奘法師收走，沒法進行翻譯，僅僅翻譯了三部小經。同年，南海的真臘國因為思念那提，就派人來長安請他回去。使者的理由是當地有很多好藥，只有那提認識，因此請他回去採藥。高宗同意了，下令那提再去採藥。那提就一去不返了。一般認為，《續高僧傳》卷四中的《那提傳》不是道宣所作，乃後人所添加，體現的是高宗武后時期佛教新舊派系之間的爭鬥。其作者以"余自博訪大夏行人"來證明其資料的可靠性，標榜那提是龍樹一系的門人，精通佛法，所持理論與玄奘有衝突，因此而遭受千齡罕遇的迫害，"挾道遠至，投俾北冥。既無所待，乃三被毒，載充南役。崎嶇數萬，頻歷瘴氣，委命斯在。嗚呼惜哉"。此傳對那提的遭遇表示了深切的同情，也就是對玄奘的極大控訴。劉淑芬透過對玄奘晚年自身難保的艱困境遇的分析，指出《續高僧傳》卷四中的《那提傳》是不可信的。其作者將那提傳放在玄奘傳之後，合爲一卷，其目的就是爲了抹黑玄奘。[148] 實際上，道宣撰《師子莊嚴王菩薩請問經序》中對那提有所記載，即：

> 逮龍朔三年（663）冬十月，有天竺三藏，厥號那提，挾道間萌來遊天府。皇上重法，降禮真人，厚供駢羅，祈誠甘露。南海諸蕃遠陳貢職，備述神藥，惟提能致。具表上聞，霈然下遣。將事道途，出斯奧典。文旨既顯，冀由來之所傳。道場不昧，起機緣之淨業。輒以所聞序之，云爾。[149]

那提是龍朔三年十月來長安的，得到了高宗的厚待。由於南海諸蕃來朝貢的時候，詳細彙報當地有很多神藥，只有那提能夠認識採藥，因此,高宗纔派遣他去的。可見,道宣的記載與《續高僧傳》中的《那提傳》後半部份有契合之處，但道宣此序絲毫也沒有涉及那提與玄奘的所謂衝突，也沒有那提之前來長安的記載，這可以佐證《續高僧傳》的《那提傳》中有不實之詞，難以信從。

不過，綜合《續高僧傳》中的《那提傳》和道宣的《師子莊嚴王菩薩請問經序》，可以得到兩點的認識，其一，那提是一位精通藥物學、能認藥採藥的僧人；其二，在初唐時期，南海諸蕃向長安進貢過藥物，朝廷也派人去當地採藥。結合前述玄照及使僊數人向西印度羅荼國取長年藥之事，不難想像去南海與天竺採藥的大背景，就是自唐太宗以來的帝王們對長生的渴望與對遺傳性風病的治療渴望。開元四年（716），唐玄宗"又欲往師子國求靈藥及善醫之嫗，實之宮掖。上命監察御史楊范臣與胡人偕往求之"[150]。楊范臣以華夷之別和"胡藥之性，中國多不能知"爲據進行勸諫，使玄宗取消了這一計畫。此事雖未能成行，但足以表明南海諸蕃（崑崙諸國、真臘國、師子國等）的"神藥"、"靈藥"對中土有相當大的吸引力。

2. "胡僧貢藥"

（1）北天竺僧密多獻質汗藥

宋代王溥《唐會要》（961年成書）卷一〇〇"天竺國"條記載："[開元]十七年（729）六月，北天竺國王三藏沙門僧密多獻質汗等藥。"《太平寰宇記》卷一八三引此條。宋王欽若等編《冊府元龜》（1013年成書）卷九七一云："[開元十七年]六月，北天竺國三藏沙門僧密多獻質汗等藥。"質汗藥是一種治外傷的成藥，唐代頗流行，中土甚至有藥物被稱爲"土質汗"。[151] 密多（Mitra）是北天竺國精通佛教經律論三藏的僧人，承當了外交使節的角色。

（2）吐火羅僧難陀獻香藥

《冊府元龜》卷九七一云："[開元十七年]七月，吐火羅使僧難陀獻須那伽帝釋夌等藥。" 難陀的原名可能是Nanda。同卷又載開元十八年五月，"吐火羅僧難陀來朝，貢獻瑞夌（表）香藥等"。從時間來看，兩次貢藥相差不到一年，僧難陀不可能在第一次獻藥之後又回到了吐火羅故地，只能解釋爲他還在長安，兩次所獻的藥物不同，所以在史書中留下了記載。《冊府元龜》還記載了唐玄宗開元年間吐火羅國兩次遣使獻胡藥的事情。其一，開元十二年（724）七月，吐火羅國遣使獻胡藥乾陀婆羅等三百餘品。其二，開元二十九年（741），吐火羅又遣使獻紅頗梨、碧頗梨、生瑪瑙、生金精及質汗等藥。[152] 但這兩次沒有提及使者的名字與身份，或許也有僧人參與其中。儘管吐火羅派遣使臣獻方物的事件有許多次，但具體爲獻藥的基本上集中在唐玄宗開元年間。

（3）東天竺達摩戰獻胡藥

《冊府元龜》卷九七一云：開元二十五年（737），"東天竺國三藏大德僧達摩戰來獻胡藥卑斯比支等及新呪法、梵本雜經論、《持國論》、《占星記》、梵本諸方"。達摩戰即前文所指的達摩戰涅羅（Dharmacandra）。他所獻的不僅有藥物、呪法和梵本諸藥方，而且有《持國論》和《占星記》等屬於天竺婆羅門教的經籍。

（4）于闐僧善名貢阿魏

《宋史》卷四九〇《于闐傳》記載："開寶二年（969），遣使直末山來貢，且言本國有玉一塊，凡二百三十七斤，願以上進，乞遣使取之。善名復至，貢阿魏子，賜號昭化大師，因令還取玉。"阿魏子就是藥物阿魏（梵語 hiṅgu）。于闐出產阿魏，事見《宋高僧傳》卷二九"唐洛陽罔極寺慧日傳"，慧日泛舶渡海，遊學南海天竺，從西北絲路返回，在于闐見到了阿魏。"興渠（hiṅgu），梵語稍訛，正云形具，餘國不見。回至于闐，方得見也。根麁如細蔓菁根而白，其臭如蒜。彼國人種取根食也。於時冬天到彼，不見枝葉。"[153] 于闐的寺院中也有阿魏，因此，善名纔有可能進貢當地的土產阿魏子。

（5）中天竺國僧囉獲囉獻香藥

《宋會要輯稿·蕃夷》記載：太平興國五年（980）五月，中天竺國僧囉獲囉來獻香藥萬七千斤、具（貝）多葉梵經一軸。這是獻藥數量最大的一次，香藥達萬七千斤，應是由海舶運載而來。宋代香藥貿易多經由海路，數量鉅大，此爲先聲。

來自北天竺國、吐火羅、東天竺、于闐、中天竺國的這幾位佛教大德都擔任使臣，向中原朝廷獻藥，在外交活動中作出了重要的貢獻。這些獻藥的僧人都是直接面對朝廷的，與社會的上層進行互動。

除佛僧貢獻藥物外，也有其他宗教的僧徒來獻藥的。

（6）獻底也伽的拂菻景教徒

乾封二年（667），拂菻王遣使入唐，獻最有名的藥物底也伽（Theriac），[154] 儘管沒有說明所派遣的使者是不是僧人，但必須注意到，底也伽的傳入與拂菻景教徒有着密切的關係。[155]

（7）獻藥的回鶻摩尼教徒

《冊府元龜》卷九七二云：周太祖廣順元年（951）二月，"回鶻遣使摩尼貢玉團七十七、白氎段三百五十、青及黑貂鼠皮共二十八、玉帶玉鞍轡鉸具各一副，犛牛尾四百二十四、大琥珀二十顆、紅鹽三百斤、胡桐淚三百九十斤、餘藥物在數外"。貢單中的大琥珀、紅鹽、胡桐淚也可入藥，"餘藥物在數外"說明其他藥物的數量不菲。這次的使臣是摩尼，即摩尼教徒。唐代宗寶應二年（763），回鶻始從唐朝引入摩尼教，至開成五年（840）回鶻西遷之後，其王室上層仍宗奉摩尼教。摩尼教徒擔任回鶻使臣來貢獻方物，是很適宜的。

（8）納藥波斯僧

在敦煌文書中，S.1366《庚辰（980）至壬午年（982）歸義軍衙內麵油破用曆》記載："甘州來波斯僧月麵七斗，油一升。……廿六日支納藥波斯僧麵一石，油三升。"[156] 既然此波斯僧人"納藥"，那麼他可能是景教僧人。向達、姜伯勤先生據 S.6551《佛說阿彌陀經講經文》"此間則有波斯、摩尼、火祆、哭神等輩"推論，當時在敦煌的波斯僧應該是景教僧人。[157] 這說明波斯人在敦煌從事藥材交易。但在敦煌地區從事藥材交易的不只是波斯人。敦研 001＋董希文舊藏＋P.2629《歸義軍官府酒破曆》，"廿一日，支納訶梨勒胡酒壹甕"。這位粟特胡人納訶梨勒藥，而不是納胡酒。比較可見，胡僧貢藥，其行爲往往與政治相連，而胡僧納藥關注的則是經貿活動。

3. 方物難識，須問胡僧

正如上文所引《酉陽雜俎》所記載的那樣，對那些外來的方物往往需要請教胡僧。杜甫《海棕行》一詩提到海棕，"移栽北辰不可得，時有西域胡僧識"。大唐總持寺沙門釋智通譯《觀自在菩薩隨心呪經》（亦名《多唎心經》）中記載了一條呪法：

> 又作呪法。有種種障難事起，不及時作，取紫檀木，作小木丁子。取阿叉利草子作油（此土大有，須問胡僧），一枚丁呪一遍，擲着火中燒之。滿一千八遍，經三日作之。則毗那夜迦作障難鬼皆遠散去。[158]

"此土大有，須問胡僧"是一條譯注，說明阿叉利草子在中土亦有，但一般人並不認識，所以需要請教胡僧。

又，《太平廣記》卷三六二：

> 寧州有人，亦掘得太歲，大如方，狀類赤菌，有數千眼。其家不識，移至大路，遍問識者。有胡僧驚曰："此太歲也，宜速埋之。"其人遽送舊處，經一年，人死略盡。（出《廣異記》）

這位胡僧也是見多識廣的人士，還能認識"太歲"，真是不易。"須問胡僧"正說明了唐人對胡人在傳播域外醫藥知識方面的行家地位的認可。

（六）胡僧授方

一般而言，專業的胡醫分佈包括在宮廷的御醫、政府的醫官或醫員、民間行醫者（走方或坐堂），他們有正式的職業、具體的處方、醫療合理的收入等。胡人所涉及的醫療活動包括診斷、處方、制藥、販藥、買藥（側重商業活動）、含有醫療內容的表演活動（幻術）以及外科手術等。兼具僧與醫雙重身份的胡人的情況是否有所不同呢？就現有的文獻記錄而言，除在宮廷從事官方的醫療活動之外，側重於民間醫療的胡僧的授方形式主要有以下三種：

1. 路逢胡僧

（1）胡僧救治呂西華

前引呂西華的故事中，他重病臨危，胡僧賜藥並寫出藥方相贈，救了呂西華的性命。這段故事可能是虛構的，但是包含的幾個母題無疑具有一定的真實性，不妨看作是歷史場景和時人心態的一個表徵，因此，它可以作爲歷史研究的一件素材。

（2）大摩殺寄五丸香

《太平廣記》卷三二四記載的一個故事："復云：近往西方，見一沙門，自名大摩殺，問君消息，寄五丸香以相與。清先本使敦煌，曾見此僧。清家有婢產，於是而絕。"（原缺出處，今見《異苑》卷六）這一名爲大摩殺的西方沙門，就是略通醫道的胡僧，還在絲綢之路的要道敦煌出現過，可見他沿途都可能有施藥的舉措。"大摩殺"一名可能是"摩訶薩"（Mahāsattva）的異寫，而不太可能是"大慕闍"（摩尼教團中的一個高級職銜，"導師"）的另譯。

2. 胡僧上門

胡僧主動上門爲官員及其家屬治病。敦煌 S. 2144《韓擒虎話本》作於會昌五年（845）滅佛之後，旨在借古諷今，雖不能當作事實看待，但其中描繪的場景卻不是"事出無因"。《韓擒虎話本》記載了一位家住邢州（今河北邢臺）的法華和尚從八大海龍王處得到龍仙膏之後，去爲隨州使君（楊堅）治病，其情形如下：

> 門司入報："外頭有一僧，善有妙術，口稱醫療，不感（敢）不報。"使君聞語，遂命和尚昇廳而坐，發言相問："是某乙悴（猝）患生腦疼，檢盡藥方，醫療不得。知道和尚現有妙術，若也得教，必不相負。"法華和尚聞語，遂袖內取出合子，巳（以）龍仙膏往頂門便塗。說此膏未到頂門，一事也無，才到腦蓋骨上，一似佛手撚卻。[159]

法華和尚的身份雖更像是中土僧人，但也有可能是域外的高僧，因爲他從海龍王處獲得龍仙膏的情節與龍樹菩薩龍宮受方、孫思邈從昆明池龍宮得仙方三十首寫入《千金方》中，有一定的淵源關係。在神異色彩的背後，法華和尚爲隨州使君上門治病，亦可視爲胡僧有在中土主動爲官宦人家治療的案例，就像前文所提到的羅叉等兩位自誇醫術高超的"外國道士"一樣。胸懷醫術的胡僧在官宦之家行醫,既可獲得名聲,又可獲取利養,他們有理由做這樣的事情。

3. 夜夢胡僧

"胡僧授方"的場合,有時候甚至是在夢境之中。無論是在中土佛教信徒的著述(僧傳、感應傳等),還是在隋唐的筆記小說(尤其是《太平廣記》中所引述的故事)中,都有不少類似的故事。

(1)胡僧傳信

《續高僧傳》卷六記載,南朝齊太宰文簡公褚淵 "遇疾,晝寢見胡僧云:菩薩當至,尋有道人來者是也。俄而約(釋慧約)造焉,遂豁然病瘥,即請受五戒"[160]。褚淵生病時白天做夢,有胡僧來報信,慧約來拜訪褚淵,他的病就好了,還因此而接受了佛教的五戒。很顯然,慧約是一位通醫道的僧人,他自己多年服食松朮,有能力治好褚淵的病,而夢中出現的胡僧是添加故事神奇色彩的一種手法。

(2)胡僧生齒

《法華傳記》卷六《金城釋僧智十八》記載,釋僧智的牙齒多有脫落,因為經常誦讀《法華經》,而夢到胡僧,用楊枝指着他口中的齒肉,他醒來之後就發覺滿口長出了牙齒。僧智在古塔上誦經摔到,竟然被毗沙門從空中接住,而無損傷。這個故事實際上是一則靈驗記類型的故事,突出的是《法華經》的非凡功德,而誦讀此經會帶來功德的回報。

(3)胡僧與藥

《太平廣記》中有兩則夜夢胡僧治療戰事創傷的故事。其一,卷一〇五"崔寧"條:

唐崔寧，大曆初（766）鎮西蜀。時會楊林反，健兒張國英與戰，射中腹，鏃沒不出。醫曰："一夕必死。"家人將備葬具，與同伍泣別。國英常持《金剛經》。至夜，夢胡僧與一丸藥。至旦，瀉箭鏃出，瘡便合差。（出《報應記》）[161]

其二，卷一〇一中"邢曹進"的故事更加詳細：

唐故贈工部尚書邢曹進，至德已來，河朔之健將也。守職魏郡，因爲田承嗣所縻。曾因討叛，飛矢中肩，左右與之拔箭，而鏃留於骨，微露其末焉。即以鐵鉗，遣有力者拔而出之，其鏃堅然不可動。曹進痛楚，計無所施。妻孥輩但爲廣修佛事，用希慈廕。不數日，則以索縛身於床，復命出之，而特牢如故。曹進呻吟忍耐，俟死而已。忽因晝寢，夢一胡僧立於庭中，曹進則以所苦訴之。胡僧久而謂曰："能以米汁注於其中，當自愈矣。"及寤，言於醫工。醫工曰："米汁即泔，豈宜漬瘡哉！"遂令廣詢於人，莫有諭者。明日，忽有胡僧詣門乞食，因遽召入。而曹進中堂遙見，乃昨之所夢者也，即延之附近，告以危苦。胡僧曰："何不灌以寒食餳？當知其神驗也。"曹進遂悟，餳爲米汁。況所見復肖夢中，則取之，如法以點，應手清涼，頓減酸疼。其夜，其瘡稍癢，即令如前鑷之。鉗纔及瞼，鏃已突然而出。後傅藥，不旬日而瘥矣。籲，西方聖人，恩佑顯灼，乃若此之明徵乎。（出《集異記》）[162]

張國英和邢曹進均是爲利箭所傷，而矢不能出，夜夢胡僧授藥或者授方而病癒的。這兩則故事表面上是表現胡僧的超凡能力，或者是對胡僧的好奇與信任，而實際上前者主要是表現誦持《金剛經》等佛經的功德與回報，後者是強調西方聖人的恩德神佑。"夢僧療病"型故事的敍述中多突出佛教的因果報應觀念。

（4）胡僧洗腸

前文已述洗腸是佛圖澄的拿手好戲。《名僧傳鈔》卷一《名僧傳第八》的竺法義傳記中，"咸安二年（372），遇篤病，針石不差，唯專念觀世音。久忽夢一沙門出其腸胃，去其垢疾，清水洗濯，還內腸中。既寤，豁然頓愈"[163]。此事在《高僧傳》卷四中的記載爲："至咸安二年，忽感心氣疾病，常存念觀音。乃夢見一人破腹洗腸，覺便病癒。"[164] 故事中所夢見的一沙門，幾乎可視爲佛圖澄的化身。句道興《搜神記》記載華佗有"開腸爽，洗五臟，劈腦出蟲"的神奇醫術，不管華佗是漢人還是外來者，不可否認的是此類描述與佛經中的耆婆醫事類同，有很強烈的佛教色彩。

（5）胡僧執刀

在夜夢胡僧的情節中，多爲授予藥物，也有從事外科手術的描寫。《大方廣佛華嚴經感應傳》卷一記載了僧弘寶患病的故事：

> 大足年（701）中，楊洲大雲有僧弘寶，美儀貌，善誦經。每自恃憍於人。忽然一日眉上鬢下出一瘤瘻，其大如桃。旬日之間，漸長三寸餘。其僧恥之，不出房門。於寺醫療，日更增甚。因自思惟：此疾有二因緣：一則過去業感，二由見在輕慢賢聖。遂即發願，於其房中，轉讀《華嚴經》一百遍。晝夜香花，精懇禮懺。轉經至六十遍。夜中忽夢有人來語之曰：汝欲

"納藥"與"授方"：中古胡僧的醫療活動

愈病，吾與汝醫。以手執刀，截卻其瘦。於便驚覺，至明具向諸僧廣說。於是瘦上生瘡，瘡中出膿。經於一月，其疾全瘥，亦無瘡盤。楊洲僧筠入洛，具以此事說於花嚴藏公。[165]

此故事列出詳細的流傳過程，旨在增强其可信度。僧弘寶患病首先是在寺醫内部醫療的，給他治病的應該是寺僧，而不是寺外的一般醫者。弘寶在患病之後，對疾病的病因進行了分析，得出了兩個原因。弘寶的病能夠痊癒，是因爲轉讀《華嚴經》的功德所致。夢中給他開刀切除瘤瘦的某人，是胡僧或者佛教神靈的化身無疑。夢中的開刀場景應該是現實中的瘤瘦切除術的描述。此故事是寺院醫療的例證，有益於理解宗教與醫療的關係。

4. 菩薩療疾

能夢中授方的不僅僅是胡僧，還有佛教的菩薩。S. 4081 《釋門應用文》（擬題）内有"嚴病：藥王藥上，受與神方"等内容。[166]唐吏部尚書唐臨撰《冥報記》中卷記載了盧文勵患病腹脹，觀世音菩薩夢中相救的故事：

> 監察御史范陽盧文勵，初爲雲陽尉，奉使荊州道覆囚。至江南，遇病甚篤，腹脹如石，飲食不下，醫藥不瘥。文勵自謂必死，無生望，乃專心念觀世音菩薩。經數日，怳惚如睡，忽見一沙門來，自言是觀世音菩薩。語文勵曰："汝能專念，故來救。今當爲汝去腹中病。"因手執一木把，用將其腹。腹中出穢物三升餘，極臭惡。曰："差矣。"既而驚寤，身腹坦然，即食

能起，而痼疾皆愈，至今甚強。寶與監同爲御史，自說云爾。[167]

盧文厲患病的症狀是"腹脹如石，飲食不下"，在醫藥無效的情況下，他專心念誦觀世音菩薩的名號。在睡夢之中，觀世音菩薩化身爲一位沙門，用木把治好了他的腹中之病。觀世音菩薩在中土以救苦救難而著稱，唐于闐三藏實叉難陀譯《觀世音菩薩秘密藏如意輪陀羅尼神呪經》、西天竺國三藏伽梵達摩譯《千手千眼觀世音菩薩治病合藥經》等佛經體現了觀世音菩薩與治病合藥之間的密切關係。《冥報記》將觀世音編入故事，顯示其超能的醫術，與該菩薩的神格是相吻合的。

《續高僧傳》卷一九的《唐天臺山國清寺釋智璪傳》記載了釋智璪患病因爲繫念月光菩薩，而在夢中被月光菩薩所救的故事：

> 釋智璪，俗姓張氏，清河人。……年登十七，二親俱逝。慘服纔釋，便染疾病。頻經歲月，醫藥無效。仍於靜夜，策杖曳疾。出到中庭，向月而臥，至心專念："月光菩薩惟願大悲，濟我沈痾。"如是繫念，遂經旬朔。於中夜間，夢見一人，形色非常，從東方來。謂璪曰："我今故來爲汝治病。"即以口就璪身，次第吸吮。三夜如此，因爾稍痊。深知三寶是我依救，遂求離俗。便投安寧寺慧憑法師以爲弟子。[168]

《法華傳記》卷三有相同的文字，而《弘贊法華傳》卷四釋智璪的故事中沒有記載此事。"次第吸吮"可視爲治療膿瘡之類的日常舉動，"遂求離俗"則表明在疾病痊癒之後，患者往往對佛教產生親近感，甚至皈依佛門。換言之，疾病的治癒是部份佛教徒的出家因緣之一。

《太平廣記》卷第三四〇"盧頊"條，貞元六年（790），女婢小金被鬼物纏繞，"後小金夜夢一老人，騎大獅子。獅子如文殊所乘，毛彩奮迅，不可視。旁有二昆侖奴操轡"。從騎獅子和昆侖奴操轡來看，此老人應是文殊菩薩的化身。他指點小金繡佛子與幡子、贖香供養的除厄之法。他還兩次幫助小金治腰背痛。第一次的治療過程是"即令昆侖奴向前，令展手，便於手掌摩指，則如黑漆，染指上。便背上點二灸處。小金方醒，具說其事，即造佛及幡。視背上，信有二點處，遂灸之，背痛立愈"。他用手指在昆侖奴的手掌中摩，手指染上黑漆，這一情節實際是對昆侖奴多膚似黑漆的誇張式描寫。此老人點出灸處，而小金醒後，讓人依點而灸，腰背痛就治好了。這是中醫常見的灸法描寫。在類似《通幽錄》收錄的鬼故事中，作者（或講述者）將中外人物或行爲的各種元素混合在一起，構擬出人神交往的曲折動人的情節。

在唐代以前的傳奇故事中，早有關於授方情節的神異描寫。西明寺沙門釋道世撰《法苑珠林》卷七五中引述了《搜神記》的故事，劉宋時期的一位神秘婦人送給郎君十萬錢和三卷藥方，去施功佈德。[169] 婦人所授的三卷藥方，分屬於《脈經》、《湯方》和《丸方》，已然是中醫的形式，而不純粹是外來醫學，因爲《脈經》是早期中醫獨特的內容。這位婦人雖不是胡神，但授方的舉動卻如出一轍。

5."神授仙方"與"天神降藥"

醫療活動中還免不了有"胡神禱告"一類活動，側重於宗教，體現胡人宗教對中土民衆的影響。與胡僧授方類似的是六朝隋唐流傳的"神授仙方"類型的故事。天神所授的既有藥方，也有藥物，甚至還有神水之類。

《高僧傳》卷一〇"安慧則"的事跡就是如此。安慧則，未詳氏族。若從漢魏六朝胡人以國爲姓的慣例來看，安慧則有可能是中亞的安國人。在東晉永嘉年間（307—313），天下疫病的時候，安慧則晝夜虔誠祈禱，希望天神降藥以救助萬民。果然，天遂人願，寺門外出現兩個石甕，裝滿了神水，病者飲服此神水，莫不皆癒。[170]

在敦煌變文故事中，就有這樣的記載。前述 S. 2144《韓擒虎話本》中的邢州法華和尚，因爲在隨州山中修行念經，感動了所謂的八大海龍王，而被授予一合龍仙膏。法華和尚到隨州衙門，將此龍仙膏塗在刺史楊堅的頂門上，替他治癒了劇烈腦疼之症。[171]

《太平廣記》卷三一三"趙瑜"的故事有空中飄落藥方的神異情節：

"今以一藥方授君，君以此足給衣食。然不可置家，置家則貧矣。"瑜拜謝而出。至門外，空中飄大桐葉至瑜前，視之，乃書巴豆丸方於其上，亦與人間之方正同。瑜遂自稱前長水令，賣藥於夷門市。餌其藥者，病無不癒，獲利甚多。道士李德陽，親見其桐葉，已十餘年，尚如新。（《稽神錄》）

爲什麽中古小說中往往有胡僧授方的記載呢？因爲中古來自印度、波斯、南海和中亞等多方的譯經僧人有不少精通方藥，而且他們直接提供了域外本草或者醫方文獻的翻譯。所以，中土士人就將這些譯經僧的事跡虛化到傳奇小說之中，以增強故事情節的可信程度。不論是胡僧還是胡神的授方治病，多與感應傳或者僧傳的書寫有關。這些故事整體上相當荒誕，類似龍王傳膏的場景也無法令人置信，此情節可能是由當時習見的胡人授藥現象所演繹而成，因此，故事中的某些細節不妨看作是時人生活的還原，不無真實之感。

餘　論

本文主要關注的是中古時期入華的通醫藥治療之術（含呪法、方術等）的胡僧，而不是一般的胡醫。類似支法存之類的外來醫者，雖未確知其宗教身份，但不可諱言，大部份的胡醫都是有宗教信仰的，然而他們畢竟沒有出家，或者說不是以宗教活動作爲其主要志業的人員，他們的醫療原則和行爲與胡僧仍然有一些差異。

胡僧的醫學理論（如"四百四病"和"四大成身"等）、貢獻的藥物與提供的驗方進入了中土醫家的本草書或者醫方集中，對中醫的多元化產生了影響，而這種影響往往被中土醫家加以某種程度的改造，在那些模糊的痕跡背後實際上隱藏了中外文化交流的生動圖景，值得作進一步的揭示。胡僧來自不同的地區，有不同的文化背景，其參與醫療的程度也有不同。有的是略懂醫道，也可能並不參與醫治；有的是兼傳法與行醫者。他們或者偶爾提供驗方、療法之類，或者與職業醫人類似，多方發揮自己的醫療技術之特長。胡僧的治療方式是多樣化的，既有藥物，也有呪語，還有方術。在醫療的領域，胡僧與外來的術士並不能截然分開。蘇鶚《杜陽雜編》卷下記載唐懿宗的同昌公主"始有疾，召術士米寶爲燈法，乃以香蠟燭遺之"[172]。從姓氏判斷，米寶應該是出自西域米國。這位來自粟特地區的術士有可能是祆教徒。《漢語大詞典》將"燈法"解釋爲"一種迷信幻術。燃點香燭，使其煙氛現出樓臺殿閣等幻象。古代用以祛病"。其語例就是米寶之事。此燈法或與祆教的祛病法術有關。從胡僧醫療與中土社會的互動來看，胡僧並不局限於朝廷、官方或社會上層，而是與社會的各階層都發生聯繫。呂西華的故事中，提到他"以後願意用我的區區之心來回報"；褚淵病癒後即受五戒，智瑤因爲患病得到救助而出家，這些無不體現了胡僧醫療所產生的宗教效應，與"數術弘教"的宗旨是很吻合的。

有關中古入華的天竺佛僧與婆羅門僧的知識互動值得作細緻的辨別。敦煌僧悟真於文德二年（889）所寫索法律的邈真讚記載，金光明寺的律師索法律，是貴門之子。"兼勸桑農"，屬於禪宗一派，"燈傳北秀，導引南宗"。他學習過中外醫術，而且醫術高超，所謂"神農本草，八術皆通"，這表明除印度佛教醫學外，還有生命吠陀醫學知識。因爲"八術"是印度生命吠陀醫學的代稱。換言之，索法律在敦煌寺院中學習的印度佛教醫學，是以生命吠陀作爲基礎的。天竺僧人在華傳播的醫學知識，與生命吠陀有着難以分離的關係，而在華婆羅門僧的醫術也免不了要披上佛教理論的外衣。

此外，中古時期，佛道兩派在宗教義理與醫療方面的關係糾結，需要進一步的細緻考察和梳理。正如前述奉道信徒郗愔邀請醫僧于法開爲其治病的事跡一樣，《續高僧傳》卷六所載"北方虜僧"曇鸞的經歷就意涵深遠。曇鸞在五臺山出家後，誦讀《大集經》，半途感到氣疾發作，只好停筆，週行醫療。在汾川秦陵故墟，他遙望天門，由此疾癒。在感受到生命的危脆無常之後，曇鸞決定從本草諸經中

"納藥"與"授方"：中古胡僧的醫療活動　　233

尋求長年神仙之法，因此，他於大通年間（527—529）南下，向陶隱居求諸仙術，得到仙經十卷。他回歸北方，到洛下的時候，遇到了天竺三藏菩提留支，他詢問佛經中是否有長生法勝過道教仙經，受到菩提留支的開導，而頂受《觀無量壽經》，並且將陶隱居所送的仙方用火焚燒，從此修習淨土法門。曇鸞在修習過程中，他"調心練氣，對病識緣。名滿魏都，用爲方軌，因出《調氣論》"[173]。曇鸞基於對身體的認知和疾病的體驗，以佛徒身份而求道教的長生仙經，復在胡僧（天竺高僧）的指點下，主動焚燒仙方，而修習淨土，最後根據自身調心練氣的經驗，而撰寫了《調氣論》。《隋書·經籍志》中收錄了釋曇鸞撰寫的兩部醫書，"《論氣治療方》一卷"和"《療百病雜丸方》三卷"。前者即《調氣論》。考察曇鸞的經歷不是強調佛道的融合，[174]而是在生命與醫療的視野下，體會曇鸞在選擇與變化的過程中，其內心所堅持的義理追求，以及外在的開導、啟發所產生的作用。這爲明瞭中古醫療史範疇內的佛道關係及其與域外文化的複雜網絡，提供了一個很好的視點。

拂菻、波斯、天竺、中亞等外來的通醫術的僧人，或爲域外醫學知識在中土的傳播，或參加醫療活動爲中土人士的生命關懷作出了貢獻。而中土與朝鮮、日本的交往中，漢僧對中醫的向東傳播也不可忽視。鑒真大和尚東渡日本的時候，不僅帶去了藥物，而且還留下了醫著。丹波康賴《醫心方》（984年成書）中就有《鑒真方》、"鑒真服鐘乳隨年齒方"等。《香要鈔》中記載了大唐僧長秀所集"造熟郁金法"和他秘藏並獻給日本天皇的"造沉香法"等。鑒真和長秀可視爲向日傳播中醫的醫僧代表。朝鮮半島的情況又有不同。除從中土接受中醫知識之外，朝鮮來的高僧也參與在中土的醫療活動,釋慈藏就是一例。《續高僧傳》卷二四指出,慈藏姓金氏,是新羅國人,貞觀十二年(638)至京。"有患生盲,詣藏陳懺後,還得眼。由斯祥應,從受戒者日有千計。"[175]儘管慈藏是新羅人,與東來的胡僧有極大的區別,但他治療患者眼病的"祥應",爲他吸收了大量的信徒。這一方式與胡僧有相似的性質。無論是東渡日本的漢僧,還是入唐的新羅僧人,在醫事方面的活動模式與效能,可以與胡僧進行細緻的比較,對深入理解胡僧醫事也有側面的啟發意義。

綜合來看,中古時期,入華的佛教徒參與醫事最繁多,無論是從典籍還是從藥物與療法來看,其對中外醫學交流的貢獻最大,其次是景教徒,而摩尼教徒與祆教徒參與醫事相對較少,這種現象的形成與這些宗教在中土的傳播時間、傳播密度以及中土人士對該宗教的接受程度是密切關聯的。

■ 注釋

[1] 比如,《全唐詩》卷七八五中的無名氏《天竺國胡僧水晶念珠》:"天竺胡僧踏雲立,紅精素貫鮫人泣。細影疑隨焰火銷,圓光恐滴袈裟濕。夜梵西天千佛聲,指輪次第驅寒星。若非葉下滴秋露,則是井底圓春冰。淒清妙麗應難並,眼界真如意珠靜。碧蓮花下獨提攜,堅潔何如幻泡影。"(《全唐詩》,中華書局1999年版,第8949頁)此詩所描繪的天竺國胡僧就是一位佛僧。又,岑參《太白胡僧歌並序》描繪的也是一位恒持《楞伽經》的天竺佛僧。

[2] 有關入唐胡僧的研究,參見章群:《唐代之胡僧》,中國唐代學會編《第二屆唐代學術會議論文集》,文津出版社1993年版。李紅:《論唐代的胡僧現象及其在小說

中的體現》,《煙臺師範學院學報》2001 年第 2 期,第 65—70 頁。蔣逸征:《超能與無能——從〈太平廣記〉中的胡僧形象看唐代的宗教文化風土》,《圖書館雜誌》2004 年第 2 期,第 75—78、44 頁。查明昊:《唐人筆下的胡僧形象及胡僧的詩歌創作》,《中國典籍與文化》2008 年第 2 期,第 79—83 頁。倪紅雨:《唐傳奇中的胡僧形象》,《黑龍江生態工程職業學院學報》2008 年第 6 期,第 150—152 頁;介永強:《唐代胡僧考論》,《吉林大學社會科學學報》2010 年第 4 期,第 72—80 頁。又,葛桂錄、易永誼:《文化遭遇與異族想像:唐代文學中的天竺僧形象》,《浙江工商大學學報》2009 年第 2 期,第 50—54 頁。

[3] 《全唐詩》,第 5760 頁。

[4] 參見張沙海:《岑參的寫景詩與佛經的影響》,《文學遺產》1998 年第 2 期,第 70—78 頁。

[5] 馬小鶴:《摩尼教、基督教、佛教中的"大醫王"研究》,《歐亞學刊》第 1 輯,中華書局 1999 年版,第 243—258 頁。收入馬小鶴:《摩尼教與古代西域史研究》,中國人民大學出版社 2008 年版,第 101—120 頁。

[6] 《大正新修大藏經》第 12 冊,第 28 頁中。

[7] 《大正新修大藏經》第 23 冊,第 861 頁中。

[8] 《大正新修大藏經》第 50 冊,第 346 頁中。另見慧皎:《高僧傳》,湯用彤校注,湯一玄整理,中華書局 1992 年版,第 168 頁。

[9] Allen O.Whipple, *The Role of the Nestorians and Muslims in the History of Medicine*, New Jersey: Princeton University Press, 1967.

[10] Amanda Porterfield, *Healing in the History of Christianity*, Oxford: Oxford University Press, 2005. Gary B. Ferngren, *Medicine and Health Care in Early Christianity*, Baltimore: The Johns Hopkins University Press, 2009. Howard Clark Kee, *Medicine, Miracle and Magic in New Testament Times*, Cambridge etc.: Cambridge University

Press, 1986. John J.Pilch, *Healing in the New Testament: Insights from Medical and Mediterranean Anthropology*, Minneapolis: Fortress Press, 2000.

[11] 羅伊·波特（Roy Portey）主編，張大慶主譯：《劍橋插圖醫學史》，山東畫報出版社 2007 年版，第 39 頁。

[12] 林悟殊認爲《序聽迷詩所經》可能是現代人的"精鈔贋品"，參見林悟殊：《高楠氏藏景教〈序聽迷詩所經〉真僞存疑》，《唐代景教再研究》，中華書局 2002 年版，第 208—228 頁。

[13] 武田科學振興財團杏雨書屋編：《敦煌秘笈》（影片冊 1），大阪：武田科學振興財團杏雨書屋 2009 年版，第 128—132 頁。

[14] 林悟殊：《敦煌景教寫本 P.3847 再考察》，《唐代景教再研究》，第 123—145 頁。

[15] 吳其昱：《唐代景教之法王與尊經考》，《敦煌吐魯番研究》第 5 卷，北京大學出版社 2000 年版，第 13—58 頁。吳其昱先生還拈出十世紀奈迪木（al-Nadim）的《群書類述》（*Kitāb al-Fihrist*）第一章第一卷中記載的一位中國青年跟隨大醫學家拉齊（M. Ibn Zakarīyā al-Rāzā）學習蓋倫的十六卷書之事，來說明希臘醫學文化與中國的某種關聯。

[16] M. Maróth,"Ein Fragment Eines Syrischen-Pharmazeutischen Rezeptbuches aus Turfan," *Altorientalische Forschungen*, 11, 1984, pp.115-125. 陳懷宇：《高昌回鶻景教研究》，《敦煌吐魯番研究》第 4 卷，北京大學出版社 1999 年版，第 189 頁。

[17] 林悟殊：《景教在唐代中國傳播成敗之我見》，饒宗頤主編《華學》第 3 輯，中山大學出版社 1998 年版，第 83—95 頁；收入林悟殊：《唐代景教再研究》，第 83—105 頁。又，林悟殊：《唐代三夷教的社會走向》，《中古三夷教辯證》，中華書局 2005 年版，第 346—372 頁；又，《唐季"大秦穆護袄"考》，《中古三夷教辯證》，第 284—315 頁。蔡鴻生：《〈唐代景教再研究〉序》，《仰望陳寅恪》，中華書局 2004 年版，第 206—208 頁。王靜：《唐代景教在華衰落之文化原因探討》，《西北

工業大學學報》2006年第1期,第53—59頁。

[18] 葛承雍:《唐代景教傳教士入華的生存方式與流產文明》,榮新江主編《唐研究》第10卷,北京大學出版社2004年版,第73—84頁;收入葛承雍:《唐韻胡音與外來文明》,中華書局2006年版,第242—251頁。

[19] 景教與中醫學的關係,參見陳垣:《基督教入華史略》,《陳垣學術論文集》(第1集),中華書局1980年版,第85頁。廖温仁:《支那中世医学史》,第五章《支那中世に于けゐ外國醫學の輸入》,京都:科学书院1981年版,第90—165页。周葆菁:〈西域景教文明〉,《新疆文物》1994年第1期,第66—75頁。馬伯英、高晞、洪中立:《中外醫學文化交流史——中外醫學跨文化傳通》,文匯出版社1993年版,第240—272頁。馬伯英:《中國醫學文化史》,第二編第十章《景教、伊斯蘭教等對中醫文化的影響》,上海人民出版社1994年版,第390—418頁。馬伯英的這兩本書合二爲一,仍名《中國醫學文化史》,2010年由上海人民出版社再版。李經緯主編:《中外醫學交流史》,湖南教育出版社1998年版,第87—97頁。康興軍:《景教與中國醫藥學》,《醫古文知識》2005年第3期,第10—13頁。張緒山:《景教東漸及傳入中國的希臘、拜占廷文化》,《世界歷史》2005年第6期,第80—85頁。侯冠輝:《大秦景教在中國的傳播與中西方醫藥交流》,中央民族大學碩士學位論文,2006年4月。

[20] J. Hampel, *Medizin der Zoroastrier im vorislamischen Iran*, Husum, Germany, 1982.

[21] Fathi Habashi, "Zoroaster and the theory of Four Elements", *Bulletin for the History of Chemistry*, Volume 25, Number 2, 2000, pp.109-115.

[22] James Darmesteter, trans., *The Zend-Avesta*, Part I: *The Vendīdād*, Delhi: Motilal Banarsidass, reprinted 1988, pp.219-235.

[23] T. Nayernouri, "Simurgh as a medical symbol for Iran", *Middle East Journal of Digestive Diseases*, vol.2, No.1, 2010, pp.49-50.

[24] [阿拉伯]伊本·穆格法著、李唯中譯：《凱里來與迪木奈》，天津古籍出版社2004年版，第50—51頁。

[25] [伊朗]賈利爾·杜斯特哈赫選編：《阿維斯塔——瑣羅亞斯德教聖書》，元文琪譯，商務印書館2005年版，第298頁。另見 James Darmesteter, trans., *The Zend-Avesta*, Part I: *The Vendīdad*, Delhi: Motilal Banarsidass, reprinted 1988, p.84.

[26] 張小貴：《中古華北祆教考述》，文物出版社2010年版，第14、83—84頁。

[27] 芮傳明：《東方摩尼教研究》，"附錄·摩尼教漢譯典籍校注"，上海人民出版社2009年版，第378頁。

[28] 芮傳明：《東方摩尼教研究》，第377頁。

[29] 芮傳明：《東方摩尼教研究》，第378頁。

[30] 芮傳明：《東方摩尼教研究》，第377頁。

[31] 芮傳明：《東方摩尼教研究》，第364頁。

[32] 芮傳明：《東方摩尼教研究》，第373—374頁。

[33] 前揭馬小鶴：《摩尼教、基督教、佛教中的"大醫王"研究》一文，以及《摩尼教宗教符號"大法藥"研究》（原刊《敦煌吐魯番研究》第4卷，1999年）和《摩尼教"大神呪"研究——帕提亞文書M1202再考釋》；三文均收入馬小鶴：《摩尼教與古代西域史研究》，中國人民大學出版社2008年版。

[34] 芮傳明：《東方摩尼教研究》，第382頁。

[35] 《回鶻文摩尼教寺院文書》有耿世民、森安孝夫、吉田豐等學者的研究。此段譯文轉引自馬小鶴：《粟特文 t'mp'r 肉身考》，《摩尼教與古代西域史研究》，第226—246頁。此見第237頁。

[36] H. J. Klimkeit, "Jesus, Mani and Buddha as Physicians in the Texts of the Silk Road", in *La Persia e l'Asia centrale da Alessandro al X secolo…(Roma 9-12, november 1994)*, Roma: Academia Nazionale dei Lincei, 1996, pp.589-595.

[37] 吉藏《百論疏》和西域文獻中對"十八明處"的解釋就包括了醫方論。參見陳明：《殊方異藥：出土文書與西域醫學》，北京大學出版社2005年版，第20—21頁。

[38]《大正新修大藏經》第13冊，第129頁上。

[39]《大正新修大藏經》第13冊，第537頁上。

[40]《大慈恩寺三藏法師傳》卷三云："印度伽藍數乃千萬，壯麗崇高，此爲其極。僧徒主客常有萬人，並學大乘兼十八部，爰至俗典《吠陀》等書，因明、聲明、醫方、術數亦俱研習。"（孙毓棠、謝方點校，中華書局1983年版，第69頁）

[41] 姚秦罽賓三藏佛陀耶舍共竺佛念等譯《四分律》卷三九（三分之三）《衣揵度》，《大正新修大藏經》第22冊，第851頁中。

[42]《大正新修大藏經》第50冊，第216頁上。

[43] 釋僧佑：《出三藏記集》，蘇晉仁、蕭鍊子點校，中華書局1995年版，第508頁。《高僧傳》卷一《安清傳》云："安清，字世高，安息國王正后之太子也。……克意好學，外國典籍及七曜、五行、醫方、異術，乃至鳥獸之聲，無不綜達。"（慧皎《高僧傳》，湯用彤校注，第4頁）

[44] 慧皎：《高僧傳》，湯用彤校注，第13頁。

[45]《大正新修大藏經》第55冊，第351頁上。

[46]《古今譯經圖紀》亦云鳩摩羅什"又習五明論、四韋陀典，陰陽星算，必窮其妙"。

[47] 慧皎：《高僧傳》，湯用彤校注，第47頁。

[48] 陸揚：《解讀〈鳩摩羅什傳〉：兼談中國中古早期的佛教文化與史學》，《中國學術》第23輯，2006年，第30—90頁。

[49] 釋僧佑：《出三藏記集》，第536頁。

[50] 釋僧佑：《出三藏記集》，第538頁。

[51] 釋僧佑：《出三藏記集》，第539頁。

[52] 釋僧佑：《出三藏記集》，第547頁。又，梁代寶亮撰《名僧傳鈔》卷一《名僧傳第三》

云:"求那跋陀(梁言功德賢也),中天竺人也。少傳五明,天文書算,醫方呪術,風甬(雨?)盈虛,世間術業,多所究竟。"(《卍續藏經》第77冊,第351頁上)另見《法苑珠林》卷一〇〇和《華嚴經傳記》卷二。

[53]《大正新修大藏經》第50冊,第644頁上。

[54]《大正新修大藏經》第50冊,第434頁中。另見《開元釋教錄》卷七。

[55] 圓照撰《貞元新定釋教目錄》卷一七云:"般若三藏生是國中,俗姓喬苔摩,或從母族姓羅氏矣。天假聰敏,十四離鄉。從師北天,冠年具戒,習有部律、俱舍、婆沙。次游中天,學五明論及大乘教,住那爛陀寺中。時復巡瞻八塔靈跡,如是習學一十八年。"(《大正新修大藏經》第55冊,第894頁下)

[56] 義淨撰、王邦維校注:《南海寄歸內法傳校注》,中華書局2009年版,第152頁。

[57] 智昇《續古今譯經圖紀》卷一(《大正新修大藏經》第55冊,第371頁上)。《宋高僧傳》卷三《唐洛京長壽寺菩提流志傳》省略了"醫方"一項。

[58]《大正新修大藏經》第55冊,第564頁上。

[59]《大正新修大藏經》第55冊,第565頁中。

[60] Antonino Forte(富安敦)原著:《于闐僧提雲般若》,載許章真譯:《西域與佛教文史論集》,臺灣學生書局1989年版,第233—246頁。

[61]《大正新修大藏經》第50冊,第711頁中。

[62]《大正新修大藏經》第50冊,第875頁中。

[63] 董志翹:《漢語辭彙研究與敦煌社會經濟文書的整理》,《中古近代漢語探微》,中華書局2007年版,第264頁。

[64]《大正新修大藏經》第50冊,第432頁下。

[65]《歷代三寶紀》卷九即云:"善梵書語,工呪術醫方,故預翻譯焉。"(《大正新修大藏經》第49冊,第87頁下)

[66]《道藏》第19冊,文物出版社、上海書店、天津古籍出版社1988年版,第65頁。

[67]《大正新修大藏經》第50冊，第429頁中。

[68]《大正新修大藏經》第55冊，第878頁中。

[69] [宋] 王欽若等編：《冊府元龜》，中華書局影印本2003年重印版，第11410頁。

[70] 陳明：《〈梵語雜名〉作者利言事跡補考》，《清華大學學報》2008年第6期，第103—110頁。

[71]《通志》卷六九亦記載此《摩訶出胡國方》十卷，或謂"疑為唐代所增"，恐不確。

[72] 參見嚴耀中：《〈隋書·經籍志〉中婆羅門典籍與隋以前在中國的婆羅門教》，《世界宗教研究》2009年第4期，第107—116頁。

[73] 陳明：《臺北故宮博物院藏〈耆婆五臟經〉初探》（待刊稿）。

[74] 陳明：《敦煌出土胡語醫典〈耆婆書〉研究》，臺北新文豐出版公司2005年版。

[75] 孫思邈：《備急千金要方》，高文柱主編：《藥王千金方》，華夏出版社2004年版，第454—455頁。

[76] 陳明：《殊方異藥：出土文書與西域醫學》，第157—167頁。

[77] 主要參見大日方大乘：《佛教醫學の研究》，東京風間書房1965年版。服部敏良：《釋迦の醫學——佛教經典を中心とした》，名古屋黎明書房1968年版。福永勝美：《佛教醫學事典》，雄山閣1990年版。二本柳賢司：《佛教醫學概要》，法藏館1994年版。

[78] 鄭炳林、党新玲：《唐代敦煌醫僧考》，《敦煌學》第20輯，1995年，第31—46頁。

[79] 王燾原著、高文鑄點校：《外台秘要方》，華夏出版社1993年版，第390頁。

[80] Vijaya Deshpande, "Indian influence on early Chinese ophthalmology: glaucoma as a case study", *Bulletin of the School of Oriental and African Studies*, 62:3, 1999, pp.306-322. Vijaya Deshpande, "Ophthalmic surgery: a chapter in the history of Sino-Indian medical contacts", *Bulletin of the School of Oriental and African Studies*, 63:3, 2000, pp.370-388.

[81] 段成式撰、方南生點校：《酉陽雜俎》，中華書局1981年版，第160頁。

[82] 段成式撰、方南生點校:《酉陽雜俎》,第178頁。

[83] 林英:《唐代拂菻叢說》,中華書局2006年版,第37—56頁。

[84]《大正新修大藏經》第50冊,第439頁下。

[85]《大正新修大藏經》第55冊,第275頁上。

[86]《大正新修大藏經》第55冊,第280頁中。

[87]《大正新修大藏經》第55冊,第551頁中。

[88] 范家偉:《六朝隋唐醫學之傳承與整合》,香港中文大學出版社2004年版,第91—125頁。

[89] 尚志鈞輯校:《海藥本草》(輯校本),人民衛生出版社1997年版,第33頁。

[90] 陳明:《印度梵文醫典〈醫理精華〉研究》,中華書局2002年版,第151頁。宋初天息災譯《大方廣菩薩藏文殊師利根本儀軌經》卷八《第二成就最上法品》:"又女人難產用阿濕嚩嚩馱藥根,以黃牛酥煎已,復用黃牛乳同磨。加持二十五遍。女人月水後三日喫。不得邪染,夫自亦然。若行邪染,其藥無力。"(《大正新修大藏經》第20冊,第865頁中)經中的"阿濕嚩嚩馱"就是Aśvagandha的音譯。

[91] 唐慎微著,尚志均、鄭金生、尚元藕、劉大培校點:《證類本草——重修政和經史證類備用本草》,華夏出版社1993年版,第319—320頁。

[92]《大正新修大藏經》第21冊,第328頁中。

[93] 孫思邈著、李景榮等校釋:《千金翼方校釋》,人民衛生出版社1998年版,第203—204頁。又,孫思邈著、朱邦賢、陳文國等校注:《千金翼方校注》,上海古籍出版社1999年版,第369頁。

[94]《太平廣記》卷一四六引《獨異志》:太宗氣痢,張寶藏獻乳煎畢撥方(中華書局點校本,第1050頁)。《太平廣記》卷二二一引《定命錄》亦載此事,人名有所不同(中華書局點校本,第1698頁)。

[95] 范行准:《胡方考》,《中華醫學雜誌》22卷第12期,1936年,第1235—1266頁。又,

溫翠芳：《唐太宗治氣痢方與印度醫學之關係》，《中國文化研究》2006年秋之卷，第108—111頁。該文認爲此治氣痢方來自印度，顯然，作者忽略了該藥方與波斯、大秦醫學的關係，因爲孫思邈引用了"張澹云：波斯國及大秦甚重此法，謂之悖散湯。"對"悖散湯"的原名，還應該做進一步的追溯。

[96] 李德裕《李文饒文集》(《會昌一品集》)卷一二《論故循州司馬杜元穎追贈》第二狀，董誥等編：《全唐文》卷七〇三，上海古籍出版社1990年版，第3199頁。參見《舊唐書》卷一七四《李德裕傳》，中華書局點校本，第14冊，第4519頁。

[97] 李昉等編、汪紹楹點校：《太平廣記》，中華書局2003年重印版，第5冊，第1671頁。

[98] 本社編：《唐五代筆記小說大觀》上冊，上海古籍出版社2000年版，第299頁。

[99] 醫工爲唐高宗治眼，《唐五代筆記小說大觀》下冊，第916頁。

[100] 馬伯英、高晞、洪中立：《中外醫學文化交流史——中外醫學跨文化傳通》，第250—251頁。馬伯英：《中國醫學文化史》，第十章《景教、伊斯蘭教等對中醫文化的影響》，第390—418頁（此見第393頁）。季羨林：《印度眼科醫術傳入中國考》，《國學研究》第2卷，1994年，第555—560頁。又，馮漢鏞則將秦鳴鶴與白岑、穆昭嗣、石公集、穆生等不同背景的醫士均當作了回族人（馮漢鏞：《唐五代的回族醫人發微》，《中華醫史雜誌》1998年第2期，第72—74頁）。

[101] 黃蘭蘭：《唐代秦鳴鶴爲景醫考》，《中山大學學報》2002年第5期，第61—67、99頁。

[102] 張緒山：《景教東漸及傳入中國的希臘—拜占庭文化》，《世界歷史》2005年第6期，第76—88頁。

[103] 杜環原著、張一純箋注：《經行記箋注》，中華書局2000年重印版，第23—24頁。

[104] 范家偉：《秦鳴鶴是景教醫生嗎》，《大醫精誠——唐代國家、信仰與醫學》，東大圖書公司2007年版，第207—223頁。又，范家偉：《秦鳴鶴的醫術及其身份》，《中古時期的醫者與病者》，復旦大學出版社2010年版，第134—152頁。

[105] 范家偉不認同這樣的做法。參見范家偉：《中古時期的醫者與病者》，第150—152頁。

[106] 陳垣：《基督教入華史》，《陳垣學術論文集》（第1集），中華書局1980年版，第97頁。王治心：《中國基督教史綱》，上海文海出版社1940年版，第41頁。

[107] 曹仕邦：《唐代的崇一法師是"景教僧"嗎？——諍陳援庵先生的論說》，《香港佛教》第292期，1984年，第16—20頁。又，曹仕邦：《唐代的崇一法師是"景教僧"嗎？》，臺北《幼獅學刊》第18卷第3期，1985年，第1—8頁。

[108] 《大宋僧史略》卷三對此事的記載爲："以寧王疾，遣中使尚藥，馳騖旁午，唯僧崇憲醫效。帝悅賜緋袍魚袋賜緋魚袋唯憲一人。"（《大正新修大藏經》第54冊，第248頁下）崇一的名字變成了崇憲。這是錯的，因爲憲是唐玄宗李隆基的哥哥寧王的名諱。

[109] 吳鋼主編：《全唐文補遺》第七輯，三秦出版社2000年版，第62頁。

[110] 《大秦景教流行中國碑》，《大正新修大藏經》第54冊，第1289—1290頁。

[111] 聶志軍：《景教碑中"伊斯"也是景醫考》，《敦煌學輯刊》2008年第3期，第119—127頁。

[112] 馬伯英、高晞、洪中立：《中外醫學文化交流史——中外醫學跨文化傳通》，第251頁。

[113] 陳明：《〈海藥本草〉的外來藥物及其中外文化背景》，《國學研究》第21卷，2008年，第1—57頁。

[114] 劉義慶原著、徐震堮著：《世說新語校箋》上冊，中華書局2001年版，第125頁。

[115] 陳明：《漢唐時期于闐醫學的對外交流》，《歷史研究》2008年第4期，第17—29頁。

[116] 曹仕邦：《于法開救治難產孕婦所牽涉的佛家戒律問題》，《新亞學報》第19卷，1999年，第1—7頁。

[117] 劉義慶原著、徐震堮著：《世說新語校箋》下冊，第383頁。

[118] 郗愔治病一事的分析，另見劉屹：《神格與地域：漢唐間道教信仰世界研究》，上海人民出版社 2011 年版，第 198 頁。

[119] 陳明：《〈海藥本草〉的外來藥物及其中外文化背景》，第 1—57 頁。

[120] 陳明：《印度古代醫藥福利事業考》，《南亞研究》1998 年第 2 期，第 69—75 頁。

[121] Cf. Angela Ki Che Leung, *Leprosy in China: a History*, New York: Columbia University Press, 2009.

[122]《大正新修大藏經》第 50 冊，第 440 頁中。

[123]《大正新修大藏經》第 50 冊，第 822 頁中。

[124] 上海古籍出版社、法國國家圖書館編：《法國國家圖書館藏敦煌西域文獻》第 10 冊，上海古籍出版社 1999 年版，第 239 頁。

[125]《大正新修大藏經》第 36 冊，第 52 頁下。

[126] 此事見《舊唐書》卷三《太宗本紀下》、卷一九八《西戎傳·天竺國》等多處。

[127] 高田時雄：《大唐三藏玄奘法師表啓に關する一問題——玄奘と長命婆羅門》，國際佛教學大學院大學學術フロソティア實行委員會、京都大學人文科學研究所 21 世紀 COE 實行委員會、南華大學合編《佛教文獻文學：日臺共同ワークショップの記錄 2007》，東京：國際佛教學大學院大學學術フロソティア實行委員會 2008 年版，第 219—230 頁。

[128] 錄文據高田時雄論文中所附的圖版。

[129]《大正新修大藏經》第 20 冊，第 463 頁上。

[130]《大正新修大藏經》第 20 冊，第 95 頁中。

[131] 慧立、彥悰著，孫毓棠、謝方點校：《大慈恩寺三藏法師傳》，第 205 頁。

[132] 參見劉淑芬：《玄奘的最後十年（655—664）——兼論總章二年（669）改葬事》，《中華文史論叢》2009 年第 4 期，第 1—97 頁。此見第 47—48 頁。

[133]《大正新修大藏經》第 51 冊，第 169 頁下—170 頁上。

[134]《大正新修大藏經》第 45 冊,第 876 頁中。

[135]《大正新修大藏經》第 45 冊,第 808 頁下—809 頁上。

[136]《道藏》第 19 冊,第 104 頁。

[137]《大正新修大藏經》第 50 冊,第 283 頁中。

[138] Antonino Forte, "Fazang and Śākyamitra, A Seventh-century Singhalese Alchemist at the Chinese Court." 邢義田主編:《中世紀以前的地域文化、宗教與藝術》(第三屆國際漢學會議論文集·歷史組),中央研究院歷史語言研究所 2002 年版,第 369—419 頁。

[139] Chen Jinhua, *Philosopher, Practitioner, Politician: the Many Lives of Fazang (643-712)* (Sinica Leidensia),Leiden: E.J.Brill, 2007. pp.102-118.

[140]《大正新修大藏經》第 55 冊,第 565 頁中至下。

[141] 另見《全唐詩》卷三五七。

[142]《大正新修大藏經》第 53 冊,第 735 頁。

[143] 參見嚴耀中:《唐代的婆羅門僧與婆羅門教》,《史林》2009 年第 3 期,第 21—25 頁。

[144] 王青:《西域文化影響下的中古小說》,中國社會科學出版社 2006 年版,第 287—288 頁。

[145] 劉餗:《隋唐嘉話》,程毅中點校,中華書局 1997 年版,第 21 頁。

[146]《大正新修大藏經》第 50 冊,第 711 頁下。

[147] 義淨原著、王邦維校注:《大唐西域求法高僧傳校注》,中華書局 2009 年新版,第 93 頁。

[148] 劉淑芬:《玄奘的最後十年(655—664)——兼論總章二年(669)改葬事》,第 23—27 頁。

[149]《大正新修大藏經》第 14 冊,第 697 頁中。

[150] [宋] 司馬光:《資治通鑒》卷二一一,中華書局點校本,第 6718 頁。

[151] 陳明:《大谷文書3436號殘片中的"質汗"小考——中古外來藥物劄記之一》,《敦煌學》第27期,2008年,第159—166頁。

[152]《唐會要》卷九九將此事放在開元十八年,似不確。

[153]《大正新修大藏經》第50冊,第890頁中至下。

[154] Joseph Needham, *Science and Civilization in China*, vol 1: *Introductory Orientations*, Cambridge University Press, 1954, p.205(漢譯本:李約瑟:《中國科學技術史》第一卷《導論》,科學出版社、上海古籍出版社1990年版,第211—212頁)。楊憲益:《東羅馬的鴉片貿易》,《譯餘偶拾》,三聯書店1983年版,第243—245頁(山東畫報出版社2006年新版,第216—217頁)。王紀潮:《底也迦考——含鴉片合方始傳中國的問題》,《自然科學史研究》2006年第2期,第139—148頁。

[155] 張緒山:《景教東漸及傳入中國的希臘、拜占廷文化》,第84—85頁。另見張緒山:《唐代拜占庭帝國遣使中國考略》,《世界歷史》2010年第1期,第116—117頁。

[156] 郝春文、金瀅坤編著:《英藏敦煌社會歷史文獻釋錄》第5卷,社會科學文獻出版社2006年版,第416頁。

[157] 姜伯勤:《敦煌吐魯番文書與絲綢之路》,文物出版社1994年版,第57頁。

[158]《大正新修大藏經》第20冊,第462頁中。

[159] 黃征、張湧泉校注:《敦煌變文校注》,中華書局1997年版,第298頁。

[160]《大正新修大藏經》第50冊,第469頁上。

[161] 李昉等編、汪紹楹點校:《太平廣記》,第3冊,第713頁。

[162] 李昉等編、汪紹楹點校:《太平廣記》,第3冊,第675頁。

[163]《卍續藏經》第77冊,第353頁上。

[164]《大正新修大藏經》第50冊,第350頁下。

[165]《大正新修大藏經》第 51 冊，第 177 頁中。

[166] 敦煌研究院編：《敦煌遺書總目索引新編》，中華書局 2000 年版，第 125 頁。

[167]《大正新修大藏經》第 51 冊，第 792 頁中。

[168]《大正新修大藏經》第 50 冊，第 585 頁中。

[169]《大正新修大藏經》第 53 冊，第 851 頁下—852 上頁。

[170]《大正新修大藏經》第 50 冊，第 389 頁中。

[171] 項楚：《敦煌變文選注》（增訂本）上，中華書局 2006 年版，第 387—391 頁。

[172]《唐五代筆記小說大觀》下冊，第 1396 頁。

[173]《大正新修大藏經》第 50 冊，第 470 頁下。

[174] 王家葵：《陶弘景叢考》，齊魯書社 2003 年版，第 72—73 頁。

[175]《大正新修大藏經》第 50 冊，第 639 頁中。

西安出土波斯胡伊娑郝銀鋌考

李錦繡

1989年，西安市西郊澧登路南口基建時出土銀鋌三笏（銀鋌現藏西安市考古所）。銀鋌出土地點在原唐長安城義寧坊，此地是唐金勝寺遺址。有一笏長274毫米、寬61毫米的長方形銀鋌，重2130克，正面刻有四行銘文。銘文如下：

1. 阿達忽□頻陁沙等納死波斯伊娑郝銀壹鋌，伍拾兩官秤。
2. 銀青光祿大夫，使持節都督廣州諸軍事，廣州刺史，兼御史大夫，充嶺南節度、支度、營田、五府經略、觀
3. 察處置等副大使，知節度事，上柱國，南陽縣開國子，臣張伯儀進。
4. 嶺南監軍，市舶使，朝散大夫，行內侍省內給事，員外置同正員，上柱國，賜金魚袋，臣劉楚江進。[1]

此銀鋌爲研究海上絲綢之路、唐與波斯的海路交通的重要資料，是唐代管理海外貿易和波斯人在海上絲綢之路中重要地位的實證。

惜自王長啟、高曼文章發表以來，似未引起足夠注意，甚至銀鋌的性質，也未見清晰探討。今彙集史料，進行考證，請方家指正。

一、銀鋌的時間

此銀鋌銘文記錄了銀鋌的來源、性質、重量及負責進獻的官員。雖然有4行，但第3行與第2行內容相接，是第2行寫不下後而折返書寫的，並不是因新的內容而另起一行。因此，銀鋌的銘文實際上包括了三個部分。其一爲第1行銀鋌來源、性質的記錄；其二爲第2、3行嶺南節度副使知節度事張伯儀的署名，他是銀鋌的進獻人；其三爲第4行嶺南市舶使劉楚江的署名，他是宦官，任嶺南監軍使、市舶使，參與嶺南海外貿易的管理，因而也在銀鋌上署名。

銀鋌上未書時間。王長啟、高曼根據張伯儀任嶺南節度的時間，推測"這笏銀鋌進奉的時間應是大曆十二年（777）左右，最遲不超過德宗建中三年（782）"，所論甚是。《舊唐書》卷一一《代宗紀》云："（大曆十二年五月）甲戌，以前安南都護張伯儀爲廣州刺史，兼御史大夫，充嶺南節度使。"同書卷一二《德宗紀》云：建中三年三月戊戌，"以嶺南節度使張伯儀檢校兵部尚書，兼江陵尹、御史大夫、荊南節度等使；以容管經略使元琇爲廣州刺史、嶺南節度使"。[2] 張伯儀自大曆十二年至建中三年任廣州刺史、節度嶺南，吳廷燮《唐方鎮年表》[3]、郁賢皓《唐刺史考全編》[4]均無異詞，可爲此銀鋌斷代的依據。

張伯儀官職，《舊唐書》本紀作"廣州刺史，兼御史大夫，充嶺南節度使"。但據銀鋌，知其職事官及使職爲："使持節都督廣州諸軍事，廣州刺史，兼御史大夫，充嶺南節度、支度、營田、五府經略、觀察處置等副大使，知節度事。"張伯儀實際上是以副大使身份掌領嶺南節度事的。名譽上的嶺南節度大使，可能是代宗的第四子睦王李述。《舊唐書》卷一一六《肅宗代宗諸子傳》云：

> 睦王述，代宗第四子。大曆九年……大臣奏議請封親王，分領戎師，以威天下。十年二月，詔曰："……述可封睦王，充嶺南節度、支度、營田、五府經略、觀察處置等大使……"是時，皇子勝衣者盡加王爵，不出閣。

可能在兩年之後張伯儀任廣州刺史時，睦王述仍是"嶺南節度、支度、營田、五府經略、觀察處置等大使"。相應的，張伯儀的使職則爲"嶺南節度、支度、營田、五府經略、觀察處置等副大使"。由於睦王並不出閣，真正的節度使是張伯儀，所以張伯儀的職掌中特意標出"知節度事"。

二、銀鋌進獻的歷史背景

正如法國學者索瓦傑（J. Sauvaget）所指出的："在中國唐代的對外貿易中，廣州起着首要作用。"[5] 唐代的廣州，作爲西南沿海外商入唐的海港和國際貿易的市場，海舶往來，珍貨輻輳，是對外貿易的大都會，也是海外貿易的中心。廣州的政治軍事形勢、廣州節度使的品行和政績，直接影響唐代的外貿經濟。[6]

張伯儀進獻伊娑郝銀鋌之時，唐代的海外貿易，正處於從動蕩起伏到平穩發展階段。[7]安史之亂，連帶廣州政局不穩。乾元元年（758）九月"癸巳（24日），廣州奏：大食、波斯圍州城，刺史韋利見踰城走，二國兵掠倉庫，焚廬舍，浮海而去"[8]。大食、波斯進攻的原因，日本學者中村久四郎認爲可能和大食、回紇助唐平安史叛亂有關。[9]而一般認爲所謂大食、波斯"二國兵"，即來廣州貿易的蕃商。大食、波斯的攻掠，標誌着開元時期興盛繁榮的嶺南外貿經濟時代的結束。十月乙〔丁〕未（8日），唐"以濮州刺史張方須〔頃〕[10]爲廣州都督，五府節度使"[11]。但新上任的張萬頃並沒有挽狂瀾於即倒，而是一味貪贓枉法，上元二年（761）張萬頃"以贓貶巫州龍標縣尉，員外置，長任"[12]，嶺南的海外貿易並未走出低谷。

廣德元年（763）十一月甲辰（5日）[13]，"宦官、市舶使呂太一發兵作亂，節度使張休棄城奔端州。太一縱兵焚掠，官軍討平之"[14]。負責海外貿易的市舶使反叛，廣州的海商一定首當其衝，多遭"焚掠"。至遲在永泰元年（765）初，[15]呂太一平定。杜甫在著名的《自平》詩中寫道："自平中官呂太一，收珠南海千餘日。近供生犀翡翠稀，復恐征戍干戈密。蠻溪豪族小動搖，世封刺史非時朝。蓬萊殿前諸主將，才如伏波不得驕。"[16]此詩記載了從永泰初到大曆二年（767）嶺南地區的政局變化。呂太一平定後，唐"收珠南海"，重新擁有嶺南地區的進貢和賦稅，嶺南地區平靜的形勢持續了千餘日。杜詩的"珠"有嶺南百姓所采之珠，也應有外蕃海商貿易所攜之珠。《新唐書》卷一四三《徐申傳》記載，徐申

"進嶺南節度使","外蕃歲以珠、瑇瑁、香、文犀浮海至",可見杜詩中的珠與"生犀翡翠",都是外商浮海貿易之物。平呂太一後千餘日的太平,使"生犀翡翠"流佈京師,嶺南海外貿易有一定程度的恢復。

據《舊唐書·代宗紀》,大曆二年四月,徐浩爲嶺南節帥,但"初,浩以文雅稱,及授廣州,典選部,多積貨財"[17],節度廣州後,徐浩"貪而佞"[18]。徐浩"多積貨財"以嶺南海外貿易的繁盛爲基礎,但"貪而佞"的吏治破壞了嶺南的寧靜。經過千餘日的安寧之後,"蠻溪豪族小動搖"。其具體情形,《新唐書》卷六《代宗紀》:

(大曆二年)是秋,桂州山獠反。

頗疑山獠反,與徐浩"貪而佞"直接相關。嶺南不穩,導致"近供生犀翡翠稀"。杜甫力主懷柔,故而用"小動搖",以示山獠反叛無關宏旨,不必大驚小怪。實際上,動盪的局勢嚴重影響了嶺南的海外貿易。《舊唐書》卷一三一《李勉傳》[19]云:

四年,除廣州刺史,兼嶺南節度觀察使。番禺賊帥馮崇道、桂州叛將朱濟時等阻洞爲亂,前後累歲,陷沒十餘州。勉至,遣將李觀與容州刺史王翃併力招討,悉斬之,五嶺平。前後西域舶泛海至者歲纔四五,勉性廉潔,舶來都不檢閱,故末年至者四十餘。

李勉節度嶺南的時間,《舊唐書》卷一一《代宗紀》作:"(大曆三年十月)

乙〔己〕[20]未（19日），以京兆尹李勉爲廣州刺史，充嶺南節度使。"當從之。大曆四年，應該是平定番禺馮崇道、桂州朱濟時反叛之年，是"悉斬之，五嶺平"的年代。大曆二年秋開始的番禺、桂州山獠等"動搖"，至四年才告一段落，可稱爲"累歲"。番禺、桂州的戰亂，波及"十餘州"，影響範圍較大。不僅如此，以嶺南爲中心的海外貿易，也嚴重受損，到大曆四年平定山獠叛亂時，到廣州的外商船舶只有四、五艘，屈指可數。外貿經濟的蕭條，可見一斑。

李勉出任嶺南後，平定了叛亂，爲經濟發展提供了安定的環境。他爲官清廉，不干預市舶事務，任外商往來，自由貿易。平穩的局勢和寬鬆的政策，吸引了各國海商，至大曆七年（772）年李勉離任[21]時，外商船舶進廣州港的船舶數激增，"至者四十餘"[22]。雖不及開元天寶之盛，但因西南商舶的來華貿易，廣州的海外貿易逐漸展開。

但隨着李勉離任，剛剛起步的海外貿易又處於風雨飄搖之中。《舊唐書》卷一二二《路嗣恭傳》[23]略云：

> 大曆八年，嶺南將哥舒晃殺節度使呂崇賁反，五嶺騷擾。詔加嗣恭兼嶺南節度觀察使……招集義勇，得八千人……出其不意，遂斬晃及誅其同惡萬餘人，築爲京觀。俚洞之宿惡者皆族誅之，五嶺削平。拜檢校兵部尚書，知省事……及平廣州，商舶之徒，多因晃事誅之，嗣恭前後沒其家財寶數百萬貫，盡入私室，不以貢獻，代宗心甚銜之。故嗣恭雖有平方面功，止轉檢校兵部尚書，無所酬勞。

大曆八年的哥舒晃之叛，使廣州又陷於戰亂之中。路嗣恭在廣州節帥軍隊之外，另行招募八千人，"出其不意"平叛，所用時間不長。但從其誅"同惡萬餘人"及"俚洞之宿惡者皆族誅之"看，此次哥舒晃叛亂規模不小，"五嶺騷擾"。路嗣恭平叛後，又大量誅殺"商舶之徒"，趁機沒收商人財寶，盡入私囊。"所謂商舶之徒，乃通海外貿易之富商。"[24] 應包括廣州本地海商和外國入華海商兩類。路嗣恭屠殺海商，與上元元年（760）田神功因劉展之亂在揚州"殺商胡以千數"[25] 相類似。據《舊唐書》卷一一〇《鄧景山傳》，田神功的誅殺，"商胡大食、波斯等商旅死者數千人"。路嗣恭斬殺"商舶之徒"，大食、波斯等海外商舶也一定在劫難逃。正因爲路嗣恭誅殺無辜，使剛剛復原的外貿經濟再次元氣大傷，代宗皇帝頗爲不滿，故而對他的平叛之功，不予賞賜，並很快將其調離廣州。

正是在這種形勢下，張伯儀出任嶺南節度使。張伯儀其人，《新唐書》卷一三六《張伯儀傳》記載：

> 張伯儀，魏州人。以戰功隸光弼軍。浙賊袁晁反，使伯儀討平之，功第一。擢睦州刺史。後爲江陵節度使。樸厚不知書，然推誠遇人，軍中畏肅，民亦便之。

張伯儀在嶺南節度使任上政績如何，《新傳》並未記載，甚至連其出任嶺南節度都未提及。但《冊府元龜》卷六八〇《牧守部·推誠》記載：

> 張伯義爲廣州刺史，嶺南節度。樸直不知書。然能推誠委任，軍府簡肅，人皆便之。

此"張伯義"應即銀鋌銘文中的張伯儀。張伯儀爲李光弼部下，以戰功起家，出身行伍，故而"樸直不知書"。但在任嶺南節度的五年期間，他爲政"簡肅"，簡約廉整而有序。值得注意的是，張伯儀的"簡肅"，與李勉"舶來都不檢閱"不同："簡肅"是管理嚴格，制度嚴整，是非分明，井然有序；"不檢閱"是無爲而治，放任自流。如果張伯儀像李勉一樣"不檢閱"，可能也就沒有伊娑郝銀鋌的進獻了。張伯儀"簡肅"的結果，"軍中畏肅，民亦便之"，爲嶺南軍事穩定和經濟發展提供了一個有利而有序的環境。

波斯人伊娑郝的銀鋌，就是這一時期，在廣州這樣的形勢下，被張伯儀從廣州進獻給皇帝的。本文的論述也在此拉開序幕。

三、死波斯銀和海商遺產法

此銀鋌爲"阿達忽□頻陁沙等納死波斯伊娑郝銀"。"伊娑郝"，可能是اسحق [ishaq] 的音譯。[26] 阿 [a] 達 [dat] 忽 [xuət] □頻 [bien] 陁 [da] 沙 [shea]，是一個人還是兩人之名？其爲何名之音譯？尚不可知。記疑於此，請方家指教。

"死波斯伊娑郝銀"是什麽性質的銀呢？我認爲，此銀即伊娑郝死後的遺產。張伯儀將"死波斯伊娑郝銀"進貢，體現了唐代中期對外商遺產的處理制度。

關於外國人遺產繼承法，日本學者中田薫[27]、我國學者呂思勉[28]、毛起雄[29]先後對其進行細緻分析研究。本文在中田氏等論述基礎上，結合伊娑郝銀鋌，繼續討論唐五代外商遺產繼承法規。

《新唐書》卷一六三《孔戣傳》記載：

> 舊制，海商死者，官籍其貨，滿三月無妻子詣府，則沒入。戣以海道歲一往復，苟有驗者不爲限，悉推與。

《新傳》的史料來源於韓愈撰寫《唐正議大夫尚書左丞孔公墓誌銘》，其文云：[30]

> （元和）十二年，自國子祭酒拜御史大夫，嶺南節度等使……蕃舶之至泊步，有下碇之稅，始至有閱貨之燕，犀珠磊落，賄及僕隸，公皆罷之。絕海之商有死於吾地者，官藏其貨，滿三月無妻子之請者，盡沒有之。公曰："海道以年計往復，何月之拘？苟有驗者，悉堆（推）與之，無筭遠近。"

據此可知，唐舊規，海商死者，其財物由官府收藏，三個月沒有妻子等繼承人來領取，就由官府沒收。對這種外商遺產繼承制度，呂思勉先生評價說：[31]

> 戶絕者貲產入官，中國法亦如是，初非歧視蕃商；然海道歲一往復，則不應三月即沒入，蓋故立苛例以規利也。

所論甚是。元和十二年（817），孔戣認爲，海商家屬由海路來唐，至少需要一年。因而在他任內，有死亡的海商親屬來領取遺產，只要能證明親屬關係，就交還海商遺產。也就是說，海商親屬來唐繼承遺產不再有時間限制。這樣的外商財產繼承規定，是合理的，正如毛起雄所指出的，其基本原則和措施，"與近代國際法、私法、貿易立法的基本精神是一致的"[32]。因而，中田薰指出：與歐洲諸國中世紀外國人地位低於國內人的法律相比，唐代法律體現了國內與國外人平等的立法原則，令人驚歎。[33]

海商遺物三月沒入的規定，當是由嶺南節度制定的，相沿成俗。正因爲它當時並沒有被列入唐代法律——《律》、《令》、《格》、《式》中，嶺南節度使可以自主處理，故而新任嶺南節度等使孔戣能夠更改它。據韓愈撰寫的墓誌銘，孔戣改革海商遺物處理方式之前，似並沒有向中央申報。因而可以推知，到元和末期，對海商遺產，嶺南節度使仍擁有自主處理權和隨意性；唐代外商遺產法還沒正式確立。這一方面體現了唐代律令制定的滯後性，另一方面也展示了唐代對嶺南海外貿易認知過程的階段性。

元和十二年孔戣改革後，外商遺產規定走向法律化。唐五代外商遺產繼承法及其變化，完整記載於《宋刑統》中。今詳引如下。《宋刑統》卷一二《戶婚律》"死商錢物"[34]云：

〔准〕《主客式》：諸商旅身死，勘問無家人親屬者，所有財物，隨便納官，仍具狀申省。在後有識認勘當，灼然是父兄子弟等，依數卻酬還。

〔准〕唐大和五年二月十三日敕節文：死商錢物等，其死商有父母、嫡妻及男，或親兄弟、在室姊妹、在室女、親姪男，見相隨者，便任收管財物。如死商父母、妻兒等不相隨，如後親屬將本貫文牒來收認，委專知官切加根尋，實是至親，責保訖，任分付取領，狀入案申省。

〔准〕唐大和八年八月二十三日敕節文：當司應州郡死商，及波斯、蕃客資財貨物等，謹具條流如後：

一、死商客及外界人身死，應有資財貨物等，檢勘從前敕旨，內有父母、嫡妻、男、親姪男、在室女，並合給付；如有在室姊妹，三分內給一分。如無上件親族，所有錢物等，並合官收。

一、死波斯及諸蕃人資財貨物等，伏請依諸商客例，如有父母、嫡妻、男女、親女、親兄弟元相隨，並請給還。如無上件至親，所有錢物等並請官收，更不牒本貫追勘親族。

右戶部奏請，自今以後，諸州郡應有波斯及諸蕃人身死，若無父母、嫡妻、男及親兄弟元相隨，其錢物等便請勘責官收。如是商客及外界人身死，如無上件親族相隨，即量事破錢物䔋㾍，明立碑記，便牒本貫追訪。如有父母、嫡妻、男及在室女，即任收認。如是親兄弟、親姪男不同居，并女已出嫁，兼乞養男女，並不在給還限。在室親姊妹，亦請依前例三分內給一分。如死客有妻無男女者，亦請三分給一分。敕旨："宜依。"

〔准〕周顯德五年七月七日敕條：死商財物，如有父母、祖父母、妻，不問有子無子，及親子孫男女，并同居大功以上親幼小者，亦同成人，不問隨行與不隨行，並可給付。如無以上親，其同居小功親，及出嫁親女，三分財物內取一分，均給之。餘親及別居骨肉不在給付之限。其蕃人、波斯身死財物，如灼然有同居親的骨肉在中國者，並可給付。其在本土者，雖來識認，不在給付。

《宋刑統》所記載的唐五代商人遺產繼承法規，可分大和五年（831）前、大和五年、大和八年和後周顯德五年（958）四個階段，每一時期法規不同。

大和五年前"諸商旅身死"的繼承法規，見於《主客式》。"主客郎中、員外郎，掌二王後及諸蕃朝聘之事。"[35] 正如中田薰所指出的，"諸商旅"雖在唐代用語中指本國商旅，但其財產繼承法列於《主客式》中，"諸商旅"一詞應該也包括諸蕃商。《主客式》中"諸商旅身死，勘問無家人親屬者，所有財物，隨便納官，仍具狀申省。在後有識認勘當，灼然是父兄子弟等，依數卻酬還"，正與孔戣改革後的外商遺產繼承原則相符，"父兄子弟"前來領取蕃商遺產，無期限限制。因而可以推知，《宋刑統》所條列的《主客式》是元和十二年至大和五年之間的法規。這時外商身死財物沒官之後，"父兄子弟"等親屬可以前來領取遺產，但對可以繼承外商遺產的親屬，《主客式》沒有詳細規定。

大和五年，以"格後敕"的形式，對諸商旅遺產繼承法規進行了補充，規定死商錢物的繼承者爲"父母、嫡妻及男，或親兄弟、在室姊妹、在室女、親姪男"等，對本不相隨，後來認領的親屬，要求出示本貫文牒，由專知官仔細檢查，還要有保人書面保證，取領遺產後，要向尚書省（應該是主客司）申報備案。大和五年的格後敕對商旅遺產繼承的規定更加詳細和嚴密了。同《主客式》一樣，這裏的"死商"包括本國商旅和外商兩部分。因本國商旅和外商情況不同，大和五年敕文中將之一律處理，並不妥當，法規條文還有待完善。

大和八年，商旅遺產繼承法規再次修訂，完善的商旅繼承法最終建立起來。這次法規修訂，由戶部上奏。戶部奏請中，將外商與本國商人分開處理，專門提出外商遺產的處理辦法，即："諸州郡應有波斯及諸蕃人身死，若無父母、嫡妻、男及親兄弟元相隨，其錢物等便請勘責官收。"重新強調了外商死後身邊無親屬時，財產官收的原則。本國商人死後，還要"牒本貫追訪"親屬，父母、嫡妻、男及在室女，可以直接繼承；親兄弟、親姪男不同居，和出嫁女、養男養女，則無繼承權；在室親姊妹，給三分之一；有妻無男女者，也給三分之一。戶部的奏請，皇帝批："宜依。"之後，根據戶部奏請，另行起草敕旨。[36] 敕旨内容分爲本國商和外商兩部分，關於外商的内容爲："死波斯及諸蕃人資財貨物等，伏請依諸商客例，如有父母、嫡妻、男女、親女、親兄弟元相隨，並請給還。如無上件至親，所有錢物等並請官收，更不牒本貫追勘親族。"本條敕旨，編入"格後敕"，成爲處理外商遺產的法律依據。

大和八年的商旅遺產法，在中國古代法律中具有重要地位。它第一次清晰規定了外商遺產的繼承法律，第一次將外商遺產處理方式從籠統的"諸商旅"概念中分離出來，單獨明確提出，具有重要意義。同時需要指出的是，敕文又在諸蕃商中，單獨提出波斯商，稱"波斯及諸蕃人"，表明波斯成爲諸蕃商的主體，也昭示了唐後期在唐波斯商人的普遍存在。

但如果根據《宋刑統》的記載，大和八年敕節文關於"死波斯及諸蕃人"的法規似乎並不完全。敕文中只規定"死波斯及諸蕃人"，"不牒本貫追勘親族"；沒有親屬來認領，是否給付的文字。但因爲敕文中規定外商遺產"請依諸商客例"，表明外商親屬之後來認領，其父母、嫡妻、男及在室女等的給付如本國商人。由於敕文的前條已明確記載了死後認領遺產的法規，在波斯及諸蕃商條就不再重複了。

大和八年以後，外商未隨行親屬可以來繼承遺產，我們還可以從阿拉伯史料中得到印證。《中國印度見聞錄》第43條記載：

> 如果到中國去旅行，要有兩個證明：一個是城市王爺的，另一個是太監的。城市王爺的證明是在道路上使用的，上面寫明旅行者以及陪同人員的姓名、年齡，和他所屬的宗族，因爲所有在中國的人，無論是中國人，阿拉伯人還是其他外國人，都必要使其家譜與某一氏族聯繫起來，並取該氏族的姓氏。而太監的證明上則注明旅行者隨身攜帶的白銀與貨物，在路上，有關哨所要檢查這兩種證明。爲了不使其白銀或其他任何物品有所丟失，某人來到中國，到達時就要寫明："某某，某某之子，來自某某宗族，於某年某月某日來此，隨身攜帶某某數目的白銀和物品。"這樣，如果出現丟失，或在中國去世，人們將知道物品是如何丟失的，並把物品找到交還他，如他去世，便交還給其繼承人。[37]

值得注意的是"如他去世，便交還給其繼承人"一句，並未記載外商財產還給繼承人的時間限制。《中國印度見聞錄》的作者是阿拉伯商人，對中國的經濟法規記載極爲詳細，如第44—48條對契約、稅收、國家教育費用的記錄等等。因此，如果還給繼承人遺產有時間限定，此書作者會有記錄下來的。而此處對外商遺產繼承只提到"如他去世，便交還給其繼承人"一句，這只是表明他記錄的是孔戣改革之後的事，外商死後親屬領取遺產沒有時間限制。這也反證了大和八年的格後敕中，本土外商親屬可以來唐領取遺產，而外商所持的親屬證明則是記載"他所屬的宗族"的過所。

綜上所述,大和八年,外商遺產法從本國商人財產繼承法中獨立出來,外商遺產分隨行親屬直接繼承和本土親屬領取繼承兩種,每種的繼承人都規定嚴格,規則嚴密,外商遺產法趨於完善。實際上,外商遺產法規完全比照唐代本國商人遺產法規,繼承人範疇、繼承數額等,與本國商人毫無二致,真正體現了華夷一體的精神理念。在具體執行中,外商與本土商人遺產處理的最大區別,只是:外商身死,"不牒本貫追勘親族"。

終唐之世,大和八年確立的外商遺產繼承法一直延續下來。直到五代末變得苛刻。顯德五年敕文規定,蕃人、波斯身死財物,"其在本土者,雖來識認,不在給付",不允許外商不隨行親屬財產認領。這種對外商遺產繼承的嚴苛規定,在宋代得到糾正。

唐代筆記小說中,多有關於波斯商人遺產的故事。如《太平廣記》卷四〇二"李勉"條引薛用弱《集異記》略云:

> 司徒李勉,開元初,作尉浚儀……忽有波斯胡老疾,杖策詣勉……胡人極懷慼愧,因曰:"我本王貴種也,商販於此,已逾二十年。家有三子,計必有求吾來者。"不日,舟止泗上。其人疾亟,因屏人告勉曰:"吾國內頃亡傳國寶珠,募能獲者,世家公相。吾銜其鑒而貪其位,因是去鄉而來尋,近已得之,將歸即富貴矣。其珠價當百萬,吾懼懷寶越鄉,因剖肉而藏焉。不幸遇疾,今將死矣。感公恩義,敬以相奉。"即抽刀決股,珠出而絕。勉遂資其衣衾,瘞於淮上。掩坎之際,因密以珠含之而去。既抵維揚,寓目旗亭,忽與羣胡左右依隨,因得言語相接。傍有

胡雛，質貌肖逝者。勉即詢訪，果與逝者所敘契會。勉即究問事跡，乃亡胡之子。告瘞其所，胡雛號泣，發墓取而去。

李綽撰《尚書故實》記載：

> 兵部李約員外，嘗江行，與一商胡舟檝相次。商胡病，固邀相見，以二女託之，皆絕色也。又遺一珠，約悉唯唯。及商胡死，財寶約數萬，悉籍其數送官，而以二女求配。始殯商胡時，約自以夜光含之，人莫知也。後死商胡有親屬來理資財，約請官司發掘驗之，夜光果在。其密行皆此類也。

《太平廣記》卷四〇二"李灌"條引李冗《獨異志》略云：

> 李灌者，不知何許人。性孤靜。常次洪州建昌縣，倚舟於岸。岸有小蓬室，下有一病波斯。灌憫其將盡，以湯粥給之，數日而卒。臨絕，指所臥黑氈曰，中有一珠，可徑寸，將酬其惠……灌取視得珠，買棺葬之，密以珠內胡口中，植木誌墓。其後十年，復過舊邑，時楊憑爲觀察使，有外國符牒，以胡人死於建昌逆旅，其粥食之家，皆被桎訊經年。灌因問其罪，囚具言本末。灌告縣寮，偕往郭墦伐樹，樹已合拱矣。發棺視死胡，貌如生，乃於口中探得一珠還之。

這三個故事的主人公都姓李，故事的主題都是波斯商人和寶珠，雖情節有出入，但顯然是從一個底本推衍出來的。本文不辨析三個故事版本的因果關係及其真實程度，只推尋三個故事所反映的外商遺產繼承制度。

李勉的故事點明了時間，即"開元初"。李勉埋葬波斯老胡後，並未將其財產上報，只是找到其子，私自處理了。這表明當時對外商遺產，尚無嚴格登錄、沒官、認領等規定。由於這個故事中沒有官府干涉和管理的痕跡，這種外商遺產繼承方式應該發生在外商管理制度未爲完善的時期，所以故事中提到的"開元初"，與當時的外商遺產處理方法是相符合的。

李約的故事比李勉要晚[38]，這不僅因爲李約爲李勉之子，而是故事中體現的外商遺產處理顯然不是唐前期的制度。可以判定此故事時間的情節有三點：一是病胡"以二女託之"，二是李約將外商財寶"悉籍其數送官"，三是之後死商胡親屬來領資財。李約在商胡死後嫁其二女，可見商胡親屬並未在商人去世不久趕來，結合孔戣所謂"海道以年計往復"之語，可以推知死商親屬不是在三個月之內趕來的。這表明李約故事體現的外商遺產繼承事發生在元和十二年之後，這是時間的上限。根據《宋刑統》記載的大和五年敕文，死商如有"在室女"相隨，其財產則應給付，而不應沒官。李約的處理方式顯然和大和五年敕文不符合，因而李約故事的下限是大和五年。李約應該是按照元和十二年至大和五年之間《主客式》的規定，處理外商遺產的。

在李灌的故事中，死波斯親屬在十年後來領取遺產，顯然只能發生在元和十二年之後。李灌照顧的波斯商孤身一人，沒有"在室女"。波斯商人親屬通過"外國符牒"索取遺產，顯然李灌沒有上報，唐官府也沒有牒波斯本貫"追勘親族"。因此，李灌的故事發生在大和八年之後，反映的是大和八年至唐末的外商財產繼承制度。

在以上三例關於商胡遺產的筆記小說中，李勉和李灌的故事明確記載病死的商人爲波斯。李約故事中只簡約稱爲商胡，並未突出強調其爲何種胡。但從其"財寶約數萬"及有夜光珠看，與元稹記載的"南方呼波斯爲舶主，胡人異寶，多自懷藏，以避強丐"[39]情況相符，波斯人成爲唐後期最富裕的社會群體，以致"窮波斯"和不甚識字的教書先生一樣，都是"不相稱"的。[40]波斯商人成爲財富和寶物的代名詞，故而李約故事中所敘述的商胡，時人也會自然想像爲波斯商人。正因爲中唐以後湧入大量富裕的波斯商人，其遺產繼承成爲當時一個社會問題，引起的糾紛，在所難免。因而筆記小說中記載這些關於其遺產的傳奇故事，唐代外商遺產繼承法令中，專門提及波斯商，將其與諸蕃商並列。李勉等義行故事，大和八年波斯商遺產法的出臺，都是唐代海外貿易興盛、波斯遺產糾紛頻繁出現的社會現象的反映。

　　唐代筆記小說中的波斯商人遺產都和寶珠有關。而我們論述的銀鋌主人伊娑郝，卻沒有這樣的傳奇色彩。伊娑郝沒有死在孔癸改革之後，因而他的財產沒能等到長途涉海跋涉的親屬繼承。在元和十二年之前，外商在唐身死，如身邊無親屬相隨，財產由官府登記、保管，三個月後無親屬認領，則由官府沒收。波斯商人伊娑郝於大曆末、建中初在廣州身死，三個月後無親屬索求遺產，其資產被廣州官府沒收，由負責廣州外貿管理的嶺南節度使和市舶使將伊娑郝遺產上貢給皇帝。

　　伊娑郝銀鋌，是唐代外商遺產法的演變過程的重要實證。將伊娑郝銀與李勉、李約、李灌故事結合起來，唐代外商遺產法演變的經過歷歷在目：開元時無嚴格管理制度，安史亂後外商遺產三月無人認領沒官，元和十二年後外商遺產根據《主客式》由親屬認領，大和五年法規中對繼承遺產親屬嚴格限定，大和八年完善的波斯商、外商遺產法出臺，唐代經歷了五個發展階段。伊娑郝銀不僅補充了遺產繼承演變歷程中的重要一環，而且還告訴了我們沒入遺產的最終去處，即上貢給皇帝。本文論述的這五十兩波斯死商伊娑郝銀鋌，從個人財產進入了被皇帝支用的程式，納入了唐國家財政循環體系。這就是"死波斯伊娑郝銀"的由來。

■ 注釋

[1] 詳見王長啟、高曼：《西安西郊發現唐銀鋌》，《中國錢幣》2001年第1期，第56頁。銀鋌上的銘文，王長啟、高曼錄文爲："第一行：阿達忽□頻陁沙等納死汜斯伊娑郝銀壹鋌伍拾兩官秤。第二行：銀青光祿大夫，使持節都督廣州諸軍事，廣州刺史兼御史大夫，充嶺南節度支度營田□府□觀察處等副大使知節度事，上柱國南陽縣開國子臣張伯儀進。第三行：嶺南監軍□舶使，朝散大夫行內侍省內給事員外置同正員，上柱國賜金魚袋臣劉楚江。"金德平錄文爲："阿達忽□頻陁沙等納死波斯伊娑郝銀壹鋌伍拾兩官秤。銀青光祿大夫使持節都督廣州諸軍事廣州刺史兼御史大夫充嶺南節度支度營田五府經略觀察處置等副大使知節度事上柱國南陽縣開國子臣張伯義進。嶺南監軍事郡使，朝散大夫行內侍省金事員外置同正員上柱國賜金魚袋臣劉楚江進。"見金德平：《唐代笏形銀鋌考》，載中國錢幣學會編：《中國錢幣論文集》，第5輯，中國金融出版社2010年版，第109—120頁。由於銀鋌圖版文字漫漶，本文錄文多根據唐代制度進行填補。

[2] 《舊唐書》，中華書局點校本，第312、332頁。

[3] 中華書局1980年版，第1023—1024頁。

[4] 安徽大學出版社2000年版，第3167頁。

[5] 穆根來、汶江、黃倬漢譯：《中國印度見聞錄》，中華書局1983年版，第39頁。

[6] 唐代广州的海外貿易研究，日本學者起步较早，參見石橋五郎：《唐宋時代の支那沿海貿易並貿易港に就て》，《史學雜誌》12編8號，第48—71頁；12編9號，第33—59頁；12編10號，第50—66頁，1901年。中村久四郎：《唐時代の廣東》、《史學雜誌》28編3號，第36—52頁；28編4號，第26—48頁；28編5號，第67—75頁；28編6號，1—24頁。中譯本見朱耀廷譯：《唐代的廣東（上）》，《嶺南文史》1983年第1期，第35—44頁，《唐代的廣東（下）》，《嶺南文史》1983年第2期，第33—49頁。桑原騭藏著，陳裕菁譯：《蒲壽庚考》，中華書局1954年版，第2—45頁。築山治三郎：《唐代嶺南の政治と南海貿易》，《京都產業大學論集》創刊號（社會科學系列第1號），1972年，第23—47頁；家島彥一《唐末期における中國・大食間のインド洋通商路》，《歷史教育》15卷5、6號，1967年，第56—62頁。中國學者的研究，詳見呂思勉：《唐代市舶》一至五，《呂思勉讀史札記》丁帙，上海古籍出版社1982年版，第991—1008頁；韓振華：《唐代南海貿易誌》，《福建文化》2卷3期，1945年，收入《韓振華選集之三：航海交通貿易研究》，香港大學亞洲研究中心2002年版，第328—370頁；吳泰：《試論漢唐時期海外貿易的幾個問題》，《海交史研究》第3期，1981年，第52—62頁；陳高華、吳泰：《宋元時期的海外貿易》，天津人民出版社1981年版，第11—19頁；陳尚勝、陳高華：《中國海外交通史》，臺北：文津出版社1997年版，第40—81頁；鄧端本：《廣州港史（古代部分）》，海洋出版社1986年版，第45—72頁；沈光耀：《中國古代對外貿易史》，廣東人民出版社1985年版；沈福偉：《論唐代對外貿易的四大海港》，《海交史研究》1986年第2期，第19—32頁；汶江：《唐代的開放政策與海外貿易的發展》，《海交史研究》1988年第2期，第1—13頁；李慶新《論唐代廣州的對外貿易》，《中國史研究》1992年第4期，第12—21頁；陳柏堅、黃啟臣編著：《廣

州外貿史》上册,廣州出版社1995年版;楊萬秀主編,鄧端本、章深著:《廣州外貿史》上册,廣東高等教育出版社1996年版,第42—89頁;黄啟臣主編:《廣東海上絲綢之路史》,廣東經濟出版社2003年版,第113—224頁;李慶新:《濱海之地:南海貿易與中外關係史研究》,中華書局2010年版,第21—121頁。

[7] 李慶新論述廣州貿易大勢時,將至德至興元間定爲"對外貿易起伏不定"期,見其著《濱海之地:南海貿易與中外關係史研究》,第25—26頁。

[8] 《資治通鑑》卷二二〇"乾元元年"條,中華書局點校本,第7062頁,參見《舊唐書》卷一〇《肅宗紀》、《舊唐書》卷一九八《西戎傳·波斯》,第253、5313頁。

[9] 中村久四郎:《唐時代の廣東(第二回)》,《史學雜誌》第28編第4號,第354。朱耀廷譯:《唐代的廣東(上)》,《嶺南文史》1983年第1期,第43頁。

[10] "須"爲"頃"之誤,見郁賢皓《唐刺史考全編》,第3164頁。

[11] 《舊唐書》卷一〇《肅宗紀》,第253頁。但乾元元年十月無乙未,可能是"丁未"之誤。

[12] 《册府元龜》卷七〇〇《牧守部·貪黷》,中華書局影印本,第8352頁。

[13] 《舊唐書》卷一一《代宗紀》(第274頁)作"十二月"。按十二月無甲辰,當從《資治通鑑》作"十一月"。《新唐書》卷六《代宗紀》(中華書局點校本,第169頁)云:"(廣德元年)十一月壬寅(3日),廣州市舶使吕太一反,逐其節度使張休。"

[14] 《資治通鑑》卷二二三"廣德元年十一月"條,第7157頁。

[15] 吕太一之叛平定的時間,史書無確載。但《文苑英華》卷九二七豆盧詵撰《嶺南節度判官宗公(義仲)神道碑》(中華書局影印本,第4882—4883頁)記載:"無何楊公(慎微)拜御史中丞,嶺南節度,乃諮參公謀,授以參軍。時宦官吕太一怙恃寵靈,凌虐神主,前節度張休爲之棄甲。公於是稽韜略,演遁法,筭之以孤虚,考之以風角,潛軍間道,克復舊藩。甲士不勤,而凶黨殲矣。所謂不戰而勝者也。乃太貢方賄,丕叙庶績,朝議嘉焉,授大理少卿,且監察御史,仍充節度

判官,懋賞也……永泰三年四月六日寢疾,捐館於上京務本里第。"永泰無三年,三應是元年之誤,因廣德三年改爲永泰元年也。宗義仲永泰元年四月在上京去世,顯然呂太一已經平定。考慮到嶺南至上京的路程,呂太一平定當在廣德二年,最晚不會晚於永泰初。而從宗義仲墓誌看,平定呂太一似未經過艱苦戰鬥,至少嶺南節度使下的軍隊,是不戰而勝的,所以不會持續很長時間。

[16] (清)仇兆鰲注:《杜詩詳注》,中華書局1979年版,第1809—1810頁。杜詩諸家注釋頗多,互有歧義。仇兆鰲注云:"上四,憂南海之亂。下四,言柔遠之道。"所論甚是。下四句,以錢謙益箋注最確,見《錢注杜詩》卷五,上海古籍出版社1979年版,第157—158頁。上四句,寫自平定呂太一至大曆二年事。中村久四郎據此認爲:"收珠南海千餘日",表明自呂太一叛亂至平定,約經過三年的時間(見注[6]引中村久四郎文)。此說不確。因爲"收珠南海千餘日",是"自平宮中呂太一"之後的。"平",即平定。也正是呂太一被平定,唐才能"收珠南海"。詩義甚明。由於筆者認爲呂太一平定在廣德二年或永泰初,杜甫此詩應作於大曆二年(767)。

[17] 《舊唐書》卷一三七《徐浩傳》,第3760頁。

[18] 《資治通鑑》卷二二四"大曆五年"條,第7214頁。

[19] 參《新唐書》卷一三一《李勉傳》,《冊府元龜》卷六七九《牧守部·廉儉》。

[20] 大曆三年十月無乙未,只有丁未和己未。《舊唐書·代宗紀》在"乙未"前記載了"甲寅"(14日)事,則此處只能是"己未"之誤。

[21] 見《舊唐書》卷一一《代宗紀》及郁賢皓《唐刺史考全編》,第3166頁。

[22] 來廣州貿易的西南商舶,《新唐書·李勉傳》一本作"四千餘柂"。到底是"四十"還是"四千",學界多有爭論。日本學者基本未否認"四千"。如中村久四郎認爲"柂"與"舵"通,但沒有證據可以判斷是"四十"還是"四千",見中村久四郎著、朱耀廷譯:《唐代的廣東(下)》,《嶺南文史》1983年第2期,第33頁。桑原騭藏認

爲因李勉廉潔，海舶來者多至千倍，見《蒲壽庚考》第22—23頁。築山治三郎引用了"四千餘柂"的史料，指出"柂"即"隻"，但也懷疑李勉使入港船增加千倍有些疑問。見注[6]引築山治三郎文，第37頁。中國學者張星烺、朱傑勤、莫任南等認爲唐代廣州年駛進四千艘海舶是可能的，見張星烺編注、朱傑勤校訂：《中西交通史料彙編》，中華書局2003年版，第2冊，762頁；朱傑勤：《古代的廣東》，原載《開放時代》1985年2—4期，收入《中外關係史》（《朱傑勤文集》），廣西師範大學出版社，2011年，第488—508頁，esp.493頁；莫任南：《"海上絲路"研究剳記》，《海交史研究》1987年1期，第7—13頁，esp.8—10頁。更多學者則主張"四千"爲"四十"之誤。如陳寅恪先生在《新唐書》卷一三一《李勉傳》後批注云："四千恐亦太多。《新書》'千'字疑是'十'字譌寫。"見《陳寅恪讀書札記》"新唐書之部"，上海古籍出版社1989年版，第85頁。呂思勉亦認爲："何以十倍之數，不足以見寬政之效，而必有待於千倍？且夷舶至者，豈易增至千倍乎？此'千'字恐正是'十'字之誤，不足爲子京咎。"見《呂思勉讀史札記》丁帙《唐代市舶二》，上海古籍出版社1982年版，第1001頁。岑仲勉指出："四十餘柂雖非極盛，亦已大有可觀。如曰不然，廣州口港内安能於同一季節容納四十（千）餘海舶。"見《隋唐史》下冊，中華書局1982年版，第604頁。陳堅紅從唐代海上航行技術和歷代文獻中記載的到廣州船舶數量兩方面，否定了廣州外舶一年四千餘艘的可能性，見《關於唐代廣州港年外舶數及外商人數之質疑》，《海交史研究》1987年第2期，第71—74頁。

[23] 參《新唐書》卷一三八《路嗣恭傳》，《冊府元龜》卷三三八《宰輔部·奢侈》、卷四五五《將帥部·貪黷》、卷四二二《將帥部·任能》、卷六九四《牧守部·武功二》。

[24]《陳寅恪讀書札記》"舊唐書之部"，上海古籍出版社，1989年，第101頁。

[25]《資治通鑒》卷二二一"上元元年十二月"條，第7101—7102頁。

[26] 此承北京大學東方語言文學系王一丹教授見告，謹此致謝！

[27] 見中田薰：《唐代法に於ける中外國人の地位》，《法制史論集》第 3 卷下冊，岩波書店 1943 年版，第 1361—1392 頁，esp.1382—1392。

[28]《呂思勉讀史札記》丁帙《唐代市舶三》，第 1004—1005 頁。

[29] 毛起雄：《唐朝海外貿易與法律調整》，《海交史研究》1988 年第 2 期，第 14—20 頁。

[30]《韓昌黎文集校注》卷七，馬其昶校注，馬茂元整理，上海古籍出版社 1986 年版，第 531 頁。

[31]《呂思勉讀史札記》丁帙《唐代市舶三》，第 1004—1005 頁。

[32] 見注 [29] 所引毛起雄文，第 19—20 頁。

[33] 見注 [27] 所引中田薰書，第 1390—1391 頁。

[34]〔宋〕竇儀等撰，吳翊如點校：《宋刑統》，中華書局 1984 年版，第 199—200 頁。

[35]《唐六典》卷四"主客郎中員外郎職掌"條，陳仲夫點校，中華書局 1992 年版，第 129 頁。

[36] 敕旨的產生過程，參見拙著：《唐"王言之制"初探》，《季羨林教授八十華誕紀念論文集》，江西人民出版社 1991 年版，第 273—290 頁；張弓主編：《敦煌典籍與唐五代歷史文化》，中國社會科學出版社 2006 年版，第 451—455 頁。

[37]《中國印度見聞錄》，第 18 頁。

[38] 中田薰據李約爲李勉之子，推測李約爲德宗時代人。見注 [27] 所引中田薰書，第 1386—1388 頁。

[39] 元稹《和樂天送客遊嶺南二十韻》"舶主腰藏寶"句注，見《元稹集》卷一二《律詩》，冀勤點校，中華書局 1982 年版，第 139—140 頁。

[40]《義山雜纂》，見《雜纂七種》，曲彦斌校注，上海古籍出版社 1988 年版，第 6 頁。

本文所引日文論文，多由中田裕子女史幫助複印，謹致謝忱！

Chinese References to Camels in Africa and the Near East (Tang to mid-Ming)

Roderich Ptak
(Ludwig-Maximilians University, Munich, Germany)

I

Next to horses, the camel in China is one of the best-studied themes in the animal history of East Asia. Already in 1950 Edward H. Schafer provided a long summary based on a large number of relevant sources. This concerns a broad variety of texts, pictorial evidence, and a selection of archaeological objects from different periods. With the exception of a few rare cases, most of these documents refer to the Bactrian, or *Camelus Bactrianus*. Its "Arabian cousin", *Camelus dromedarius*, was also known in the Far East, but it rarely appears in written works, and if it is mentioned, it often occurs as a curiosity, almost an exotic creature, imported from distant lands.[1]

In traditional China, as elsewhere, camels were used in overland transportation and the military. There are also references to various products derived from or associated with camels, such as textiles, meet and milk, and some of these items even have entered traditional Chinese medicine. The relevant descriptions usually pertain to the northern sections of the empire, and not to the areas south of the Huai River. Under the Han and Tang dynasties (206 BC to 220 AD and 618 to 907), when the imperial court had set up its capitals in Chang'an 長安 and Luoyang 洛陽, camels were a regular feature on the streets, and hundreds of them arrived in these and other cities, loaded with goods from West and Central Asia. Camels also played an important role in the Liao state (907 / 946–1125), in the culture of Xi Xia (1032–1227), under the Yuan (1279–1367), and to some extent as well during the Northern Song period (960–1126). They can be associated with trade and traffic along the different branches of the northern "silk routes" and at times, when certain areas were short of horses, probably came to be regarded as a kind of substitute for the latter.

None of this applies to southern China and the long periods, during which the imperial court had selected a southern location for its capital. The southeastern empire of Wu (222–280), just like the so-called southern dynasties in the Nanbeichao era (420–589), had little to do with camels. The same applies to the Southern Song state (1127–1279), whose capital was in Lin'an 臨安, i.e., modern Hangzhou 杭州. These southern states were only loosely connected to the trade routes across the Eurasian landmass. Rather, they depended on commercial exchange with their neighbours in continental Southeast Asia and the maritime world. For centuries, Quanzhou 泉州 and Guangzhou were the doors to these overseas regions. References to the import of goods from the Malay world and India abound, and from the Tang period onwards one also finds evidence for direct contacts between China and the coasts of East Africa. This can be gathered from archaeological evidence and a multitude of ethnographical and other accounts, which also refer to the existence of camels in these "remote" lands.

While rare birds and exotic animal products such as expensive kingfisher feathers and ambergris were regulary shipped to Far Eastern destinations, where they sold profitably, camels do not occur in Chinese trade with the ports along the Iranian coast, the Arabian peninsula, and East Africa. This stands in remarkable contrast to horses, which appear in various maritime contexts, for example in trade across the Arabian Sea or in tribute traffic through the East China Sea, from Ryukyu to Fujian, and even in military history (the Mongol fleets sailing to Japan in the late fourteenth century carried horses). Certain other creatures – zebras, giraffes, ostriches and so forth – were also shipped across the oceans, in small quantities, usually to satisfy the curiosity of their customers in China. Finally, there are references to the transportation of elephants, especially along the shores of South Asia, but also in the context of trade between China and the area of modern Vietnam.[2]

One may of course ask, why these creatures were occasionally stowed on board of seagoing vessels, whereas the transportation of camels played no major role in long distance traffic across the sea, from the Middle East to Southeast Asia and China, i.e., along the so-called maritime silk route. The answer could be very simple. Camels perform excellently in dry environment, and they are less apt to "serve" in tropical regions. Furthermore, their distribution across southern Iran, Beluchistan and certain parts of northern India largely followed the pattern of conventional land routes; the sea-route from the Indian west side to the Bay of Bengal, therefore, was not important in that regard. Next, tropical Asia – to some extent that also includes southern China – had its own animal "carriers"; therefore camels, as well as camel products, were rarely needed in these areas. Differently put, the coastal societies in Southeast Asia and the Far East had no economic or other reasons to buy large quantities of camels from distant locations.

Yet, as was explained, camels are frequently referred to in Chinese descriptions of East Africa and the Arabian world—and occasionaly of other coastal regions as well. These descriptions fall into the general "category" of writing on maritime Asia and the maritime silk route. The following may be said of such accounts, in particular of their references to camels: (1) In most cases, these texts refer to dromedaries; however, they rarely distinguish between *Camelus dromedarius* and *Camelus Bactrianus*. (2) Their authors usually came from North or Central China and only a small number of them had undertaken a longer sea voyage in person. Presumably, they obtained most of their information on foreign countries through the accounts of others. Hailing from areas where camels were not completely uncommon, these authors were familiar with the Bactrian, but not so much with the dromedary. This could also explain why they rarely made a clear distinction between both types. (3) Many authors certainly associated the possession of camels with a certain amount of wealth. Similar observations pertain to horses, even in early colonial writing of the sixteenth century.

In short, a country with many horses, or camels, was powerful – in terms of trade and commerce, and also militarily.

With these general observations in mind we can now turn to the texts themselves. The terms used for camels include the compounds *tuotuo* 槖駝 and *luotuo* 駱駝. In both cases the second character is practically interchangeable. When *tuo* occurs by itself, it mostly appears as 槖, and less frequently as 駝 or 馳. There are also combinations such as *tuo ma* (usually 槖馬; camels and horses) and *ma tuo* (usually 馬駝; horses and camels), especially in enumerations. Whether these combinations imply a ranking – in the sense that camels were more important / numerous than horses (or vice-versa) – , depends on the textual environment and its interpretation.

Most of the texts considered here belong to the *lishi dili* 歷史地理 or ethnographic genre. Several works in that category contain descriptions of maritime countries, including various places in Africa and the Near East, as was already mentioned above. Below, I shall summarize the information they contain on camels. Certain other sources are cited as well. Where necessary, brief comments will be given on toponyms, important descriptive elements, and the views of individual authors. By and large, I shall proceed chronologically, starting with a number of texts from the Tang dynasty and ending with a set of representative works from the early and mid Ming periods. This will be followed by a brief conclusion, which will try to establish an overall picture of the dromedary in Chinese accounts related to the maritime world.

II

Among the many Tang sources with ethnographic data on foreign countries, the *Tong dian* 通典 (dated at around 800) is certainly one of the most important books. Chapter 193 of this huge text, which usually classifies as a *Leishu* 類書 (similar to an encyclopaedic collection), associates camels with the following "maritime contexts": (1) Bosi 波斯, it says, produces "famous horses" (*ming ma* 名馬) and camels (*tuo* 駝). The term *ming ma* is frequently found in Chinese works and often refers to the fast Arabian warm-bloods. Bosi denotes the Iranian world, but also occurs as a general term for foreign merchants of West Asian and / or Islamic background. (2) Tianzhu 天竺 – India in the broadest sense, or rather the northern and central sections of the subcontinent – produces various "things", among which one finds camels (*tuotuo*). (3) Dashi 大食 – a vague reference to the lands around the Persian Gulf, in some cases exclusively meaning the Arabian peninsula, in others parts of Irak and Iran –, has camels and horses (*tuo ma*), and people eat camel meat. (4) Finally, in Cheli 車離, which lies three thousand miles (*li* 里) to the southeast of Tianzhu, people ride camels (*luotuo*).[3]

The first three references, certainly mostly to dromedaries, are unspectacular. But the last reference poses questions. Cheli has been identified with the Chola region—later often called Suoli 鎖里 (i.e., the modern Tamil area) – and certain segments of the description in *Tong dian* occur in other works as well. However, Song sources on the Cholas, which are quite reliable, carry no references to camels in these lands. Rather, they emphasize the presence of war elephants in the Chola territories. Hence, something could be wrong with the text, or the toponym "Cheli" should be identified differently. On the other side, some camels can be found in southeastern India until this very day and it could be argued, therefore, that they were also available in medieval times.[4]

Other Tang works with notes on the Persian Gulf and the countries around the Arabian Sea include the dynastic annals (which were compiled *after* the Tang period, but based on Tang materials) and the *Youyang zazu* 酉陽雜俎 (usually dated 863). The latter source contains what is generally thought to be the earliest extant description in Chinese of a region in East Africa—namely Bobali 撥拔力, or Berbera. Strangely, however this text does not feature camels.[5] Instead, it contains various other observations, which were certainly more spectacular. Camels, it could be concluded, were well known in Tang-China—there was no reason to specifically mention them.

III

To what extent Tang ships became involved in long distance trade through the Indian Ocean, is an old question. Prior to the ninth or tenth century, most vessels sailing across the open waters of the Arabian Sea and the Bay of Bengal certainly came from other countries, but it is nevertheless plausible to assume that some Tang merchants travelled to different locations in the Gulf region and beyond. Under the Song dynasty, more and more Chinese ships appear to have reached these regions. Moreover, the Song economy became so powerful that it had a decisive impact on the growth of trade in Southeast Asia and parts of the Indian Ocean.[6]

This development led to the emergence of new Chinese texts. The most important source is the *Song huiyao* 宋會要, a vast collection of valuable data on administrative, political and other issues, including some information on foreign delegations and tribute shipments, but not so much on the maritime world "as such". [7] For contemporary descriptions of these spheres, especially the ports and countries around the Indian Ocean, one must refer to different texts, for example the *Lingwai daida* 嶺外代答 (1178), the *Zhufan zhi* 諸蕃志 (1225), and the *Shilin guangji* 事林廣記 (late Song). The first two works contain many original elements, the third book mostly repeats earlier accounts. That also applies to the descriptions found in *Taiping yulan* 太平御覽 (compiled 976–984), *Tong zhi* 通志 (finished 1161), and *Wenxian tongkao*. All these titles are largely based on earlier compilations. Additional evidence can be traced in the Song annals (*Song shi* 宋史), which were only brought out in Mongol times, i.e., after the end of the Song period.

Here, we shall begin with the *Lingwai daida*. Its author spent many years in southern China where he gathered data from local informants and various books. Among other things he says that Jicini 吉慈尼 produced coloured textiles made of camel hair (*wuse tuomao duan* 五色駝毛段). Its inhabitants were involved in camel and horse breeding (*tuo ma*). Another location, called Kunluncengqi 崑崙層期, is associated with "wild camels" (*ye luotuo* 野駱駝). Giant birds (*peng* 鵬) would occasionally attack and devour them.[8]

Jicini is normally explained as Ghazni and associated with the Ghaznavides in the eastern borderlands of modern Afghanistan, and not so much with maritime Asia. Kunluncengqi remains an item of debate. The last two syllables could stand for "Zanj" (blacks), the first two for "(al)Qumr". The entire name was sometimes equated with Zanzibar, and sometimes with the East African coast, from Kenya down to Tansania. Others have tried to invoke the idea of Madagascar. The story of the giant bird chasing camels, reminds of the mythological *garuda*, the old *rukh*, and similar creatures. The earliest reference to the *peng* occurs in *Zhuangzi* 莊子 . Some authors have identified this bird – and several of its non-Chinese "cousins" – with *Aepyornis maximus*, or the "elephant bird", now extinct, but once found on Madagascar and some adjacent islands. It reached an estimated weight of 400 kilograms, but was unable to fly. Therefore its association with the *peng* can easily be put in doubt.[9]

The next Song work to be looked at is the *Zhufan zhi* by Zhao Rugua 趙汝适 , of which there is a full English translation by Hirth and Rockhill.[10] Zhao was a government official serving in Fujian and thus had access to fresh information, but he also consulted the *Lingwai daida* and earlier material. By and large, however, his account is one of the finest and certainly most important medieval Chinese works on maritime Asia. Here are the references to camels which can be found in his book: (1) Tianzhu (India) "produces lions, sables, leopards, camels, rhinoceros, elephants, tortoiseshell..."[11] (2) In Dashi (the Arab lands) "the streets [of the capital] are more than fifty feet broad; in the middle is a roadway twenty-four feet broad, for the uses of camels, horses, and oxen carrying goods about." Hirth and Rockhill believe, this might refer to Damascus or Bagdad; Shen Fuwei suggests Kairo. The text then goes on saying, one of the local products would be "camel's hair cloth".[12] (3) In Bipaluo 弼琶囉 (Berbera), people "produce many camels and sheep, and feed themselves with the flesh and milk of camels, and with baked cakes." Zhao also provides an interesting remark on the giraffes of that country: "They resemble a camel in shape." Furthermore, he classifies the zebra as "a kind of camel". It thus seems that camels, or rather dromedaries, became something like a *tertium comparationis* in the author's (or his informant's) perception of the Berbera region.[13] (4) In Zhongli 中里 (most likely along the Somalia coast) the "daily food consists of baked flour cakes, sheep's and camel's milk. There are great numbers of cattle, sheep and camels."[14] Here, camels are only listed in the third place. (5) In regard to Jishi 記施, the Island of Kish in the Persian Gulf, we are told: "They produce pearls and good horses. Every year Dashi sends camels loaded with rose-water, gardenia flowers (etc.)... which they put on board ships on arriving in this country to barter with other countries." The last part of the text, in both the Chinese and English versions, remains somewhat obscure. It is not clear, whether camels only served as carriers from the Iranian highlands to the coast, where all goods were transferred to boats, or whether they were brought to the island as well.[15] (6) Bisiluo 弼斯囉 (Basra) produces "camels, sheep, and dates".[16] Camels are again listed in the first place. (7) In Jicini (Ghazni) "there is a great deal of camel and horse breeding". Among the products are "camel's hair stuffs in all colours" (*wuse tuomao duan*). These and other remarks in the Jicini segment are probably taken from *Lingwai daida*.[17] (8) Camels were also important in Lumei 蘆眉 : "The people are fond of breeding camels, horses and dogs." Lumei was sometimes equated with "Rūm" (the Roman Orient), or simply with Asia Minor, but also with Damascus and Balkh, and even with Marrakesh.[18] (9) The segment on Kunluncengqi is based on earlier accounts and alludes to the familiar story of giant birds devouring camels. This was already discussed above, in the context of Zhou Qufei's *Lingwai daida*.[19] (10) Of Moqielie 默伽獵 it is said: "Whenever the king [of that country] goes forth, he rides a horse, and a copy of the Book of the Buddha of the Arabs is carried before him on the back of a camel." Furthermore: "The people eat bread and meat; they have wheat but no rice, also cattle, sheep and camels, and fruits in very great variety." Moqielie (plus variant forms in other texts) stands for the Maghreb. In medieval and early modern times this area was particularly important for its production of red coral, which is also mentioned by Zhao Rugua.[20] (11) There is one further reference in Zhao's text that may be quoted here: "In this river (the Nile) there are 'water camels' (*shui luotuo* 水駱駝), and 'water horses' (*shui ma* 水馬 ; hippopotamus), which come up on the bank to eat herbs..." According to Hirth and Rockhill, the expression *shui luotuo* could refer to cranes. It does not occur in other texts of the same genre.[21]

Taken together, the above confirms that camels – or rather dromedaries – were distributed over a large geographical space:

from North Africa to the Gulf Region and down to the coasts of East Africa. Indeed, this is the first time in history, that a Chinese writer associates such a vast terrain – accessible through different branches of the maritime silk route and its westbound continuation, the Mediterranean – with these animals. In some enumerations camels appear as the first item, evidently to underline their importance in daily life; other chapters set different priorities, for example, the Tianzhu segment. In the parts on Berbera and Egypt (the Nile), Zhao "introduces" several "new species" – generally, by relating their physical appearance to the dromedary. Probably the author (or his informant) had deliberately chosen such a "technique", because he thought it plausible to use a familiar category – the camel – to "define" the unknown. Nevertheless, the precise identification of these "new animals" poses certain problems, as we have seen. Some of the toponyms also remain unclear. Shen Fuwei, for example, argued that Lumei and Moqielie (plus variant forms) would represent different parts of the Maghreb, other authors have located Lumei farther to the East. However, these "deviations" are of little concern to us. What is more significant here, is the fact that Zhao provides a rather complex picture of the dromedary's importance in the regions of North and East Africa, as well as parts of western Asia.

IV

As was said earlier, the other sources of the Song period are not so relevant for our theme. They largely repeat earlier data. Only one example will be cited here; this is the *Shilin guangji*, an anonymous work, possibly written in the early thirteenth century, or even later. Parts of this account can be traced back to very old material. It describes several maritime countries, but does not mention camels at all, not even in its section on Berbera. The only reference to these animals occurs in the Kunluncengqi segment – the familiar story of the *peng* bird.[22] Evidently, the author was not very interested in animals, or he had no access to first-hand informantion, unlike Zhao Rugua, who had collected many new data and thus established a more realistic image of the "outside" world.

Here we may move to the next period, the Yuan dynasty. One of the most important "maritime" works of that period is the *Zhenla fengtu ji* 真臘風土記, which is also the earliest extant monograph, worldwide, exclusively dealing with the area of modern Cambodia. This book, dated 1297, carries detailed notes on the flora and fauna of the Khmer lands. Among other things it lists camels, making it clear, however, there would only be very few *luotuo* in these regions. – How reliable is this observation? One modern commentator has flatly rejected it, saying Cambodia had no camels at all.[23] However, it may be recalled that camels have been recorded in the context of tropical India. Moreover, later works also allude to their existence in Bengal and in the area now belonging to Yunnan.[24] Hence, could it be that some dromedaries were then shipped from India to Cambodia, or rather, that the Mongols, who had invaded parts of continental Southeast Asia via Guangxi and Yunnan, had left Bactrian camels in these territories during their military campaigns?

Another text of the Mongol period is the *Daoyi zhilüe* 島夷誌略. This book can be dated to the middle of the fourteenth century, on account of its prefaces and postscript, although some parts were certainly written earlier. Unlike many other *lishi dili* works, it carries much original information, evidently because the author, Wang Dayuan 汪大淵, had widely travelled through parts of maritime Asia. Yet, his notes are quite disappointing, because he only refers to camels twice: once in the context of Bosili (波斯離 Basra) – camel hair is listed as one of the local products – and once in a short segment on Manali 馬那里: "This place produces camels, nine *chi* 尺 in hight; local people use them to carry heavy loads."[25]

The location of Manali remains unclear. However, since the same segment also mentions the ostrich, it should probably be looked for in Africa. One possibility would be Malindi, a port between Brawa and Mombasa. Malindi occurs in other sources as well, but under different names. Under the Ming it came to be associated with the shipment of giraffes.[26] Nine *chi* equals three meters. Although large dromedaries can be found in the hinterland of Malindi, this measure is exaggerated; probably Wang Dayuan wanted to tell his readers that the dromedaries in these lands were truly special or he was simply mislead by his informants.

The *Yiyu zhi* 異域志, possibly written during the late Yuan period, is another work largely based on earlier accounts. Its descriptions are very short and offer little that is new. Camels are mentioned twice: in the context of Kunluncengqi (the *peng* story), and as a product of Jicini (Ghazni).[27] Finally, there is the *Wenxian tongkao*, which was already referred to above. This work – produced under the Song, but only printed in Mongol times – can largely be ignored here, because it provides no additional data on dromedaries in the maritime context.[28] The *Song shi* (c. 1345) is equally disappointing in that regard. It says, however, that Cengtan 層檀 had various domestic animals, among which were *tuotuo*, or dromedaries. The identity of Cengtan is unclear. Some scholars think it should be located somewhere on the Arabian peninsula, other believe it is phonetically related to "Zangistān", the "Land of Blacks". It would thus be the same as "the Land of Zanj", or Kunluncengqi, and its variant forms. Still others thought it would stand for Zanzibar.[29]

V

Fresh information on the maritime world can be found in a small number of early Ming sources related to the famous expeditions of Zheng He 鄭和. At that time, Chinese ships reached Hormuz, Aden, Mogadishu and several other destinations along the East African shore. These ports sent tribute missions to the Ming court, which is recorded in the so-called *shilu* 實錄 and various *lishi dili* works.[30] The relevant information also appears in many later works. As to the locations themselves, they are first described in the following Ming works: *Yingya shenglan* 瀛涯勝覽 (conventionally dated 1433), *Xiyang fanguo zhi* 西洋番國志 (1434) and *Xingcha shenglan* 星槎勝覽 (1436). We shall look at these texts, one by one, because they also refer to camels.

The author of the first work was a Muslim: Ma Huan 馬歡.

There are several editions of his book, but the passages on plants and animals do not vary too much from one version to the next.[31] This is what Ma Huan reports: (1) In Zufa'er 祖法兒, or Dhufar on the southern coast of the Arabian peninsula, the ruler "rides in a sedan-chair, or else he mounts a horse; before and behind him are ordered ranks of elephants, camels, companies of cavalry...". Furthermore: "As to their camels, they have single-humped ones, and they have double-humped ones; the people all sit and ride on them to go to the market-streets; [and when the camels are] about to die, they kill them and sell the flesh." Finally, in that section the ostrich is compared to the camel, because "its hair is like a camel's... and it walks like a camel, hence the name 'camel-fowl' (*tuoji* 駝鷄)". (2) Of Adan 阿丹, or Aden, Ma Huan says this: "Elephants, camels, donkeys, mules, oxen, goats, fowls, ducks, cats, and dogs – all these they have; only they have no pigs or geese." (3) With respect to Banggela 榜葛剌, or Bengal, we read: "Camels, horses, donkeys, mules, water-buffaloes, yellow oxen, goats, sheep, geese, ducks, fowls, pigs, dogs, cats, and other such domestic animals – all these they have." (4) In Hulumosi 忽魯謨斯 (斯), or Hormuz, "camels, horses, mules, oxen, and goats are plentiful". (5) And in Tianfang 天方, or Mecca, "camels, horses, donkeys, mules, oxen, goats, cats, dogs, fowls, geese, ducks, and pigeons are also abundant".

These observations call for short comments. First, Ma Huan's text seems to be the earliest "maritime" account in Chinese, which explicitly notes the simultaneous availability of dromadaries *and* Bactrian camels on the Arabian peninsula. Second, in some cases the author seems to refer to imported animals, for example, when he speaks of elephants in Dhufar and Aden. How they reached the Arabian peninsula, is not recorded. Third, Hormuz usually denotes an island port. However, during certain periods in time, one part of the coastal mainland was also administered by this place. Perhaps it is mostly to the continental area that the text refers when mentioning camels, and not so much to the offshore islands, where living conditions were less favourable.[32] Finally, in all enumerations, camels appear in *primo loco*. The only exception is Aden, where they "rank" after elephants. At the same time, horses are placed in the second position – in spite of their importance as military animals. Interestingly, pigs and dogs only occur towards the end. No doubt, these arrangements reflect the Muslim faith of our author.[33]

The second text, by Gong Zhen 鞏珍, is very similar to Ma Huan's work. Camels are again listed in the descriptions of Dhufar, Aden, Bengal, Hormuz and Mecca (same Chinese toponyms as in *Yingya shenglan*). Interestingly, however, in the Bengal segment, pigs and dogs move up to a better position within the enumeration of that country's domestic animals, possibly because the author was not a Muslim.[34]

The *Xingcha shenglan*, by Fei Xin 費信, is somewhat different.[35] It contains the following statements: (1) In Hormuz (same spelling as in previous texts), "oxen, goats, horses, and camels all feed on dried sea fish". (2) Lasa 剌撒 "produces ambergris, frankincense, 'thousand *li*' camels (*qianli luotuo* 千里駱駝), but nothing more". (3) Aden (same spelling) "produces 'nine-tailed rams', 'thousand *li*' camels, 'donkeys' with a black and white pattern, ostriches, and 'golden-spotted' leopards". (4) In Zuofa'er 佐法兒 –a variant form for Dhufar – "oxen, goats, camels and horses only eat dried fish". (5) Similarly, in Mugudushu 木骨都束, or Mogadishu, "camels, horses, oxen, and goats are all fed on dried sea-fish". (6) In the segment on Bulawa 卜剌哇 (Brawa, in modern Somalia), camels appear as the last item in a list of local products. (7) Mecca (same toponym) "produces golden amber, precious stones, pearls, lions, camels, giraffes, leopards, *ji* deer (麂), and horses which are eight feet in hight; these are the so-called 'celestial horses' (*tianma* 天馬)."[36]

Again, the above requires some comments: First, Fei Xin lists no camels in his chapter on Bengal. Indeed, one wonders whether camels were as important in that country as Ma Huan had suggested.[37] Second, only one enumeration places these animals in *primo loco* (Mogadishu) – evidently, Fei Xin (like Gong Zhen) did not profess the Muslim faith. Third, "'thousand *li*' camel" denotes a very fast animal; similar terms occur in different works, but rarely in "maritime" contexts.[38] Fourth, the location of "Lasa" remains unclear. Some scholars believe it was near al-Mukallā, to the west of Dhufar; other suggestions include Muscat in Oman, the al-Hasā region south of Kuwait (along the shores of the Persian Gulf), and Ra's Šarwain on the southern littoral of the Arabian peninsula. The reference to frankincense could point to the Hadramaut coast (the first and last options).[39] Finally, I was not able to find out whether camels and dromedaries were (are) really fed with dried fish.[40]

Here we can turn to some additional observations drawn from other works: One of the famous inscriptions summarizing Zheng He's voyages, reports that an envoy from Brawa had presented "thousand *li* camels and ostriches" to the Chinese court in 1417. If true, this could mean that camels were shipped from East Africa to the Far East. However, the *Ming shilu*, our most important source with data on tribute envoys from maritime countries, does not confirm that statement.[41] Nevertheless, the *Ming shilu* provides three different cases which, at first sight, can be linked to the arrival of camels from maritime Asia (these were all "ordinary" animals, and not "thousand *li*" runners): (a) In 1419, the rulers of Melaka *and* seventeen additional countries offered camels and other tribute items. (b) In 1435, camels were presented by envoys from Annam, Melaka *and* other locations. (c) And in 1463, they were sent by various places, *including* Samudra (on Sumatra). The important point is that the text remains vague in each instance, because the general reading "a, b, c brought x, y, z" does not allow us to say which country offered what; moreover, among the tribute bearers one finds envoys from several land-locked locations such as Hami in modern Xinjiang. It is likely, therefore, that the "maritime envoys" from Melaka, Annam and Samudra had nothing to do with camels at all; these animals, it would seem, were offered by envoys travelling overland.[42] The general conclusion could then be, that no camel ever boarded a Ming ship, and that the reference to Brawa's offerings, in the aforementioned inscription, might be wrong.

After the end of Zheng He's expeditions in 1433, the number of tribute delegations sailing from maritime countries to China declined. This also reduces the possibility of regular animal transports from Indian Ocean sites to the ports of East Asia. Moreover, envoys who, in the days of Zheng He, had opted to travel by boat, now may have switched back to the land route. One example relates to

1462: For this year, the *Ming shilu* records a group of envoys from Egypt and other locations bringing camels; these envoys certainly proceeded through the deserts of Central Asia, and perhaps the animals they took to China were all of the Bactrian kind and acquired somewhere en route. Other entries in the same source refer to camels sent as tribute items from locations in the area of modern Yunnan.[43] Again, this is not related to the maritime scenario.

Ethnographic accounts prepared in the later half of the fifteenth century and during the sixteenth century rarely contain fresh information on the maritime world. By and large they repeat familiar data, drawing on such works as the *Yingya shenglan* and *Xingcha shenglan*, or even on earlier material. Typical sources of that kind are the *Huanyu tongzhi* 寰宇通志 (1456) and *Da Ming yitong zhi* 大明一統志 (1461). They carry short segments on Hormuz, Dhufar, Bengal and other locations accessed by the sea in the days of Zheng He, but do not mention camels at all.

A further source is the *Xiyang chaogong dianlu* 西洋朝貢典錄 (1520). It confirms earlier statements: Bengal and Mecca had (ordinary) camels (possibly dromedaries are meant), Dhufar had two-humped camels, and Aden "thousand *li* camels". There is also a segment on Hormuz, but no camels appear in that section.[44] Evidently, these details are largely based on the early Ming accounts cited above. More works of a similar nature could be analysed in the same way – for example *Da Ming huidian* 大明會典 (first version 1503), *Huang Ming siyi kao* 黃明四夷考 (1564), and *Shuyu zhouzi lu* 殊域周咨錄 (1574) – but the results would not be too different. It is for this reason, that we can end our chronological survey here.[45]

VI

What does the above tell us? Camels, it is clear, were a "conventional" item in late medieval and early Chinese writing on Africa and the Near East. These areas could be accessed by sea, from the Tang period through to the days of Zheng He. Nevertheless, the transportation of camels through the Indian Ocean is rather unlikely, although their appearance in Cambodia and Cheli – perhaps the Chola lands – remains difficult to explain. Next, authors rarely distinguish between the Bactrian and the dromedary. In some cases, they may have been totally unaware of the fact that the *luotuo* of West Asian and African origin was mostly of the second kind. On the other hand, camels are "textually" instrumentalized. Ma Huan provides a fine example: Being a Muslim, he frequently lists camels first, before turning to other creatures. Evidently he assigned great importance to the distribution of these animals across the trading world of maritime Asia. Elsewhere, camels function like a *tertium comparationis*. This suggests that China's readership was quite familiar with these animals.

Camels are nowhere described in detail (such descriptions can only be found in works related to northern China, Inner Mongolia and the overland trading routes, and of course in veterinary treatises), but they figure "prominently" in *lishi dili* works on maritime Asia – at least "numerically", because they belong to the most frequently mentioned animals in that context. Yet, they appear to be devoid of exotic dimensions, unlike certain other creatures, such as parrots, giraffes, zebras and so forth. Although their position in China's "seabound literature" remained almost unchanged over time, three accounts were of particular importance here: *Zhufan zhi*, *Yingya shenglan*, and *Xingcha shenglan*. These books, it may be said in conclusion, are key texts at the "maritime frontier", and that also applies to the way in which they present various other animals.

■NOTES

[1] Edward H. Schafer, "The Camel in China down to the Mongol Dynasty", *Sinologica* II.3 (1950), pp. 165-194, and II.4 (1950), pp. 263-290. – For a short Chinese summary on camels, readers may consult Guo Fu 郭 郛 et al., *Zhongguo gudai dongwuxue shi* 中國古代動物學史 (Beijing: Kexue chubanshe, 1999), pp. 385-386.–At least three traditional Chinese accounts exclusively dealing with camels are known: *Tuotuo jing* 橐駝 經, *Lun tuo jing* 論駝經 and *Luotuo jing* 駱駝經. According to Martina Siebert, *Pulu* 譜錄 *." Abhandlungen und Auflistungen" zu materieller Kultur und Naturkunde im traditionellen China*, ser. Opera Sinologica 17 (Wiesbaden: Harrassowitz Verlag, 2006), p. 243 and n. 444 there, the first two works are lost. The last text, by Tong Hua 童華, carries a preface of 1732, but this book is not relevant for the present study, which only deals with earlier periods and very limited aspects. – There is also an important veterinary text. This work goes back to the Ming period and is included in Yu Benyuan 喻本元 and Yu Benheng 喻本亨, *Chongbian jiaozheng Yuan Heng liao ma niu tuo jing quanji* 重編校正元亨療馬牛駝經全集, ser. Zhongguo gu nongshu congkan... (Beijing: Nongye chu-

banshe, 1963), pp. 655 et seq. (the *Tuo jing daquan* 駝經大全).

[2] Recently on animals shipped to China, several articles in: R. P., *Exotische Vögel: Chinesische Beschreibungen und Importe*, ser. East Asian Maritime History 3 (Wiesbaden: Harrassowitz Verlag, 2006); Bert G. Fragner, Ralph Kauz, R. P. and Angela Schottenhammer (eds.), *Pferde in Asien: Geschichte, Handel und Kultur. Horses in Asia: History, Trade and Culture*, ser. Österreichische Akademie der Wissenschaften, Philosophisch-historische Klasse, Denkschriften 378 (Vienna: Verlag der Österreichischen Akademie der Wissenschaften, 2009); R. P. (ed.), *Tiere im alten China. Studien zur Kulturgeschichte*, ser. Maritime Asia 20 (Wiesbaden: Harrassowitz Verlag, 2009).

[3] Du You 杜佑 (comp.), Wang Wenjin 王文錦 (ed.), *Tong dian*, 5 vols. (Beijing: Zhonghua shuju, 1988), V, j. 193, pp. 5261 (Tianzhu), 5263 (Cheli), 5270 (Bosi), 5279 (Dashi). – Of another location, Fuluni 伏盧尼 (Fūrūmi), it is also said that it would produce camels (p. 5272). This place was to the northwest of Bosi and probably did not really belong to the maritime sphere.

[4] For Cheli, see Chen Jiarong 陳佳榮, Xie Fang 謝方 and Lu Junling 陸峻嶺, *Gudai Nanhai diming huishi* 古代南海地名匯釋 (Beijing: Zhonghua shuju, 1986), p.174. This book lists further references to the same toponym. One source is Ma Duanlin 馬端臨, *Wenxian tongkao* 文獻通考, 2 vols., ser. Shitong (Hangzhou: Zhejiang guji chubanshe, 1988), II, j, 338, p. 2656c. The name (which should have nothing to do with Cheli 車里, a former Tai polity in the border region between modern Yunnan/Laos/Myanmar, and frequently referred to in Yuan and Ming works) already appears in the *Wei lüe* 魏略. For that work, recently John E. Hill, *The Peoples of the West. From the Weilue by Yu Huan. A Third Century Chinese Account Composed between 239 and 265 CE, Quoted in juan 30 of the Sanguozhi, Published in 429 CE. Draft English Translation*, http://depts.washington.edu/silkroad/texts/weilue/weilue.html (accessed January 2010). – A new

book on the Cholas – Hermann Kulke et al. (eds.), *Nagapattinam to Suvarnadwipa. Reflections on the Chola Naval Expeditions to Southeast Asia* (Singapore: Institute of Southeast Asian Studies, 2009) – contains various translations from Chinese sources; see especially the appendices.

[5] See, for example, Paul Wheatley, "The Land of Zanj: Exegetical Notes on Chinese Knowledge of East prior to A.D. 1500", in Robert W. Steel and R. Mansell Prothero (eds.), *Geographers and the Tropics. Liverpool Essays* (London: Longmans, Green & Co. Ltd., 1964), pp. 142-147, and Wheatley's "Analecta Sino-Africana Recensa", in H. Neville Chittick and Robert I. Rotberg (eds.), *East Africa and the Orient. Cultural Syntheses in Pre-Colonial Times* (New York and London: Africana Publ. Co., 1975), pp. 76-114 (passim); Philip Snow, The *Star Raft. China's Encounter with Africa* (London: George Weidenfeld & Nicolson, 1988), pp. 11-13. Earlier European accounts on China-Africa relations include Teobaldo Filesi's *Le relazioni della Cina con l'Africa nel Medioevo* (Milan: Giuffré, 1962). There are also many modern works in Chinese. See, for example, Shen Fuwei 沈福偉, *Zhongguo yu Feizhou – Zhong Fei guanxi erqian nian* 中國與非洲—中非關係二千年 (Beijing: Zhonghua shuju, 1990), pp. 230 et seq. Shen believes that several other toponyms should be linked to African locations, but these interpretations are debatable (see especially pp. 234 et seq.). – Finally, note that there are various Chinese transcriptions for Berbera.

[6] Recently, Derek Heng, *Sino-Malay Trade and Diplomacy from the Tenth through to the Fourteenth Century*, ser. Ohio University Research in International Studies, Southeast Asia Series 121 (Athens: Ohio University Press, 2009), has outlined the possible structure of trade across the South China Sea, especially between Song/Yuan China and the Malay world. Heng also underlines that China was the driving force behind maritime exchange in those days. For a similar view, within a broader framework, see the relevant sections in R. P., *Die maritime Seidenstrasse. Küstenräume,*

Seefahrt und Handel in vorkolonialer Zeit, ser. Historische Bibliothek der Gerda Henkel Stiftung 2 (Munich: C. H. Beck, 2007).

[7] Data on tribute envoys are also recorded in *Cefu yuangui* 冊府元龜 (c. 1005-1013), *Zizhi tongjian* 資治通鑑 (1066-1084), and other such works. See, for example, Hans Bielenstein, *Diplomacy and Trade in the Chinese World 589-1276*, ser. Handbuch der Orientalistik... (Leiden etc.: Brill, 2005), and Robert Hartwell, *Tribute Missions to China, 960-1126* (Philadelphia: no publisher, 1983). The old book by Lin Tien-wai (Lin Tianwei) 林天蔚, *A History of the Perfume Trade of the Sung Dynasty. Songdai xiangyao maoyi shigao* 宋代香藥貿易史稿 (Hong Kong: Zhongguo xueshe, 1960), is also very useful in that regard.

[8] Zhou Qufei 周去非 (author), Yang Wuquan 楊武泉 (ed.), *Lingwai daida jiaozhu* 嶺外代答校注, ser. Zhongwai jiaotong shiji congkan (Beijing: Zhonghua shuju, 1999), pp. 100, 113; Almut Netolitzky, *Das Ling-wai tai-ta von Chou Ch'ü-fei. Eine Landeskunde Südchinas aus dem 12. Jahrhundert*, ser. Münchener Ostasiatische Studien 21 (Wiesbaden: Franz Steiner Verlag, 1977), pp. 46, 49. For the textiles also see note 17, below.

[9] See, for example, Wheatley, "The Land of Zanj", pp. 153-156, and "Analecta", pp. 86-88; Snow, *Star Raft*, pp. 12-13. In addition to the works cited by these authors, one may also consult related information in Shen Fuwei, *Zhongguo yu Feizhou*, pp. 280 et seq.; Julie Wilensky, "The Magical Kunlun and 'Devil Slaves': Chinese Perceptions of Dark-Skinned People and Africa before 1500", *Sino-Platonic Papers* 122 (2002). – For early references to the Kunlun (mountains), also see Manfred Frühauf, "Der Kunlun im alten China...", *Minima Sinica* 1 (2000), pp. 41-67, and 2 (2000), pp. 55-94. – Today, the genus *Aepyornis* is usually associated with four species: *A. gracilis*, *A. hildebrandti*, *A. maximus* and *A. medius*.

[10] Friedrich Hirth and W. W. Rockhill (tr.), *Chau Ju-kua: His Work on the Chinese and Arab Trade in the Twelfth and Thirteenth Centuries, Entitled Chu-*

fan-chï (rpt. Taibei: Ch'eng-Wen Publishing Company, 1970). Two standard versions in Chinese are: Han Zhenhua 韓振華 (tr. and comm.), *Zhufan zhi zhubu* 諸蕃志注補, in Han Zhenhua zhuzuo zhengli xiaozu (ed.), *Han Zhenhua xuanji* 韓振華選集, vol. 2, ser. Centre of Asian Studies Occasional Papers and Monographs 134.2 (Hong Kong: Centre of Asian Studies, 2000); Zhao Rugua (author), Yang Bowen 楊博文 (ed.), *Zhufan zhi jiaoshi* 諸蕃志校釋, ser. Zhongwai jiaotong shiji congkan (Beijing: Zhonghua shuju, 1996). – Here I refer to the English version as "Hirth / Rockhill" and to the first Chinese text as "Han".

[11] Hirth / Rockhill, p. 111; Han, p. 161.

[12] Hirth / Rockhill, pp. 115, 116, 120 n. 5; Han, pp. 173, 174; Shen Fuwei, *Zhongguo yu Feizhou*, p. 250.

[13] Hirth / Rockhill, p. 128, p. 129 n. 7; Han, p. 200, p. 204 n. 4. Both texts draw attention to a brief remark by Ibn Battuta: in Zeila and Mogadishu many camels were killed everyday for food. – Also see Wheatley, "The Land of Zanj", pp. 149-150. – Recently on giraffes and zebras in traditional Chinese sources: Zhang Zhijie 張之傑, *Yan qiao ji. Kexue yu meishu de jiaohui* 鹽橋集. 科學與美術的教會 (Taibei: Zhang Zhijie chubanshe, 2006), especially pp. 244-250, 256-257, 261-269; Zhang Jian 張箭, "Xia Xiyang suo jian suo yinjin zhi yishou kao" 下西洋所見所引进之異獸考, *Shehui kexue yanjiu* 社會科學研究 (1/2005), p. 152 (also on http://www.cnki.net); Sally K. Church, "The Giraffe of Bengal: A Medieval Encounter in Ming China", *The Medieval History Journal* 7 (2004), pp. 1-37. – Also see, for example, Shen Fuwei, *Zhongguo yu Feizhou*, pp. 268-270.

[14] Hirth / Rockhill, p. 130; Han, p. 206. For the identification of Zhongli, see, for example, Wheatley, "The Land of Zanj", pp. 150-152, and "Analecta", pp. 88-89.

[15] Hirth / Rockhill, p. 134; Han, p. 213. Recently on Kish: Ralph Kauz, "The Maritime Trade of Kish during the Mongol Period", in Linda Komaroff

(ed.), *Beyond the Legacy of Genghis Khan*, ser. Islamic History and Civilization, Studies and Texts 64 (Leiden: Brill, 2006), pp. 51-67.

[16] Hirth / Rockhill, p. 137; Han, pp. 222-223.

[17] Hirth / Rockhill, p. 138; Han, p. 224. – Whether Zhao Rugua really meant Ghazni, is debatable. – Also note: Han reads "*wusetuo* and *maoduan*". In another section of the text: *se maoduan* 色毛段 , "coloured woollen stuffs". See Han, p. 231, and Hirth / Rockhill, p. 141. Further explanations, for example, in Paul Pelliot, *Notes on Marco Polo*, 3 vols. (Paris: Imprimerie Nationale, Librairie Adrien Maisonneuve, 1959-1973), I, pp. 143-145. Pelliot thinks that *wuse tuomao duan* should be the same as "camlet". He also comments on *maoduan* (in the context of Lumei and the Maghreb, see nos. 8 and 10, here).

[18] Hirth / Rockhill, p. 141; Han, p. 231. For Lumei and related names, see, for example, Zhou Qufei, *Lingwai daida jiaozhu*, pp. 105-106 n. 27; Chen Jiarong et al., *Gudai Nanhai diming huishi*, especially p. 1029; Shen Fuwei, *Zhongguo yu Feizhou*, pp. 423-425 (Marrakesh). – Shen also underlines the importance of camel raising in Morocco (p. 425). – For a comprehensive panorama (Rome-China), see D. D. Leslie and K. H. J. Gardiner, *The Roman Empire in Chinese Sources* (Rome: Università di Roma "La Sapienzia", 1996), i.e., vol. 15 of *Studi Orientali*. Also see some of the studies listed in n. 28, below.

[19] Hirth / Rockhill, p. 149; Han, p. 247. See also Han's note on pp. 248-251, and sources in n. 9, above.

[20] Hirth / Rockhill, p. 154; Han, pp. 263-264 (related place names in *Shilin guangji* and *Daoyi zhilüe*). Also, see, for example, Chen Jiarong et al., *Gudai Nanhai diming huishi*, especially p. 987. For red corals, see R. P. "Notes on the Word 'shanhu' and Chinese Coral Imports from Maritime Asia, c. 1250-1600", *Archipel* 39 (1990), pp. 65-80.

[21] Hirth / Rockhill, p. 145; Han, p. 237. A different reading for *shui luotuo*

in Shen Fuwei, *Zhongguo yu Feizhou*, p. 243.

[22] Chen Yuanjing 陳元靚, *Shilin guangji* (Beijing: Zhonghua shuju, 1963), *Fangguo lei* section 方國類 (as addendum), fol. 4a (no chs.); Wheatley, "Analecta", p. 97.

[23] Zhou Daguan 周達觀 (author), Jin Ronghua 金榮華 (comm.), *Zhenla fengtu ji jiaozhu* 真臘風土記校注 (Taibei: Zhengzhong shuju, 1976), p. 94. For translations from Zhou's text, see, for example, Paul Pelliot, *Mémoires sur les coutumes du Cambodge de Tcheou Ta-Kouan*; version nouvelle..., Oeuvres posthumes de Paul Pelliot 3 (Paris: Libraire d'Amérique et d'Orient Adrien-Maisonneuve, 1951; originally published in *Bulletin de l'École française d'Extrême-Orient* 2 [1902], pp. 123-177); Donatella Guida, *Nei mari del sud. Il viaggio nel Sud-Est Asiatico tra realtà e immaginazione: storiografia e letteratura nella Cina Ming e Qing* (Rome: Edizioni Nuova Cultura, 2007), ch. 3.2.

[24] See below, references in the works by Ma Huan and Gong Zhen. Also see n. 43.

[25] Wang Dayuan (author), Su Jiqing 蘇繼廎 (ed.), *Daoyi zhilüe jiaoshi* 島夷誌略校釋, ser. Zhongwai jiaotong shiji congkan (Beijing: Zhonghua shuju, 1981), pp. 294-297, 301. Also see Han Zhenhua, *Zhufan zhi*, p. 223. – There are many partial translations of the *Daoyi zhilüe*; the most familiar one is the "classic" work by Rockhill in *T'oung Pao*.

[26] See sources in n. 13, above (giraffes). – Ostriches: In pre-historic times, these birds were also found in parts of northern and central Asia. See, for example, Guo Fu, *Zhongguo gudai dongwuxue shi*, pp. 3, 9, 21, 35, 46. Many other authors have dealt with the ostrich in ancient Chinese texts. A recent study is Wang Ting 王頲, "Tiaozhi daque – Zhongguo zhong jin gu jicai zhong de daxing zouqin" 條支大雀—中國中近古記載中的大型走禽, in his *Xiyu Nanhai shidi yanjiu* 西域南海史地研究, ser. Wen shi zhe yanjiu congshu (Shanghai: Shanghai guji chubanshe, 2005), pp. 39-55.

[27] See Zhou Zhizong 周致中, Lu Junling (ed.), *Yiyu zhi* (bound together with *Xiyou lu* in one volume), ser. Zhongwai jiaotong shiji congkan (Beijing: Zhonghua shuju, 1981), pp. 22 and 38.

[28] Some examples from Ma Dualin: *Wenxian tongkao*, II, j. 338, p. 2658 (camels in India, including South India, usually references to earlier periods); p. 2660 (Bosi: a bird resembling camels – the ostrich); j. 339, p. 2264 (Fulin 拂菻 – Rūm, the Roman Orient – has dromedaries). – Much has been written on the last toponym and a related name: Daqin 大秦. See, for example, Friedrich Hirth, *China and the Roman Orient. Researches into their Ancient Medieval Relations as Represented in Old Chinese Records* (rpt. Chicago: Ares Publ., 1975; originally 1885), or Donald D. Leslie and K. H. J. Gardiner, "Chinese Knowledge of Western Asia During the Han", *T'oung Pao* 68 (1982), pp. 254-308; M. S. Kordoses, "China and the Greek World. An Introduction to Greek-Chinese Studies with Special Reference to the Chinese Sources. I: Hellenistic-Roman-Early Byzantine Period (2nd C.B.C.–6th C.A.D.)", *Historikogeographika* 3 (1991), pp. 143-251, and "The Name Fu-Lin (=Romans)", ibid. 4 (1994), pp. 171-178; Leslie and Gardiner, as listed in n. 18, above. – Another work, the *Yuhai* 玉海, contains data on tribute missions arriving from maritime countries, but nothing that is new in regard to camels.

[29] Tuo Tuo 脫脫 et al., *Song shi*, 40 vols. (Beijing: Zhonghua shuju, 1977), XL, j. 490, p. 14122. For Cengtan, see, for example, Chen Jiarong et al., *Gudai Nanhai diming huishi*, especially p. 460; Wheatley, "Analecta", p. 88; Hirth / Rockhill, *Chau Ju-kua*, p. 127 n. 4; Su Jiqing, *Nanhai gouchen lu* 南海鈎沉錄 (Taibei: Taiwan shangwu yinshuguan, 1989), pp. 369-372. Cengtan also sent some tribute envoys to China. See, for example, Bielenstein, *Diplomacy and Trade*, p. 79. – In *Song shi*, one finds a further reference to dromedaries in Fulin; see p. 14124 (text similar to the one in *Wenxian tongkao*, previous note).

[30] For the *shilu*, see Geoffrey P. Wade, *The Ming Shi-lu (Veritable Records of the Ming Dynasty) as a Source for Southeast Asian History: Fourteenth to Seventeenth Centuries*, 8 vols. (Hong Kong: University of Hong Kong 1994; unpublished dissertation). Most parts are available under http://www.epress.nus.edu.sg/msl. – Some scholars have pointed out that the early Ming were in touch with Egypt and other locations in the Near East. See, for example, Shen Fuwei, *Zhongguo yu Feizhou*, pp. 447 et seq. – and pp. 454 et seq. (on East Africa).

[31] For a recent Chinese edition, with notes and textual comparisons, see Ma Huan (author), Wan Ming 萬明 (comm.), *Ming chaoben" Yingya shenglan" jiaozhu* 明鈔本瀛涯勝覽校注 (Beijing: Haiyang chubanshe, 2005). The standard English version is: J. V. G. Mills (tr., ed.), *Ying-yai sheng-lan. The Overall Survey of the Ocean's Shores* [1433], ser. Hakluyt Society Extra Series 42 (Cambridge: At the University Press, 1970), pp. 152-153 (Dhufar), 157 (Aden), 157 (Bengal), 171 (Hormuz), 176 (Mecca). – Translations of individual country segments, also from *Xingcha shenglan* and other texts, include the ones in Guida's work, for example in her *Nei mari del sud*.–On the animals mentioned by Ma Huan, also see Zhang Zhijie's article in his *Yan qiao ji*, pp. 251-260; however, this article only concerns "rare" animals, not camels.

[32] For Hormuz in Chinese sources, see, Ralph Kauz and R. P., "Hormuz in Yuan and Ming Sources", *Bulletin de l'École française d'Extrême-Orient* 88 (2001), pp. 27-75.

[33] Ma Huan's positive views of the Islamic world can also be gathered from various other details. See, for example, R. P., "Ein mustergültiges 'Barbarenland'? – Kalikut nach chinesischen Quellen der Yuan-und Ming-Zeit", in Denys Lombard and R. P. (eds.), *Asia maritima: Images et réalité, Bilder und Wirklichkeit*, ser. South China and Maritime Asia 1 (Wiesbaden: Harrassowitz Verlag, 1994), pp. 79-116.

[34] See Gong Zhen (author), Xiang Da 向達 (ed.), *Xiyang fanguo zhi*, ser. Zhongwai jiaotong shiji congkan (rpt. Beijing: Zhonghua shuju, 1982), pp. 34, 35, 37, 39, 44, 46.

[35] Fei Xin (author), Feng Chengjun 馮承鈞 (ed.), *Xingcha shenglan jiaozhu* 星槎勝覽校注 (Beijing: Zhonghua shuju, 1954). Fei Xin (author), J. V. G. Mills (tr.), R. P. (ed.), *Hsing-ch'a sheng-lan. The Overall Survey of the Star Raft*, ser. South China and Maritime Asia 4 (Wiesbaden: Harrassowitz Verlag, 1996), pp. 70 (Hormuz), 72 (Lasa), 99 (Aden, Dhufar), 102 (Mogadishu), 104 (Brawa), 105 (Mecca).

[36] *Ji* deer: usually *Muntiacus muntjak*, or simply the muntjac.

[37] On China and Bengal, see, for example, Haraprasad Ray, *Trade and Diplomacy in India-China Relations. A Study of Bengal during the Fifteenth Century* (New Delhi: Radiant Publishers, 1993).

[38] See, for example, Schafer," The Camel in China" (second part), pp. 271-272.

[39] See, for example, references in Fei Xin, Mills, R. P., *Hsing-ch'a shenglan*, p. 72 n. 201; Chen Jiarong et al., *Gudai Nanhai diming huishi*, pp. 573, 980-981. – For frankincense, see, for example, Nigel Groom, *Frankincense and Myrrh. A Study of the Arabian Incense Trade* (London and Beyrouth: Longman and Librairie du Liban, 1981).

[40] Wheatley, "Analecta", p. 99, briefly discusses this, but provides no explanation.

[41] For the inscriptions, see, for example, Jan J. L. Duyvendak, "The True Dates of the Chinese Maritime Expeditions in the Early Fifteenth Century", *T'oung Pao* 34 (1938), pp. 341-412. – The *Ming shilu* entries related to East Africa are conveniently listed in Li Guoxiang 李國祥, *Ming shilu leizuan. Shewai shiliao juan* 明實錄類纂. 涉外史料卷 (Wuhan: Wuhan chubanshe, 1991), pp. 1089-1091. – This source records envoys from Brawa in winter 1416/17, in early 1421, and in late 1423. None of these

envoys is associated with bringing camels.

[42] For the entries in *Ming shilu* (23 September 1419, 11 April 1435, 20 August 1463), see the relevant passages in Wade's electronic version of *The Ming Shi-lu*; in Li Guoxiang's *Ming shilu leizuan*; or in the Zhongyang yanjiu yuan edition of the *Ming shilu*, 133 vols. (Taibei: Academia Sinica, 1966), XIV, p. 2155; XXII, p. 71; XXXVIII, pp. 7095-7096.

[43] See, for example, Li Guoxiang, *Ming shilu leizuan*, p. 1088 (Egypt); and entries for 14 April 1446 and 13 July 1448, in Wade's electronic version of *The Ming Shi-lu*.

[44] See Huang Xingzeng 黄省曾 (author), Xie Fang 謝方 (ed.), *Xiyang chaogong dianlu*, ser. Zhongwai jiaotong shiji congkan (Beijing: Zhonghua shuju, 1982), pp. 89, 104, 114, 118. For an annotated German translation of this work, see Klaus Sonnendecker, *Huang Xingzeng. Verzeichnis der Akteneinträge zu Audienzen und Tributen vom Westlichen Meer (Xiyang chaogong dianlu)* (Berlin, 2005; Dr. phil. diss.; www.diss-fu-berlin.de/2007/527/sonnendecker-gesamt-pdf; accessed 2009).

[45] Li Dongyang 李東陽 et al., *Da Ming huidian*, 5 vols. (Taibei: Huawen shuju, 1964), III, j, 107, 15b (p. 1610), says that Mecca submitted camels as tribute (camels are even listed in *primo loco*, before horses), but this is likely to refer to overland missions during the Zhengde period or later – and not to maritime missions.

元代也里可溫歷史分佈考

殷小平

　　有關蒙元基督教徒的分佈問題，比較系統的研究始於張星烺先生。1930年，先生利用馬可波羅遊記及相關漢文史料，循元代中國內地教堂之分佈，勾勒出當時基督教在華的傳播地圖，個中包括大都、大同、沙州、肅州、甘州、涼州、鄜州、額里合牙、黃河外套、喀什噶爾、葉爾羌、赤斤塔拉斯、伊犁、東北、揚州、鎮江、杭州、溫州、泉州、雲南省城等地。[1] 其主要反映了馬可波羅東來之時，亦即忽必烈統治時期的基督教分佈情況；部分地區如溫泉二州，則參考到忽必烈朝以後的文獻。

　　張星烺以後，學界於元代基督教的分佈問題，更趨向於對某一區域的考察，其中以羅香林先生《唐元二代之景教》爲代表。氏著分別探討了元代汪古部、克烈部、江浙等地的景教傳播。[2] 此後三十年，國人對中國基督教史的研究已基本停滯。直到二十世紀八十年代，始有周良霄先生從宏觀角度，考察元及元以前蒙古以及中國內地的基督教分佈。[3] 兩年之後，劉迎勝先生進一步拓寬視野，探討蒙元時代中亞地區聶斯脫里教的分佈問題。[4]

以上諸學者之研究，實際已將蒙元時代中亞和中國地區基督教分佈之相關資料網羅殆盡。此後有關元代基督教分佈之研究，無論是考察範圍還是史料利用，鮮見有顯著的超越。[5]惟内蒙和泉、揚二州，因近二十年來考古時有新發現，故能不斷補充材料，揭示出更多細節。[6]至於某些次要地區，如遼陽、雲南等地的基督教情況，囿於資料，仍一直無法勾勒其概貌。[7]

綜觀以往對元代基督教地理分佈之研究，多是通過梳理文獻及考古資料所披露之教徒活動地點，再進行概括總結。這一橫向考察法，難以體現元代基督教在歷史縱向發展過程中地理分佈的變化和特點。筆者認爲，惟有建立一個以"地理"爲橫軸、以"時間"爲縱軸的研究坐標，將具體的也里可溫"人物"納入整個研究框架，才能看到"時間"與"空間"之關聯性，從而揭示元代也里可溫的歷史分佈走向。雖然是研究地理分佈問題，但在方法上卻是圍繞着也里可溫人物考察來展開。也即是說，把歷史地理研究向人物研究回歸。這一方法實受啟發於陳垣先生所開拓的宗教史研究。早在1917年，陳垣先生在其《元也里可溫教考》中就已提出，應當爲元代也里可溫人物立傳；[8]可以說，陳垣史學從一開始就體現出"以人爲本"的學術旨趣，而且貫穿其後來的全部宗教史研究。[9]可惜的是，先生所首倡的這一人物研究法，並未引起元代基督教史家的重視，在宗教傳播研究中，鮮把宗教傳播與分佈落實到具體的人身上，"見地不見人"。有鑒於此，本文擬以梳理元代也里可溫人物基本活動爲前提，總結該群體的歷史分佈及其特點，將也里可溫的群體研究納入到時、地、人的歷史視野當中，並找出"時間"與"空間"之間的歷史聯繫。

本文力求全面搜集考訂元代也里可溫的相關史料，不過，由於時空關係本研究的重點，故那些無法確定年代的也里可溫，暫不列入考察的範圍。[10] 儘管如此，相關人物仍然衆多，限於文章篇幅，難以一一詳介，故擬採取"表解"的方式，以時代爲經、人物爲緯，將每位人物的身份、履跡，用表格簡單昭示，俾以了解也里可溫群體活動之大概。在此基礎上，進而就該群體於各時代的傳播和分布特點略作總結分析。力不從心，挂一漏萬，在所難免，仰祈方家不吝賜教。

一、元以前散見之基督徒

唐貞觀九年（635）基督教正式傳入中國，官方稱"波斯教"、"波斯經教"和"大秦教"，其教徒自稱"景教"。唐代景教重視上層路線，與宮廷關係密切，曾受到太宗、高宗、玄宗、肅宗、代宗和德宗等幾代唐皇的優待，發展迅速。但其缺乏民衆基礎，受政治左右，一旦朝廷態度有變，境況立受影響。是以，會昌五年（845）武宗滅法，唐代景教會即告勢衰。加之唐末五代時局動蕩、中亞地區伊斯蘭化等內外因素，10世紀以後中國本土的基督徒殆已湮滅。宋太宗雍熙初年（984—987），納吉蘭（Najran）景僧到中國傳道，卻帶回中國基督教被消滅，教徒悉遭橫死，教堂皆被毀壞，無人可資傳教的消息。[11]

唐代景教會消亡的歷史頗多曖昧，留有不少疑點。王媛媛曾撰文質疑唐末景教滅絕一說，她認爲會昌滅佛後，景教有可能潛入了河北地區，並藏跡於佛教發展。[12] 即使如此，我們也可以判斷，這種變異之"景教"早已與西亞景教會組織脫離聯繫，在數百年的佛化過程中，其基督教特色應已丟失殆盡。

是故，當元代基督徒以"也里可溫"的身份重新登上歷史舞臺時，筆者認爲，他們與唐代景教徒之間並無直接的繼承關係。[13] 不過，在梳理蒙元時代基督徒相關史料時，吾輩發現，早在蒙古軍隊武力征服南宋政權、建立正統王朝以前，在中國西北及內蒙古草原地區，基督徒之活動並不乏見。他們（見表一）是一批突厥語背景的草原基督徒，稱不上是唐代"景教之遺緒"[14]。

表一輯錄了17位基督徒。其中，可里吉思、滅里、撒必來自中亞撒馬爾干；馬里哈昔牙爲一名蒙古宮廷教士（亦有可能是撒必本人），事跡不詳；[26] 有7人來自汪古部落，他們在遼金時期活動於甘肅（臨洮）、內蒙古（松州、淨州）、遼東等地；1人爲畏兀兒人；4人來自蒙古草原北部的克烈部。

汪古部是遼金元時期活動於河套以北至黑水流域的一支突厥語系民族。[27] 其中馬氏汪古家族屬於回鶻後裔"花門貴種"，筆者據此認爲，在歷史上，該家族與高昌回鶻景教應有淵源。[28] 汪古部馬氏家族之景教信仰，元時有明文記載，黃溍《馬氏世譜》開篇有云："馬氏之先，出西域聶斯脫里貴族。"[29] 這也是目前所知與唐代景教歷史聯繫最爲密切的一批基督徒。

克烈部也是蒙元時代著名的突厥語系基督教部落。據東方教會史料，該部落早在1007年就已皈依了聶斯脫里教。[30] 清人錢大昕曾搜集考訂元代59位克烈人，但目前尚難斷定其中孰是也里可溫。表一所錄4人，乃事跡較爲突出且經前人考訂確認者。

表一　元以前也里可溫之分佈

	人名	族屬	活動地區	身份、履跡
1	和祿釆思	汪古	臨洮	畜牧[15]
2	帖穆爾越歌	汪古	臨洮	以軍功累官馬步軍指揮使[16]
3	把騷馬也里黜	汪古	遼東、淨州	業耕稼畜牧，貲累鉅萬[17]
4	馬慶祥	汪古	淨州、汴上、鳳翔	名習禮吉思(Sarghis)，字瑞寧，鳳翔兵馬判官；死於金元戰爭，贈輔國上將軍，恒州刺史，謚忠愍[18]
5	唆魯禾帖尼	克烈	和林	拖雷妻，忽必烈、蒙哥、旭烈兀衆汗之母[19]
6	鎮海	克烈	和林，內蒙古北部	中書右丞，掌管畏兀兒蒙古字書，爲蒙哥所殺[20]
7	要束木 (Joseph)	克烈	和林，內蒙古北部	鎮海子
8	勃雇思 (Bacchus)	克烈	和林，內蒙古北部	鎮海子
9	闊里吉思 (Georges)	克烈	和林，內蒙古北部	鎮海子[21]
10	藥難 (Yohanna)	疑爲汪古	今內蒙古赤峰	生卒（1178—1253），京帳首領[22]
11	可里吉思 (Georges)	撒馬爾干	和林	太醫[23]
12	滅里	撒馬爾干	和林	太醫
13	撒必	撒馬爾干	和林	太醫、舍里八赤
14	馬里哈昔牙 (mar hasia)	不詳	和林	宮廷教士
15	耶律子成	西域帖里薛（迭屑）	今內蒙古四子王旗	管領諸路也里可溫[24]
16	甑公	汪古	雲中	金群牧使，後投靠成吉思汗，贈御史中丞，追封雲中郡公，謚貞毅
17	按竺邇 (Andrew)	汪古	雲中、成都	蒙古漢軍征行元帥，贈太保，追封秦國公，謚武宣，一作忠宣[25]

撒馬爾干是東方教會在中亞地區最重要的主教區。[31]撒馬爾干籍基督徒，主要是蒙古西征後被迫從中亞地區遷徙而來。公元1220年，成吉思汗率大軍攻陷並血洗了河中重鎮布哈拉和撒馬爾干。不過，根據《世界征服者史》記載，當時有"三萬有手藝的人被挑選出來，成吉思汗把他們分給諸子和族人"[32]。這三萬人中，就包括了撒必、可里吉思、滅里等基督徒。雖然，蒙古西征對中亞地區造成了鉅大的破壞，但其以暴力方式打造出來的"韃靼的和平"，卻促進了基督教在歐亞地區的傳播。有一技之長的基督徒，尤其該群體中的醫生、工匠和主教，以战俘身份大量流入蒙古草原，進而湧入中原地區。這是元代大量中亞籍也里可溫東來的歷史背景。

儘管元朝建立以前，中國北方草原的基督徒尚不以"也里可溫"著稱，但他們與元代也里可溫明顯有一脈相承的關係。例如，和祿釆思、帖穆爾越歌、把騷馬也里黜及馬慶祥等人，其後人馬祖常、馬世德便以"也里可溫"見載於史冊；又如撒馬爾干這一東方教會都主教駐錫地，在元代《至順鎮江志》中也明確指出是"也里可溫行教之地"。儘管我們對蒙古入主中原以前漠北基督徒的情況了解不多，但從魯布魯克（William of Rubruk）遊記留下的相關記載來看，其數不少。例如，和魯布魯克交往過密的匈牙利金匠威廉，就是速不台西征時俘至漠北的。[33]我們也知道，和林建有一座基督教堂，以滿足城內基督徒的宗教需求。[34]在蒙古人入主中原建立正統王朝以前，內蒙古地區的基督教徒已然頗成規模。

二、元初（忽必烈時期）也里可溫之分佈

忽必烈朝是元制創立的時期。1260年，忽必烈繼承蒙古大汗位，循中原王朝傳統，建元"中統"。自中統元年，到改年號"大元"（1271），蒙古大軍平江南，滅南宋（1279），確立了對中原地區的統治。隨着蒙古大軍南下，大量蒙古人和中亞人湧入中國內地，也逐漸改變了中國社會階層的結構，"也里可溫"這一基督教群體，遂逐步浮現於中國史冊。

忽必烈時期草創的國家官僚體系中，"宗教官較前朝爲重"。[35] 以專管全國也里可溫事務的崇福司爲例，乃新朝特有，前朝所無。它的設立，是元代基督教發展史上的一個里程碑，標誌着基督教被納入了國家的管理體系，與佛教、道教等傳統宗教有了同等地位。崇福司的設置也反映出元代社會階層中，基督徒形成了一股不容忽視的力量。

"也里可溫"一名首見於中統三年（1262）。《元史》卷五有載：

> 三月……己未，括木速蠻、畏吾儿、也里可溫、答失蠻等戶丁爲兵。[36]

木速蠻指穆斯林，乃波斯文 Musulmān 之音譯，元代又作"普速蠻"、"謀速魯蠻"或"木速魯蠻回回"；[37] 答失蠻或譯達失蠻、達識蠻、達實密、大石馬，乃波斯文 Dāneshimand 之音譯，原指學者，元代特指伊斯蘭教僧侶；[38] 畏吾兒即唐代的回鶻人。很顯然，引文中與也里可溫相提並論的"戶丁"，皆非漢族；這也反映出元代官方文獻中的"也里可溫"，主要爲一外來族群。這一外族背景亦體現於下表二。

表二 元初（忽必烈朝：1260—1294）也里可溫之分佈

	人物	族屬	活動地區	身份、履跡
1	拙里不花	汪古	汪古部領地	孛要合子[39]
2	君不花	汪古	汪古部領地	尚定宗貴由汗公主葉里迷失[40]
3	愛不花	汪古	汪古部領地	尚忽必烈汗公主月烈，高唐王闊里吉思之父[41]
4	闊里吉思 (Georges)	汪古	汪古部領地	高唐王，大德二年（1298）死於征邊之戰，諡忠獻，曾與約翰·孟高維諾交遊[42]
5	囊加台	汪古	汪古部領地	君不花子，尚亦憐真公主，卒諡忠烈[43]
6	邱鄰察	汪古	汪古部領地	君不花子，尚回紇公主，卒諡康僖[44]
7	術忽難 (Johanna)	汪古	汪古部領地	闊里吉思弟，嗣高唐王，至大元年封趙王，諡惠襄[45]
8	葉里彎	汪古	汪古部領地	闊里吉思妹[46]
9	三達	汪古	大都	馬慶祥長子，曾任中書左司郎中[47]
10	天下閭	汪古	大都	不詳
11	滅都失剌	汪古	大都	不詳
12	約實謀	汪古	大都	不詳，約實謀疑爲 Joshph 音譯
13	天民	汪古	山東、太平、江州	馬慶祥次子，山東諸路榷鹽使、太平、江州諸路達魯花赤
14	月合乃 (Yohanna)	汪古	河南、上都	生卒（1216—1263），馬慶祥次子，蒙哥時期在汴、蔡、汝、潁諸州安農舉業，中統二年拜禮部尚書[48]
15	徹里	汪古		中統元年授奧魯元帥，改征行元帥，至元二年致仕[49]
16	黑梓	汪古	文州	字國寶，蒙古漢軍元帥，兼文州吐蕃萬戶府達魯花赤，贈平章政事，至元四年卒，追封梁國公，諡忠定[50]
17	趙國安	汪古	文州	又名帖木爾，蒙古漢軍元帥，兼文州吐蕃萬戶府達魯花赤，賜金虎符，進昭勇大將軍、昭毅大將軍、招討使[51]

(续)

	人物	族屬	活動地區	身份、履跡
18	趙世榮	汪古	文州	國寶子，又名那懷，襲懷遠大將軍、蒙古漢軍元帥，兼文州吐蕃萬戶府達魯花赤，後以功進安遠大將軍、吐蕃宣慰使議事都元帥，佩三珠虎符[52]
19	趙世延	汪古	成都、金陵	南臺治書、四川廉訪使、西臺侍御史、江浙行省參政、中書省侍御史、中書參政、御史中丞、翰林承旨、四川行省平章、集賢大學士、南臺中丞、奎章閣大學士、中書平章政事、封魯國公、涼國公、贈太保、諡文忠[53]
20	步魯合荅	汪古	雲南	徹里子，管軍千戶，雲南萬戶府達魯花赤[54]
21	忙古不花	汪古		步魯合荅之子，襲管軍千戶[55]
22	兀咱兒撒（撒）里馬	也里可溫	俱藍國	遣使[56]
23	愛薛	拂菻	大都	廣惠司提舉、崇福使、翰林學士承旨、平章政事、封秦國公[57]
24	撒剌 (Sarah)	克烈	克烈部	
25	馬薛里吉思 (Mar Sarghis)	撒馬爾干	雲南、福建、鎮江、杭州	鎮江路副達魯花赤[58]
26	安震亨	不詳	鎮江	嘉議大夫[59]

"表二"記錄了也里可溫26人，除一人族屬不詳外，其餘蓋爲汪古、克烈、拂菻和撒馬爾干人。在分佈上，隨着蒙古大軍對中國南方的逐步統一，也里可溫從元以前的中亞、內蒙及西北地區，開始擴展到山西、山東、雲南、四川、河南、福建、江浙等地，其中

尤以腹裏地區最爲集中。

也里可溫在元代各行省之興起，適與蒙古統治者（蒙哥、忽必烈）征服金、大理、南宋的步伐一致，可見元代也里可溫傳播與當時的軍事活動有着密切聯繫。以鎮江路副達魯花赤馬薛里吉思爲例，其最早在蒙古宮廷配製舍里八，1270年隨廉希憲到了雲南，1275年又到了閩浙，行止所至，均爲推廣舍里八。直到1277年，他才抵達鎮江（此城1275年降元）。在這一遊歷各地的過程中，馬薛里吉思也從一名專造回回藥露舍里八的宮廷職官，轉變爲地方政府的行政長官。上述事跡，《至順鎮江志》有詳細記載：

> 至元五年，世祖皇帝召公馳驛進入舍里八，賞賚甚侈。舍里八，煎諸香果泉調蜜和而成；舍里八赤，職名也。公世精其法，且有驗，特降金牌以專職。九年，同賽典赤平章往雲南；十二年，往閩浙；皆爲造舍里八。十四年，欽受宣命虎符懷遠大將軍、鎮江府路總管府副達魯花赤。[60]

馬薛里吉思之行狀，從一個側面反映了蒙古政權統治在內地的逐步實現。這種隨軍進入的傳播模式，使得外來的基督教能在短時間內得以迅速發展。

三、成宗朝到定宗朝：內遷和華化

清人趙翼曾就元代蒙古色目人散居內地的情況作一概括，其曰：

元時蒙古色目人聽就便散居內地。如貫雲石乃功臣阿里海牙之孫而居江南。葛邏祿乃顏隨其兄宦游而居浙之鄞縣。薩都刺本答失乃蠻氏而爲雁門人。泰不華本伯牙吾氏，其父塔不台始家台州。余闕本唐兀氏，其父始居廬州。肖乃台本禿伯怯烈氏而家東平。忽都鐵木祿本赤合魯氏而家南陽。徹里本燕只吉台氏，以曾祖太赤封徐、邠二州，遂家徐州。怯烈本西域人而家太原。察罕本西域人，鐵連本乃蠻人，而皆居絳州。孟昉本西域人而居北平。紇石烈希元本契丹人而居成都。伯顏師聖本哈喇魯氏而居濮陽。石抹宜孫以其父鎮台州，遂家於台。《明史》：道同，河間人，其先蒙古族也。又趙榮，其先本西域人，元時入中國，家閿縣，遂爲閿人。如此類者甚多。顧嗣立《元詩選》所謂元時漠北諸部仕於朝者多散處內地是也。按《元史》：世祖至元二十三年，以從官南方者多不歸，遣使盡徙北還。可見自初色目人已多散處他邑。[61]

可見，元代蒙古人、色目人之遷居內地，業已成爲一個普遍現象，以至官方圖以行政手段干預，將該等因"從官南方者多不歸"的蒙古、色目官員"盡徙北還"，實在耐人尋味。本文所考察之也里可溫，到元朝中期，也呈現出向江南集中的趨勢。

元中期之也里可溫，已是入華中亞人的第二、三代移民了，作爲元代社會階層中的第一二等級，絕大多數也里可溫在政府任職，因宦游關係而廣泛分佈於從大都到嶺南的中國內地。見下表三：

表三　元中期（元成宗至元寧宗朝：1295—1332）也里可溫之分佈

	人物	族屬	分佈	身份、履跡
1	也里牙 (Elijah)	拂菻	大都	愛薛長子、崇福使、太醫院使、領司天臺事[62]
2	腆合 (Tenha)	拂菻	大都	愛薛次子，翰林學士承旨、資善大夫、兼修國史[63]
3	黑厮	拂菻	大都	愛薛子，光祿卿[64]
4	闊里吉思 (Georges)	拂菻	大都	愛薛子，太中大夫、同知泉府院事[65]
5	魯合 (Luke)	拂菻	大都	昭信校尉、廣惠司提舉[66]
6	約尼 (Johnny)	拂菻	大都	興聖宮宿衛[67]
7	阿納昔木思 (Onesimus)	拂菻	大都	愛薛女[68]
8	失列門 (Solomn)	不詳	大都	秘書少監[69]
9	吳唵哆呢噁 (Antonious)	不詳	泉州	管領泉州路也里可溫掌教官、興明寺主持[70]
10	馬世忠[71]	汪古	大都	常平倉轉運使
11	馬世昌	汪古	大都	行尚書省左右司郎中、吏部尚書
12	馬世顯（世敬？）	汪古	大都路通州	通州知州
13	馬世榮	汪古	瑞州路	瑞州路總管
14	馬世靖	汪古		不仕
15	馬世祿	汪古		中山織染局提舉
16	馬世吉	汪古	絳州	蔭授絳州判官
17	馬世臣	汪古	大都	大都平準庫提領

(续)

	人物	族屬	分佈	身份、履跡
18	馬審溫 (Simon)	汪古	臺州路、淮安路、瑞州路	臺州路、淮安路、瑞州路總管[72]
19	翰沙納	汪古		
20	奧剌罕 (Abraham)	汪古	鎮江	揚子、丹徒（1296年上任）二縣達魯花赤
21	保祿賜 (Paulius)	汪古	南安路、(天臨路) 湘陰州	官提舉都城所，湘陰州達魯花赤，同知南安路總管府事[73]
22	馬潤	汪古	吉州路、太平路、常州路、漳州路、汝寧府（光州）	生卒（1255—1313），字仲澤，歷任荊湖道宣慰司令史、吉州路經歷、兩淮轉運司經歷、當塗縣達魯花赤、武進縣達魯花赤、奉訓大夫、光州、漳州路同知[74]
23	馬節	汪古	河南	王屋山道士[75]
24	馬禮	汪古	松江府	浙東道宣慰司都事[76]
25	馬淵	汪古	杭州	江浙行中書省左右都事[77]
26	馬遺	汪古	不詳	早卒
27	馬道	汪古	不詳	早卒
28	馬遵	汪古	不詳	早卒
29	馬通	汪古	不詳	不詳
30	馬迪	汪古	不詳	不詳
31	馬開	汪古	不詳	監在京倉[78]
32	岳難 (Johanan)	汪古	婺州路	蘭溪州達魯花赤
33	馬雅古 (Jacob)	汪古	不詳	以孝聞[79]
34	失里哈	汪古	汴梁、大都	河南行中書省左右司都事、大都宣課提舉
35	繼祖	汪古	大都	大都宣課提舉

(续)

	人物	族屬	分佈	身份、履跡
36	也里哈	汪古		不仕
37	必胡男	汪古	興國路	同知興國路總管府事[80]
38	祝饒	汪古		富池茶監[81]
39	馬世德	汪古	大都	字元臣，至正二年進士；翰林應奉、樞密都事、中書檢校、庸田僉事、淮西縣尹、刑部尚書[82]
40	闕里奚思 (Georges)	汪古	保定路	天民孫，奧剌罕子，易縣達魯花赤
41	Barqamca	畏兀兒	泉州	女牧師[83]
42	馬里失里門 (Mar Solemn)	不詳	泉州	管領江南諸路也里可溫阿必斯古八馬里哈昔牙[84]
43	帖迷答掃馬 (Sauma)	不詳	泉州	不詳[85]
44	也里世八 (Elisabeth)	不詳	揚州	生卒（1284—1317），某路都總管府達魯花赤忻都之妻[86]
45	奧剌憨 (Abraham)	不詳	揚州	揚州豪富[87]
46	驢驢	不詳	揚州	疑爲揚州也里可溫掌教司官員[88]
47	斡羅斯	不詳	鎮江	承務郎[89]
48	Marda（瑪爾達）	畏兀兒	泉州	貴婦[90]
49	馬祖常	汪古	光州、大都	延祐二年進士；翰林應奉、監察御史、翰林待制、典寶少監、太子左贊善、翰林直學士、禮部尚書、參議中書省事、南臺中丞、徽政院同知兼知經筵事、御史中丞[91]
50	馬祖義	汪古	大都	郊祀法物庫使、翰林國史院編修[92]
51	馬祖烈	汪古	杭州、汝寧	江浙行省宣使、汝寧府都事[93]
52	天合 (Denha)	汪古	杭州	監杭州鹽倉[94]

(续)

	人物	族屬	分佈	身份、履跡
53	馬祖孝	汪古	陳州	延祐二年進士；將侍郎、陳州判官[95]
54	馬祖信	汪古	晉寧路	國子生試中承事郎、同知晉寧路保德州事[96]
55	馬祖謙	汪古	保定路	國子生進士；束鹿縣達魯花赤，昭功萬戶府知事[97]
56	馬祖恭	汪古		馬潤第八子，國子生[98]
57	馬祖中	汪古	浙西	馬禮長子，浙西監倉使，某副使
58	馬祖周	汪古	常寧	鄉貢進士，廣西廉訪司知事
59	馬祖善	汪古	大同路	進士，河東宣慰司經歷
60	馬祖良	汪古		不詳
61	馬祖某	汪古		某路儒學教授
62	馬叔清	汪古		不詳
63	馬祖憲	汪古	中慶路、汴梁路	字元章，同知陳州、長州縣達魯花赤，吳州達魯花赤
64	馬祖元	汪古	信州路	信州路教授、鄉貢進士、市舶某提舉[99]
65	馬祖仁	汪古	歸德府	國子生、靈壁縣主簿
66	蘇剌哈	汪古	襄陽	棗陽縣主簿
67	雅琥 (Jacob)	汪古	靜江路、峽州路	字正卿，賜進士出身，秘書監著作郎，奎章閣學士參書，靜江路同知，福建鹽運司同知，峽州路達魯花赤[100]
68	易朔 (Jesus)	汪古	建康	南臺監察院書吏
69	馬祿合 (Luke)	汪古	保定路	行唐縣尹[101]
70	ustïγ tasqan（烏斯提克·塔斯漢）	畏兀兒	原籍高昌，逝於泉州	不詳[102]
71	葉氏	不詳	逝於泉州	不詳[103]

(续)

	人物	族屬	分佈	身份、履跡
72	闊里吉思 (Georges)	也里可溫	鎮江	少中大夫、鎮江路總管府達魯花赤 [104]
73	魯合 (Luke)	也里可溫	潭州、揚州	朝列大夫、潭州路兼揚州達魯花赤 [105]
74	太平	也里可溫	鎮江	嘉議大夫 [106]
75	康里不花	也里可溫	廣東	海北廉訪使 [107]
76	翁葉楊氏	不詳	泉州	不詳 [108]
77	易公劉氏	不詳	泉州	不詳 [109]
78	阿兀剌編帖木剌思	汪古	京兆府、内蒙古	京兆府達魯花赤、怯憐口都總管府副都總管 [110]
79	闊里吉思 (Georges)	疑爲汪古	廣東	月合乃婿，廣東道副都元帥 [111]

通過表三所輯錄的79位也里可溫，可知元代中期基督教徒廣佈全國，按當時的行政區劃（行省、路、府、州）歸類，包括：

中書省（腹裏地區）：大都路、通州、恒州、淨州、保德州、絳州、行唐縣、束鹿縣、大同府；

江浙：杭州路、揚州路、常州路、鎮江路、慶元路、衢州路、蘭溪縣、臺州路、徽州路、太平路、泉州路、漳州路、松江府、淮安路、建康、溫州路；

陝西四川：京兆府；

江西：贛州路、臨江路、瑞州、江州路、肇慶路；

湖廣：興國路、靜江路、高州路、潭州、湘陰州、柳州路；

河南江北：陳州、黃州路、汴梁路、襄陽路；

雲南：長州。

這一分佈亦印證了趙翼對元代色目人散居內地的歷史概括。不過，如果對上述名錄作進一步分析，可以發現在元代也里可溫"隨便居住"內地的普遍性中，仍有其重點，表現爲以江浙諸路行省爲重心。其定居江南主要通過以下三個途徑：

1. 宦遊南下，遂僑居江南。此種類型佔據了大多數。如鎮江路總管府達魯花赤闊里吉思，潭州路、揚州路達魯花赤魯合，吳州達魯花赤馬祖憲，揚子、丹徒二縣達魯花赤奧刺罕等人，便屬此列。

2. 因經商貿易，擇江南而居者。如揚州富商奧刺憨。由於文獻之闕載，目前所知的此類定居者爲數不多。

3. 還有一些從教人員，因地方教區之發展以及崇福司事務之管理，而留居江南。如揚州也里可溫掌教司官員驢驢，管領江南諸路也里可溫的馬里哈昔牙，泉州也里可溫掌教官㕦安哆呢嗯，等等。江南從教人員的存在，從一側面反映出江南地區是當時基督教發展的重心。特別是泉州、杭州、揚州這些最繁榮的商業城市，據當時遊歷中國的方濟各會修士鄂多里克（Friar Odoric，1322—1328年在華）記載，就是基督徒比較活躍的地區；揚州不僅有天主教教堂，也有聶斯脫里教堂。[112]

"隨便居住"帶來的必然結果是民族的大雜居和文化的大融合。江南作爲經濟、文化最發達的地區，在促進民族大融合以及西域人華化的過程中，是一個關鍵的地域因素。我們也看到，到了元代中期，也里可溫群體出現了"華化"的新趨勢。這和也里可溫深入到江南地區與漢人雜居的歷史大背景是密不可分的。[113]

四、元末（順帝朝）：延續和尾聲

元末也里可温見載於史籍者爲數極少，筆者目前僅搜集到19人。見表四：

表四　元末（1333—1368）也里可温之分佈

	人物	族屬	分佈	身份、履跡
1	金元素	也里可温人，一說康里人[114]，一說拂菻人[115]	安豐路（鐘離縣）、金陵	天曆三年（1330）進士；鐘離縣達魯花赤、工部郎中、江南浙西道肅政廉訪司僉士、參知政事、中政院使、江浙行省左丞；著名曲家[116]
2	金文石	同上	金陵	蔭補國子生；擅曲藝音律[117]
3	金武石	同上	金陵	國子生；擅曲藝音律[118]
4	囊加台	也里可温	鎮江	秘書監奏差[119]
5	禿魯	也里可温	鎮江	南臺御史[120]
6	王茉道公	不詳	阜平縣、泉州	生卒（？—1349），光平路阜平縣教尉[121]
7	脱別台	也里可温	鎮江	大名兵馬指揮副使[122]
8	聶只兒	也里可温	大都	廣惠司卿[123]
9	馬武子	汪古	鄂州路、大都	太常太祝、中書省掾、奎章閣典簽兼經筵參贊官、承務郎、湖廣行中書省檢校[124]
10	馬文子	汪古	大都	征事郎、秘書監著作郎[125]
11	馬獻子	汪古	廬州路	國子進士；含山縣達魯花赤[126]
12	馬惠子	汪古	高郵府、鐘離縣	高郵府知事、鐘離縣尉[127]
13	馬季子	汪古	松江府	隨馬禮遷居松江，書房號"懷靜軒"[128]
14	明安達爾	不詳	不詳	祖周子，事跡不詳[129]
15	伯嘉訥	汪古	不詳	祖仁子，事跡不詳[130]
16	馬氏	汪古	雲南	祖常孫女，雲南提舉馮文舉妻[131]
17	馬某火者	不詳	大都	崇福使[132]
18	月景輝	也里可温	京江	令尹、曲家[133]
19	捏古倫	拂菻	不詳	商人[134]

上述19名也里可溫之地理分佈，除廣惠司提舉聶只兒居於大都、馬祖常孫女居於雲南之外，其他人物都居住於江浙和湖廣一帶。

這一時期的也里可溫華化者已近半數，其中，華學成就最高者爲康里人金元素。其於文學、書畫、曲學等方面均有極高成就，兩個兒子也深受濡染，成爲元代著名的曲家。

另外，通過元末也里可溫之零散記錄，引起我們去思考元代也里可溫的最終走向問題。一直以來，學界就元代基督教之衰亡多有關注，[135]但於其去向則鮮見具體論證。觀諸本文所輯錄的人物事跡，元末也里可溫的結局並非無跡可尋。茲擇要歸納如下：

（一）被明朝遣送回籍

元亡以後，建立中原正統的明朝，對外政策一反前代之開放，轉向封閉和排外。最明顯的，就是將大批西域人、蒙古人驅逐出境。元末來華拂菻商人捏古倫之遭遇正好爲這一鉅變作一注腳。《明史·拂菻列傳》記載：

> 元末，其國人捏古倫入市中國，元亡不能歸。太祖聞之，以洪武四年八月召見，命齎詔書還諭其王曰："自有宋失馭，天絕其祀。元興沙漠，入主中國百有餘年，天厭其昏淫，亦用隕絕其命。……朕爲臣民推戴即皇帝位，定有天下之號曰大明，建元洪武，於今四年矣。凡四夷諸邦皆遣官告諭，惟爾拂菻隔越西海，未及報知。今遣爾國之民捏古倫齎詔往諭。朕雖未及古先哲王，俾萬方懷德，然不可不使天下知朕平定四海之意，

故兹詔告。"已而復命使臣普剌等齎敕書、彩幣招諭,其國乃遣使入貢。後不復至。[136]

需說明者,此處的拂菻已不指東羅馬帝國,而概指拜占庭故地敘利亞。敘利亞地區早在7世紀就被阿拉伯人征服,伯希和即指出,元代拂菻人、崇福使愛薛便出身於一個說阿拉伯語的基督教部落。[137]

明朝對外國人的驅逐,令人聯想到唐代之會昌法難。雖然會昌時期的滅佛運動主要針對佛教,但作爲唐代對外政策的重要轉折,其亦波及唐代中國的所有外來宗教及其僧徒;由於景教沒有漢族信徒基礎,故經會昌之滅法,便漸在中土湮沒無聞。元末明初的也里可溫,其遭遇大致與唐代景教徒相似,拂菻商人捏古倫的經歷,可謂當時無數蒙古、色目人命運的縮影。被捲入這段歷史大轉折時期的也里可溫,和唐代的景教徒一樣,在政局變化和朝代更迭中,終於走向沉寂。

(二)隨元室返回漠北

以金元素爲例,其人擅長音律、書法,爲官清廉。《錄鬼簿續編》載曰:

> 金元素,康里人氏,名哈剌。故元工部郎中,陞參知政事。風流蘊藉,度量寬宏。笑談吟詠,別成一家。嘗有《詠雪》〔塞鴻秋〕,爲世絕唱。後隨元駕北去,不知所終。[138]

觀金元素，應是來華西域人中之深度華化者。也許正是深受儒家文化忠君思想之影響，元朝傾覆之際，他毅然隨駕北去。

（三）以遺民身份殉元

以汪古部馬祖常的孫女馬氏爲例，《天啓成都府志》卷四〇載其事蹟曰：

> 馮文擧，成都什邡人，初擧鄉試，授漢川州學……明玉珍攻雲南，文擧謂妻馬氏，曰："我元進士，蒙恩厚，今天運至此，有死無二，汝光州馬中丞孫女也，其從之乎？"氏曰："夫既義亡，妾生何益！"乃焚香北叩，相對縊於學宮。時副提擧爕理聞之憮然，曰："吾其可獨生乎？"亦整衣冠自經。

自殺殉國是在政權交替時期儒家士大夫的盡忠之擧，與基督教禁止自殺的教義背道而馳。是故，馬氏與夫君共赴國難的深層原因，應當從其華化背景去尋找。汪古部馬氏家族乃元代著名的聶斯脫里世家，其從遼代遷居中國，到元代馬祖常時期，歷有二百多年歷史。然而，在其不斷內遷的過程中，整個家族已備受中原儒家文化的薰陶，成爲一個靠科擧晉昇之儒學世家。[139] 所以，馬氏雖爲女子，仍深受儒家禮教和忠孝觀的影響，捨生取義，以不辱其"汝光州馬中丞孫女也"之身份。

（四）其他

雖然筆者沒有找到確鑿的材料證明，但從元末明初其他西域人的事跡來看，以情以理，元朝滅亡時，也里可溫當多有留居中土者，其或事新朝，或甘爲"草原遺民"。後者自然是那些受儒家文化薰染較深的精英分子，如伯顏、丁鶴年等人。[141] 作爲遺民而留在中土的也里可溫，或棄離其基督教信仰，或繼續固守原信仰，他們的命運仍是一個謎團，有待我們去揭示。

結　語

綜上所述，元代也里可溫活動的總體趨勢呈現出由北而南的特點，這和唐代景教由西而東的傳播路線大異其趣。早在遼金元時期，基督教就已在克烈、汪古等幾個著名的草原遊牧部落傳播。此外，成吉思汗對中亞的征服，也帶回了大量中亞基督徒移民。他們是元代基督教復興的信徒基礎。忽必烈建朝以後，伴隨着蒙古大軍對南宋政權的征服，也里可溫也以軍事移民爲主要途徑，進入到被征服地區如四川、雲南、福建等地；但此時期也里可溫主要仍集中在腹裹地區。迨至元代中後期，在蒙古人色目人隨便居住的寬鬆條件下，也里可溫遍佈於元代各行省，其中以湖廣、江浙等經濟文化重鎮最爲集中，特別是杭州、揚州、鎮江等大城市。此外，從泉州考古所見衆多石刻，可以確認其亦爲元代中國基督教徒之僑居重鎮，惟漢籍於泉州也里可溫鮮有記錄。其失載於史書的一個重要原因，或緣

元也里可溫分佈簡圖

和寧路
(和林)

上都路
(松州)
遼陽路
淨州路
(四子王旗)
大同路
大都路
通州
甘州路
保定路
冀寧路
晉寧路
絳州
汴梁路
臨洮
鳳翔府
黃河
淮安路
奉元路
(京兆府)
汝寧府
安豐路
揚州路
通州
襄陽路
集慶路
鎮江路
松江府
成都路
峽州路
廬州路
太平路
常州
上海
(鄂州路)
安慶路
杭州路
武昌路
黃州路
徽州路
慶元路
江州路
婺州路
台州路
興國路
饒州路
衢州路
天臨路
瑞州路 臨江路
信州路
溫州路
吉安路
(吉州路)
贛州路
福州路
中慶路
靜江路
泉州路
柳州路
漳州路
肇慶路 廣州路
高州路

南海

图　例

⊚ 都城
◉ 省級駐所
◎ 路級駐所
○ 州府級駐所
— 政權部族界

南海　　東海

说明：此圖乃筆者據《中國歷史地圖集》（中國地圖出版社1987年版）修訂增補而成。

於當地基督徒殆爲平民，並無官方背景。而衆所周知，中國史籍，草民自難入載。泉州在宋元時代係海外貿易的重要港口，結合考古發現之碑石資料，可以推斷元代泉州的也里可溫，應多屬從海路而來的舶商蕃客和土生蕃客。

■ **注釋**

[1] 張星烺：《元代中國各地教堂考》，收入《中西交通史料彙編》第1冊，中華書局2003年版，第395—406頁。

[2] 羅香林：《唐元二代之景教》，香港中國學社1966年版。

[3] 周良霄：《元和元以前中國的基督教》，《元史論叢》第1輯，中華書局1981年版，第137—163頁。

[4] 劉迎勝：《蒙元時代中亞的聶斯脫里教分佈》，《元史及北方民族史研究集刊》第7期，1983年，第69—96頁。

[5] 邱樹森：《元代基督教在江蘇的傳播》，《江海學刊》2001年第4期，第56—64頁；《元代基督教在蒙古克烈、乃蠻、汪古地區的傳播》，《內蒙古社會科學（漢文版）》第23卷，第46—49頁；《元代基督教在大都地區的傳播》，《北京社會科學》2002年第2期，第37—44頁。莫法有：《古代基督教在溫州的傳播》，收入氏著《溫州基督史》，建道神學院1998年版，第1—18頁。

[6] 相關研究請參見牛汝極：《十字蓮花——中國出土敘利亞文景教碑銘文獻研究》，上海古籍出版社2008年版；吳文良著、吳幼雄增訂：《泉州宗教石刻》（增訂本），科學出版社2005年版；蓋山林：《陰山汪古》，內蒙古人民出版社1991年版。

[7] 叢佩遠：《元代遼陽行省境內的宗教》，《社會科學戰線》1989年第3期，第206—

214頁。

[8] 陳垣：《元也里可溫教考》，收入《陳垣學術論文集》第1冊，中華書局1980年版，第11頁。

[9] 如《明季滇黔佛教考》即一部佛門僧傳，《元西域人華化考》也是對一個個色目人的考察，又如其所撰明季天主教人物之《休寧金聲傳》、《涇陽王徵傳》、《湯若望與木陳忞》等篇，皆是以人爲本的範例。參見蔡鴻生：《歷史研究要以人爲本》，收入《學理與方法——蔡鴻生教授執教中山大學五十周年紀念文集》，博士苑出版社2007年版，第25—30頁。

[10] 據筆者初步整理，元代年代不詳的也里可溫約有7位，均居住在鎮江和泉州兩地。

[11] Bayard Dodge (ed. & tr.), *The Fihrist of al-Nadim*, Columbia University Press, New York (1970) pp. 836-837. 中譯本參〔英〕H. 裕爾撰、〔法〕H. 考迪埃修訂、張緒山譯《東域紀程錄叢》，雲南人民出版社2002年版，第87—88頁。

[12] 王媛媛：《唐後景教滅絕說質疑》，《文史》2009年第1期，第145—162頁。

[13] 拙文《從〈大興國寺記〉看元代江南景教的興起》，《中華文史論叢》2006年第4輯，第289—313頁。

[14] 洪鈞：《元史譯文證補》卷二九，叢書集成初編本，中華書局1985年版，第454頁。

[15] （元）黃溍：《馬氏世譜》，《金華黃先生文集》卷四三，續修四庫全書本，上海古籍出版社，第531—533頁上。

[16] 同注[15]。

[17] 同注[15]。

[18] （金）元好問：《恒州刺史馬君神道碑》，《遺山先生文集》卷二七，四部叢刊初編本，第272—274頁；蘇天爵：《元故奉訓大夫昭功萬戶府知事馬君墓碣銘》，陳高華、孟繁清點校：《滋溪文稿》卷一九，中華書局1997年版，第324—325頁；《金史》卷五七，中華書局校點本，第1306頁；伯希和著、馮承鈞譯：《唐元時代中亞及

東亞之基督教徒》，收入《西域南海史地考證譯叢》，商務印書館 1995 年版，第 56 頁；P. Y. Saeki, *The Nestorian Documents and Relics in China*, Tokyo (1937), p. 480, 483.

[19]〔波斯〕志費尼著，何高濟譯、翁獨健校訂：《世界征服者史》，江蘇教育出版社 2005 年版，第 457—460 頁。

[20] 錢大昕：《元史氏族表》卷二，南京，江蘇古籍出版社 1998 年版，第 75—76 頁。

[21] 伯希和指出鎮海三子均爲景教徒，參《唐元時代中亞及東亞之基督教徒》，第 54 頁。

[22] James Hamilton、牛汝極：《赤峰出土景教墓磚銘文及族屬研究》，《民族研究》1996 年第 3 期，第 78—83 頁；鮑音：《古松州古回鶻文瓷碑考補》，《中國邊疆史地研究》1996 年第 1 期，第 71—77 頁；張松柏、任學軍：《赤峰市出土的也里可溫瓷質碑》，《內蒙古文物考古文集》第 1 輯，中國大百科全書出版社 1994 年版，第 672—676 頁。

[23] "可里吉思"至"馬里哈昔牙"均參見《至順鎮江志》，江蘇古籍出版社 1999 年版，第 365—366 頁。

[24] 蓋山林：《元"耶律公神道之碑"考》，載《內蒙古社會科學》（漢文版）1981 年第 1 期，第 78—80 頁；並參氏著《陰山汪古》，第 275—276 頁；Desmond Martin, "Preliminary report on Nestorian Remains North of Kuei-hua, Suiyüan", *Monumenta Serica*, Vol. 3 (1), 1938, pp. 232-249; Ch'en Yüan, "On the damaged tablets discovered by Mr. D. Martin in Inner Mongolia", *Monumenta Serica*, vol.3 (1), pp. 251-256，中文本《馬定先生在內蒙發現之殘碑》，收入《陳垣學術論文集》第 1 冊，第 244—248 頁。

[25]《元史》卷一二二，中華書局點校本，第 2982—2987 頁；程矩夫《諡武宣制》，《雪樓集》卷四。

[26] 注 [13] 所引文第 293 頁。

[27] 對汪古部的族源，目前主要有四種觀點：箭內亙、櫻井益雄、伯希和所持的突厥種說，小野川秀美的羌族說，王國維、白鳥庫吉的韃靼—蒙古說，周清澍、蓋山

林的突厥—回鶻說。沙陀和回鶻都屬突厥種，在歷史上關係也頗密切，回鶻內訌就曾得到過沙陀的援助，史籍記載的模棱兩可，恐與此有關。參櫻井益雄：《汪古部族考》，《東方雜誌》（東京），1936年，第1—22頁；伯希和著，馮承鈞譯：《漢譯突厥名稱之起源》，收入《西域南海史地考證譯叢》，第48—53頁；小野川秀美：《汪古の一解釋》，《東洋史研究》第2卷第4号，1937年4月，第1—29頁；王國維：《韃靼考》、《萌古考》，收入《觀堂集林》第3冊，中華書局1999年版，第634—712頁；周清澍：《汪古的族源——汪古部事輯之二》，《文史》第10辑，中華書局1980年版，第101—118頁；蓋山林：《元代汪古部地區的景教遺跡與景教在中西方文化交流中的作用》，《亞洲文明論叢》，1986年，第143—155頁；周良宵：《金元時代的景教》，Malek (ed.), *Jingjiao, the Church of the East in China and Central Asia,* Sankt Augustin (2006), pp.197-208。

[28] 拙文《馬氏汪古由景入儒的轉變歷程》，載《華夏文明與西方世界》，博士苑出版社2003年版，第95—110頁。

[29] 同注 [15]。

[30] E. C. D. Hunter, "The Conversion of the Kerait to Christianity in AD 1007", *Zeitschrift für Religions-und Geistesgeschichte*, vol. 22 (1989/1991).

[31] Brian. E. Colless, "The Nestorian province of Samarqand", *Abr-Nabrain*, vol. 24 (1986), pp. 51-57; E. C. D. Hunter, "Syriac Christianity in Central Asia", *Zeitschrift für Religions-und Geistesgeschichte*, Vol. 44(1992), pp. 362-368.

[32] 注 [19] 所引書第96頁。

[33] 何高濟譯：《魯布魯克東行紀》，中華書局2002年版，第293頁。

[34] 馮承鈞譯：《馬可波羅行紀》，上海書店2000年版，第134頁。

[35] 鄧之誠：《中華二千年史》卷四，中華書局1959年版，第371頁。

[36] 《元史》卷五，第83頁。

[37] 楊志玖：《元代回族史稿》，南開大學出版社 2003 年版，第 17 頁。

[38] 方齡貴：《通制條格校注》，中華書局 2001 年版，第 64 頁。

[39] 注 [20] 所引書第 60 頁。

[40] 《元史》卷一一八，第 2924—2925 頁；伯希和著、馮承鈞譯：《唐元時代中亞及東亞之基督教徒》，第 58—59 頁。

[41] 同注 [40]。

[42] 《元史》卷一一八，第 2924—2925 頁；閻復《駙馬高唐忠獻王碑》，《國朝文類》卷二三，四庫叢書本；伯希和著，馮承鈞譯《唐元時代中亞及東亞之基督教徒》，第 60—62 頁；張星烺編注、朱傑勤校訂《中西交通史料彙編》(一)，第 322—323 頁；Samuel Hugh Moffett, *A History of Christianity in Asia I: Beginnings to 1500,* 1992, pp. 450-451，456-459；陳垣《元西域人華化考》，第 23—25 頁。

[43] 注 [20] 所引書第 57 頁。

[44] 柳貫：《諡康僖制》，《柳待制文集》卷七，四部叢刊初縮編本，上海商務印書館 1936 年版，第 90 頁。

[45] 柳貫：《諡惠襄制》，《柳代制文集》卷七，第 90 頁下。

[46] 葉里彎名見閻復《駙馬高唐忠獻王碑》，1298 年曾有一部爲她所撰的敘利亞文福音書，有關葉里彎與該福音書作者之關係，參伯希和著、馮承鈞譯：《唐元時代中亞及東亞之基督教徒》，第 61—62 頁；Pier Giorgio Borbone, "Princess Sara's Gospel Book, A Syriac Manuscript Written in Inner Mongolia", *Jingjiao: The Church of the East in China and Central Asia*, pp. 347-348。

[47] 參見元好問：《恒州刺史馬君神道碑》，第 273—274 頁；黃溍：《馬氏世譜》。以下至"天民"條同。

[48] 《元史》卷一三四，第 3244—3245 頁；馬祖常：《故禮部尚書馬公神道碑銘》，《全元文》卷一四二，第 500 頁。

[49] 注 [20] 所引書第 225 頁。

[50] 注 [20] 所引書第 225—226 頁。

[51] 《元史》卷一二一，第 2987 頁；注 [20] 所引書第 227—228 頁。

[52] 同注 [51]。

[53] 《元史》卷一八〇，第 4162—4166 頁；注 [20] 所引書第 226 頁；陳垣：《元西域人華化考》，第 51—54 頁。

[54] 注 [20] 所引書第 225—226 頁。

[55] 同注 [20]。

[56] 俱藍，今譯奎隆，印度西南海岸換船港，是元代商人訪問最遠的港口之一。（參見陳國棟：《東亞海域一千年：歷史上的海洋中國與對外貿易》，山東畫報出版社 2006 年版，第 35—50 頁）與其相鄰的馬八爾，也是印度洋上重要港口，更是南印度重要的東方教會中心。參 I. Gillman & H-J. Klimkeit, *Christians in Asia before 1500*, pp. 166-177.

[57] 《元史》卷一三四，第 3248—3249 頁；程矩夫：《拂林忠獻王神道碑》，《雪樓集》卷五，《全元文》卷五三五，第 324—326 頁；韓儒林：《愛薛之再探討》，《穹廬集》，上海人民出版社 1982 年版，第 93—108 頁；伯希和著、馮承鈞譯：《唐元時代中亞及東亞之基督教徒》，第 65—67 頁。

[58] 注 [23] 所引書第 365—366 頁。

[59] 注 [23] 所引書第 595 頁。

[60] 注 [23] 所印書第 365—366 頁。

[61] 〔清〕趙翼：《陔餘叢考》卷一八，中華書局 2006 年版，第 355 頁。

[62] 《元史》卷一三四，第 3248—3249 頁；程矩夫：《拂林忠獻王神道碑》，第 325—326 頁。

[63] 同注 [62]。

[64] 同注 [62]。

[65] 同注 [62]。

[66] 同注 [62]。

[67] 程矩夫：《拂林忠獻王神道碑》，第 326 頁。

[68] 《元史》卷三四，第 761 頁。

[69] （元）王士點、商企翁編次，高榮盛點校：《秘書監志》卷九，浙江古籍出版社 1992 年版，第 171 頁。

[70] 吳文良原著、吳幼雄增訂：《泉州宗教石刻》（增訂本），第 419 頁；吳幼雄：《福建泉州發現的也里可溫（景教）墓碑》，《考古》1988 年第 11 期，第 1014—1016 頁。

[71] 同注 [15]。以下至"馬世臣"條同。

[72] 馬祖常：《故禮部尚書馬公神道碑銘》，第 500 頁；《元史氏族表》卷二，第 231 頁。

[73] 同注 [15]。

[74] 袁桷：《漳州路同知朝列大夫贈汴梁路同知騎都尉開封郡伯馬公神道碑銘》，《清容居士集》卷二六，四部叢刊本，第 395—396 頁。

[75] 馬祖常：《故禮部尚書馬公神道碑銘》，第 501 頁。

[76] （元）王逢：《題馬季子懷靜軒有序》，《梧溪集》卷四，北京圖書館古籍珍本叢刊，書目文獻出版社 1988 年版，第 506 頁上。

[77] 同注 [75]。

[78] 同注 [75]。

[79] 同注 [15]。

[80] 同注 [75]、注 [15]。

[81] 同注 [75]、注 [15]。

[82] 注 [20] 所引書第 279 頁；注 [15]；錢大昕：《元進士表》，《嘉定錢大昕全集》（五），江蘇古籍出版社 1998 年版，第 131 頁。

[83] 牛汝極：《泉州新發現的敘利亞文回鶻語景教碑銘》，《西域研究》2004 年第 3 期，第 91—93 頁。

[84]《泉州宗教石刻》（增訂版），第 395—403 頁。

[85] 同注 [84]。

[86] 也里世八名見揚州出土汉文—突厥语敘利亞文景教墓碑，相關考釋參見耿世民：《古代突厥語揚州景教碑研究》，《民族語文》2003 年第 3 期，第 42—44 頁；朱江：《揚州發現元代基督教徒墓碑》，《文物》1986 年第 3 期，第 68—69 頁；牛汝極：《從出土碑銘刊泉州和揚州的景教來源》，第 73—79 頁；王麗燕：《基督教徒忻都妻也里世八墓碑》，《圖書館工作與研究》2006 年第 4 期，第 63—64 頁。案忻都爲哈拉魯氏人，主要信奉伊斯蘭教，其妻也里世八爲基督徒，這是元代穆斯林與基督徒通婚的一個例子。參見楊志玖：《元代回族史稿》，第 24—25 頁。

[87]《元典章》卷三六，續修四庫全書本，第 378—379 頁。

[88] 同注 [87]。

[89] 注 [23] 所引書第 635 頁。

[90] 此人名見 1941 年出土於泉州東門外之古回鶻文景教碑，現藏廈門大學人類學博物館。其碑文最早由吳幼雄公佈，而後楊欽章、Klimkeit、Hamilton、牛汝極等人先後撰文釋讀。參吳幼雄：《福建泉州發現的也里可溫（景教）碑》，《考古》1988 年的 11 期，第 115—120 頁；楊欽章：《元代南中國沿海的景教會和景教徒》，《中國史研究》1992 年第 3 期，第 49—55 頁；J. Hamilton、牛汝極：《泉州出土回鶻文也里可溫（景教）墓碑研究》，《學術集林》第 5 輯，上海遠東出版社 1995 年版，第 274—275 頁；牛汝極：《從出土碑銘看泉州和揚州的景教來源》，《世界宗教研究》2003 年第 2 期，第 75—76 頁。

[91] (元) 蘇天爵：《元故資德大夫御史中丞贈攄忠宣憲協正功臣魏郡馬文貞公墓誌銘》，《滋溪文集》卷九，第 138—145 頁。

[92] 同注 [74]。

[93] 同注 [74]。

[94] 同注 [15]。

[95] 同注 [74]。

[96] 同注 [74]。

[97] 《元史氏族表》卷二，第 279 頁；蘇天爵：《元故奉訓大夫昭功萬戶府知事馬君墓碣銘》。

[98] 從"馬祖恭"至"馬祿合"，若無特別出注，均參考黃溍《馬氏世譜》。

[99] 同注 [75]。

[100] 《秘書監志》卷一〇，第 196 頁；桂棲鵬：《元代進士研究》，蘭州大學出版社 2001 年版，第 14—15 頁，第 186 頁；陈垣：《元西域人華化考》，第 66—67 頁。

[101] 注 [20] 所引書第 232—234 頁。

[102] 牛汝極：《泉州敘利亞—回鶻雙語景教碑再考釋》，《民族語文》1999 年第 3 期，第 33—34 頁。

[103] 注 [84] 所引書第 406—407 頁。

[104] 注 [23] 所引書第 772 頁、第 596 頁。

[105] 注 [23] 所引書第 773 頁。

[106] 注 [23] 所引書第 596—597 頁。

[107] （元）陶宗儀：《書史會要》卷七。

[108] 注 [84] 所引書第 409—411 頁。

[109] 注 [84] 所引書第 407—408 頁。

[110] 蓋山林：《陰山汪古》，第 271—272 頁。

[111] 同注 [75]。

[112] 何高濟譯：《鄂多立克東遊錄》，中華書局 2002 年版，第 71—78 頁。

[113] 有關元代基督教徒華化與地域之關係,參見注 [28] 所引文。

[114] （元）賈仲明:《錄鬼簿續編》,收入（元）鍾嗣成:《錄鬼簿》（外四種）,上海古籍出版社 1978 年版,第 108 頁。

[115] 蕭啓慶:《元色目文人金哈剌及其〈南游寓興詩集〉》,收入《元朝史新論》,臺北允晨文化實業股份有限公司 1999 年版,第 302 頁。

[116] 同注 [107]、注 [114]。

[117] 同注 [114]。

[118] 同注 [114]。

[119] 注 [69] 所引書第 221 頁,注 [20] 所引書第 279 頁。

[120]《至正金陵新志》卷六,收入《宋元地方志叢刊》,中華書局影印本 1990 年版,第 41 頁下、第 62 頁。

[121] 注 [84] 所引書第 383 頁。

[122]《正統大名府志》卷五,中國科學院圖書館選編《稀見中國地方志彙刊》三,中國書店 1992 年版,第 736 頁;《嘉靖開州志》卷五,天一閣藏明代方志選刊,上海古籍書店影印 1964 年版,第 16 頁下。

[123] 陶宗儀:《南村輟耕錄》卷九,中華書局 1997 年版,第 109 頁。

[124] 同注 [91]、注 [15]。

[125] 同注 [91]、注 [15]。

[126] 同注 [15]。

[127] 蘇天爵:《元故奉訓大夫昭功萬戶府知馬君墓碣銘》;黃溍:《馬氏世譜》。

[128]（元）王逢:《題馬季子懷靜軒有序》,第 506 頁上。

[129] 同注 [15]。

[130] 同注 [15]。

[131]《天啓成都府志》卷四〇,並見同書卷二七。

[132]《元史》卷一一三,第2856頁。

[133] 注[114]所引書第109頁。

[134]《明史》卷三二六,第8459頁。

[135] 楊森富:《唐元二代基督教興衰原因之研究》,刊於《基督教入華百七十年紀念集》,臺灣宇宙光出版社1977年版,第31—79頁,收入劉小楓主編:《道與言——華夏文化與基督教文化相遇》,上海三聯書店1995年版,第43—73頁;孫尚揚、鐘鳴旦:《略論唐元兩代基督教衰亡之原因》,載《1840年前的中國基督教》,學苑出版社2004年版,第93—104頁;李興國:《景教在中國的興亡》,《中國宗教》1996年第3期,第44—45頁;邱樹森:《元亡後基督教在中國湮滅的原因》,《世界宗教研究》2002年第4期,第56—64頁;邱樹森:《元代基督教消亡之謎》,《中國宗教》2003年第3期,第42—43頁;佟洵:《也里可溫在蒙元帝國的傳入及消亡原因初探》,《中央民族大學學報》(哲學社會科學版)2000年第3期,第65—69頁;佐伯好郎:《中國に於ける景教衰亡の歷史》,京都同志社1955年版;楊森富:《唐元兩代基督教興衰原因之研究》,收入林治平主編:《基督教在中國本色化》,今日中國出版社1998年版,第61—92頁。

[136] 同注[134]。

[137] 注[21]所引文第65頁。

[138] 同注[114],第108頁。

[139] 同注[28]。

[140] 蕭啟慶:《元明之際的蒙古色目遺民》,收入《元朝史新論》,第119—154頁。

環太平洋史

關於南島語族群的起源和擴散

徐文堪

南島語系（Austronesian family）範圍極其廣泛，東起南美洲西岸的復活節島，西到非洲東岸的馬達加斯加島，北至臺灣，南達新西蘭，涵蓋太平洋和印度洋區域。使用這一語系語言的人口，估計約有四億。南島語的種類，達一千二百種左右。南島語是世界上種類最多、地理分佈最廣的大語系。

早在 1600 年，荷蘭商船在馬達加斯加進行補給之後，航行至印尼，船員發現馬達加斯加島民所說的話與馬來語頗爲相似。1708 年，Hadrian Reland 根據荷蘭人 Jacob LeMaire 在 1615 年搜集的西波利尼西亞語料，指出其與馬來語的相似之處。此後，比較的範圍不斷擴大。至 1828 年，德國偉大學者威廉·馮·洪堡（Wilhelm von Humboldt, 1767—1835）提出"馬來—波利尼西亞"這一名稱，統括分佈於東南亞島嶼與太平洋地區的語言。1906 年，奧地利民族學和語言學家施密特（Wilhelm Schmidt, 1868—1954）以"Austronesien"（意爲南方島嶼，來自拉丁語 auster "南風"和希臘語 nêsos "島"）一詞取代"馬來—波利尼西亞"，此後"南島語系"這一名稱就逐漸廣泛行用。他還提出把東南亞的"孟—高棉語"（南亞語）與南島語聯繫起來，構成一個 Austric 大語系。[1]

眾所周知，1786年威廉·鐘斯（William Jones, 1746—1794）提出並論證了古希臘語、拉丁語與梵語之間的關係，奠定了日後歷史比較語言學的基礎。學者們逐漸認識到，根據共同來源語言的比較，可以重建或構擬已經消失的原始母語。而語言又是人類有別於其他動物的最重要的特徵，也是追溯族群起源與遷徙過程的最主要依據之一，所以這種研究對於探索說同來源語言的族群的來源及其史前文化狀況極具意義。即以研究最為充分的印歐語系為例，十九世紀以來人們就開始尋找說原始印歐語的印歐人的"故鄉"，經過多年努力，結合考古學、人類學、分子生物學、生物計量學和生態學的新成果和新方法，提出了許多假設和理論。對南島語系語言和說這些語言的族群的研究，雖然晚於對印歐語和印歐人的研究，但自二十世紀以來，也已有了長足的進展。其實早在十九世紀，就有荷蘭學者 Hendrik Kern（1833—1917）等人開始進行與南島語系相關的歷史語言學的比較研究，如 Hendrik Kern 以語言古生物學的方法，利用南島語中動、植物詞彙以及與地形和空間方向有關的詞彙，把南島語民族的"故鄉"放在中南半島的越南、柬埔寨及其沿海的鄰近地區。德國學者 Otto Dempwolff（1871—1938）則第一個做了有關原始南島語語音與詞彙的重建工作。

二十世紀前半葉，除語言學外，一些學者如奧地利民族學家 Heine-Gelern（1885—1968）[2]、中國民族學家凌純聲（1902—1981）[3]、日本學者鹿野忠雄（1906—1945）[4]等，都從不同角度推論南島語民族應該起源於華南或中南半島東部一帶。這樣的看法以後陸續得到更多學者支持。如考古學者張光直（1931—2001）[5]推論大陸東南沿海包括福建、廣東東部和臺灣一帶的史前居民向南方移居者，成爲日後南島語各族的祖先。

1975年，Richard Shutler Jr.和Jeffrey C. Marck提出了一個關於南島語族群擴散的新推測。[6]他們認爲，根據考古學和語言學分類的資料，南島語族群的遷徙、擴散與園藝農作相關。而年代在公元前9000年到前2500年之間的臺灣繩紋陶文化，代表最早的南島語族群。所以，可以把臺灣視爲南島語族群的原居地。至晚在公元前4500年，臺灣的南島語族已經從菲律賓擴散到西里伯斯（蘇拉威西）、摩鹿加以至新幾內亞，稍後又及於印尼西部。到了公元前4000年前後，印尼東南部的南島語族群又繼續向大洋州擴散。

以後由於考古資料增多，人類學、生物學、地質學等學科進展的推動，澳大利亞國立大學的貝爾伍德（Peter Bellwood）教授提出了一個南島語民族擴散的理論。[7]這一理論與先前英國考古學者倫福儒（Colin Renfrew）主張的原始印歐語得以傳播和分化，實際上是農業擴散的結果之理論[8]緊密相連，被稱爲"農作—語言擴散假說"（The farming-language dispersal hypothesis）。[9]貝氏認爲南島語民族的先民是居住在大陸東南沿海的新石器時代的農民，種植穀類，農業發展造成人口的成長，因而需要新的土地從事農業，於是從公元前四千紀開始，向東南亞海島擴散。約在公元前4000—前3500年的時候，他們首先到達臺灣。公元前3000年時，原南島語民族繼續擴散到菲律賓北部。至公元前2500—前2000年，他們已經佔據了東印尼群島，並逐漸取代了原有的狩獵和採集族群。公元前1500年以後，操原始馬來—波利尼西亞語的族群開始進入美拉尼西亞西部，並且通過美拉尼西亞，進入波利尼西亞西部。至公元 1000 年之時，波利尼西亞和密克羅尼西亞群島中的大多數島嶼都已被南島語民族佔據。

貝爾伍德等認爲農業的起源與擴張是人群移動的動力。他們主張在一萬多年前至將近五千年前，農耕與家畜飼養陸續在世界上九個農業起源地開始發展，這九個起源地遍及除澳洲外的世界各洲。農業生產對食物的掌握，顯然遠遠超過採集狩獵的方式。這使得前者得以挾其優勢，帶着其語言與生活方式向外擴張。這種優勢具體表現在：1. 農業比狩獵採集的生活方式，能夠養活更多的人；2. 農民因其定居的生活方式，能夠積累多餘的糧食，進而發展出較高的技術和更複雜的社會組織形式；3. 由於人口密集，由家畜而來的傳染病如天花等容易在農業社群中散佈，他們也因此發展出較強的免疫力與抵抗力，這使他們比狩獵採集的族群有更高的競爭能力。

這個以農業擴張說明語言分佈的模式，其基本假設是史前農業的擴散必定伴隨着人（基因）與語言。也就是說，農業和農民的向外擴張，是在人群與文化兩方面同時取代週邊狩獵採集居民的人群與文化。這個假設只有在考古學文化、農業畜養的證據、古人類遺骸、基因與語言等五項證據齊全時，方能成立。由於臺灣並不是農業起源地，貝爾伍德勢必把南島語族群的起源地往西推到中國大陸，而臺灣則是史前原始南島語族群往外遷徙的第一站，並且在這裏分化並繼續向南擴張。

漢文史籍自東周以來，就有"百越"的族名。如《呂氏春秋·恃君》："揚漢之南，百越之際"；《史記·秦始皇本紀》也有"南取百越之地"；《漢書·地理志》顏師古注引臣瓚曰："自交趾至會稽七八千里，百越雜處，各有種姓。"[10]百越中的古閩越族，居地即在今臺灣海峽西岸的福建省，其習俗與臺灣高山族相近，如蛇圖騰崇拜、斷髮、紋身、拔齒、干欄屋、崖葬、從妻婚等，可以證明與臺灣高山族有某種淵源關係。[11]又從考古學上看各古代文化的證據，認爲與臺灣古文化關係密切。如最近報導通過對來自大陸大帽山遺址石錛的Sr-Nd-Pb同位素比值的研究，揭示了在新石器時代臺灣海峽兩岸就已存在石器交流，[12]證實臺灣海峽是南島語群族航海文化的發源地。如果考古學所發現的臺灣古文化有的係某些現生高山族祖先的遺留，則他們的祖先當來自中國大陸的東南沿海地區。[13]

在語言學方面，有的語言學家認爲臺灣地區原住民的語言分歧最大，各族之間差異亦多，表示臺灣原住民的語言傳承相當久遠，特別是高山族語言的詞彙反映出其生活環境多選取半島地形和島嶼區域，與航海有密切的關係。[14]語言學家白樂思(Robert Blust)推測了南島語擴散的過程。[15]他認爲大約在公元前4500年的時候，原始南島語分化爲臺灣和馬來—波利尼西亞語(MP)。臺灣是南島語的起源地，至少與起源地很接近。到了公元前3500年，南島語可能從臺灣進入菲律賓，馬來—波利尼西亞語分化爲西部馬來—波利尼西亞語和中/東部馬來—波利尼西亞語。大約在公元前3000年，西馬來—波利尼西亞語和中/東部馬來—波利尼西亞語又分別發生了分化。前者進入婆羅洲；後者進入印尼東部的摩鹿加北部和蘇拉威西，分化爲中部馬來—波利尼西亞語和東部馬來—波利尼西亞語。到了公元前2000年以後，中部馬來—波利尼西亞語移入了摩鹿加南部和蘇姆巴瓦(Sumbawa)等島嶼；而東部馬來—波利尼西亞語則進一步分化爲原始哈爾馬哈拉(Halmahera)南部和新幾內亞西部的語

言以及大洋 (Oceanic) 語；後者繼續向東太平洋移動，最終到達了復活節島。

雖然貝爾伍德等學者有關南島語族群起源與擴散的說法是主流觀點，現今不少考古學家和語言學家接受並支持南島語族群原居北方，早期南島語族群分化和繼續向南擴展可能開始於臺灣的觀點，但這絕不意味着這種學說已經定於一尊，事實上在學術界仍然存在着許多不同聲音和不同看法的爭論。

上文已述及，現今不少語言學家把南島語族群的"原鄉"指向中國大陸東南沿海和臺灣一帶，但也有一些學者持不同看法。例如語言學家 Isidore Dyen（1913—2008）運用南島語的詞彙統計分類，[16]提出南島語最早的擴散中心是印尼東部以及美拉尼西亞的新幾內亞和俾斯麥群島一帶。

考古學家秦維廉 (William Meacham) 認爲臺灣的南島語言和文化是在本土演化形成的，臺灣最早的原住民並非來自亞洲大陸，而應視爲熱帶海島人口的一部分。[17] 這些人群大約是在公元前一萬到前五千年之間從南方的菲律賓來到臺灣，以後就在島內自行演化，但其間曾受到大陸東南沿海和菲律賓的影響。所以他認爲南島語族群應該源於臺灣、蘇門答臘和帝汶島之間所形成的三角地帶。

不贊同以貝爾伍德爲代表的"臺灣起源論"（Out of Taiwan）的代表人物是在東南亞多年從事考古工作的索爾海姆（Wilhelm Solheim II）教授。早在上世紀七十年代中期，他就提出了著名的 Nusantao 理論，用以解釋南島語族群的分佈現象。Nusantao 一詞來自南島語根詞 nusa（意爲"南"）和 tou/tao（意爲"人"）的組合，統稱南方島嶼之人，包括說南島語的族群，但同時也把說非南島語的族群涵蓋在內。這些族群在東南亞島嶼形成於公元前5000年甚至更早（公元前7000年），他們都居住在海邊，進行海上交換與貿易活動，索爾海姆稱之爲"Nusantao海上貿易與交流網路"(Nusanto Maritime Trading and Communication Network, 簡稱NMTCN)。[18] 這一網路又可分爲中、北、東和西四片。中片分爲早期和晚期：早期可以視爲網路的故鄉，位於越南東部沿海，其年代早於南島語的發展；晚期則是南島語創生和馬來—波利尼西亞語發展的時期，其地域包括臺灣東南部和中國大陸福建南部，向西擴展至柬埔寨沿海、泰國灣兩邊、馬來半島東岸以及西印尼的一些島嶼。北片從臺灣、福建擴展至中國大陸、朝鮮沿海和日本東部，可能包括本州西海岸和北部，並延伸至美洲。東片也可以分爲早期和晚期：早期包括東印度尼西亞的摩鹿加和馬來西亞西北部的俾斯麥群島；晚期則從摩鹿加往東到達華萊士區(Wallacea)，並從那裡穿越太平洋而到達復活節島。西片從馬來西亞和印尼西部延伸，到達印度沿海和斯里蘭卡，再向西到達非洲沿海和馬達加斯加。索爾海姆強調："南島語"是一個非常古老、分佈廣泛的語系的名稱；但它既不是一個人群，也不是一種文化。

臺灣考古學家臧振華根據澎湖列島、臺灣、大陸東南沿海和東南亞一帶的考古資料，[19] 推測最早的南島語族群是居住在福建和廣東沿海的新石器時代居民，大約在5000至6000年前，開始向臺灣移民。他們在到達臺灣以後，主要在臺灣島內演化發展，並繼續通過海上的捕魚、航行等活動與大陸東南沿海島嶼和東南亞的人群有所接觸，受到若干影響；其間也可能有來自華南和東南亞的少數新的人群移入，其結果造成了臺灣南島語居民語言和文化的複雜性。

而東南亞島嶼和大洋洲的南島語族群可能並不是源於臺灣，而是從大陸東南沿海的原居地，逐漸沿中南半島東岸南下，通過巽他陸棚到達巴拉望和婆羅洲一帶，並繼續向北延伸到菲律賓和密克羅尼西亞，向南逐步擴散到馬來半島的南部，向東擴散到印尼群島，最後從印尼東部進入美拉尼西亞和波利尼西亞的各個島嶼。

臺灣原住民與中國大陸南方各族的起源和南島語族群的起源緊密相關。過去的考古研究已經提供了臺灣與華南史前文化聯繫的種種證據，但是考古材料無法跨越時間與現生人群直接對應。因此，必須借助分子生物學的遺傳基因的分析方法，來探討人類與族群在演化與相互關係方面的各種問題。

1995年，T. Melton 和 M. Stoneking 等，就利用腺粒體DNA一段九個鹼基對缺失的分析，[20]肯定了南島語民族源於臺灣，並向東南亞和太平洋擴散的所謂"特快車模式"(Express train model)。此外，A. J. Reed 和 B. Sykes 等人對腺粒體DNA的序列分析，也認為臺灣可能是南島語族群的"原鄉"。

2000年中國學者宿兵和金力等在《美國國家科學院院刊》上發表論文，[21]檢測分析了臺灣、東南亞、密克羅尼西亞、美拉尼西亞、波利尼西亞地區的36個族群，共計551位男性的SNP分佈模式，發現臺灣南島語民族普遍出現的Y染色體單倍體基因型，和密克羅尼西亞、波里尼西亞普遍出現的基因型差異很大；全世界最常出現的單倍體H1及H5在臺灣原住民中並不常見。阿美族出現單倍體H9。因此，作者認為臺灣並不是南島語族群的故鄉，也間接否定了貝爾伍德和白樂思等的假說。這篇文章曾引起廣泛的關注和討論。[22]但此項研究所用個體中，秦雅族有24個、排灣族11個、布農族9個、雅美族（現改稱達悟族）8個、阿美族6個，全部來自高山族，並未涵蓋人數最多的平埔族。因此，有學者認爲個體數量不足影響了結論的說服力。[23]

此後，臺灣馬偕醫院的Jean Trejaut和林媽利等在2005年發表論文，[24]報導了他們的腺粒體DNA研究成果。論文的結論是，在中國大陸廣泛分佈的腺粒體DNA單倍體組之所以不見於臺灣原住民，說明中國大陸新石器時代的移民者並未向臺灣的早期居民提供足夠的腺粒體DNA基因庫。論文中對腺粒體定序的系統發育分析共出現三個密碼區突變母題（NPS 6719、12239和15746），顯示B4a1a單倍體爲臺灣原住民、美拉尼西亞及波利尼西亞人三者所共有。但至今在東亞大陸人群中尚未發現任何單倍體來自這三個密碼區。有關B4a1a的來源目前尚不清楚。根據巴布亞及波利尼西亞人B4a1a密碼區分化點所獲併合時間爲距今9300±2600年。這個年代顯然比該地區拉皮達（Lapita）文化[25]（距今約3500年）的出現年代早得多。波利尼西亞人及臺灣原住民的腺粒體單倍體組出現頻率甚高，但在Y染色體中完全缺失，說明原始南島語族群的社會可能是母系社會（如臺灣東部的阿美族），但其早期移民的Y染色體基因在向東擴散過程中逐漸消失。Trejaut等的研究雖然也支持上面提及的"特快車模式"，但是還須經過古代DNA分析以及"慢船模式"（Slow boat model）的檢驗。

在臺灣本土的古DNA研究方面，近年也做了一些工作。2004年，鄭萱宜首先以台南烏山頭出土墓葬中人骨的5個樣本進行檢測，[26]試圖說明烏山頭遺址所代表的人群與現代布農族的關係，但其樣本量偏低，影響其結論的確定性。其後陳堯峰、許木柱等於2007年作了同批樣本的古 DNA 研究，[27] 指出史前烏山頭人與布農族關係較近；同時說明史前烏山頭人與曾一度居於該地的西拉雅人關係疏遠，源自烏山頭人可能於距今 2500 年左右被另一族群取代，或是西拉雅人在過去幾百年間與漢人的通婚，導致其遺傳基因的改變。

上海復旦大學現代人類學研究中心的分子考古學者與臺灣學者合作，利用母系遺傳的腺粒體 DNA、父系遺傳的 Y 染色體 DNA，以及雙系遺傳的體染色體 DNA，試圖尋找出現生臺灣原住民與史前華南"百越"族群之間跨時限的相互關係。他們的研究結果[28]表明，長江下游的良渚文化族群與臺灣原住民同樣擁有非常高的 Ola*-M119 分型頻率，現今侗台語族人群也有相對較高的 Ola*-M119 分型頻率，故臺灣原住民、良渚文化族群與侗台語族人群應該有相同的祖源。現代人群最初從非洲來到東南亞時，"百越"和南島語族群可能是同一群體，而後"百越"民族北遷至廣東一帶，南島語民族則南遷，兩者分開後分別發展成兩個系統。操臺灣語族群究竟屬南島還是"百越"，這將由更多的遺傳學資料來解答，但目前的資料似偏向於後者。

最近中國學者張亞平、姚永剛等和越南學者合作進行的一項研究[29]認爲：通過對居住於大陸東南亞、語言屬南島語系的占人的腺粒體 DNA 檢測，顯示占族曾大量吸收當地說孟—高棉語的族群的成分，並且發生了語言轉移，這說明南島語族群在大陸東南亞地區的擴散主要是通過文化傳播而得以實現的。所以，至少從母系遺傳資料觀察，這一過程符合上述"Nusantao 海上貿易與交流網路"的模式。

Jean Trejaut 和林媽利等在 2011 年發表的一項研究[30] 顯示，南島語族群在東南亞海洋和美拉尼西亞的遷徙路線可能與鼻咽癌的傳播方向一致。此外，病毒、動植物及其遺存亦可作爲分析的物件。如 Matisoo-Smith 等的研究 [31] 指出，通過對與人類一起移動的太平洋所出鼠骨（Rattus exulans）的檢測，表明這種鼠類的活動與拉皮達文化的擴散相關，同時，它們最可能來自華萊士線一帶。又如通過對稻米的基因分析，證明菲律賓的稻米是 Indica 而不是 Japonic，也就是說係出自南方的品種。傅稻鐮（Dorian Fuller）和秦嶺等對水稻栽培史的研究，[32] 也對闡明東亞和東南亞各個族群的起源、遷徙與分佈極有助益。

在體質人類學方面，根據美國夏威夷大學 Michael Pietrusewsky 對東南亞島嶼地區人牙的研究，[33] 波利尼西亞人的故鄉應在東亞和東南亞，而不是在地理上鄰近的美拉尼西亞。這一結論與 1995—2007 年間分子遺傳學家的一系列研究結論一致，特別支持奧本海默（Oppenheimer）和理查茲（Richards）在 2001 年提出的波利尼西亞人源自東南亞島嶼東部某處 [34] 靠近華萊士線的地區的看法，而絕非源自臺灣。

在語言學方面，白保羅（Paul K. Benedict, 1912—1997）早在 1942 年就提出侗台語與印尼語有真正的同源詞對應關係，後來他的觀點進一步發展，把侗台語、苗瑤語和南島語組成"澳泰語系"。[35] 法國語言學家沙加爾（L. Sagart）認爲漢藏語整體上同南島語同源，稱作"漢藏南島語系"（STAN:Sino-Tibetan-Austronesian）。[36] 他採納原始南島語是距今 5500 年左右在臺灣使用的語言的觀點。原始南島語內部的第一次分化發生在臺灣島西岸，不久後有一支人群從西岸遷徙到東岸，產生第二次內部分化，結果形成了方言群，即東岸方言群。此後大約距今 4500 年，東岸一支操東岸方言群語言的人群離開了臺灣，遷徙到菲律賓北部，他們的語言即原始馬來—波利尼西亞語，是目前所知臺灣以外所有南島語的祖語。另一支操東岸方言群語言的人群由臺灣遷徙至廣東或廣西沿海區域，他們的語言是侗台語的南島祖語，這種語言受到當地語言的很大影響，形成了原始侗台語。

關於南島語族群和日本諸島居民的關係，也是值得關注和探索的問題。有的日本學者[37]認爲日本人的祖先大約可分爲南方系統和北方系統，生活在繩文文化時代（約公元前13680年—前410年）的繩文人屬前者，生活在彌生時代（約公元前500年—公元300年）的彌生人屬後者。白保羅曾把南島語、臺灣少數民族語言與日語聯繫起來，[38]但未能獲得語言學界的認同。[39]南島語族群的物質文化遺存不同於日本，但日本南部距臺灣北部以東約100公里的八重山諸島的考古發掘卻說明，[40]距今4500年至3900年，那裏可能存在說南島語的移民。所以，南島語族群的擴散過程應該比以前所有的設想都更爲複雜，對日本繩文文化的起源也應該重新進行審視。[41]

最後要提及的是：近十年來，歷史語言學有了不少新的進展，動向之一是把進化生物學常用的基於電腦科學的種系發生方法（Phylogenetic methods）運用於對語系起源、分群等問題的探索，並且把這種研究與人類史前史和文化演化的研究結合起來。這方面的前景有可能使語言學逐漸成爲一門既屬人文學科的"軟"科學，又屬精密科學的"硬"科學，並且把二者有機結合起來的學科。R. D. Gray、Q. D. Atkinson、S. J. Greenhill等學者爲此做了很多工作，涉及印歐語、非洲的班圖語和南島語等，其中南島語受到極大的關注，[42]相信這些努力將會產生豐碩的成果。

以上所述，是對南島語族群的起源和散佈問題研究現狀的極其粗淺的概述。應該說，要解決這一問題，還有很長的路要走。對於海峽兩岸的學者來說，應該攜手合作，逐漸弄清楚歷史上的百越族群、臺灣原住民與原始南島語族群的相互關係，通過客觀的、跨學科的、排除其他非學術因素干擾的研究，最終揭開南島語族群起源之謎。

補　記

本文脫稿後，得讀臺灣林秀嫚女士在美國通過的博士論文，該文對臺南科學園區三抱竹（SPC）遺址及五間厝南（WCTS）遺址、南關里東（NKLE）遺址出土人骨情況作了綜述，並報告了三抱竹遺址人骨 DNA 檢測結果。綜合體質人類學和基因分析考量，三抱竹人牙形態特徵近於北方，距今 2500 年的三抱竹居民可能來自東亞大陸；而五間厝南出土者與夏威夷居民關係接近。因此，古代臺灣居民可能是多源的。參閱：Hsiu-ManLin, *The Biological Evidence of the San-Pau-Chu People and their Affinities*, The University of New Mexico, Albuquerque, New Mexico, May 2009.

關於波利尼西亞語及操波利尼西亞語族群之起源，請參閱最近發表的論文：Pedro Soares, V. Macaulay, Marie Lin, Stephen Oppenheimer and Martin B. Richards, et al. "Ancient Voyaging and Polynesian Origins", *The American Journal of Human Genetics*, 88.2, 2011, 239-247.

■ 注釋

[1] W. Schmidt, "Die Mon-Khmer-Völker, ein Bindeglied zwischen Völkem Zentralasiens und Austronesiens", *Archiv für Anthropologie*, Braunschweig, new series 5. 1906, pp.59-109.

[2] Robert Heine-Geldern, "Urheimat und Früheste Wanderungen der Austronesier", *Anthropos* 27. 3-4, 1932, pp.543-619.

[3] 凌純聲：《東南亞古文化研究發凡》,《新生報民族學研究集刊》（1950 年 3 月 23 日），又見於《主義與國策》44,1955 年，第 1—3 頁。

[4] 鹿野忠雄：《臺灣考古學民族學概觀》（宋文熏譯），臺灣省文獻委員會，1955 年。

[5] 張光直：《華南史前文化提綱》,《"中央研究院"民族學研究所集刊》7,1959 年，第 43—73 頁。

[6] Richard Shutler Jr. and Jeffrey C. Marck, "On the dispersal of the Austronesian horticulturalists", *Archaeology and Physical Anthropology in Oceania*, 10.2, 1975, pp.81-113.

[7] Peter Bellwood, "The Dispersal of Neolithic Cultures from China into Island Southeast Asia: Stand Stills, Slow Moves, and Fast Spreads", 載中國社會科學院考古研究所編《華南及東南亞地區史前考古——紀念甑皮岩遺址發掘 30 周年國際學術研討會論文集》，文物出版社 2006 年版，第 223—234 頁。

[8] C. Renfrew, "Models of change in language and archaeology", *Transactions of the Philological Society*, 87.2, 1989, pp.103-55.

[9] 焦天龍：《"農作／語言擴散假說"與中國考古學》,《中國文物報》2004 年 4 月 9 日第 7 版；徐文堪：《對"農作—語言擴散假說"的審視》，余太山、李錦繡主編《歐亞學刊》第 5 輯，中華書局 2005 年版，第 287—91 頁。

[10] 吳春明：《"自交趾至會稽"——百越的歷史、文化與變遷》，載車越喬主編《越文化實勘研究論文集（二）》，科學出版社2008年版，第23—34頁。

[11] 葉國慶、辛士成：《位居我國大陸和臺灣的古閩越族》，《廈門大學學報》，1980年第4期，第148—157頁。

[12] Z. Guo, T. Jiao, B. Rolett, J. Liu, X. Fan, and G. Lin, "Tracking Interactions in Southeast China: evidence from stone adze geochemistry", *Geoarchaeology*, 20.8, 2005, pp.765-776; Zhengfu Guo, Tianlong Jiao, "Searching for the Neolithic Interactions across the Taiwan Strait: Isotopic Evidence of Stone Adzes from Mainland China", *Journal of Austronesian Studies*, 2.1, 2008, pp.31-40.

[13] 陳仲玉：《試論中國東南沿海史前的海洋族群》，《考古與文物》2002年第2期，第37—42頁。

[14] 李壬癸：《從語言的證據推論臺灣土著民族的來源》，《大陸雜誌》59卷1期，1979年，第1—14頁。

[15] R. A. Blust, "The Austronesian homeland: a linguistic perspective", *Asian Perspectives*, 26.1, 1988, pp.45-68.

[16] Isidore Dyen, "The Austronesian Language and Proto-Austrnesian", *Linguistics in Oceania* 1, ed. by Thomas Sebeok, Current Trends in Linguistics 8, The Hague: Mouton, 1971, pp.5-24.

[17] William Meacham, "Improbability of Austronesian origin in South China", *Asian Perspectives*, 26.1, 1988, pp.90-106.

[18] Wilhelm G. Solhelm II, "Taiwan, coastal south China and northern Viet Nam and the Nusanto maritime trading network", *Journal of East Asian Archaeology* 2.1-2, 2000, pp.273-84; *Archaeology and Culture in Southeast Asia: Unraveling the Nusanto*, Quezon City: University of Philippines Press, 2006.

[19] 臧振華, "New archaeological data from both sides of the Taiwan straits and their implications for the controversy about Austronesian origins and expansion", *Austronesian Studies Relating to Taiwan*, ed. by P. J-k. Li et al., Symposium Series 3. Taipei: Institute of History and Philology, Academia Sinica. 1995, pp.185-225;《中國東南沿海史前文化的適應與擴張》,《考古與文物》1994 年第 3 期, 第 20—33 頁。

[20] T. Melton et al., "Polynesian genetic affinities with Southeast Asian population as identified by mtDNA analysis", *American Journal of Human Genetics*, 57, 1995, pp.403-14.

[21] B. Su and L. Jin, et al. "Polynesian origins: insights from the Y chromosome", *Proc Natl Acad Sci USA*, 97.15, 2000 July 18, pp.8225-28.

[22]《問題與討論:"DNA 的研究與南島民族的起源"》,《語言暨語言學》2 卷 1 期, 第 229—278 頁。

[23] 何傳坤:《蒙古人種南部支系的源流》, *Journal of Austronesian Studies*, 1.2, 2005, pp.95-114.

[24] J. A. Trejaut, T. Kivisid and Marie Lin, et al. "Traces of Archaic Mitochondrial Lineages Persist in Austronesian-speaking Formosan Populations", *Plos Biology*, 3.8, 2005, pp.1-11.

[25] 向東遷徙的南島語系族群在穿越了東南亞島嶼之後,在巴布亞新几內亞遇到在該地居住長達四萬年之久的原住民。在兩種文化彼此衝擊之下,產生了拉皮達文化。在隨後的一千年內,拉皮達文化的人群由巴布亞新几內亞北邊的俾斯麥群島往東往南,越過自更新世以來人類居住及活動的天然界限,邁向未知的太平洋島嶼世界。參閱:邱斯嘉 (Scarlett Chiu) 和 Christophe Sand 主編《東南亞到太平洋:從考古學證據看南島語族擴散與 Lapita 文化之間的關係》(中英文對照),《亞太研究論壇》第 38 期, 2007 年 12 月。

[26] 鄭萱宜：《臺南烏山頭遺址出土古代人類DNA序列分析》，花蓮慈濟大學人類學所碩士論文，2004年。

[27] Yao-Fong Chen, et al. "Mitochondrial DNA Analysis of an Ancient Population in Southwestern Taiwan", *Journal of Genetics and Molecular Biology*, 18.1, 2007, pp.18-22. 參閱林秀嫚，"臺灣生物人類學的晚近發展", *Journal of Austronesian Studies*, 2.1, 2008, pp.41-54.

[28] 李輝，文波，宿兵，陳叔倬 et al. "Paternal genetic affinity between western Ausronesian and Daic Populations", *BMC Evolutionary Biology*, 8, 2008, 146. 參閱：李輝《百越遺傳結構的一元二分跡象》，《廣西民族研究》2002年第4期，第26—31頁。

[29] Min-Sheng Peng and Ya-Ping Zhang, et al. "Tracing the Austronesian Footprint in mainland Southeast Asia: A Perspective from Mitochondrial DNA", *Molecular Biology and Evolution*, 27.10, 2010, pp.2417-30.

[30] Jean Trejaut and Marie Lin, et al. "Ancient migration routes of Austronesian-speaking populations in oceanic Southeast Asia and Melanesia might mimic the spread of nasopharyngeal carcinoma", *Chinese Journal of Cancer*, 30.2, 2011, pp.96-105.

[31] Elizabeth Matisoo-Smith and J. H. Robins, "Origin and Dispersals of Pacific peoples: Evidence from mtDNA. Phylogenies of the Pacific Rat", *Proc Natl Acad Sci USA*, 101.24, 2004, pp.9167-72.

[32] Dorian Fuller, Ling Qin and Emma Harvey, "Evidence for a late onset of agriculture in the lower Yangtse region and challenges for an archeobotany of rice", In Alicia Sanchez-Mazas, Roger Blench, Malcolm D. Ross, Ilia Peiros and Marie Lin (eds), *Past Human Migrations in East Asia*, London, New York: Routledge, 2008, pp.40-83. 根據最新的研究，稻米的種植是單源的，約始於8200—13500年前，地點爲長江流域。參閱：Jeanmaire Molina and Martin Sikora, et al. "Molecular evidence for a single

evolutionary origin of domesticated rice", Proc natl Acad Sci USA, Published online 2 May, 2011.

[33] M. Pietrusewsky, "The modern inhabitants of Island Southeast Asia: a craniometric perspective". In E. Indriati (ed.) *Proceedings of the International Seminar on Southeast Asian Paleoanthropology: Recent Advances on Southeast Asian paleoanthropology and Archaeology*, Laboratory of Bioanthropology and paleoanthropology, Faculty of Medicine, Gadjah Mada University, Yogyakarta, Indonesia, 2008, pp.185-201.

[34] S. J. Oppenheimer and M. Richards. "Polynesian origins: slow boat to Melanesia?" *Nature*, 410, 2001, pp.166-167; "Fast trains, slow boats, and the ancestry of the Polynesian islanders", *Science Progress*, 84.3, 2001, pp.157-181.

[35] Paul K. Benedict, *Austro-Thai Language and Culture, with a Glossary of Roots*, New Haven: HRAF Press, 1975.

[36] 沙加爾（龔群虎譯）：《漢藏南島語系：對漢藏語和南島語關係的補充解釋》，載潘悟雲編《境外漢語音韻學論文選》，上海教育出版社 2010 年版，第 267—289 頁。

[37] 埴原和郎 (K. Hanihara), "Dual Structure Model for the Population History of the Japanese", *Nichibunken Japan Review*, 2, 1991, pp.1-33.

[38] P. K. Benedict, *Japanese/Austro-Tai*, Ann Arbor: Karoma Publishers, 1990.

[39] Alexander Vovin, "Is Japanese Related to Austronesian?" *Oceanic Linguistics*, 33.2, 1994, pp.369-390.

[40] G. R. Summerhayes and A. Anderson, "An Austronesian presence in southern Japan: early occupation in the Yaeyama islands", *Bulletin of the Indo-Pacific Prehistory Association*, 29, 2009, pp.76-91.

[41] Edwina Palmer, "Out of Sunda? Provenance of the Jōmon Japanese", *Japan Review*, 19, 2007, pp.47-75.

[42] R. D. Gray and Q. D. Athinson, "Language-tree divergence times support the Anatolian theory of Indo-European origin", *Nature*, 426, 2003, pp.435-439; S. J. Greenhill, R. Blust and R. D. Gray, "The Austronesian basic vocabulary database: from bioinformatics to lexomics", *Evol. Bioinform.* 4, 2008, pp.271-283; R. D. Gray, A. J. Drummond, S. J. Greenhill, "Language Phylogenies Reveal Expansion Pulses and Pauses in Pacific Settlements", *Science*, 323, 2009, pp.479-483; Michael Dunn, Simon J. Greenhill, Stephen C. Levinson and Russell D. Gray, "Evolved structure of language shows lineage-specific trends in word-order universals", *Nature*, 473, 2011, pp.79-82.

本文爲復旦大學亞洲研究中心資助課題的成果之一。

Chinese Junk Trade and the Hokkien Community in Manila, 1570–1760

Qian Jiang（錢江）
(University of Hong Kong)

It is generally held that hundreds of years before the coming of the Spaniards an extensive trade developed between the Philippines and south China, during which large quantities of trade pottery and other goods from China were brought into the islands.[1] Trade in consequence made it necessary for some of Chinese merchants and crew members, of whom almost all were Hokkiens, to sojourn in the Philippines.[2] Nevertheless, the size of these early Hokkien sojourning communities that were established at various points along the junk trade route was very small prior to the Spanish conquest. When Miguel Lopez de Legazpi arrived in Manila in 1570, he found only a small Chinese community with some 40 Chinese merchants who had long settled there with their wives and children.[3] In fact, it was the coming of the Spaniards and the rise of Manila as the Asian hub of trans-Pacific commerce that significantly modified the pattern and conditions of the traditional Chinese junk trade with the Philippines and breathed new life into the early Hokkien communities scattered in the islands. The new opportunities offered by the Manila galleon trade between the Philippines and Mexico not only created profit for Hokkien merchants but also transformed their small settlements into a marked segregated community in Manila.

Sangleys and the Parian

The Hokkien merchants or "Sangleys" [4] as they were frequently called by the Spaniards were from Quanzhou and Zhangzhou prefectures in south Fujian. Generally speaking, of the Hokkien Sangleys sojourned in Manila, the majority were those from the Zhangzhou prefecture 漳州府, notably from the towns or villages in Hai-cheng 海澄, Long-xi 龍溪 and Zhang-pu 漳浦. [5] As was the custom, the merchants from Tong-an 同安 and Zhong-zuo-suo 中左所 i.e. present Amoy or Xiamen) identified themselves with the Zhangzhou merchant group though administratively they belonged to the Quanzhou prefecture 泉州府. The Quanzhou merchant group which predominantly comprised of those Hokkiens from Jin-jiang 晉江, Yong-chun 永春, Nan-an 南安 and An-xi 安溪 was also very active in Manila. What is especially noteworthy in this regard is the merchants from An-hai 安海, a coastal town adjacent to Quanzhou and the maritime headquarters of the famous Zheng family in the early 17th century, played formative roles in Manila in both the junk trade between Fujian and Manila and the sojourning community. The An-hai people's custom of loving to do business overseas and their deep involvement in the junk trade with Manila were faithfully illustrated by Li Guangjin 李光縉, a Quanzhou gentry of the late Ming dynasty, as follows.

> The people of An-ping 安平 are profit-seeking by nature. As soon as the trade with Manila was opened, ninety percent of them set sails for ocean to pursue the profit. Consequently when the barbarians made a surprise attack on the Chinese merchants last year, and killed all of them, no one from An-ping could escape. When the obituary reached their homes, the sound of mourning filled the whole town, and nobody could tell how many women of the town have thus become widows.[6]

Unlike other Hokkien Sangleys from the countryside of south Fujian who as a whole were peasants, the An-hai Sangleys had mainly been merchants before travelling to the Philippines. Their aim of venturing overseas was thus basically not to get away from their poor lives at home but to maximise profit with the capital pooled together with their clansmen. Therefore, the An-hai Sangleys were usually seen as the well-to-do merchants in Manila. This group of merchants was so famous among Hokkien Sangleys of Manila that any rich Chinese merchant in the town would as a custom be called *Anayes*, though the spelling of their names that frequently appear in the Spanish documents varies, such as *Anayes*, *Anhayes*, *Avay* or *Auhay*.[7] Detailed information on this particular Hokkien merchant group in Manila, however, is surprisingly patchy; what we know is that there were five or six hundred *Avays* merchants at Manila's *Parian* on the eve of the massacre of 1603.[8]

What is stressed above does not necessarily mean that the An-hai merchants were the only wealthy Sangleys in Manila. Rather, various sources suggest that some of the Zhangzhou merchants were in effect part of the commercial élite of the sojourning community, such as Guansan, Sinu and Guachan, who conveyed the letters from the Manila authorities to the Fujian government after the massacre of 1603.[9] The residents of Manila also knew that whatever they needed, the merchants from Zhangzhou would very quickly carry the goods to the *Parian*.[10] Possibly due to the prominence of the Sangleys from Zhangzhou or Chincheo as it known to the Spaniards was widely known in the Philippines, the Spanish Bishop Salazar even used the term "the province of Chincheo" to address the whole Fujian province in 1590.[11]

With the development of the junk trade with the Philippines and the need to wait for the proper monsoon for the return trip, more and more Sangleys moved into the newly established Spanish colony with goods and services from south Fujian. The growth of the Hokkien population in Manila following the Spanish conquest was phenomenal. In 1572, the Hokkiens numbered about 150. Sixteen years later, according to the report submitted by the Manila *Audiencia* (the highest tribunal of justice), "there are over 10,000 Sangleys now in this city".[12] The number of Hokkien Sangley reached its peak at the end of 1603. It was estimated by the Spanish authorities that they amounted from 24,000 to 30,000 on the eve of the massacre, an extraordinary number considering that the total number of Spaniards and Mexicans residing in the Philippines was only 1,200 at that time, of whom 700 lived in Manila.[13] In 1639, approximately 23,000 Sangleys were killed in the second massacre. Nevertheless, massacre and expulsion were usually followed by gradual return of the Hokkiens, and in 1649, there were again some 15,000 Hokkien merchants and artisans living in the ghetto.[14] The well-known contemporary account of the German ethnologist Fedor Jagor attests well what is mentioned above. While depicting the Chinese Sangleys, Fedor Jagor points out that "Manila has always been a favourite place for Chinese immigrants; and neither the hostility of the people, nor oppressing and prohibitory decrees for a long time by the Government, not even the repeated massacres, have been able to prevent their coming." [15]

What ought not to be ignored is that unlike other contemporary Hokkien sojourning communities overseas, the Hokkien artisans, fishermen and farmers who arrived in Manila in the wake of the merchants soon constituted a significant percentage of the sojourning community, with the intention of staying for longer periods than was previously the habit. The actual scale of the Sangleys' flooding into Manila can be seen from the data presented below, which copies from a special report on the Chinese immigration in the Philippines dated 4th July 1606. [16]

Table 1 Statistics on the Number of Sangleys Shipped into Manila in 1606

Name of Junk's Captain	Sangley Number	Name of Junk's Captain	Sangley Number
Pinyon	322	Binçan, Quinten	294
Yantin	345	Sanagu	324
Cuheran	284	Selhuan	367
Onsan	300	Nohu	240
Sousan	423	Guarquico	323
Unican	230	Ay Pagu	204
Onray	265	Cime	250
Yansan	210	Ciggan	141
Zuan	163	Ciray	492
Ciquey	261	Tzutian	163
Tongon	259	Tzontzan	220
Licbeu	77	Buyan	301
Biçan	75	Total:	6,533

Whenever there was a lack of food supply or bustling economic activity in the town after every large massacre or mass expulsion, the Hokkien merchants and artisans were allowed or even encouraged anew into the colony. But if the Hokkien community swelled rapidly or its size reached an uncontrollable degree that would be seen by the suspicious Spaniards as a danger presented towards their safety, immediately another round of massacre of Chinese or mass expulsion would be launched by the Spanish authorities. The number of Hokkiens in Manila thus cyclically rose and fell, depending upon the economic situation of the Islands and the state of prejudice and antagonism against the sojourning Hokkiens.[17] The following table outlines the demographic change of the Hokkien sojourners in Manila during the period under discussion. Though statistical information available for reconstructing the sojourning Hokkiens' demography is sporadic and sparse, the figures presented below do shed some light on the picture of the sojourning community.

Table 2　The Demography of the Hokkiens in Manila, 1570–1760 [18]

Year	Numbers	Year	Numbers
1570	40	1609	Around 8,000 in Parian
1572	150	1621	Over 24,000
1584	4,000	1622	21,000
1586	4,000-5,000	1627	12,000 in Parian
1587	Over 3,000	1634	Over 20,000 in Parian
1588	Over 10,000	1637	20,000
1589	4,000	1638	Around 30,000 (including 20,000 in Parian)
1590	12,000 (including 3,000-4,000 in Parian)	1639	25,000-30,000
1591	2,000 in Parian	1649-61	15,000 in Parian
1597	Over 10,000	1662	15,000
1599	Over 3,000 in Parian	1678-1690	Less than 6,000
1600	15,000	1687	6,000
1602	8,000 in Parian	1693	3,000 in Parian
1603	24,000-30,000	1740	Over 20,000
1605	Around 1,500 non-Christian Sangleys in Parian	1755	1,623
1606	Less than 6,000	c. 1761	6,200 in Parian

It is obvious that the sojourning population in Manila

increased dramatically after 1590s, and the climax was reached around 1600. This trend was maintained for approximately forty years before it gradually declined, and the number in Parian continued to drop-off after 1662, when more and more Hokkien sojourners sought to live freely on islands or in inland areas where they could lie beyond Spanish control and rule. By the 1730s, the Hokkien sojourners, especially those who had been baptised, were actually scattered throughout the provinces of Luzon, such as Tondo, Bulacan, Pampanga, Laguan and Cavite, and all over the islands. The entire internal trade of the Philippines was therefore in the hands of these Hokkien merchants.

A second dimension to be noted is the social life of these sojourners. The Sangleys preserved most of the customs and life style of the Ming dynasty. For instance, in their teeming community, the Hokkiens wore long blue garments with wide sleeves, or white for mourning, but their chief men dressed in black or coloured silks. Underneath, all wore wide drawer-like trousers of the same material and a half hose of felt. They wore broad shoes of their own style, made of blue silk or other materials, embroidered with a braid and with a number of soles firmly sewn together. Like the Dutch in Java, the Spaniards were very curious about the Hokkiens' hairstyle. Morga observed that "They wear their hair long; it is very black, well cared for, wound around the head with a high knot, and with a hood or horse-hair coif on the top, which fits closely down to the middle of the forehead. Above all this they wear a high round hat, also of horse-hair, and of varying designs, according to the wearer's occupation and rank."[19]

On the other hand, the vice of gambling was popular among the Sangleys, as was often the case in other Hokkien communities overseas.[20] It seemed that only Sangleys were allowed to gamble in the *Parian* as one of their major diversions, and most of them were addicted to gambling, particularly the game called *metua*. When William Dampier, a British privateer who cruised the Philippines between 1686 and 1687, visited Manila, he was surprised to find out that the Chinese were great gamesters, and they would never be tired of it, playing night and day, until they lost all their estates, then it was usual for them to hang themselves.[21] It seems that there had been a Hokkien tax farmer in charge of collecting gambling tax for the Spaniards. For example, the Sangleys had to pay a large sum of money annually to the Manila authorities for the gambling monopoly. In 1600, apart from 4,500 pesos of shop rent, the Spaniards collected 1,600 pesos of the gambling tax from the farmer.[22] This monopoly tax continued throughout the history of the Parian and increased with the expansion of the sojourning population, and the annual sum reached 100,000 at the end of 17th century, as reported by Giovanni Francesco Gemelli-Careri, a wealthy Neapolitan dilettante.[23]

With regard to the religious life of these Hokkien sojourners, we know virtually nothing; though the Spanish sources, on which much of the information concerning the Hokkien community depends, kept complaining that the Sangleys were idolatrous, exceedingly licentious and vicious insofar as their religion was concerned. It is very likely, as suggested by Professor Wang Gungwu, there would have been a temple in the Parian dedicated to Tian Hou 天后 and Guan Yu 關羽, or there were other small altars scattered in other buildings.[24] As a matter of fact, ample evidences gleaned from the following case studies on other Hokkien sojourning communities could be cited to demonstrate that it was customary among the overseas Hokkiens to build up their own temples for worshipping some particular Hokkien deities in the period under discussion. But strangely enough, neither the Spanish records nor other contemporaneous travel accounts did give information or depict the Chinese temples in the sojourning quarter.

Another important point to be noted concerns the tax-farming system within the Hokkien community. We know surprisingly little about this system and its internal operation, but the Spanish records do suggest that it existed within the sojourning community since its early period. The picture was clearer in the 17th and the 18th centuries as revealed by the contemporary writers. As a matter of fact, unlike the practice of the Hokkien community in Batavia, the tax-farming in Manila was manipulated through the *cabecilla* ("foreman" or "ringleader") system. There were several Hokkien *cabecillas* in the *Parian*, and above them there was a principal Hokkien *cabecilla*. The Manila authorities farmed the license tax to the principal Hokkien *cabecilla*, and let him to assign the collection job among his subordinates. Indubitably all of these Hokkien cabecillas would be members of the commercial élite in the *Parian*, Taking the case of a Hokkien newcomer as an example. Since many of the Hokkien sojourners were poor, they had to habitually attach to a Sangley *cabecilla* on his arrival. The Sangley *cabecilla* who was responsible for collecting taxes and tributes from his fellow countrymen would pay the residential license fee of six pesos per year for the poor Hokkiens. Then, during the period of indenture, the indentured Hokkien labourers had to work in the Sangley *cabecilla*'s shop as a shop boy, or as a *cargador* or day labourer. If he were able to learn some Tagalog and Spanish, he had an opportunity to become a walking vendor of tea or other commodities after he emancipated himself with the money he saved through extreme frugality, balancing his goods on a bamboo pole and trotting through the streets crying out the nature of his wares. [25]

The Parian

There has been much discussion on the origin of the term "*Parian*". The matter of interest here is its equivalents in contemporary Chinese sources. So far three names found in the local private records or genealogies of south Fujian have been identified with the Hokkien sojourning quarter in Manila. They are *Jian-nei* 澗內, *Jian-tou* 堋頭 and *Ba-lian-jie* 八蓮街. The name "*Jian-nei*" first appeared in 1617. When mentioning the formation of the Hokkien quarter, Zhang Xie (1574-1640), a native scholar of Longxi county, has the following in his *Dong Xi Yang Kao*:

> Since the Chinese who went to Manila were in great numbers, so they always stayed on for a long time and did not return, which was called *Ya-dong* (壓冬 meaning: *passing*

the winter). They stayed together in the *Jian-nei* 澗內 to make their living, and their numbers gradually increased to several tens of thousands. Of them, some cut their hairs and produced sons and grandsons there.[26]

Like *Jian-nei*, the name "*Jian-tou*" is also from the local records of the Zhangzhou prefecture. According to the Genealogy of the Xie Family 謝氏家乘 of Haicheng 海澄, about 35 members of the family died at *Jian-tou* 澗頭 in Manila during the period of late Ming and early Qing.[27] On the other hand, though the name "*Ba-lian-jie*" is from the Hokkien private genealogy as well, it is recorded in a genealogy from the Quanzhou prefecture rather than the Zhangzhou prefecture.[28] Obviously terms like "*Jian-nei*" and "*Jian-tou*" have nothing to do with the foreign etymology but depict instead the actual geographical environment in which the Manila Parian located, while the name "*Ba-lian-jie*" or "*Parian* Street" was translated from the term "*Parian*". It is difficult to know why the Zhangzhou Sangleys and the Quanzhou Sangleys adopted different names to call the same sojourning quarter in Manila, whether it was a mere coincidence or they did so deliberately is unknown. However, the impression given is that the residents of Parian were all certainly from south Fujian.

There were at least five Hokkien *Parians* in Manila and its environs around 1600. The aforementioned *Parian* was the principal one in which most of the sojourning Hokkien merchants settled. At the same time, Tondo across the Pasig River had another *Parian* consisting of 150 married Catholic Hokkien merchants, fishermen, peasants and artisans in 1585. By 1591 this *Parian* possessed 500

Sangleys. Of them, only 40 were Catholic Hokkiens. [29] The third *Parian* was built by the Jesuits at Santa Cruz (Quiapo), also across the Pasig River. About 250 Hokkien sojourners were permitted to reside there in 1603 and many of them were peasants cultivating for the church. [30] The fourth *Parian* was founded in the Dominicans' town of Binondo, across the river from both the Spanish *intramuros* of Manila and the Hokkien Parian, where a small group of married Catholic Hokkiens including merchants and artisans were given a tract of land to live in 1594.[31] The fifth *Parian* was settled by a large group of non-Catholic Sangleys who lived in Cavite and devoted themselves largely to agriculture and fishing.[32]

Truthfully, the Hokkien ghetto in Manila did not come into being with the birth of the Spanish colony. Instead, the Hokkien merchants and artisans were initially scattered among the Spaniards within the palisaded town. To keep the Hokkien Sangleys from being spread all over the town as well as to raise government revenues through the control over this transient group, the Spanish Governor Don Gonzalo Ronquillo de Peñalosa established the first *Parian* or *Alcaiceria* (silk market) for the Hokkien merchants in the closing months of 1581.[33] The first *Parian* at Manila, which may have been situated on the south bank of the Pasig River, was razed to the ground by a terrible fire on 31st January 1583. Immediately another *Parian* was built at a farther place. From its establishment until 1860 when Governor Don Ramon Maria Solano y Llanderal ordered its demolition, the Hokkien *Parian* existed for almost three centuries. During this long period, either because of the massacres of the Hokkiens by the Spaniards or by accidentally catching fire, the *Parian* was repeatedly destroyed and rebuilt more than fifteen times, and transferred from one place to another. Wherever it located, it was always kept within easy range of the Spanish cannons of Fort Santiago. [34]

As for the construction and layout of the *Parian* in the 1590s, Bishop Salazar gives us a detailed account as follows:

> At first it seemed absurd to think that human habitations were to be built in that mash, but the Sangleys, who are very industrious, and a most ingenious people, managed it so well that, in a place seemingly uninhabitable, they have built a *Parian* resembling the other, although much larger and higher. According to them it suits them better than the other, because on the firm ground where the four rows of buildings are located they have built their houses and the streets leading through the *Parian*, a separate street for each row of buildings. There are long passages and the buildings are quadrangular in shape.
> In the remaining space within the four fronts of the Parian is a large pond, which receives water from the sea through an estuary. In the middle of the pond is an islet, where the Sangleys who commit crimes receive their punishment, so as to be seen by all. The pond beautifies the *Parian* and proves to be of great advantage, because many ships sail into it through the aforesaid estuary at high tide, and bring to the *Parian* all the supplies, which are distributed thence all over the city. [35]

It should be added that the reason a new *Parian* could be rebuilt rapidly during the late 16th century and early 17th century was mainly because the materials used to construct the stores and houses were merely bamboo and nipa. This probably explains why the Hokkien quarter was frequently burned to the ground by fire during its 279-year history.[36] Nevertheless, the sojourning quarter grew rapidly, as new houses were built and new shops were opened, and shortly it covered a large area, enclosed by wooden palisades. The early four squares were increased to nine in the new *Parian* of 17th century, including five hundred new lodgings. The average *Parian* building as a rule would have two floors, the upper floor for residence and the ground floor for *tiendas* or stores, restaurants, or shops of various trades. Gradually the buildings gained tile roofs and were built closely together on the streets that divided the *barrio* or section into squares. During the period of Governor Francisco Tello de Guzman (1596-1602), open fields, low-lying fortifications, the moat, a major road, and a cemetery were added to the Hokkien quarter. [37] The advantageous position of the *Parian* for trade was further advanced in the 18th century by a wooden bridge resting on stone buttresses which was built across the Pasig River from the *Parian* to Binondo. Thus, the *Parian*, by road, bridge and river, was connected to Binondo, Tondo, Ermita, Malate and other nearby districts. By 1755, there were 1,181 shops in the *Parian* and more than eight thousand Sangleys were generally engaged in trade there. [38] In short, the *Parian* functioned continuously as the nerve centre of economic activity in Manila.

The Commercial Activities in Parians

As elsewhere in the sojourning communities of Southeast Asia and East Asia, the Hokkien merchants of Manila also consisted of two mutually supporting groups. One group comprised those from coastal Fujian who were engaged in the junk trade between Fujian and Manila and would annually visit the colony with cargoes of silk and other Chinese goods. At the same time another group of merchants who sojourned in Manila would act as their agents or retailers to sell the goods for American silver shipped from Acapulco by the galleons, and accumulated local products for the return voyage. The commercial activities of the Hokkien merchants in Manila could thus be subdivided into two sections, namely the junk trade and the daily buying and selling.

It was in 1567, when the newly ascended Ming Emperor, Long-Qing 隆慶皇帝, approved the repeated plea of the Fujian Governor and the Grand Censor Tu Ze-min 福建巡撫都御史涂澤民, that the Hokkien junks began sailing from Yue-gang 月港 Moon Harbour, a well-known port for smuggling trade in Zhangzhou, to trade overseas legally. Four years later, the Spaniards worked their way into and established themselves in Manila with American silver. In other words, it was only after the 1570s did the junk trade between Fujian and the Philippines with an exchange of exceptionally high value enter a complete new era, which in turn brought China into the world economical system, as was argued by C.R. Boxer. [39] According to the records of the Ming dynasty, fifty Hokkien junks a year were initially granted licenses to trade in Southeast Asia.

In 1589, the number of junks licensed for trading to the Eastern and Western Oceans was raised to 88. This was later raised to 110 licenses in 1592, and in 1597, to 137 licenses. [40] Of them, about half the licenses would be used for trading in the Hispanic Manila. Based upon the data collected by the French historian Pierre Chaunu and other contemporary records, the number of Hokkien junks calling at Manila is given as follows:

Table 3　Hokkien junks arrivals in Manila, 1570–1760 [41]

Port Year	Fujian	Taiwan	Total
1570-1579	67		67
1580-1589	230		230
1590-1599	183		183
1600-1609	266		266
1610-1619	250		250
1620-1629	179	5	184
1630-1639	314	24	338
1640-1649	171	4	175
1650-1659	52		52
1660-1669	45	15	60
1670-1679	29	22	51
1680-1689	69	6	75
1690-1699	161		161
1700-1709	191		191
1710-1719	104	6	110
1720-1729	113	3	116
1730-1739	127		127
1740-1749	131		131
1750-1760	138		138

It is important to note here that Pierre Chaunu's statistics were based on study of the *almojarifazgo*, or import and export duties, which covered only the taxed portion of the junk trade. It is widely known that smuggling was rampant in the Manila trade and the actual number of junks calling at the port of Manila was far in excess of the figure presented above.[42] For instance, a large number of Hokkien merchants clandestinely visited Manila though their licenses issued were to Champa, Tonkin, Patani and Taiwan. The main reason, as was pointed out by the Fujian Grand Censor Shang Zhouzuo 商周祚 in 1623, was that Manila was close by, so the junk trade in silks for silver turned out to be particularly profitable for these venturous Hokkiens.[43]

In any case, as is evident from Table 3.3, the most remarkable growth of the Hokkien junk trade during this period was from the late 1570s to the mid-1640s, and the usual number of junks to visit Manila varied from twenty to forty each year. After 1645, however, the number of junks arriving at Manila decreased sharply as a result of the civil war in China. In the years that followed, the maritime trade of China fell into the hands of the Ming-loyalist Zheng regime based in south Fujian and Taiwan. Consequently, the junk trade with Manila experienced a considerable slump for more than three decades and almost all the arrivals in the 1650s, 1660s and 1670s were in fact junks belonging to the Koxinga 國姓爺 lineage. A revival of the Hokkien junk trade to Manila occurred in 1683 when the Qing government conquered Taiwan and put an end to the civil strife, and the following year the ban on overseas trade was lifted. The junk trade expanded rapidly thereafter, with more than

27 junks calling at Manila in 1686 and a peak of 43 in 1709. [44]

With respect to the coming of the Hokkien junks, Antonio de Morga, then president of the *Audiencia* at Manila, gives a graphic account in his records: "A considerable number of somas and junks (which are large ships), come as a rule laden with goods from Great China to Manila. Every year thirty, sometimes forty, of these ships come, though they do not enter together as a fleet or armada, but in squadrons, with the monsoon and in settled weather, which ordinarily comes with the March new moon. ...They make the journey to Manila in fifteen or twenty days, sell their merchandise and return in good time, before the strong south-westerly winds set in at the end of May, or the first days of June, so as not to run into danger on their voyage." [45] Captain John Saris, of the English East India Company, also observed in 1613 that, "In the moneth of March, the Junckes bound for the Mannelies depart from Chanchu in Companies, sometimes foure, five, ten or more together, as they are readie." [46]

When the junks arrived and anchored at the roadstead, the Spanish officials would carry out their inspection of the cargo. At the same time a formal valuation would be made of the worth of the goods according to the local market prices, for the Hokkien merchants had immediately to pay tariffs ranging from three per cent to six per cent on everything to the Manila authorities. As soon as the examination was over and the valuation was concluded, the cargo of merchandise would be unloaded, taken to the *Parian*, or to other establishments and warehouses outside the town. No Spaniard, sojourning Sangley, or any other person whatever would be permitted to board the junks to buy or bargain for goods and supplies, all of the transactions had to be done within the *Parian*.[47]

As for commodities involved in the junk trade, it is widely accepted that the Chinese silk and American silver were the two principal items of this Pacific leg of China trade. In fact, Manila would have been nothing without the Yue-gang-Manila-Acapulco trading line. Morga, who was an eyewitness of the junk trade in its heyday, gives a catalogue of the rich and varied wares that are worth quoting at length:

> Raw silk in bundles, of the fineness of two strands, and other silk of coarser quality; fine untwisted silk, white and of all colours, wound in small skeins; quantities of velvets, some plain and some embroidered in all sorts of figures, colours and fashions, others with body of gold and embroidered with gold; woven stuffs and brocades, of gold and silver upon silk of various colours and patterns; quantities of gold and silver thread in skeins; damasks, satins, taffetas, and other cloths of all colours; linen made from grass, called lençesuelo; and white cotton cloth of different kinds and quantities. They also bring musk, benzoin and ivory; many bed ornaments, hangings, coverlets and tapestries of embroidered velvet; damask and gorvaran tapestries of different shades; tablecloths, cushions and carpets; horse-trappings of the same stuffs, and embroidered with glass beads and seed-pearls; also pearls and rubies, sapphires and crystal; metal basins,

copper kettles and other copper and cast-iron pots; quantities of all sorts of nails, sheet-iron, tin and lead; and saltpetre and gunpowder. They supply the Spaniards with wheat flour; preserves made of orange, peach, pear, nutmeg and ginger, and other fruits of China; salt pork and other salt meats; live fowls of good breed and many fine capons; quantities of fresh fruits and oranges of all kinds; excellent chestnuts, walnuts, and chicueyes (both green and dried, a delicious fruit); quantitites of fine thread of all kinds, needles and knick-knacks; little boxes and writing cases; beds, tables, chairs, and gilded benches, painted in many figures and patterns. They bring domestic buffaloes; geese that resemble swans; horses, some mules and asses; even caged birds, some of which talk, while others sing, and they make them play innumerable tricks. The Chinese furnish numberless other gewgaws and ornaments of little value and worth, which are esteemed among the Spaniards; fine crockery of all kinds; canganes, or cloth of Kaga, and black and blue robes; tacley, which are beads of all kinds; strings of cornelians and other beads, and precious stones of all colours; pepper and other spices; and rarities, which, did I refer to them all, I would never finish, nor have sufficient paper for it. [48]

Though there was an infinite variety in the cargoes of the junks, silks and textiles always comprised the bulk of the goods from Fujian. In the meantime, the Hokkien merchants were the dominant participants in this vast silk for silver trade. Like elsewhere in marketplaces overseas, the Hokkien merchants knew how to maximise their profit by waiting for the right timing or skilfully adjusting the prices of their cargoes in accordance with the situation of the Manila market. The majority of sagacious and thrifty Hokkiens would not, for instance, do their bargaining until the junks returned to Fujian, holding their cargoes over till the following year's galleon. [49] When they saw the Spanish galleon laden with silver coins entering the port while there were not much Chinese goods left in the market, they would immediately raise the prices of their goods. Similarly, when they were informed that silver to be scarce at Manila they would cut down their shipments accordingly that year for a profitable sale. 1628 thus saw the scarcity of silver from Acapulco induce a rise in the prices of the goods in Manila. [50] Perceivably what the Hokkien merchants aimed at was to trade for as much silver as possible and shipped it away to China. It becomes clear that they did indeed play an important role in carrying massive amounts of American silver into China. It was estimated that 150 tons of silver passed over the Pacific, especially out of Acapulco and through Manila on its way to China, on an annual basis. Of them, about 128 tons or five million pesos were sold ultimately to the Hokkien merchants annually, with a reported 307 tons being smuggled out in 1597. [51]

Given that the Hokkien merchants kept coming and sojourning in Manila in spite of the repeatedly expulsion and slaughter by the Spaniards, the profits derived from the junk trade must have been enormously high. Two contemporary Chinese writers tell us that the profits gleaned by the Hokkien merchants were usually several times of the cost, [52] which matches with the report submitted to the Spanish King Felipe III dated 21st July, 1599. In the report, Hieronimo de Salazar y Salcedo, the Spanish royal fiscal, estimated that the profits made on the Chinese silk could reach 400%. [53] In fact, in some years when the market in Manila or Acapulco was starved for the Chinese silk and other luxury items, the profits reaped could probably be as high as 1000%.[54] Since the distance from Fujian to Manila was relatively short, and the voyage usually took about 10 days, it was possible for the Hokkien merchants to make a couple of trips each season. Considering the great risk on the sea, such as the loss of junks caused by typhoon or the plunder by the Dutch or pirates, certainly the nearer the foreign ports were to Fujian, the smaller were the risks and the expenses and the larger the profits, as was argued by the Dutch historian Meilink-Roelofsz. [55]

Closely related to the junk trade merchants was the group of merchants who sojourned in Manila. As is well documented in Spanish writings, the Hokkien merchants had a near-monopoly of retail business in the town. The *Parian* consequently became the nerve centre of the colonial capital's commercial life. In this colourful bazaar, people could find all kinds of goods and products of East and West. This sojourning merchant group grew rapidly. By 1588, the group regularly maintained 600 merchants and 150 shops in their quarter. [56] William Dampier wrote of these Sangleys: "the Chinese are the chiefest merchants, and they drive the greatest trade; for they have commonly twenty, thirty, or forty junks in the harbour at a time, and a great many merchants constantly residing in the city beside shop-keepers, and handy-craftsmen in abundance." [57]

Various sources available suggest that the sale of foodstuffs and the supply of markets and homes were from the very beginning in these Sangleys' hands. Every morning, the Spaniards inhabited within the walled town would rush into the *Parian* to shop as soon as the gate was opened. The customers of the Chinese goods in the *Parian* were not the Spaniards alone, but also include the local Filipinos around Manila. Muslims from Mindanao and Sulu made regular visits to the *Parian* with bees'-wax and gold, and returned in their *proas* laden with Chinese silk, textile and calicoes. [58] As for the daily commercial life and the practice of Sangley retail traders in *Parian*, Bishop Salazar gives detailed account as follows:

> This *Parian* has so adorned the city that I do not hesitate to affirm to your Majesty that no other known city in España or in these regions possesses anything so well worth seeing as this; for in it can be found the whole trade of China, with all kinds of goods and curious things which come from that country … Many bakers make bread with the wheat and fine flour which they bring from China, and sell it in the market-place and along the streets. This has much benefited the city, for they make good bread and sell it at low cost. …They are so accommodating that when one has no money to pay for the bread, they give him credit and mark it on a tally. It happens that many soldiers

get food this way all through the year, and the bakers never fail to provide them with all the bread they need.... The Sangleys sell meat of animals raised in this country, as swine, deer, and carabaos (a kind of Italian buffalo, whose flesh is equal to beef). They also sell many fowls and eggs; and if they did not sell them we all would suffer want. They are so intent upon making a livelihood that even split wood is sold in the *Parian*. The city finds most of its sustenance in the fish which these Sangleys sell; they catch so much of it every day that the surplus is left in the street, and they sell it at so low a cost that for one real one can buy a sufficient quantity of fish to supply dinner and supper for one of the leading houses in the city. ... The Sangleys know how to take advantage of the right time; they sell their goods dearer when they know that there is money to buy them, but they never raise the price so as to make it unreasonable. [59]

What Bishop Salazar witnessed in the 1590s was corroborated a century later by Giovanni Francesco Gemelli-Careri, who stated that "within a musket-shot of the gate of Parian, is the habitation of the Chinese merchants called Sangley, who in several streets have rich shops of silk, purcellane, and other commodities." [60] Another matter of interest is that the commercial activities of the Hokkien merchants were not confined to the *Parian*. In order to avoid being expelled from Manila, many non-Catholic Sangleys sought the protection of the Spaniards and lived at their homes. Some of the

Hokkien merchants thus set up mini markets within the town and sold their goods at the homes of the Spanish proprietors. [61]

The picture of the sojourning merchant group came into sharper focus in the year 1689, when the Manila authorities prepared a list of the Hokkien merchants in Parian who attempted to be included in the group that had been granted special permission of leaving Manila within seven months after the mass expulsion. We are told by this list that among 774 Sangleys who benefited from the postponement granted, at least 291 merchants engaged in twenty different businesses while 483 artisans were occupied in 27 trades. A similar list was submitted to the Manila *Audiencia* in April 1700, from which one finds that except artisans' trades, the business categories decreased to fifteen while the sojourning merchants increased to 629. Of them, 113 were identified as Catholic Hokkiens and 516 were non-Catholic Hokkiens. The situation remained more or less the same in 1745 with 592 shops in Parian dealing with the daily business. The following table based upon the investigation of the Manila authorities furnishes data on the number and kind of shops run by the Hokkien merchants in 1745. [62]

It is interesting to note that the annual sales of these 592 shops amounted to 647,832 pesos according to the same report. Taking into consideration the fact that these figures were gathered during the period of economic depression, the business turnover of normal days in *Parian* possibly would have been close to or more than one million pesos. It was remarkable that the sizeable Hokkien sojourning quarter had so many shops in mid-18th

century, and the amazing figure calculated could without doubt even put the *Parian* on a par with the other contemporary large bazaars of Southeast Asia.

Table 4 Hokkien Shops in 1745's Parian

Business Category	Number	Business Category	Number
Silk Shop	21	Porcelain Shop	19
Hardware Store	39	Blanket Shop	131
Lumber Store	11	Kitchen Utensils Shop	16
Tobacco Shop	28	Chicken Shop	9
Wax Store	7	Retail Store	43
Sugar Shop	60	Oil Store	40
Fruit Shop	36	Rice Store	50
Vegetable Store	50	Fish Store	5
Pork Store	1	Coal Shop	1
Buyo Shop	13	Clothing Shop	12

Crucial to the development of the Hokkien merchant communities overseas was the rise of the institution of the guild. Although the relevant information is skimpy and most of it concerns the early 18th century, it is still possible to retrace a few traits of this institution and piece them together. It seemed that the Hokkien merchants and artisans in *Parian* were very well organised according to the division of trades, and each trade of merchants had their own guild to protect their interests. One finds that as early as 1628 all the Hokkien merchants and artisans in the *Parian* were acting in concert in dealing with the foreign customers. The Spanish Governor Juan de Tavora therefore complained in his letter that if he tried to change his shoemaker, immediately all the other Sangley shoemakers would refuse to sell him a shoe. He then concluded: "Among themselves they have great system and energy in all those of one trade acting together in all matters that affect them." [63] Very likely, different commercial guilds soon emerged in *Parian* with the massive inflow of Hokkien merchants and artisans into Manila and established themselves on foreign soil.

Another example concerns the 18th century. In a letter dated 7th July 1741, Justice Pedro Calderon Henriquez who was in charge of the tax rolls complained that the reason those Sangleys were able to control domestic trade was because they had perfect organisation. The Sangley merchants confederated and all of them were required to sell every product for a fixed uniform price so that they could monopolise the market. In order to defeat someone who tried to get into their business, they would not mind losing a thousand pesos in the competition. To convince the Fiscal in Madrid, Calderon Henriquez even gave two examples in his letter. One of the stories occurred between a group of Hokkien *mestizos* and the sojourning Sangleys in *Parian*. Since the selling of *buyo* or betel proved to be a profitable business in the Islands, and the monopoly on *buyo* trade had already been abolished, several Hokkien *mestizos* thus attempted to get started in this trade. But immediately the sojourning Sangleys who occupied themselves in the *buyo* business began to sell their goods more cheaply until the Hokkien *mestizos* were persuaded to abandon their attempt. [64] Though Calderon Henriquez did not point out the term "guild" in his letter, it is quite clear what he reported actually was referring to the traditional Chinese merchant institution —"the guild", and the activities masterminded by it. Despite the fact that we are told too little to be able to make a complete description of the institution, we certainly know enough about how this institution was adapted by the Hokkien sojourners in Manila to serve as an instrument to protect their commercial interests or as a communal cohesive force to strengthen the solidarity of their community, as suggested by the above information.

Various guilds among the Hokkien sojourners developed rapidly and some of them were even required by the Manila authorities to supply a wide range of goods for the Royal warehouse on a regular basis. The following table gives some of the names of guilds and their heads in the Parian as taken from the accounts of the Manila Treasury in 1754. [65]

Table 5 Hokkien Guilds in 1754's Parian

Guild	Head's Name	Guild	Head's Name
Hardware Traders	Joco	Fish Traders	Guanzay, Janchinco, Mariano Enguio, Din Bico
Rice Traders	Guian, Cinco, Texco	Ceramic Traders	Checua
Lumber Merchants	Sinio	Sugar Merchants	Bidiaco, Quianco
Summer Mat traders	Quinco	Grocery Traders	Limchenco
Silk Cloth Merchants	Tan Uncheng	Shoe Traders	Joco
Meat Traders	Jose Ruiz Zuco	Candle Traders	Diquenco
Lime Traders	Tiangteco	Weights and Measures Traders	Quinson
Banana Merchants	Oylo	Vegetable Traders	No name provided

Largely as a result of the developments described above, the Hokkien merchants became indispensable to the colonial capital, and the Spanish community could not actually be maintained without the Sangleys. Taking the case of 1603 massacre as an example, "when the whole business was over the city found itself in distress, for since there were no Sangleys there were nothing to eat and no shoes to wear, no matter how exorbitant a price was offered. This was because the Sangleys were the people most engaged in trade, and the ones who brought into the city all the necessary provisions." [66]

The Social Stratification of the Hokkien Community

At least three social strata could be observed in the Hokkien sojourning community of Manila.

(1) Upper stratum. Consisted of wealthy merchants, this commercial élite was not very large in size as compared with the whole Hokkien community, but they were generally trusted and respected among the sojourning Sangleys. Usually these rich merchants who maintained bazaars and commercial firms would sell silk, rayon, cotton cloth, wool, linen, etc. ...and deal in wholesale and retail business in the Parian. Through coordinating between different trades or guilds and negotiating with the Manila authorities on behalf of their fellow countrymen, some of them successfully established their power and control over the community. Prominent members of this commercial élite

consequently became the heads of various guilds, Chiefs or other administrative officials of the sojourning community.

There is evidence to suggest that the leadership of the Hokkien sojourning community in Manila was vested in the hands of a few well-to-do individuals from Quanzhou insofar as the early stage was concerned. According to Argensola and Morga, more than 400 An-hai Sangleys in the *Parian* were ranked as the leading merchants in the early 17th century, with someone named Chican (沈官?) as their head. [67] Another instance was concerned with Li Dan or Andrea Dittis. Li Dan had been an influential and rich merchant as well as one of the *gobernadorcillos* of the Hokkien community in Manila before he escaped from the Spanish galleys in 1606, shortly after the first Chinese massacre of 1603. [68] The most famous merchant in point during the early days of the *Parian*, however, was Eng-Kang (黃官), the leader of the Hokkiens' uprising of 1603. Little is known of his personal background, what we are told by the Spanish documents is that Eng-Kang also was a native of Quanzhou, and he had for some time joined a smuggling pirate group before coming to Manila. It was probably for this reason that he never dared to return to his home village in Fujian. Eng-Kang had been sojourning in Manila for several years when Lin Feng (林鳳) attacked the newly established Spanish colony in 1574 with his large fleet. Very likely, he belonged to the first group of Hokkien sojourners in Manila and came to the Islands earlier than the Spaniards. Later on, he was baptised by the Spanish friars and adopted a Spanish name Joan Bautista de Vera. The fact that he was named after the Spanish Governor Santiago de Vera implies that the Governor possibly was his Godfather. All of the coeval Spanish documents record that Eng-Kang proved sagacious, industrious, and of efficacious energy, and by means of which he exercised his trading and came to possess great wealth and to have influence with the Spanish Governor. Moreover, this rich Sangley had many Godsons, dependants or even several black slaves. He was not only much favoured and respected by the Spaniards but was also very feared and loved by his fellow countrymen. It is for these reasons that he was twice elected and appointed as the *gobernadorcillo* of the Hokkien sojourners. [69]

Aside from a few community leaders, a group of merchant guild heads also constituted the backbone of the commercial, such as aforementioned Joco, Guanzay, Janchinco, Guian, Sinio, Limcheoco, Quinco and Tan Uncheng.

(2) Middle stratum. This social stratum included the bulk of petty traders and street peddlers who normally owned small *tiendas* or sari-sari stores, selling various articles at cheap prices. To make things more accessible, a large number of them would, as ambulatory vendors, approach the customers with his wares balanced across his shoulders on a bamboo pole. A census of the residents taken by the Manila Corporation in 1586 revealed that among 750 sojourning Hokkien merchants, about 450 were these petty traders. [70] Of them, bakers, pastry makers or restaurant owners were probably especially welcomed by the residents of Manila, since not only the Sangleys and the Filipinos, but the Spaniards also frequented these shops. [71] Some of these petty traders later on became regular providers for the Spanish

community in the fort. Juan Joco and Francisco Cinco, for example, were coconut oil trader who usually supplied the Manila Warehouse with oil, while Tanoco and Guiang sold rice to the Spaniards. [72]

Also presented in this middle social level were some professionals such as doctors, druggists and apothecaries. According to Bishop Salazar's report, there were Hokkien doctors and apothecaries in the *Parian* who listed on their shops' placards in Chinese the service and medicine they were able to provide. [73] Some of young Hokkien scholars who were preparing to take the examinations organised by the Ming court or who failed in the examinations could be seen in the sojourning community as well. One of these scholars was baptised by the Spanish Bishop Almerici, and was given the name of Paul. [74]

(3) Lower stratum. Closely associated with the merchant class were the artisans, fishermen and farmers from south Fujian, who made up not only the majority of the sojourners residing in several small *Parians* or villages adjacent to Manila but a significant part of the community within the *Parian* as well. In fact, only fifteen years after the establishment of the Hispanic colonial capital, the notary of the *cabildo* or the city council, Simon López, met a great mass of Hokkien craftsmen, market gardeners, and manual labourers in Manila. According to his letter, "there are more than three hundred others—fishermen, gardeners, hunters, weavers, brickmakers, lime-burners, carpenters, and ironworkers—who live outside the silk market, and without the city, upon the shores of the sea and river." [75] As for those artisans who lived within the *Parian*, a long list of different trades can be found in

the Spanish literature, such as silversmiths, bookbinders, painters, tailors, shoemakers, candle-makers, sugar-makers, silk-weavers, pot-makers, stonemasons, *petate* (summer sleeping mat) makers, boat-makers, wine-makers, weighing apparatus makers, jar-makers, dyers, stevedores, braziers, barbers, noodle-makers, foundry-men, hat-makers and sawyers. [76]

The words of Bishop Salazar, who was always quite interested in the general conversion of sojourning Hokkiens in the Philippines, are especially significant on this point:

> In this *Parian* are to be found workmen of all trades and handicrafts of a nation, and many of them in each occupation. They make much prettier articles than are made in España, and sometimes so cheap that I am ashamed to mention it. ... The handicrafts pursued by Spaniards have all died out because people buy their clothes and shoes from the Sangleys, who are very good craftsmen in Spanish fashion and make everything at very low cost. ... There are many gardeners among the Sangleys, who, in places which seemed totally unproductive, are raising many good vegetables of the kinds that grow in España and Mexico. They keep the market here as well supplied as that of Madrid or Salamanca. They make chairs, bridles, and stirrups of so good a quality and so cheaply that some merchants wish to load a cargo of these articles for Mexico. [77]

The Bishop also emphatically illustrates in his letter how a Sangley sojourner was hired by a bookbinder from Mexico, and how the Sangley watched secretly his master's practice at the bindery, then before long he set up himself as a bookbinder. What surprised the Spaniards of Manila most was that, very soon this Sangley became so excellent a bookbinder that his previous master had been forced to close his shop for good, because the Sangley had drawn all the trade in the town. Another example that has been widely quoted is the first Philippine book "*Doctrina Christiana*". It was printed and bound by Keng Yong, a Hokkien sojourner in the Parian of San Gabriel in 1593. [78] Over and over again throughout the Spanish colonial period, various writers echoed and re-echoed the essence of these statements in lengthy and detailed commentaries.

Apart from artisans, a large number of poor farmers, labourers, sailors and coolies who comprised the bottom layer of the lower social stratum in the Hokkien community could easily be seen outside the principal *Parian* of Manila. As we are told by the Spanish sources, 250 Hokkien farmers were employed in 1603 by the Jesuits in the village of Quiapo to cultivate fruit trees and vegetables while another 250 Hokkien farmers were found farming for the Augustinians in Tondo. [79] On the other hand, the Manila authorities always tried to induce the Hokkien sojourners to work at farming, and those converted Sangleys who had married Filipino women could be even offered tracts of land in Manila's suburbs to cultivate. Nevertheless, the inducement introduced by the Spaniards was not that attractive to the sojourning Hokkiens because farming was of limited interest to them, and since they had already travelled to the Islands, they preferred to devote themselves to trade which would give them greater profit for less labour. Consequently, the Spaniards started to force the Sangleys to work in the rice fields from the early 1620s, and more than 6,000 Sangleys were compelled to farm the rice at Calamba in Laguna by 1639, which in turn caused an open Sangley rebellion. [80]

The relations between the commercial élite and the bulk of petty traders, artisans, farmers and fishermen is crucial in understanding this transient mercantile community. There can be no doubt that there were clear differences between the social strata and regulations or customs governing the daily dress of the Sangleys. For instance, the poor Sangley would dress generally in dark trousers with a shirt open all down the front and would be fastened with wedges or knots, having long sleeves without cuffs. His head covering often would vary with his work. On the other hand, the rich Sangley would wear his silken gown, and wear his hair tied in a long queue. The costume regulation was not limited to the male Hokkien sojourners, it also could be applied to their wives. Therefore if the Sangley woman was poor, she generally wore black trousers and a blouse which hung down to about the middle of the thigh, and it was plain, with little form. By contrast, the rich Sangley women wore flowing silk sleeves and a high neckpiece. Over these was a sleeveless, neckless blouse which extended nearly to the knees and was fastened at the waist by a wide girdle. She also wore a rather narrow but long skirt with its hem covering the feet. [81] Nevertheless, what is cited above was not strong enough to convince people that class lines did exist within the Hokkien community.

It is worth noting that there were three groups within the Hokkien community in terms of their attitudes towards the Hispanic authorities. Group A, consisting of a few individual Sangley Christians and well-to-do merchants, was a pro-Spaniard group. In order to get protection from the colonial government during their sojourning and to prove that they were loyal to the Manila authorities, they would sometimes report the developments within the *Parian* to the Spaniards. Group B was composed of a great mass of artisans, petty traders, fishermen, market gardeners and farmers who usually represented the mainstream of the sojourning community either in the striving for equal rights or in the struggle of anti-Hispanic colonial rule. What particularly characterised the mercantile community was Group C. Sandwiched between Group A and Group B, Group C comprised of majority of the wealthy merchants and converted Sangleys. Since these people had families, shops, cargoes or other property in the *Parian* to tend and normally they would wish to maintain good business terms with their Spanish customers, whilst hoping not to offend their poor fellow villagers, they always found themselves in a quandary whenever there was clash between the two ethnic groups. As a consequence, this group of Sangleys would initially stand aside and remained neutral in the conflicts between the Spaniards and their sojourning fellow countrymen while watching the development of the situation, they hesitated until they finally were forced to choose which side they had to join.

The different responses or performances by the three groups as well as the relations between a few rich merchants and the bulk of smaller traders and artisans were well represented in the uprising of 1603. The uprising was initially organised by the commercial élite of the community headed by its *Capitán* Eng-Kang as a natural response to the rumor that the Spaniards were preparing a general massacre of the Sangleys. According to Morga's account, Eng-Kang secretly ordered each of his fellow countrymen who was willing to join the revolt to bring him a needle through his adopted sons or henchmen. When Eng-Kang counted the needles and found that he had over 22,000 Hokkiens at his disposal, immediately a beginning was made in a small settlement close to the town of Tondo with mustered smaller artisans, tradesmen, and fishermen who comprised Group B. Very soon, the Spaniards were aware of the situation through the reports of some Sangley protégé from Group A. In the meantime those wealthier merchants and artisans who belonged to Group C did not take any risks themselves, but remained quietly in the *Parian* to protect their property despite that their poor fellow villagers across the Pasig River were persuading them to join in the uprising or threatening them with dire reprisals. The relations between the commercial élite and most of the sojourning Hokkiens remained harmonious so long as the uprising continued under the leadership of Juan Ontal or Suntay, Eng-Kang's adopted son, though Eng-Kang himself had been arrested and executed within the town by the Spaniards.

However, as soon as the poor Sangleys found out that the wealthy merchants across the river made no move to join the rebellion, and the merchandise was being taken out of the Parian and brought into the walled town, they immediately decided to abandon the leadership of the commercial élite. Suntay was thus placed under arrest by his fellow countrymen and condemned to death together with some of his familiars as traitors, and two poor Sangleys were chosen supreme commanders by acclamation. [82] The uprising was thus destined to failure, for the ethnic community confronting the Spaniards was no longer a united one.

The Power Structure of the Hokkien Community

Closely related to the social stratification was the power structure or the officer system within the Hokkien community. Unfortunately, no source gave any information concerning the inception of the Hokkien officer system in Manila. What we know for sure is that this system came into being before 1590, soon after the arrival of the Spaniards and the establishment of the first *Parian*. It is very likely that almost from the very beginning, the Spaniards adopted the traditional Asian practice of appointing a headman to manage the sojourning alien community. In any case, Bishop Salazar saw in 1590 a very large pond within the *Parian*, and in the centre of the pond was a small island where justice was done on those Sangleys who had violated the law. [83] In the following year, the Spanish

Governor Gomez Perez Dasmariñs also mentioned in his report that 2,000 Sangleys living within the Parian were supervised by their own governor and judge. [84]

The process by which a few fellow villagers among the sojourning Sangleys were chosen to be their administrative officers appears quite democratic according to the report of the Spanish colonial officials; but aside from wealth, social status, ability and reputation, one of the major criteria used in the election was that these persons chosen should be converted Sangleys. Obviously, it was a policy imposed upon the community by the Spaniards. Accordingly three Hokkien officers including the *gobernadorcillo* as he was called in the Philippines could only be elected by a special group from its Christian members in a meeting presided over by the Spanish *alcalde-mayor* of Tondo. To assist the *gobernadorcillo*, two subalterns would be elected at the same time, one would be the chief deputy *gobernadorcillo* or *capitán*, and another would be the *alguacil-mayor* or constable. The officers of justice in the Hokkien quarter were called "*bilangos*", and were appointed by the new *gobernadorcillo*. It is interesting to note that the group in charge of the election was composed of thirteen members, including the outgoing *gobernadorcillo*, the ex-*Capitáns*, the *cabecilla* principal, and the *cabecillas* or ringleaders, both past and present. When any number was lacking, it would be made up from the petty heads of various trade guilds. After the election, the Spanish authorities would grant these elected credentials to allow them to exercise jurisdiction in the community.[85] In addition, as implied by the Spanish sources that the tenure of these Hokkien officers was limited and the election was held regularly in the *Parian*, but it would be hard to know as a rule how long these officers' tenure would last during the period under discussion. The graphic illustration of the power structure is presented as follows.

Figure 1　Power Structure of the Hokkien Community in Manila

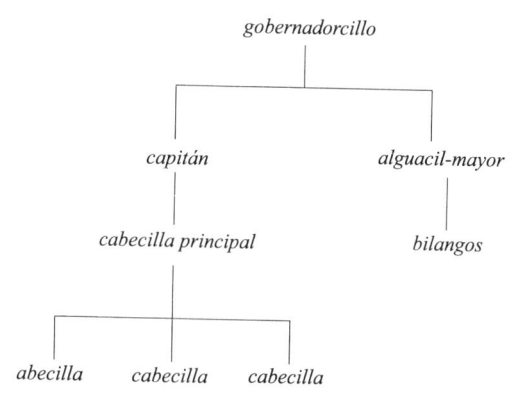

```
                    gobernadorcillo
                           |
        ┌──────────────────┴──────────────────┐
     capitán                            alguacil-mayor
        |                                     |
  cabecilla principal                      bilangos
        |
  ┌─────┼─────┐
abecilla cabecilla cabecilla
```

Regarding the Hokkien officer system in the *Parian*, Antonio de Morga, an eye-witness, has the following in his records:

> They have their own *alcayde* there with his court, prison and assistants to administer justice and to watch over them night and day, both to see they are safe and that they do not commit disorders....
> They have a governor of their own race, a Christian, with assistant officers to help him to hear their legal

cases in domestic and business affairs. Appeals from his decisions go to the *alcalde-mayor* of Tondo or the *Parian*, and in the last resort to the *audiencia* which also takes a special interest in the Sangleys and in everything concerning them. [86]

It is evident that the Spaniards did not want to meddle with the inner affairs of the Hokkien community, and the sojourning Hokkiens were free to choose their headmen for themselves in Manila though this kind of election was practised within restricted limits set by the colonial authorities. Equally clear is that these Hokkien officers enjoyed a high authority among their fellowmates. It would be, however, misleading if one believes that the *Parian* was completely autonomous under its *gobernadorcillo* and other officers.

All sojourning Sangleys both within and without the *Parian* were thus under the immediate charge or jurisdiction of their *gobernadorcillo*. The Hokkien *gobernadorcillo* had the duty and power to collect taxes and tribute for the Spaniards, to settle disputes and keep order among his fellow countrymen, and to mediate with the Manila authorities on behalf of Sangleys. For instance, in 1729, the Spanish Governor Valdes Tamon ordered that all non-Catholic Sangleys living in the provinces of Tondo, Bulacan, Pampanga, Laguna and Caviteto to move back to the *Parian* in Manila. The Hokkien *gobernadorcillo* and the heads of the various guilds then protested against this order and asked that at least they be allowed to continue trading and residing in the towns at a radius of five leagues around Manila and around Cavite, since many of these Sangleys could not practice their trades within the *Parian*. The Sangleys eventually won the struggle under the organisation of their officers, and the Spaniards were forced to withdraw the order for they did not want to lose a large amount of license tax levied from these Sangleys. [87]

It must also be mentioned, to be complete, that unlike the situation in Batavia or Nagasaki, the positions of officer in the Hokkien community of Manila did not appear particularly attractive to the sojourners. The probable reason was that these officers did not have much salary or other benefits. Instead, they had sometimes to pay the tribute for their poor fellow villagers though a community chest was established in 1622, and each Sangley was required to submit 3 *toston* to the community chest to support them and two other Spanish officials financially. [88] Moreover, as pointed out by Father Joaquin M. de Zuñiga, "These positions are honorary among them because they govern all the other Chinese the whole year round and decide their cases even if they are not important enough. In spite of this, these positions are little desired, not only because those who have held them could not return to their country but might be put to death, but also because these positions are not of value." [89]

Information on the Hokkien *gobernadorcillos* appointed is, of course, much less detailed, the early period in particular. Apart from Li Dan and Eng-Kang, we are told that there was one by the name Francisco Zanco, who was elected as the *gobernadorcillo* in 1590. The next year, the name of Antonio Lopez, another converted Sangley in the Parian, was added to the list. [90] Without going back to the beginning of the business hub, suffice it to say that a majority of these commercial élite were prominent in their sojourning careers.

Formation of the Hokkien Mestizo Community

It needs to be noted that intermarriage with the Filipino women was a popular practice among sojourning Hokkiens from the 16th to the 18th century, since few Chinese women would be able to travel to the Philippines and live overseas with their husbands under the strict control of the Chinese government and the local patriarchal clan system of south Fujian. There would have been some intermarried Hokkien-Filipino families and *mestizos* when the Spaniards arrived in Manila, but this was nothing to do with the Hispanic colonial policy. To be true, it was the Spaniards together with the Catholic missionaries who deliberately encouraged and cultivated the growth of this particular community in the Philippines.

It seemed evident that the socio-religious policy pursued by the Spaniards in the Philippines was to Hispanise the whole islands by propagating Catholicism and inducing or forcing all the people to convert to Catholicism. The missionaries of the Dominican Order reached Manila in 1587, and to them was given the task to convert the Sangleys in the *Parian*. Seven years later, another small *Parian* was found in the area of Binondo by the Dominicans especially for those Catholic Sangleys who had married Filipinos and a group of prominent Hokkien merchant and artisans. [91] This community had contained about 500 Catholic Sangley families by 1603. However, most of these Sangleys converted not for spiritual salvation by any sincere wish, but rather by the material comforts they enjoyed there. Moreover, part of the reason they agreed to be baptised was that they dared not return to Fujian on account of debts incurred or crimes committed there, according to Antonio de Morga. [92]

The Jesuits on the other hand established another greenhouse for the converted Sangleys at Santa Cruz between 1619 and 1634. To be fair, the enthusiasm to convert the Sangleys seemed not very successful in the early years, and had dimmed somewhat by 1584. The Hokkien converts were required to cut their queues as a visible act of conversion and baptism, it was considered by the Hokkiens as a disgrace, and consequently no one would dare to return to their home villages with such a mutilation.[93] Faced with strong opposition from the Hokkien community, the Spaniards were finally forced to relax the order of cutting of the queue.

Gradually, a comparatively large ethnic community comprised of Hokkien-Filipino families and their *mestizo* descendants took form in the Manila area. In order to foster the Hispanisation among the Catholic Hokkiens, the Manila authorities especially granted Binondo to the Hokkien *mestizos* in perpetuity and allowed them limited privileges of self-government. These *mestizos* could even be exempted from being compelled to live in the *Parian* in 1581 when all of the sojourning Hokkiens were forced to concentrated in the ghetto. [94] It was recorded that almost all of the population in some villages in central Luzon, such as Tambobong, was made up of *mestizos*. [95] The community of *mestizo* in Binondo and Sta. Cruz grew steadily. In the 1680s, the *mestizo* community in Binondo became so influential that they began to ask for establishing their own *gremios* or corporations to protect their interests. As a result, in 1687, with the cooperation of the sojourning fellow countrymen, they formally organised the Community of Chinese and *Mestizos* of Binondo. This sodality was headed by a corporate council which comprised ten Hokkien sojourners and ten *mestizos*. [96]

Initially the Hokkien *mestizos* were associated with the church estates. Little by little they left the old occupations such as cultivating for the missionaries, started to build up their own businesses, and became active in trade of local agricultural commodities. As revealed by the Spanish documents, the entire internal trade of the Philippines fell into these *mestizos*' hands in the 18th and the 19th centuries. They sold in the inland towns or remote villages the merchandise from China which they obtained from the *Parian* on the one hand, and bought local products such as wax, cocoa, wheat, gold and trepang on the other. [97]

Thus, with the financial aptitude inherited from their Hokkien fathers, the *mestizos* were breaking away from the sojourning Hokkiens, and eventually established themselves as an independent commercial community in the Philippines.

◼ NOTES

[1] Berthold Laufer, "The Relations of the Chinese to the Philippine Islands", *Smithsonian Miscellaneous Collections*, 50: 2 (1908), Washington D.C.: Smithsonian Institution, pp. 248-284; H. Otley Beyer, "Historical Introduction", in E. Arsenio Manuel, *Chinese Elements in the Tagalog Language*, Manila: Filipinana Publication, 1948, pp. ix-xxv; Robert B. Fox, "Chinese Pottery in the Philippines", in Schubert S.C. Liao ed., *Chinese Participation in Philippine Culture and Economy*, Manila: Schubert S.C. Liao, 1964, pp. 96-113; Liu Chi-Tien, *Zhong-fei Guanxi Shi* (劉芝田:《中菲關係史》 History of Sino-Philippine Relations), Taipei: Cheng Chung Book Company, 1964, pp. 258-352.

[2] It is widely accepted that only until the end of the 18th century did a small number of Cantonese start to sojourn or emigrate in Manila. See Chen Lie-fu, *Feilübin de Lishi yu Zhong-fei Guanxi de Guoqu yu Xianzai* (陳烈甫:《菲律賓的歷史與中菲關係的過去與現在》 The History of the Philippines and the China-Philippine Relations : Past and Present), Taipei: Zheng-zhong Shuju, 1968, p. 129.

[3] "Relation of the Voyage to Luzon, (June 1570)", in E.H. Blair and J.A. Robertson eds., *The Philippine Islands, 1493-1898*, Cleveland: The Arthur H. Clark, Co., 1903-07, (hereafter as Blair and Robertson), Vol. 3, p. 101.

[4] There have been many debates on the origin and meaning of the term *Sangley*. Based upon a Manila manuscript of c.1590 that contains a coloured picture of a Hokkien merchant couple with the title "Sangleys" and two Chinese characters "常來", the late Professor C.R. Boxer argues that the term means "constantly coming". He even suggests that the term is probably of Tagalog and not of Chinese origin since the Spanish Friar Martin de Rada mentioned it in his accounts of the Ming China as saying "The natives

of these islands call China 'Sangley', and the Chinese merchants themselves call it Tunsua (Tiong-hoa in Hokkien); however its proper name nowadays is Taybin (Tai-bin in Hokkien)". On the other hand, Edgar Wickberg contends that the term probably derived from the Chinese vocabulary "Shang-lü 商旅", meaning "merchant traveller". Indubitably these two explanations are not convincing. I am rather inclined to believe that the term Sangley derived from the Hokkien dialect "Sheng-li 生理", meaning "trade" or "doing business". As a matter of fact, the term Sangley or "Sheng-li 生理" was and still is very popular among Hokkiens. For instance, when talking about the smuggling with the Japanese traders, Zheng Ruo-zeng (鄭若曾) pointed out in the 16th century that "Of the people who usually smuggle with the Japanese, a majority are those from Zhangzhou and Quanzhou who do not have their own business(向來通倭多漳泉無生理之人) ". Another piece of evidence in point is a contemporary Spanish account by Juan de Medina, which was published in 1630. According to Juan de Medina, when the Hokkien merchants came to the Philippines for the first time, the natives were surprised by their strange appearance, and asked who they were. "The answer was 'Sangley' (or 'merchants'); as one would say, 'We are merchants'". For the relevant references, see C.R. Boxer ed., *South China in the Sixteenth Century*, London: the Hakluyt Society, 1953, p. 260; Edgar Wickberg, *The Chinese in Philippine Life, 1850-1898*, New Haven and London: Yale University Press, 1965, p. 9; Zheng Ruo-zeng ed., *Chou-hai-tu-bian* (鄭若曾 :《籌海圖編》 Illustrated Seaboard Strategy),1561-62, Shanghai: Commercial Press, Si-ku-quan-shu Zhen-ben-chu-ji edition (四庫全書珍本初集), reprint 1935, Vol. 12; Juan de Medina, "History of the Augustinian order in the Filipinas Islands, (1630)", in Blair and Robertson, Ibid., Vol. 23, p. 220; Berthold Laufer, "The relations of the Chinese", Ibid., p.268; George Phillips, "Early Spanish trade with Chincheo (Chang-chow)", *The China Review*, 19(1890), p. 244, note 3; Fuchiwaki Hideo, "Shina Hirippin tsusho-jo no 'Sangley' ni tsuite", (淵脅英雄 : " 支那菲律賓通商とのサングレイに就こ "On 'Sangley' in the China-Philippine trade), *Rekishi to Chiri* (《歷史と地理》), 33-34 (1934), pp. 336-347.

[5] When talking about Manila, He Qiaoyuan (何喬遠 1557-1631), a famous Hokkien historian of the Ming dynasty, pointed out that "Since the place is adjacent to Fujian, majority of the Zhangzhou people travelled there (其地邇閩 , 閩之漳人多往焉)." See He Qiao-yuan, *Ming-shan Zang* (《名山藏》 A private compiled history of the Ming dynasty), 1640, Taipei: Cheng-wen Shuju reprint (臺北 : 成文書局重印), 1971, Vol. 62, Pt.3, entry of "Luzon".

[6] Li Guangjin, *Jing-bi Ji* (李光縉 : 《景璧集》 Collection of Li Guangjin's works), 1637, Yangzhou: Jiangsu Guangling Guji Keyinshe reprint (江蘇廣陵古籍刻印社重印), 1996, Vol. 14, "Biography of two martyrs". Li Guangjin (1549-1623), a native of Quanzhou, his works include *Jing-bi Ji* and *Si-shu Yao-zhi* (《四書要旨》 The essence of the Four Books). Anping is another local name for An-hai. Obviously, the slaughter of Chinese merchants in Manila mentioned by Li Guangjin should be that one happened in 1603.

[7] "Letter to the King by Geronimo de Silva (Manila, 1st August 1621)", in Blair and Robertson, Ibid., Vol. 20, p. 109; "The Sangley insurrection by Pedro de Acuña and others (Manila, 12-23 December 1603)", in Blair and Robertson, Ibid., Vol. 12, pp. 155, 157.

[8] Bartolomé Leonardo de Argensola, *Conqvista de las Islas Malvcas*. In Blair and Robertson, Ibid., Vol.16, pp. 211-318, especially pp. 290-298; "The Sangley insurrection by Pedro de Acuña and others (Manila, 12-23 December 1603)", in Blair and Robertson, Ibid., Vol.12, p. 154.

[9] Antonio de Morga, *Sucesos de las Islas Filipinas*, Mexico, 1609, translated by J.S. Cummins, London: The Hakluyt Society, 1971, p. 226.

[10] "Conqvistra de las Islas Malvcas by Bartolomé Leonardo de Argensola

(Madrid, 1609)", in Blair and Robertson, Ibid., Vol.16, p. 234.

[11] "The Chinese and the *Parian* at Manila by Domingo de Salazar (Manila, 24th June, 1590)", in Blair and Robertson, Ibid., Vol.7, p. 215.

[12] "Conquest of the island of Luzon (Manila, 20th April, 1572)", in Blair and Robertson, Ibid., Vol. 3, p. 167; "Letter from the Audiencia to Felipe II by Santiago de Vera and others (Manila, 25th June, 1588), in Blair and Robertson, Ibid., Vol. 6, p. 316.

[13] "Relation of the insurrection of the Chinese (Manila, c. March 1640)", in Blair and Robertson, Ibid., Vol. 29, p. 249.

[14] "Description of the Philippine Islands by Bartolomé de Letona, (Mexico, 1662)", in Blair and Robertson, Ibid., Vol. 36, p. 200.

[15] Fedor Jagor, *Travels in the Philippines*, Manila: Filipiniana Book Guild, 1965, p. 248.

[16] "Chinese immigration in the Philippines by Pedro Muñoz de Herrera and others (Manila July-November, 1606)", in Blair and Robertson, Ibid., Vol. 14, pp. 189-192.

[17] A note must be added here on the reasons why the Spaniards were so hostile to this particular sojourning community. The attitudes and policies of the Spaniards towards the Hokkien sojourners underwent a major change in the second half of the 16th century. In fact, the Spaniards initially encouraged the arrival of the Hokkien merchants with their commodities and services to support this colony. Yet less than forty years after their settlement in Manila, the Spaniards developed a pattern of suspicion against the Hokkien sojourners which persisted for more than three centuries. In other words, the antagonism against the Hokkien sojourners crystallised in the initial colonial period between 1564 and 1603. This was in part due to the great social differences between the two communities. The Hokkien sojourners in the Philippine Islands were the most energetic and commercial people, and occupied all

economic classes from rich merchant to poor labourer. The Spaniards were, however, very different. They were civil and religious authorities, the soldiers, and the *encomenderos*. They were less interested in trade and commerce, crafts, or agricultural labour. As a result, the economy of the Spanish Philippines depended almost entirely upon the merchants and labourers from south Fujian—to an extent that must have alarmed the Spaniards. At the same time, the Hokkien sojourners were infidels in the eyes of the Spaniards, not part of the culture and social order of the colony. It is understandable that the Spaniards saw this infidel population as constituting a threat to Spanish unity of Faith, and as an alien economic middle class endangering the preferred Spanish socio-economic structure. Thus, economically and culturally, the Spaniards felt themselves increasingly insecure and gradually changed their attitude towards the Hokkien sojourners from encouragement to suspicion and fear. With the changed attitude, the Spaniards attempted to control and limit the Hokkien sojourners' activities in the Islands through segregation, expulsion, religious conversion and massacre.

[18] Sources: Blair and Robertson, Ibid., Vol. 3, pp. 101, 167; Vol. 6, pp. 61, 183, 302, 316; Vol. 7, pp. 89, 230; Vol. 8, pp. 97-98; Vol. 10, pp. 42, 259; Vol. 15, p. 305; Vol. 12, pp. 108, 168, 253; Vol. 14, pp. 189-191; Vol. 16, pp. 196-198, 206; Vol. 20, pp. 96-97; Vol. 22, pp. 211, 294; Vol. 24, p. 328; Vol. 25, p. 49; Vol. 26, p. 140; Vol. 27, p. 114; Vol. 29, pp. 69-70, 249; Vol. 32, p. 76; Vol. 35, p. 190; Vol. 36, pp. 200, 204-205; Vol. 42, p. 252; Yanai Kenji, "Manira no iwayuru '*arian*' ni tsuite" (箭內健次：" フ ニテの所謂パリアンに就いて "On the so-called '*Parian*' of Manila), Taihoku Teikoku Daigaku Bunseigakubu, Shigakuka Kenkyu Nenpo (《臺 北"帝國大學"史學科研究年報》), 5 (1938), p. 28.

[19] Antonio de Morga, *Sucesos de las Islas Filipinas*, Ibid., p. 316.

[20] J. A. van der Chijs, ed., *Nederlandsch-Indisch Plakaatboek, 1602-1811*.

Ibid., Deel 3, pp. 260-262.

[21] John Masefield ed. *Dampier's Voyages*, London: E. Grant Richards, 1906, 2 Vols., Vol. 1, pp. 591-592.

[22] Antonio de Morga, *Sucesos de las Islas Filipinas*, Ibid., p. 300.

[23] Giovani Francesco Gemelli-Careri, A Voyage to the Philippines, Manila: Filipiniana Book Guild, 1963, p. 10.

[24] Wang Gungwu, "Merchants without empires: the Hokkien sojourning communities", reprint in Wang Gungwu, *China and the Chinese Overseas*, Singapore: Times Academic Press, 1991, pp. 79-101, p. 92.

[25] Pedro Ortiz Armengol, *Intramuros de Manila de 1571 hasta su destrucción en 1945* (The Intramuros of Manila: from 1571 to its destruction in 1945), Madrid: Ediciones de Cultura Hispanica, 1958, pp. 66, 126-128; Fr. Joaquin Martinez de Zuñiga, *Status of the Philippines in 1800*, Manila: Filipiniana Book Guild, 1973, pp. 208-213; Conrad Myrick, "The history of Manila from the Spanish conquest to 1700", in *Historical Bulletin*, 15:1-4 (1971), pp. 1-253, pp. 163-181.

[26] Zhang Xie, *Dong Xi Yang Kao*, (張燮 :《東西洋考》A Study of the Eastern and Western Oceans), Beijing: Zhonghua Shuju, reprint, 1981, Vol. 5, p. 89; He Qiao-yuan also mentions this term, see his *Ming-shan Zang*, Ibid., Vol. 62, Pt.3, entry of "Luzon".

[27] See Fu Yiling, "Xiamen Haicang Shitang Xieshi Jiacheng Youguan Huaqiao Shiliao" (傅衣淩 :"廈門海滄石塘《謝氏家乘》有關華僑史料" Primary sources pertaining to the history of overseas Chinese as recorded in the Genealogy of the Xie family of Shitang, Haicang, Xiamen), in *Huaqiao Wenti Ziliao* (《華僑問題資料》Materials on the Study of Overseas Chinese), Internal circulated Journal, Xiamen: Xiamen Daxue Nanyang Yanjiusuo, 1(1981), pp.62-74.

[28] See *Yongchun Pengxiang Zhengshi Zupu* (《永春鵬翔鄭氏族譜》The genealogy of the Zheng family of Pengxiang, Yongchun), copy kept by

Prof. Zheng Shanyu of the University of Overseas Chinese, Quanzhou.

[29] "Account of the encomiendas in the Philipinas Islands by G.P. Dasmariñas (Manila, 31st May 1591)", in Blair and Robertson, Ibid., Vol. 8, p.100.

[30] "Letters to Felipe III by Pedro de Acuña (July-December 1603)", in Blair and Robertson, Ibid., Vol.12, p. 129.

[31] "Letter to Filipe II by Antonio de Morga (Manila, 6th July 1596)", in Blair and Robertson, Ibid., Vol. 9, pp. 268-269. See also Edgar Wickberg, *The Chinese in Philippine Life*, Ibid., p. 18.

[32] "Letters to Felipe IV by Sebastian Hurtado de Corcuera (Manila, 30th June 1636)", in Blair and Robertson, Ibid., Vol. 26, pp. 139-140.

[33] "Affairs in the Philipinas Islands by Domingo de Salazar (Manila, 1583)", in Blair and Robertson, Ibid., Vol. 5, pp. 236-237.

[34] Several historical works have dealt particularly with the topic of the *Parian*. For examples of this genre of writings, see Yanai Kenji, "Manira no iwayuru 'Parian' ni tsuite", Ibid.; Alberto Santamaria O.P., "The Chinese *Parian* (El *Parian* de los Sangleyes)", in Alfonso Felix, Jr., ed., *The Chinese in the Philippines*, 1570-1770, Manila: Solidaridad Publishing House, 1966, pp. 67-118; Ch'en Ching-Ho, *The Chinese Community in the Sixteenth Century Philippines*, Tokyo: The Centre for East Asian Cultural Studies, 1968; Liu Chi-Tien, "Huaqiao lai-fei de Faxiangdi–Jian-nei yu Ba-lian" (劉芝田：" 華僑來菲的發祥地—澗內與八連", The cradle of the overseas Chinese in the Philippines, Jian-nei or Parian), in Liu Chi-Tien, *Feilübin Minzu de Yuanyuan* (《菲律賓民族的淵源》The origin of the Philippine nation), Hong Kong: Institute of Southeast Asian Studies, 1970, pp. 221-259.

[35] "The Chinese and the Parian at Manila by Domingo de Salazar (Manila, 24th June 1590)", in Blair and Robertson, Ibid., Vol. 7, pp. 224, 228.

[36] The Hokkien quarter in Hispanic Manila definitely was not the only one to suffer from serious fires, most other contemporary quarters or indig-

enous and colonial cities were also plagued by periodic conflagrations, as depicted in the following chapters on the communities of Banten andNagasaki.

[37] "Letters to Filipe II by Francisco Tello (Manila, 29th April-12 August, 1597)", in Blair and Robertson, Ibid., Vol. 10, p.43.

[38] *Archivo General de Indias of Seville: Filipinas*, 481, cited in Lourdes Diaz-Trechuelo, "The role of the Chinese in the Philippine domestic economy", in Alfonso Felix, Jr., ed., *The Chinese in the Philippines*, Ibid., Vol.1, pp. 207-208; John Foreman, *The Philippine Islands*, 2nd edition, New York: Charles Scribner's Sons, 1899, pp. 109-110; Pedro Ortiz Armengol, *Intramuros de Manila de 1571 hasta su destrucción en 1945* (The Intramuros of Manila: from 1571 to its destruction in 1945), Madrid: Ediciones de Cultura Hispanica, 1958, pp. 49-151; "The Chinese and the *Parian* at Manila by Domingo de Salazar (Manila, 24th June 1590)", in Blair and Robertson, Ibid., Vol. 7, p. 224.

[39] Charles R. Boxer, *The Portuguese Seaborne Empire*, 1415-1825, New York, 1969, p. 17.

[40] Zhang Xie, *Dong Xi Yang Kao*, Ibid., Vol. 7, "Section of Taxation"; *Ming Shenzong Shilu* (《明神宗實錄》Veritable Records of the Ming Dynasty: Shenzong period), Vols. 210, 316.

[41] Sources: A) Pierre Chaunu, *Les Philippines et le Pacifique des Ibériques (XVI, XVII, XVIII siècles)*, Paris: Centre National de la Recherche Scientifique, 1960, 2 Vols., Vol. 1, pp. 148-191. B) Blair and Robertson, Ibid., Vol.3, pp. 74-77, 84-89, 94-95, 103-104, 181-182, 243, 298-299; Vol.4, p. 91; Vol. 5, p. 238; Vol. 6, pp. 61, 150, 302-303, 316; Vol. 7, pp. 34-35, 120; Vol. 8, pp. 237, 270; Vol. 10, p. 179; Vol. 11, p. 111; Vol. 12, p. 83; Vol. 14, pp. 51, 70, 189-191; Vol. 16, pp. 44, 177-178, 297; Vol. 18, pp. 38, 41, 66-72, 228-230; Vol. 19, p. 69; Vol. 20, pp. 32-33, 49-50; Vol. 22, pp. 96-97; Vol. 23, pp. 94, 193; Vol. 24, p. 208; Vol. 25, pp. 143-144;

Vol. 26, pp. 276-277; Vol. 29, p. 306; Vol. 34, p. 298; Vol. 35, p. 177. C) *The Voyage of John Huyghen van Linschoten to the East Indies*, London: Hakluyt Society, 1885, 2 Vols., Vol. 1, p. 124. D) Ernest M. Satow ed., *The Voyage of John Saris to Japan*, London: Hakluyt Society, 1900, p. 226. E) "Dampier's Account of the Philippines", in John Pinkerton ed., *A General Collection of the Best and Most Interesting Voyages and Travels in All Parts of the World*, London, 1808, 17 Vols., Vol. 11, p. 38. F) H.T. Colenbrander and W. Ph. Coolhaas eds., *Jan Pieterszoon Coen; Bescheiden omtrent zijn bedrijf inIndië*, 's-Gravenhage, 1919-1953, 7 Deels; Deel 1, pp. 184, 399; Deel 4, p. 726; Deel 7, pp. 55, 673. G) J.A. van der Chijs et al eds., *Dagh-Register gehouden int Casteel Batavia vant passerende daer ter plaetse als over geheel Nederlandts-India, 1624-1682*, 's-Gravenhage/Batavia, 31 Deels; 6th April, 1625; 28th March, 1631.

[42] For the critical comment on Chaunu's calculation, see Dennis O. Flynn and Arturo Giraldez, "Arbitrage, China, and world trade in the early modern period". *Journal of the Economic and Social History of the Orient*, 38:4 (1995), pp. 429-448.

[43] *Ming Xizong Shilu* (《明熹宗實錄》 Veritable Records of the Ming Dynasty: Xizong period), Vol. 28, entry of "the fourth month, the third year of Tian-qi".

[44] For the detailed information, see Qian Jiang, *1570-1760 Zhongguo he Lusong de Maoyi* (錢江：《1570-1760 中國和呂宋的貿易》 The Junk Trade between China and Luzon, 1570-1760), unpublished M.Phil. thesis, Xiamen University, January 1985, pp. 15-49.

[45] Antonio de Morga, *Sucesos de Las Islas Filipinas*, Ibid., p. 305.

[46] Ernest M. Satow ed., *The Voyage of Captain John Saris to Japan*, Ibid., pp. 226-227. For the general account of the junk trade and its relations with the Manila galleon, see William Lytle Schurz, *The Manila Galleon*, New York: E.P. Dutton, 1939, especially pp. 63-98.

[47] Antonio de Morga, *Sucesos de Las Islas Filipinas*, Ibid., pp. 306-307; "Affairs in the Philipinas Islands by Domingo de Salazar (Manila, 1583)", in Blair and Robertson, Ibid., Vol. 5, p. 239; "Annual receipts and expenditures of the Philippine government by Pedro de Caldierva de Mariaca (Manila, 18th August, 1608)", in Blair and Robertson, Ibid., Vol. 14, p. 249.

[48] Antonio de Morga, *Sucesos de Las Islas Filipinas*, Ibid., pp. 305-306. See also Antonio de Morga, "Events in the Philippine Islands (Mexico, 1609)", in Blair and Robertson, Ibid., Vol. 16, p. 178.

[49] Antonio de Morga, *Sucesos de Las Islas Filipinas*, Ibid., p. 307.

[50] "Letters to Filipe IV by Juan Niño de Tavora (4th August 1628)", in Blair and Robertson, Ibid., Vol., 22, p. 271.

[51] For the relevant discussions and estimations, see Chuan Hang-sheng, "Ming-Qing jian Meizhou Baiyin de Shuru Zhongguo" (全漢昇：《明清間美洲白銀的輸入中國》The inflow of American silver into China from the late Ming to the mid-Qing period), *The Journal of the Institute of Chinese Studies* (《中國文化研究所學報》),2:1 (1969), pp. 61-75; C.R. Boxer, "*Plata es Sangre*: Sidelights on the Drain of Spanish-American Silver in the Far East, 1550-1700", *Philippine Studies*, 18:3 (1970), pp. 457-478; John J. TePaske, "New World Silver, Castile and the Philippines, 1590-1800", in J.F. Richards ed., *Precious Metals in the Later Medieval and Early Modern Worlds*, Durham, 1983, pp. 425-446; Artur Attman, *American Bullion in the European World Trade, 1600-1800*, Göteborg, 1986; Qian Jiang, "1570-1760 nian Xishu Feilubin Liuru Zhongguo de Meizhou Baiyin" (錢江："1570-1760年西屬菲律賓流入中國的美洲白銀" The inflow of American silver into China via the Spanish Philippines from 1570 to 1760), *Nanyang Wenti* (《南洋問題》), 3(1985), pp. 96-106.

[52] He Qiaoyuan, *Min Shu* (History of Fujian 何喬遠：《閩書》), c. 1630

version (kept in the library of Nanyang Research Institute, Xiamen University), Vol. 39, "Banji Zhi" (版籍志 On population and taxation); Fu Yuanchu, *Qing Kai Yangjin Shu* (傅元初:《請開洋禁疏》Memorial on lifting the ban upon the overseas trade), in Gu Yanwu, *Tianxia Junguo Libing Shu* (顧炎武:《天下郡國利病書》Complete Accounts of the Geography and Economy of the Ming China), c.1662, Shanghai, 1903, reprint, Vol. 96, "Fujian".

[53] "Letters from the royal fiscal to the King by Hieronimo de Salazar y Salcedo (Manila, 21st July1599)", in Blair and Robertson, Ibid., Vol. 11, p. 111.

[54] "Letters from the archbishop of Manila to Felipe II by Ygnacio de Santibanez (Manila, 24-26 June 1598)", in Blair and Robertson, Ibid., Vol. 10, p.143; "Early years of the Dutch in the East Indies", in Blair and Robertson, Ibid., Vol. 15, p. 303.

[55] M.A.P. Meilink-Roelofsz, *Asian Trade and European Influence in the Indian Archipelago between 1500 and about 1630*, The Hague: Martinus Nijhoff, 1962, p.265.

[56] "Relation of the Philippinas Islands by Domingo de Salazar and others (Manila, 1586-88)", in Blair and Robertson, Ibid., Vol. 7, pp.33-34.

[57] William Dampier, *Dampier's Account of the Philippines*, in John Pinkerton ed., *A General Collection of the Best and Most Interesting Voyages and Travels in All Parts of the World*, Ibid., Vol. 11, p.38.

[58] John Masefield ed. *Dampier's Voyages*, Ibid., Vol. 1, p.228; See also "Dampier's Account of the Philippines", in John Pinkerton ed., *A General Collection of the Best and Most Interesting Voyages and Travels*, Ibid., p.14.

[59] "The Chinese and the *Parian* at Manila by Domingo de Salazar (Manila, 24th June, 1590)", in Blair and Robertson, Ibid., Vol. 7, pp. 224-229.

[60] Giovani Francesco Gemelli-Careri, *A Voyage to the Philippines*, Ibid., 1963, p. 10.

[61] "Complaints against the Chinese by Miguel de Benavides and others (Manila, 3-9th February 1605)", in Blair and Robertson, Ibid., Vol. 13, pp. 285-286.

[62] *Archivo General de Indias of Seville: Filipinas, 67 and 202*, cited in Lourdes Diaz-Trechuelo,"The role of the Chinese in the Philippine domestic economy", Ibid., pp. 187-199.

[63] "Letters to Felipe IV by Juan Niño de Tavora (Manila, 4th August, 1628)", in Blair and Robertson, Ibid., Vol. 22, p. 250.

[64] *Archivo General de Indias of Seville: Filipinas, 202*, cited in Lourdes Diaz-Trechuelo, "The role of the Chinese in the Philippine domestic economy", Ibid., pp. 196-197.

[65] *Archivo General de Indias of Seville: Filipinas, 571*, cited in Lourdes Diaz-Trechuelo, "The role of the Chinese in the Philippine domestic economy", Ibid., pp. 201-206.

[66] Antonio de Morga, *Sucesos de Las Islas Filipinas*, Ibid., p. 225.

[67] "Conqvista de las Islas Malvcas by Bartolomé Leonardo de Argensola (Madrid, 1609)", in Blair and Robertson, Ibid., Vol. 16, pp. 292-293; Antonio de Morga, *Sucesos de Las Idlas Filipinas*, Ibid., p.218.

[68] Anthony Farrington ed., *The English Factory in Japan*, 1613-1623, London: The British Library, 1991, 2 Vols., Vol. 1, p. 381. For a more detailed discussion on Li Dan and his role in the Hokkiencommunity of Nagasaki, see the Chapter on the Hokkien community of Kyushu.

[69] Antonio de Morga, *Sucesos de Las Islas Filipinas*, Ibid., p. 219; "Conqvista de las Islas Malvcas by Bartolomé Leonardo de Argensola (Madrid, 1609)", in Blair and Robertson, Ibid., Vol. 16, pp. 290-291.

[70] H. de la Costa, S.J., *The Jesuits in the Philippines*, 1581-1768, Cambridge: Harvard University Press, 1961, p. 68.

[71] "The Chinese and the Parian at Manila by Domingo de Salazar (Manila, 24th June, 1590)", in Blair and Robertson, Ibid., Vol. 7, p. 225.

[72] *Archivo General de Indias of Seville: Filipinas, 571*, cited in Lourdes Diaz-Trechuelo, "The role of the Chinese in the Philippine domestic economy", Ibid., pp. 201-206.

[73] "The Chinese and the *Parian* at Manila by Domingo de Salazar (Manila, 24th June, 1590)", in Blair and Robertson, Ibid., Vol. 7, p. 225.

[74] H. de la Costa, S.J., *The Jesuits in the Philippines*, Ibid., p. 69.

[75] "Relation of the Philipinas Islands by Domingo de Salazar and others (Manila, 1586-88)", in Blair and Robertson, Ibid., Vol. 7, pp. 33-34.

[76] "The Chinese and the *Parian* at Manila by Domingo de Salazar (Manila, 24th June, 1590)", in Blair and Robertson, Ibid., Vol. 7, pp. 212-238.

[77] "The Chinese and the *Parian* at Manila by Domingo de Salazar (Manila, 24th June, 1590)", in Blair and Robertson, Ibid., Vol. 7, pp. 225-228.

[78] The best general account of the beginning of printing in the Philippines, according to P. van der Loon, is by W.E. Retana, *Orígenes de la imprenta filipina: Investigaciones históricas, bibliográficas y tipográficas*, Madrid, 1911. For the detailed studies on the early Chinese books translated and printed by sojourning Hokkiens in Manila, see P. van der Loon, "The Manila incunabula and early Hokkien studies", *Asia Major*, 12 (1966), pp. 1-43.

[79] "Letters to Felipe III by Miguel de Benavides (Manila, 5-6th July, 1603)", in Blair and Robertson, Ibid., Vol. 12, pp. 108-109.

[80] "Letters to Felipe IV by Juan Niño de Tavora (Cavite, 1st August, 1629)", in Blair and Robertson, Ibid., Vol. 23, pp. 36-37; "Relation of the insurrection of the Chinese (unsigned and undated, probably in March 1640)", in Blair and Robertson, Ibid., Vol. 29, pp. 201-207.

[81] Pedro Ortiz Armengol, *Intramuros de Manila*, Ibid., pp. 126-128.

[82] "The Sangley insurrection of 1603 by Miguel Rodriguez de Maldonado (Sevilla, 1606)", in Blair and Robertson, Ibid., Vol. 14, pp. 119-139; Antonio de Morga, *Sucesos de Las Islas Filipinas*, Ibid., pp. 220-221.

[83] "The Chinese and the *Parian* at Manila by Domingo de Salazar (Manila,

24th June 1590)", in Blair and Robertson, Ibid., Vol. 7, p. 228.

[84] "Account of the encomiendas in the Philipinas Islands by G.P. Dasmariñs (Manila, 31st May, 1591)", in Blair and Robertson, Ibid., Vol. 8, p. 97.

[85] "Administration of the islands in 1609-1616", in Blair and Robertson, Ibid., Vol. 17, pp. 327-328.

[86] Antonio de Morga, *Sucesos de Las Islas Filipinas*, Ibid., pp. 315-317.

[87] *Archivo General de Indias of Seville: Filipinas, 417*, cited in Lourdes Diaz-Trechuelo, "The role of the Chinese in the Philippine domestic economy", Ibid., p. 192.

[88] "Letters to Felipe IV by Sebastian Hurtado de Corcuera (Manila, 30th June, 1636)", in Blair and Robertson, Ibid., Vol. 26, pp. 143-145.

[89] Fr. Joaquin Martinez de Zuñiga, *Status of the Philippines in 1800*, Ibid., p.210.

[90] "The Chinese and the Parian at Manila by Domingo de Salazar (Manila, 24th June, 1590)", in Blair and Robertson, Ibid., Vol. 7, p.233.

[91] "Letter to Felipe II by Antonio de Morga (Manila, 6th July, 1596)", in Blair and Robertson, Ibid., Vol. 9, pp. 268-269.

[92] Antonio de Morga, *Sucesos de Las Islas Filipinas*, Ibid., pp. 315-316.

[93] "The Chinese and the *Parian* at Manila by Domingo de Salazar (Manila, 24th June 1590)", in Blair and Robertson, Ibid., Vol. 7, p. 232.

[94] "Relation of the Philipinas Islands by Domingo de Salazar and others (Manila, 1586)", in Blair and Robertson, Ibid., Vol. 7, p. 34.

[95] Retana's note in Zuñiga's book, Vol. 2, p. 495, cited in Conrad Myrick, "The history of Manila", Ibid., p. 178.

[96] Edgar Wickberg, "The Chinese *Mestizo* in Philippine History", *The Journal of Southeast Asian History*, 5:1 (1964), pp. 62-100, p. 70.

[97] Lourdes Diaz-Trechuelo, "The role of the Chinese in the Philippine domestic economy", Ibid., p. 192.

本刊啟事

本刊第一輯刊登的 "The Polity of Yelang（夜郎）and the Origins of the Name 'China'" 一文此前曾在 *Sino-Platonic Papers* No.188 刊出，因故未及標明，特此向 *Sino-Platonic Papers* 編者致歉，并重申本刊只發表新作。

《絲瓷之路》編者
2011 年 10 月 24 日